ŒUVRES COMPLÈTES

DE

H. RIGAULT

PARIS. — IMPRIMERIE DE CH. LAHURE ET Cie
Rues de Fleurus, 9, et de l'Ouest, 21

ŒUVRES COMPLÈTES

DE

H. RIGAULT

PRÉCÉDÉES

D'UNE NOTICE BIOGRAPHIQUE ET LITTÉRAIRE

PAR M. SAINT-MARC GIRARDIN

TOME PREMIER

PARIS
LIBRAIRIE DE L. HACHETTE ET Cie
RUE PIERRE-SARRAZIN, N° 14

1859

NOTICE

BIOGRAPHIQUE ET LITTÉRAIRE.

Il n'y a rien de plus douloureux pour ceux qui touchent déjà à la vieillesse que de voir périr avant le temps ceux qu'ils s'étaient promis d'avoir pour héritiers et pour successeurs. Tel est le chagrin que nous avons ressenti, M. de Sacy et moi, quand un coup soudain nous a enlevé, dans M. Rigault, un de nos plus chers collaborateurs, un de ceux qui devaient nous remplacer et nous faire oublier, mais un de ceux aussi qui devaient le mieux perpétuer la tradition que nous avions reçue et que nous sommes heureux et fiers d'avoir transmise à nos successeurs. Frappés dans nos affections et dans nos espérances les plus douces, nous avons déjà dit, M. de Sacy, dans le *Journal des Débats*, et moi, à Évreux, sur la tombe de mon jeune et malheureux ami, tout ce que nous pensions de cette âme ferme et élevée, de cet esprit ingénieux et pénétrant. Mais puisque Mme Rigault, c'est-à-dire la personne que je plains le plus au monde et que mon affection n'oubliera jamais, parce que je lui suis reconnaissant du juste orgueil qu'elle avait de la gloire naissante de son mari, orgueil hélas! consacré aujourd'hui par la douleur; puisque la famille et les amis de M. Rigault souhaitent que je recueille les souvenirs que j'ai gardés de lui, l'idée que j'avais de son talent, de son avenir et surtout le sentiment que j'avais de la dignité et de la fermeté de son caractère; à Dieu ne plaise que je refuse à ceux qui me la demandent la triste consolation de dire encore une fois ce que nous aimions dans M. Rigault, ce que nous admirions, ce que nous en attendions, ce qu'enfin nous ne cesserons jamais de nous rappeler et de regretter.

Je n'ai pas l'intention de faire la biographie de M. Rigault. De sa vie si courte je n'ai connu que les dernières années, les plus belles. Il faut, pour bien raconter la vie de quelqu'un, avoir été son contemporain[1]. D'ailleurs, c'est la condition et j'allais pres-

---

1. M. Mesnard, un des meilleurs amis de M. Rigault, un de ses camarades, excellent professeur, quoiqu'il ne professe pas en ce moment dans l'Université, et, de plus, écrivain distingué et auteur d'une *Histoire de l'Académie française*, M. Mesnard a fait une notice qui contient les détails de la vie de son ami. Cette notice, pleine d'âme et d'esprit,

que dire l'honneur des professeurs que leur vie est simple et, si l'on veut, monotone. Ils n'échappent pas, nous le savons trop, aux fatales et inévitables douleurs de la vie humaine; ils perdent par la mort les êtres qu'ils chérissaient le plus, une femme, un fils, une fille; ils périssent eux-mêmes avant le temps; mais leur vie n'a pas d'aventures. Ils montrent leur esprit, leur cœur, leur caractère; ils cachent leur vie : et quand on approche d'eux pour les connaître de plus près, on est ému en découvrant je ne sais combien de bonheurs obscurs, ou de résignations généreuses, de dévouements modestes, les joies et les devoirs de la famille, la dignité de la conscience. En parlant ainsi, je pense à beaucoup de mes amis de l'Université, jeunes et vieux, et j'y pense en me souvenant de la vie heureuse et simple de Rigault. Sa personne et sa maison respiraient le contentement : j'aime encore mieux ce mot que celui de bonheur; car il n'y a d'heureux que ceux qui savent se contenter. Pourquoi le bonheur que l'homme prend surtout dans son âme et qui semble devoir lui appartenir en propre, n'est-il pas plus que les autres à l'abri des coups du sort? Un jour, dans un article qu'il faisait sur un de mes livres, M. Rigault parlait de moi comme d'un homme heureux : cela me fit trembler, et je lui écrivis bien vite en le remerciant de son charmant article : « Ne

est digne de celui dont elle raconte la vie; c'est aussi M. Mesnard qui a donné ses soins à ce recueil des œuvres de M. Rigault.

dites pas que je suis heureux et que je le mérite : vous allez éveiller contre moi la mauvaise fortune qui dort toujours dans quelque coin. C'est vous, mon cher ami, qui êtes heureux et qui méritez de l'être; mais je me garde bien de le dire à personne. Ce sont des secrets qu'il faut garder pour soi, entre amis. » Il gardait bien le secret de son bonheur, ne s'en vantant pas, mais ne voulant pas non plus qu'on le crût à plaindre de ce qu'il n'avait qu'une modeste fortune, revendiquant avec une verve piquante et touchante le droit d'être heureux avec peu d'argent, ce droit que tant de gens s'empressent d'abdiquer, en abdiquant du même coup la joie et la dignité que donne l'exercice d'un pareil droit[1].

M. Rigault avait fait de très-bonnes études et il avait eu le prix d'honneur. Je ne suis pas de ceux qui croient que les succès de collége sont l'infaillible pronostic des succès dans le monde; il faut, pour réussir dans la vie, ajouter aux qualités de l'esprit les qualités du caractère. Quand ces qualités manquent aux lauréats de collége, ils restent lauréats toute leur vie et incapables de beaucoup de choses. Quand ils les ont, l'esprit chez eux faisant valoir le caractère, et le caractère soutenant l'esprit, ils remplissent alors toutes les espérances qu'ils ont données et même celles qu'ils ont conçues eux-mêmes. C'est ce qui arriva à M. Rigault. Tout le monde augurait bien de lui

1. Voir un article de M. Rigault, 18 février 1858.

et il avait lui-même bonne idée de son avenir, quoique sans vanité et sans présomption : il sentait ce qu'il était. « Je suis, dit-on, mobile comme un oiseau, écrivait-il en juin 1847, à un de ses amis [1]. Est-ce vrai ? Je ne sais. Je crois qu'on se méprend sur cette légèreté. Je suis comme la jeune captive! j'ai les ailes de l'espérance et je m'en sers ; voilà tout. »

M. Rigault écrivait cette lettre à propos d'un changement important dans sa vie. Il avait d'abord été professeur de rhétorique à Caen, puis professeur suppléant au collége Charlemagne à Paris. Il venait d'être nommé élève de l'école d'Athènes, et se préparait à partir pour la Grèce à la fin de l'année scolaire 1847, quand M. Regnier, précepteur du comte de Paris, le désigna à M. le duc de Nemours comme précepteur de son fils, M. le comte d'Eu. M. Rigault, dans une lettre à son ami M. Riquier, raconte d'une manière charmante comment la proposition lui fut faite, et comment il l'accepta. Je ne crains pas de citer ce récit. Il montre dans quel esprit étaient choisis les précepteurs de nos jeunes princes, et dans quel esprit aussi ces choix étaient acceptés. « J'allais partir pour la Grèce, mes malles

---

1. Cet ami est M. Riquier, censeur des études au lycée de Lille, un des hommes les plus faits pour comprendre et pour aimer M. Rigault. M. Riquier a bien voulu m'adresser quelques extraits des lettres de M. Rigault, et je ne saurais trop le remercier de cette communication. Ces lettres de M. Rigault font aimer celui qui les écrit et celui à qui elles sont écrites.

étaient presque faites, et mon violon s'apprêtait à devenir un luth[1] quand on me dit : « Restez, « au nom du roi ; » il faut bien que je reste, et l'on m'accuse de mobilité ! — Le fait est, qu'il y a trois mois, un homme bien vêtu et de fort bonnes manières, décoré et poli, me vint trouver et me demanda la permission de m'adresser toutes les questions qui lui feraient plaisir. Sachant que mon visiteur ne pouvait être animé que de bonnes intentions, j'accordai. Voici en substance cet interrogatoire : « Quelles sont vos opinions politiques ?—J'appartiens « à l'opposition.—Républicaine ?— Oh ! non pas, dy-« nastique, centre gauche, ou à peu près.... » Résumé fait par mon visiteur. « Très-bien.... » Et voilà comment je ne vais pas en Grèce ; je donne ma démission de l'école d'Athènes ; je ne reste pas au collége Charlemagne, je quitte l'Université ; je ne demeure plus à la place Royale ; j'habite les Tuileries ; je fais l'éducation du petit-fils du roi, du fils du duc de Nemours. Le visiteur était M. Regnier.... Ce qui m'a décidé, c'est avant tout la pensée qui me séduit, d'élever à mon pays un prince libéral, ami des idées généreuses, et, à cet égard, je n'ai accepté que sur la garantie que je serais maître de son éducation et que rien ne contrarierait ma pensée. »

Je continue l'extrait de ces lettres de M. Rigault.

---

1. M. Rigault aimait beaucoup la musique et jouait fort bien du violon.

Elles peignent l'homme, son caractère, son esprit; elles nous font connaître un temps de sa vie. Enfin elles nous découvrent un coin de plus du tableau de la vie de notre ancienne famille royale.

« Compiègne, 30 août 1847.

« ....La vie est aussi agréable ici qu'elle peut l'être pour un professeur au milieu d'une armée. Le prince est bon; la duchesse a beaucoup d'affabilité et de bienveillance; les personnes qui les entourent, dames d'honneur, officiers, tout le monde a été plein de courtoisie à mon égard. Mais il n'en est pas moins vrai qu'à déjeuner, à dîner, le soir au salon, je suis le seul habit noir, et tu comprends qu'à la porte d'un camp, entre des gens toujours armés de pied en cap, la conversation n'est pas souvent littéraire. D'ici à peu, je posséderai un vocabulaire stratégique assez bien garni. Malgré la monotonie d'un entretien auquel je suis nécessairement étranger, je trouve à m'occuper : partout où il y a des officiers, des dames d'honneur, un prince et une princesse, il y a des études à faire et des notes à prendre.... Enfin, comme je ne trouve ici ni morgue ni dédain, comme je m'y suis placé tout d'abord sur un bon pied, que j'ai clairement laissé voir que je me croyais l'égal des officiers du prince, et que le prince, par ses égards envers moi, m'a pleinement donné raison, je n'ai à subir, dans mes relations de chaque jour, aucun de ces ennuis qu'on aurait pu redouter pour moi, et que, du reste, je n'aurais pas supportés vingt-quatre heures. J'étais parfaitement décidé, en acceptant mes fonctions nouvelles, à les faire respecter par tout le monde, et si j'avais trouvé ici quelque militaire, dédaigneux des pékins, qui m'eût blessé, quelque noble méprisant la roture, qui m'eût fait une insolence, j'aurais obtenu de suite justice du prince, ou envoyé ma démission. Je n'ai pas encore eu pareille épreuve à subir, et je suis convaincu que je ne l'aurai pas.

« Restent mes fonctions en elles-mêmes. Ici, je ne puis encore juger complétement. Pour bien apprécier de pareils travaux, il faut qu'ils se soient assez longtemps répétés : enseigner un enfant, c'est charmant pendant quelques jours, cela peut devenir très-ennuyeux au bout d'un certain temps, et c'est ce certain temps qu'il faut épuiser, avant d'avoir la mesure véritable et du fardeau qui pèse sur vous, et des forces que vous avez pour le supporter. Quant à moi, je ne puis parler encore que de mes premières impressions : cela ne m'ennuie pas maintenant. Le comte d'Eu est un enfant réfléchi, d'une grande netteté d'esprit, d'une docilité rare : il a toutes les qualités nécessaires pour bien apprendre, et, de plus, la bonne volonté qui les emploie. Ce n'est pas encore un enfant brillant, mais c'est déjà un esprit appliqué, exact et judicieux. Je l'aime beaucoup, et il m'aime beaucoup aussi. Voilà où j'en suis. Il se peut que je me fatigue de cet enseignement jusqu'à ne pouvoir plus le supporter. J'espère le contraire, et je ferai tous mes efforts pour qu'il n'en soit pas ainsi ; mais le jour où je me sentirai vaincu par l'ennui, je n'hésiterai pas, et je dirai au prince que, dans l'intérêt même de son fils, que j'élèverais mal, je ne dois pas continuer.

Tu vois, mon ami, que je ne veux pas mettre d'enthousiasme dans mon récit : c'est le fond même de ma pensée que j'ai cherché à te donner. »

« Saint-Cloud, 15 novembre 1847.

« ....Je ne m'attendais pas à me voir, après si peu de temps, aussi bien établi, aussi à mon aise à la cour, que je le suis maintenant. Je sais par M. Regnier que j'y ai réussi, et cela me donne assez de confiance pour remplir mes devoirs avec sécurité. Sans doute, il faut ici bien prendre garde à ne pas manquer d'esprit de conduite ; il faut être circonspect, discret, et savoir ne pas trop facilement s'abandonner. Mais l'habitude vient vite, et un peu de tact suffit. On m'avait fait trembler pour mon indépendance ; mes amis les abonnés du *National* s'étaient presque voilé la face de douleur.... J'étais bien décidé d'avance à considérer mon entrée ici, non comme une résolution définitive et sans appel, mais comme un essai, et si mon orgueil avait été froissé, mes opinions contraintes, ma dignité blessée, je serais parti le lendemain. Mais je suis aussi bien traité au moral que pour la vie matérielle, qui ne laisse pas assez à désirer : elle habitue trop au bien-être et au luxe.... Enfin, comme nous disait M. Nisard, et c'était une de ses bonnes idées, je suis heureux trop tôt....

« ....Moi aussi, je suis père, maintenant que j'élève un enfant, et tu ne saurais croire, mon ami, combien je commence à mieux comprendre et à mieux aimer l'enfance. A l'école, nous aimions un enfant comme une espèce de plante charmante, ou comme un objet d'art; nous étudions en lui l'œuvre curieuse de la nature, ou le développement artificiel de ses qualités ; en lui nous admirions Dieu ou l'éducation. Maintenant j'y trouve un autre attrait encore plus puissant, cette espèce de tendresse sans réflexion, qui ne vient pas de ce qu'on les aime en poëte, ou qu'on les analyse en moraliste, mais de ce qu'on respire le même air qu'eux, qu'on les embrasse quand ils sont bien sages, et qu'on est inquiet quand ils souffrent, enfin de ce qu'on mêle intimement sa vie à la leur, et qu'on aime, non plus l'enfance, mais un enfant. Voilà la peinture, mille fois trop vague, de ce que j'éprouve.... »

Je ne sais si je me trompe : mais ces lettres qui m'ont fait encore plus aimer et estimer M. Rigault expliquent ce que le public a du premier coup aimé et admiré dans ses écrits. Je veux dire cette honnêteté spirituelle, cette fermeté aimable, cette rare et précieuse faculté d'aimer le bien et de le faire aimer, cette maturité précoce, sans pédanterie et sans présomption. Tel qu'il était aux Tuileries, tel il a été devant le public et c'est aussi par là qu'il a réussi devant le public : il a été ferme et discret, pénétrant et réservé, ayant beaucoup d'esprit, mais ayant aussi un caractère capable de soutenir et de diriger son esprit. Il y a une chose dont je sais un gré infini aux hommes d'esprit, c'est d'être d'honnêtes gens ; non que je veuille dire que l'esprit porte au mal : cependant les gens d'esprit ont un mérite particulier à être honnêtes gens, parce que le public semble disposé à passer beaucoup de choses aux hommes d'esprit, dans leurs commencements surtout. C'est là une tentation dont on ne voit pas les dangers du premier coup. Il y a des personnes qui ne comprennent pas que cette disposition du public est une manière de ne pas prendre les gens d'esprit au sérieux, d'avoir pour eux plus d'indulgence que d'estime, et une indulgence qui n'est pas fondée sur la charité, mais sur le besoin qu'a le public d'être amusé. Ajoutez que ce même public, si indulgent pour les commencements même irréguliers des gens d'esprit, leur devient plus tard sévère et amer, et change sa bénignité en mépris, le tout parce qu'on ne l'amuse plus. Les hommes d'esprit doivent donc se faire de bonne heure respecter du public. Je ne leur conseille pas des airs d'autorité contraires à leur âge. L'exemple de M. Rigault leur montre la voie qu'il faut tenir. Je ne veux même pas cacher aux jeunes gens, qui voudront suivre cet exemple, la plus grande difficulté de l'entreprise. Il faut, quand on veut défendre la morale et l'honnêteté devant le public, avoir beaucoup d'esprit et de l'esprit argent comptant. L'apologie du bien en ce monde demande beaucoup plus de frais de talent que l'apologie du mal. Il y a de vieux préjugés qui font que les moralistes passent aisément pour sots et ennuyeux; et ces préjugés font loi, à moins qu'ils n'aient affaire à un homme comme M. Rigault, c'est-à-dire à une raison qui savait être aimable, à une sévérité qui avait le talent d'être à la fois moqueuse et gracieuse. Le duc d'Orléans disait vers 1835, voyant les progrès de sa réputation populaire : « Je crois qu'on commence à me pardonner d'être prince. » Un homme d'esprit qui veut hautement être honnête homme, ne commence aussi à être sûr de son succès que lorsqu'on lui a pardonné son honnêteté.

La révolution de 1848 jeta M. le duc de Nemours dans l'exil avec toute sa famille. M. Rigault le suivit. Il vit alors bien des faiblesses et des lâchetés. « Le plus grand malheur des révolutions, écrivait-il à son ami M. Riquier, le 11 mars 1848, c'est la multitude des gens qu'elles vous forcent de mépriser.... J'ai vu des personnes attachées à la dynastie par toutes sortes de bienfaits, courir au-devant de la république et solliciter sa pitié. Je ne blâme pas les gens qui ont donné leur adhésion : le premier besoin est celui de l'ordre; mais ceux qui exerçaient des fonctions auprès de la personne du roi et des princes devaient attendre que ceux-ci les eussent dégagés eux-mêmes de toute obligation envers eux, et leur eussent donné par là le droit de se rallier. Ils ne l'ont pas fait, et j'ai vu des personnes que j'estimais perdre toute dignité par leur précipitation à se courber devant le gouvernement provisoire. C'est une des peines les plus vives que j'aie jamais éprouvées, je l'avoue; Dieu te garde d'une pareille expérience! » Et plus loin : « J'avais offert au prince de demeurer auprès de lui, tant qu'il resterait en Angleterre. Il n'a pas accepté ce sacrifice. Il me remercie dans une lettre très-affectueuse; mais il ne veut me séparer ni de ma famille ni de mon pays et il me délie de toute obligation à son égard.... Toutefois, je puis lui être utile encore jusqu'à ce qu'il m'ait trouvé un successeur. » Le prince qui refusait le sacrifice était digne qu'on le lui offrît, et celui qui l'offrait méritait qu'on le refusât.

M. Rigault revint en France et rentra dans l'Université. Il fut d'abord professeur suppléant de seconde au collége Henri IV. De là, il fut nommé professeur de seconde au collége de Versailles. C'était là qu'il avait fait ses études et qu'il avait eu ses succès. Versailles lui fut heureux; c'est là qu'il se maria, c'est là que l'excellente et charmante femme qu'il avait choisie commença à lui donner ces sept années de bonheur, sept années seulement, qui furent son lot ici-bas : il était digne de jouir plus longtemps du bonheur domestique, car il le goûtait à la fois avec son esprit et avec son cœur. Tout jeune encore, dans ces lettres qui le peignent si bien, il écrivait à M. Riquier, après avoir lu le roman de Mme Frédérique Bremer, *les Voisins* : « Lis ce petit livre ; c'est une peinture ravissante de la vie de famille et de la poésie du chez soi : c'est un de ces rares ouvrages comme *le Vicaire* ou *Herman et Dorothée*, qui vous rendent amoureux de votre cheminée et donnent un air romanesque au pot-au-feu. »

C'est à Versailles aussi qu'il commença à écrire dans les journaux, dans la *Revue de l'instruction publique*, d'abord, et quelque temps après, dans le *Journal des Débats*.

Il me siérait mal de dire les conformités de goût, de caractère et d'opinion qui appelaient naturellement M. Rigault au *Journal des Débats* ; car l'éloge que je ferais de lui sur ce point serait l'éloge du journal où j'écris. Il me sera permis cependant de dire quel rare talent il y apporta, et combien ce talent fut vite aimé du public. Notre ami tant regretté, Armand Bertin, sentit dès les premiers jours tout ce qu'il y avait dans le jeune écrivain et il me dit après une courte réponse que M. Rigault avait faite à je ne sais plus quelle attaque de je ne sais quelle feuille : « Rigault est un journaliste. » Dans le langage et les idées d'aujourd'hui, l'éloge peut-être paraîtra mince : dans la bouche de M. Bertin, qui avait le respect et le goût de sa profession, le mot voulait beaucoup dire. Si les circonstances avaient ramené l'habitude et le goût de la controverse politique, Rigault aurait rendu de grands services à la cause libérale et modérée. Ne pouvant pas être, à cause du temps, un journaliste de l'ancienne école, il fut, et quelques personnes penseront qu'il a eu la meilleure part, il fut un journaliste de la nouvelle école, c'est-à-dire de l'école littéraire et philosophique. Il y fut au premier rang.

Y a-t-il donc deux écoles de journalisme, diront quelques personnes? Assurément; et personne de ceux qui s'intéressent à l'histoire des révolutions de la controverse publique ne peut s'y tromper. J'aurais mauvaise grâce à vanter les mérites de l'ancienne école; j'aime mieux essayer de caractériser ceux de la nouvelle; personne ne les reconnaît plus volontiers que moi.

La controverse de nos jours ne peut plus guère être politique; mais elle n'a pas voulu, grâce à Dieu, cesser d'être libérale, et le libéralisme s'est réfugié dans la critique et dans la philosophie. J'ai tort peut-être d'appeler un refuge ce qui a été une plus vaste carrière. La philosophie, en effet, a une portée plus grande que la politique, et des conséquences plus étendues et plus graves. Tout dépend de la philosophie en ce monde. Quand une doctrine bonne ou mauvaise parvient à dominer dans la philosophie, soyez sûrs qu'elle produit plus d'effet sur les hommes que toutes les constitutions politiques. Je sais bien qu'à prendre les journaux, la philosophie, et surtout la métaphysique, y tient peu de place. Cela n'empêche pas qu'à prendre le mot de philosophie dans son sens le plus général, dans le sens qu'il avait au xviiie siècle, la philosophie prévaut sur la politique dans la controverse d'aujourd'hui.

Une des choses qui ont le plus contribué à cet ascendant de la philosophie, c'est la nature du parti qu'elle a eu à combattre. Comme ce parti, abjurant toute pensée et tout souvenir libéral, a prêché partout la théocratie sans élévation dans l'ordre religieux, et le despotisme sans modération dans l'ordre politique, la lutte s'est engagée entre lui et le libéralisme sur tous les points. L'ancienne école aurait surtout combattu le pouvoir illimité dans l'ordre politique. L'état des choses rendant ce débat presque impraticable, c'est dans l'ordre religieux que la lutte s'est engagée et que la nouvelle école a montré l'ardeur de ses idées et de ses sentiments. Lutte inévitable peut-être, mais dangereuse ; et c'est ici surtout que j'ai aimé et admiré l'esprit et le caractère de M. Rigault. Fils de Descartes plutôt que fils de Voltaire, comme il aimait à le dire, et à ce titre spiritualiste très-résolu, connaissant chaque jour davantage le christianisme, l'étudiant et s'y attachant, il traitait les questions qui touchent à la religion et à la hiérarchie ecclésiastique, avec beaucoup de mesure et de fermeté en tout sens, songeant toujours qu'il parlait des choses qui sont les plus sacrées à l'homme et des choses aussi dont on abuse le plus. J'ai vu des personnes qui reprochaient parfois à M. Rigault de trop pencher du côté de la philosophie; je leur répondais d'une part que, voyant l'état des esprits, je lui savais gré de n'y point pencher davantage; et d'autre part, que connaissant la sincérité de ses opinions, je ne m'inquiétais pas si ses sentiments religieux étaient complets, sachant que ceux qu'il avait étaient vrais et fermes. Il y a dans le spiritualisme beaucoup de principes que le christianisme consacre et fortifie par ses dogmes. De nos jours, j'aime mieux, pour la défense de ces principes, la vérité et la sincérité des cœurs qui ont parfois douté, que l'orthodoxie indifférente ou préméditée des habitudes.

C'est cet accent de vérité et de sincérité qui faisait la grâce et la force des écrits de M. Rigault. Quelle honnêteté avec tant d'esprit! Quel observateur pénétrant et jamais misanthrope! Il croyait même aux progrès de la civilisation, quoiqu'il aimât à se moquer de quelques-uns de ces prétendus progrès; et il avait raison. Il serait désespérant de ne pas croire que l'humanité fait quelques progrès dans ce monde; ce serait duperie de croire qu'elle fait tous ceux dont elle se vante.

Je n'ai parlé jusqu'ici que de l'écrivain et du journaliste; je dois parler aussi du professeur, car c'était là un des talents et un des avenirs de ce jeune homme, à qui la mort en a tant enlevé. Excellent professeur de rhétorique, il était fait pour arriver au professorat des Facultés. Tout le monde l'y appelait, il se fit d'abord recevoir docteur à la Faculté des lettres de Paris. J'ai rarement vu un doctorat plus brillant, quoique j'en aie beaucoup vu. Je me souviens, pour ne parler que des docteurs que la mort nous a enlevés, du doctorat de M. Al. Thomas, professeur d'histoire. C'est le seul que je puisse comparer à celui de M. Rigault. Le public était nombreux et plein de sympathie; la Faculté des lettres était heureuse de voir entrer dans les rangs de ses docteurs un homme de ce talent et de ce caractère. « J'ai passé hier mon doctorat, écrit M. Rigault à son ami M. Riquier (décembre 1856); la Faculté et le public étaient au grand complet, pleins de bienveillance; et les marques de leur faveur ont été si vives et si répétées que je regarde ce jour-là comme un des beaux jours de ma vie. On m'a tenu sur la sellette depuis dix heures un quart du matin jusqu'à cinq heures et demie du soir. J'ai dû parler environ quatre heures. J'étais en sortant bien fatigué, mais bien heureux. » *L'histoire de la querelle des anciens et des modernes*, qui était le sujet de la thèse française, restera comme un des meilleurs titres de la réputation de notre jeune ami.

Peu de jours après son doctorat, M. Rigault monta au Collège de France, dans la chaire d'éloquence latine. Il suppléait M. Havet, un de nos professeurs les plus savants, que sa santé forçait à prendre un repos d'une année. « J'ai fait ma première leçon, jeudi dernier, écrivait M. Rigault à son ami M. Riquier (1ᵉʳ février 1857) ; avec quelle émotion, tu en jugeras. Quelques heures avant de monter en chaire, ma femme me donnait un petit garçon. Enfin sa délivrance et la mienne ont été très-heureuses. Elle a eu un gros enfant et moi un bon succès. » J'aime à mêler ainsi sans cesse, à l'aide de ces citations, l'homme et l'écrivain, parce que c'est là ce que j'ai surtout aimé dans M. Rigault. Dans l'écrivain et dans le professeur il y avait un homme ; et par là il était également propre aux manifestations de la vie publique, telle qu'est encore la vie publique de nos jours, et au bonheur de la vie privée. Le succès de M. Rigault, dans la chaire du Collége de France fut grand et mérité. Il parlait avec une facilité charmante et une élégance rare dans les improvisateurs. Je lui en faisais un jour mon compliment et je lui disais avec mon expérience de vieux professeur qu'ayant cette heureuse facilité, il pourrait soutenir longtemps l'effort du professorat. « Oui, me répondit-il ; mais vous ne voyez pas le corset d'acier que j'ai autour de moi quand je suis en chaire. » Ce mot que je me suis souvent rappelé depuis la mort de M. Rigault, est le premier qui m'ait laissé soupçonner que ses succès coûtaient à sa nature. Jusque-là, j'étais comme le public qui, charmé de la brillante facilité de son esprit ne pensait pas que cette facilité était le prix du travail : il donnait le plaisir aux autres, il gardait la peine pour lui.

Le succès de M. Rigault au Collége de France faisait désirer à tout le monde qu'il le continuât; et, comme il ne devait professer qu'une seule année au Collége de France, ses amis cherchaient de quelle manière il pourrait avoir la parole à la Sorbonne. Une occasion se présentait. M. Nisard, désirant se faire suppléer dans sa chaire d'éloquence française, offrait avec beaucoup de bienveillance cette suppléance à M. Rigault, et personne ne doutait que l'administration supérieure ne s'empressât de ratifier ce choix. J'avoue, pour ma part, que si j'avais été ministre de l'instruction publique, je me serais mis à la discrétion de M. Rigault pour qu'il fît un cours à la Sorbonne, afin qu'à côté des vétérans de l'enseignement il y eût un jeune et brillant professeur qui fût d'une date et d'une ère nouvelles. Le bon esprit de M. Rouland pensait sans doute tout cela, et personne ne faisait plus de cas que lui du jeune professeur; mais on lui suggéra, j'imagine, qu'il fallait avoir M. Rigault tout entier et l'enlever à ses amis. Le ministre de l'instruction publique lui dit donc qu'il fallait opter entre la suppléance de M. Nisard à la Sorbonne avec d'autres faveurs et la collaboration du *Journal des Débats*. M. Rigault refusa de quitter le *Journal des Débats;* et sa conduite fut d'autant plus noble en cette circonstance qu'il aimait beaucoup le professorat public, et qu'il y avait déjà trouvé de grands succès. Je garde précieusement une belle lettre de M. Rigault me racontant l'audience dans laquelle il déclara au ministre qu'il ne quitterait pas le *Journal des Débats* et qu'il renonçait à monter à ce prix dans une chaire de Sorbonne. Je n'en cite rien, parce qu'elle est tout à fait intime ; mais je prendrai soin qu'à ma mort cette lettre soit remise à Mme Rigault ou à ses enfants. Je ne connais pas de plus beau titre à garder dans une famille.

Au mérite de son sacrifice M. Rigault en ajouta un autre ; il parla fort peu de ce qu'il avait fait ; il en garda seulement le souvenir comme d'un trait de mœurs contemporaines ; mais il n'eut ni rancune personnelle, ni chagrin ; et ceux qui ont cru que la douleur de voir interrompre sa carrière publique de professeur avait contribué à la maladie qui nous l'a enlevé, ceux-là connaissaient mal la fermeté et la sagesse de notre ami. Il avait dans son bonheur domestique de quoi se dédommager de l'injustice momentanée du sort, et dans ses succès, chaque jour plus grands, d'écrivain, de quoi se consoler de n'avoir pas pendant quelque temps les succès du professeur.

Attaché plus intimement au *Journal des Débats*, par le sacrifice même qu'il avait fait pour y rester, et par la libéralité reconnaissante du directeur gérant de ce journal, notre ami M. Éd. Bertin, M. Rigault y acquérait chaque jour plus d'ascendant par son talent et par son caractère. Il avait rajeuni et renouvelé un genre déjà vieux sans être ancien, et l'avait rendu intéressant de frivole qu'il était jusque-là ; je veux parler des chroniques de quinzaine : c'était ordinairement une revue des petites aventures et parfois même des commérages de la vie de Paris. Le *Journal des Débats* s'était longtemps passé de ce genre d'articles. Comme il fallait y recourir pour remplir le vide que fait dans les journaux le défaut de discussions politiques, Rigault introduisit dans la chronique la réflexion morale : grande nouveauté, mais fort judicieuse. C'était, me disait-il un jour, la méthode d'Addison dans le *Spectateur*, et ce qui en fait le charme. Tout se prête, en effet, dans le monde, à la moralité, les petites comme les grandes choses. Il faut seulement que le moraliste ait le talent de proportionner la réflexion au sujet, de ne pas être grave dans les choses frivoles, ou frivole dans les choses graves. Molière dit dans la *Critique de l'École des femmes* que c'est une étrange entreprise que celle de faire rire les honnêtes gens, c'est à dire les gens bien élevés; c'est une entreprise aussi difficile de faire qu'ils prennent plaisir à la morale.

Rigault, dans sa chronique, réussissait à merveille dans cette entreprise, quand il fut frappé tout à coup de la maladie qui nous l'a enlevé au bout de deux mois à peine. Pendant ces deux mois, nous n'avons eu aucune idée, hélas ! du chagrin qui nous était réservé. Nous étions rassurés par la vitalité qui éclatait sans cesse dans son âme et dans son esprit, et qu'il n'a perdue que quelques heures avant sa mort. Aussi cette mort a-t-elle eu pour nous tout l'effroi d'un malheur imprévu. Quelle douleur générale! quels sincères regrets! Quels témoignages nous en avons vus et nous en voyons encore chaque jour! A Évreux, quel concours touchant d'amis venus de Paris pour rendre un dernier hommage à une mémoire chérie! Il y avait là plusieurs générations d'universitaires, de vieux professeurs, d'autres que d'honorables scrupules de conscience ont séparés de leur chaire au grand regret de leurs auditeurs; beaucoup de jeunes maîtres; tous, jeunes et vieux, animés des idées et des sentiments de Rigault, unis par la douleur de sa perte; et j'avoue que voyant cette généreuse élite, dont Rigault était un des chefs, se presser autour de sa tombe, je sentais, à travers mon chagrin, un sentiment de fierté universitaire. Je sentais quel honneur et quelle force c'était que d'appartenir à un corps où Rigault était si bien compris, où il était tant estimé, tant aimé et tant pleuré. Je me disais même auprès de cette tombe ouverte, où descendait un des meilleurs de cette généreuse et savante jeunesse, qu'il fallait encore espérer dans l'avenir, que ceux qui savaient ainsi pleurer leur ami mort, sauraient aussi imiter sa vie; que si un jour venait, où le pays eut besoin de retrouver sa force morale, il y aurait là des âmes qui pourraient la lui rendre; et qu'enfin si aujourd'hui les circonstances manquent aux hommes, les hommes plus tard ne manqueraient pas aux circonstances. Un seul, hélas, manquera alors, qui ayant péri au commencement de la lutte, n'aura que sa mémoire de présente au triomphe; mémoire toujours chère et toujours vivante dans les cœurs qui, au moment où je parlais, tressaillaient avec moi sur sa tombe.

Saint-Marc Girardin.

HISTOIRE
DE LA QUERELLE

DES ANCIENS ET DES MODERNES

A

M. S. DE SACY

UN DES QUARANTE DE L'ACADÉMIE FRANÇAISE

HOMMAGE

DE RESPECTUEUSE AMITIÉ

AVANT-PROPOS

DE L'HISTOIRE DE LA QUERELLE

DES ANCIENS ET DES MODERNES.

« On a longtemps, dit Grimm dans ses *Mémoires*, disputé en France sur la prééminence des anciens et des modernes, et il n'en est pas resté un bon livre. La dispute sur la préférence des auteurs est ordinairement une marque de la frivolité des esprits; elle ressemble à ces tracasseries d'étiquette qui s'élèvent dans les fêtes publiques où chacun se dispute le pas [1]. »

A l'appui de ce jugement, Grimm cite une anecdote racontée par le pape Benoît XIV au cardinal de Rochechouart, ambassadeur de France, que le saint-père voyait un jour entrer chez lui l'œil triste et le visage fort allongé : « Eh bien ! qu'y a-t-il, monsieur l'ambassadeur ? — Je viens de recevoir la nouvelle, répond celui-ci en soupirant, que Mgr l'archevêque de Paris est de nouveau exilé. — Et toujours pour cette bulle ? demande le pape. — Hélas! oui, saint-père. — Cela me rappelle, reprend le pontife, une aventure du temps de ma légation à Bologne. Deux sénateurs prirent querelle sur la prééminence du Tasse sur l'Arioste. Celui qui tenait pour l'Arioste reçut un bon

---

1. *Mémoires de Grimm*, t. IV, p. 104.

coup d'épée dont il mourut. J'allai le voir dans ses derniers moments : « Est-il possible, me dit-il, qu'il « faille périr dans la force de l'âge pour l'Arioste que « je n'ai jamais lu? Et quand je l'aurais lu, je n'y au- « rais rien compris, car je ne suis qu'un sot. »

Je suis de l'avis de Grimm et de Benoît XIV. Disputer sur la prééminence de l'Arioste ou du Tasse, c'est folie. Ces controverses sont interminables. On croit disputer sur la supériorité de génie d'un écrivain; on ne dispute au fond que sur la supériorité de son propre goût. C'est notre préférence que nous voulons faire prévaloir. Or, une préférence, c'est une affection, et les affections ne se discutent pas comme les idées. C'est donc une entreprise chimérique d'assigner des rangs aux grands hommes, comme dans un concours; et si la querelle des anciens et des modernes n'avait eu d'autre objet que de décider si Eschyle l'emporte sur Corneille, ou Racine sur Euripide, elle aurait peut-être égalé en durée celle des partisans de l'Arioste et des partisans du Tasse; mais les plus célèbres écrivains de deux grands siècles, en Italie, en France et en Angleterre, ne s'y seraient pas mêlés; elle n'aurait pas produit dans des langues diverses des ouvrages si nombreux, et quoi que dise Grimm, si intéressants.

C'est qu'en effet la querelle des anciens et des modernes n'est pas une frivole question de préséance. Au fond du débat il y avait une idée philosophique, une des plus grandes qui puissent être proposées à l'esprit humain, parce qu'elle intéresse la dignité de sa nature, l'idée du progrès intellectuel de l'humanité. Il y avait une idée littéraire corrélative, l'idée de l'indépendance du goût et de l'émancipation du génie moderne, affranchi de l'imitation des anciens. Ces deux idées, sans doute, n'éclatent pas dès le commencement de la querelle, et même, après qu'elles sont venues éclairer le débat, elles semblent parfois s'éclipser, et laissent retomber la discussion dans les subtilités obscures d'un problème d'école. Mais le spectacle de ces vicissitudes est une leçon. Il nous enseigne avec quelle lenteur les idées s'avancent dans le monde, il nous montre les obstacles qu'elles trouvent dans les passions humaines et dans la routine, l'irrégularité de leur itinéraire, leurs vives saillies en avant, leurs brusques retours en arrière : en un mot, cette histoire de l'idée philosophique du progrès, cheminant pour ainsi dire incognito, à couvert sous une discussion littéraire, jusqu'à ce qu'elle puisse marcher librement et au grand jour, nous apprend la manière dont procède l'esprit humain par un exemple tiré de l'opinion de l'esprit humain sur sa propre nature. J'essaye de retracer cette histoire : je suivrai le développement de l'idée de progrès dans la querelle des anciens et des modernes, jusqu'au dénoûment de la discussion par la réconciliation des deux partis, jusqu'au moment où l'idée de progrès passant des mains de la littérature, qui l'a longtemps abritée et nourrie, dans celles de la philosophie qui l'émancipe, se produit, combat et s'impose en son propre nom. On pardonnera, je l'espère, à ce récit, des lenteurs qui sont l'image de la lente formation de l'idée dont j'ai voulu tracer le développement : la rapidité aurait été, ce me semble, un défaut de couleur locale, un désaccord avec mon sujet. Je m'estimerais heureux si, à l'attrait élevé qu'un point de vue philosophique communique à une question littéraire, pouvait s'ajouter l'intérêt que des recherches nouvelles donnent à un sujet connu. La phase italienne et la phase anglaise de la querelle des anciens et des modernes n'avaient presque jamais attiré l'attention de la critique, et même dans la période française, souvent étudiée, il restait non pas sans doute des découvertes à faire, je n'ai pas eu cette ambition, mais des détails oubliés à remettre en vue. Enfin l'avantage des discussions, c'est qu'elles révèlent non-seulement l'esprit, mais l'âme des hommes ; et comme les plus grands écrivains de nos deux plus grands siècles ont pris part à la querelle des anciens et des modernes, peut-être trouvera-t-on dans le rôle qu'ils y ont joué quelques traits curieux, qui complètent l'idée que nous avons de leurs caractères, et nous font connaître les mœurs littéraires d'autrefois.

Quant à la division de l'ouvrage, elle se présentait naturellement. Il y a dans la querelle des anciens et des modernes trois périodes marquées : la première période française au xviie siècle, avec Desmarets, Perrault et Boileau ; la période anglaise avec Temple, Boyle, Wotton et Bentley ; enfin la seconde période française au xviiie siècle, avec La Motte, avec Mme Dacier. J'ai divisé mon histoire en trois parties, qui correspondent à chacune de ces périodes. C'est la succession même des faits qui a dicté cette division.

HISTOIRE DE LA QUERELLE

DES ANCIENS ET DES MODERNES.

PREMIÈRE PARTIE.

PRÉLIMINAIRES. — PREMIÈRE PÉRIODE DE LA QUERELLE EN FRANCE.

CHAPITRE PREMIER.

De l'idée de progrès dans l'antiquité. — *Dialogue des orateurs.*

Deux esprits se partagent le monde, l'esprit ancien et l'esprit nouveau, tous deux légitimes, car ils correspondent à deux besoins réels de l'humanité, la tradition et le progrès. La tradition, on ne la respecte pas toujours, mais on ne doute pas de son existence; c'est un ensemble d'idées admises et de faits accomplis, et l'on ne peut nier ni le passé ni l'histoire. Le progrès, on en conteste souvent la réalité, on le prend pour un rêve, parce que c'est à la fois un jugement porté sur le passé, discutable comme tous les jugements, et une espérance dans l'avenir, que l'avenir peut tromper, comme toutes les espérances. Mais le progrès n'est pas un rêve, c'est une vérité. J'en crois ce consentement unanime et cette voix universelle de l'opinion qui le proclament et l'appellent dans toute l'étendue de l'univers. J'en crois ce désir de perfection que Dieu a mis en nous, involontaire comme la conscience, fervent comme une religion, et qu'il n'a pas mis en vain ; car Dieu n'est pas un méchant Dieu, qui leurre les hommes par de faux amours et de faux espoirs. J'en crois l'infirmité même et la bassesse de nos commencements : ils attestent que nous sommes nés pour grandir; car les œuvres des animaux sont parfaites au premier jour comme au dernier, et les abeilles de notre temps ne font pas un miel plus pur que les abeilles d'Aristée. J'en crois le spectacle de la création. Qu'est-ce que la création en effet, sinon l'image même et le théâtre du progrès ? Le progrès n'est-il pas partout dans la hiérarchie des êtres, depuis le métal jusqu'à la plante, depuis la plante et les animaux jusqu'à l'homme? N'est-il pas dans la destruction même de l'homme, et dans ce passage de la terre au ciel qu'on appelle la mort? J'en crois enfin le spectacle de l'histoire, et ces milliers d'années écoulées, depuis que Dieu a fait luire la lumière; car l'humanité ne saurait avoir dissipé inutilement des trésors de vertu, de force et de génie, comme un vieil enfant qui meurt sans avoir vécu. J'en crois l'Évangile et le précepte divin du Christ : « Soyez parfaits comme votre Père céleste est parfait. » C'est là, en effet, l'ordre que Dieu a donné au monde : marcher à la perfection. C'est vers ce but mystérieux qu'à travers mille incertitudes et mille retours, à travers les nuages de sa destinée, parmi les luttes sanglantes des intérêts, des passions et des idées, s'avance l'univers, qui s'agite, mais que Dieu mène. Qu'est-ce que l'histoire, sinon cette lutte éternelle de l'esprit ancien et de l'esprit nouveau, dont la fin est le progrès? Le monde s'est toujours divisé en deux grands partis : celui de l'avenir, qui veut s'élancer en avant, à la poursuite des conquêtes, dût-il glisser et tomber en chemin, et celui du passé, qui s'obstine dans l'immobilité, de peur d'un faux pas sur des routes inconnues. La plupart des révolutions que raconte l'histoire sont les batailles rangées de ces deux forces d'entraînement et de résistance. Le progrès finit toujours par triompher, mais au prix de quels efforts et de quels sacrifices ! Les témoins de la lutte, c'est-à-dire les sages qui veulent que l'humanité marche, mais sans courir, comptent tristement les morts illustres, hommes, idées ou institutions, qui tombent dans la mêlée et gisent sur le champ de bataille. Mais les sages, depuis Adam, sont en minorité. Qui peut prévoir quand ils seront les maîtres, et feront prévaloir dans le monde l'équilibre de leur sagesse? Qui sait quand ils réconcilieront l'esprit ancien avec l'esprit nouveau? Qui sait quand ces deux forces réunies enfanteront cette merveille d'un progrès hardi et raisonnable qui s'avancera, paisible au milieu des abîmes, à la conquête de l'avenir?

Cet avenir lui-même, quel est-il? Est-ce un empire illimité comme l'ambition de l'homme? Par ce terme vague de progrès, que faut-il entendre? Il importe de définir le mot, dans l'intérêt même de la chose, que l'on rend presque toujours responsable de l'abus qu'on fait du mot. On est tenté de contester le progrès, en voyant ceux qui le proclament ne pas attacher tous un sens précis, ni le même sens, à leur expression favorite. Aussi voudrais-je marquer la signification que je donne au terme, pour limiter l'étendue que je donne à l'idée. Qu'est-ce donc que le progrès? Pour prendre la formule des théoriciens d'aujourd'hui, est-ce la perfectibilité indéfinie, continue, universelle? Dieu a-t-il étendu sous les pas de l'homme une carrière de perfection sans limites? A-t-il imprimé à l'humanité un mouvement qui ne s'interrompt pas, comme aux sphères innombrables que sa main a lancées dans l'espace? Un progrès sourd et inaperçu ne se cache-t-il pas même au fond des temps obscurs que notre courte vue prend pour des décadences? Les deux moitiés de la création, la nature et l'homme, la matière et l'esprit, sont-elles également perfectibles? Je l'ignore; je ne sais si le progrès est universel et continu, et le mot de perfectibilité indéfinie épouvante mon humilité. Il rapproche trop la terre du ciel; il ressemble trop à la promesse du serpent : « Vous serez semblables à des dieux. » N'engageons pas à ce point l'avenir. Le progrès, tel que je l'entends ici, c'est le progrès intellectuel de l'homme, celui dont il est question dans la querelle des anciens et des modernes, et le seul dont je m'occupe dans ce travail. Mais je crois aussi au progrès moral et au progrès matériel de l'humanité. Tous deux découlent du premier : car, en perfectionnant son esprit, l'homme perfectionne son âme, et il améliore sa condition sur la terre. Tous deux sont inséparables : car, si l'homme ne commence pas par se perfectionner lui-même, tous ses efforts sont vains pour rendre plus heureux son passage à travers la vie. En un mot, le perfectionnement intellectuel de l'homme est la condition de son perfectionnement moral, et celui-ci est la condition de son bonheur. Le progrès n'existe que si l'on ne sépare pas le bien du vrai ni de l'utile, ou, selon la poétique image de Platon, si l'on ne pousse pas l'esprit en avant, en laissant l'âme se traîner en arrière ; sinon, pendant que le bon coursier s'élance et que le mauvais regimbe et s'arrête, le char se brise, et l'homme tombe du haut des cieux.

Voilà tout ce que j'ose affirmer sur le progrès ; et ceux-là seuls, je le crains, affirment davantage, qui prennent les vœux de leur cœur ou les rêves de leur imagination pour les théorèmes d'une science qui n'est pas née. La science du progrès n'existe pas encore. Le progrès est une loi, la loi suprême de l'humanité. Cette loi existe, nous le savons;

mais sa formule nous échappe. C'est le secret de Dieu : il ne s'atteint pas au premier effort. Que d'infinis degrés l'histoire a dû gravir avant de s'élever jusqu'au point de vue philosophique ! Elle a monté lentement du récit des faits à l'étude des institutions et des mœurs, des institutions et des mœurs à la succession des idées humaines ; et pour achever ce trajet, il lui a fallu non des jours, mais des années, mais des siècles : car ce développement de l'histoire est subordonné à celui de l'esprit humain, et les révolutions générales de l'esprit humain, selon la remarque profonde de Jouffroy [1], se composent d'une foule de révolutions partielles des sociétés et des individus, dont chacune est longue à s'accomplir.

L'histoire est parvenue, par son alliance avec la philosophie, à embrasser la succession des idées humaines. Il lui reste à s'élever jusqu'à la loi qui gouverne cette succession, c'est-à-dire jusqu'au terme où elle cessera d'être l'histoire, simple exposé des phénomènes et des causes secondes, pour être la science, l'explication définitive de la cause suprême. Mais quel intervalle d'ici là ! Que de labeurs ! Que de siècles ! Et cependant combien de téméraires croient tenir dans leurs mains ces tables de la loi, gravées par la Providence ! Combien, confondant leurs systèmes avec des révélations descendues d'en haut, se vantent de posséder le secret de la vie humaine et s'offrent pour guides au genre humain ! De même qu'il existe des rétrogrades enracinés dans le passé, des antiquaires de l'esprit, qui haïssent toutes les choses nouvelles, et qui font pieusement collection des vieilles idées, comme d'autres de vieux vases ou de vieilles armes, il existe des utopistes pour qui le monde ne date que d'hier, de Condorcet ou de Saint-Simon, et qui brisent avec mépris la tradition, cette chaîne d'or qui unit les générations depuis l'enfance du monde, et suspend la

1. *Mélanges historiques.* Réflexions sur la philosophie de l'histoire.

terre au trône de Jupiter. Ils veulent reconstruire un nouvel univers, et ils ne voient pas que ces débris dédaignés du passé sont les matériaux de l'avenir! semblables à ces enfants dont parle Ésope, qui s'élevaient dans des corbeilles sur les ailes des aigles, avec des truelles, pour bâtir une tour, mais à qui manquaient les pierres et le ciment.

L'utopie et la routine, voilà le double écueil de l'esprit nouveau et de l'esprit ancien. Les plus grands hommes n'ont évité ni l'un ni l'autre. Les philosophes, du moins ceux qui ne s'enchaînent pas au dogme de la fatalité, se rangent volontiers, et souvent sans réserve, du côté de l'esprit nouveau. Platon, dans un chef-d'œuvre mêlé de chimères et de vérités admirables, la *République*, a nonseulement marqué le but que la société doit poursuivre si elle veut être meilleure et plus heureuse; mais il lui a tracé son chemin, et c'est une peine qu'il n'aurait pas prise s'il avait cru l'homme condamné à l'immobilité ou à la décadence. En suivant dans leurs études le développement de la science, Aristote[1] et Cicéron ont conçu la pensée du progrès; quelquefois même Cicéron l'exprime comme l'exprimerait un moderne. M. Villemain a signalé cette belle pensée de la *République* : « Si la plus noble ambition de l'homme est d'accroître l'héritage de l'homme; si toutes nos pensées et toutes nos veilles ont pour but de rendre cette vie plus sûre et plus brillante ; si c'est là l'inspiration, le vœu, le cri de la nature, suivons cette route que les plus grands hommes nous ont tracée[2]. » On trouve rarement chez les anciens, ajoute M. Villemain, cette espérance de perfectionnement, et surtout ce vœu du perfectionnement général de l'espèce humaine. On les trouve cependant,

---

1. Aristote, *Métaphysique*, liv. II, et *Politique*, liv. II, chap. v.
2. Cicéron, *République*, liv. Ier, chap. II. Voy., sur les origines de l'idée de progrès dans l'antiquité, une thèse remarquable présentée par M. Javary à la Faculté des lettres de Paris. (*De l'idée de progrès*, Paris, 1851.)

et dans les poëtes, aussi bien que dans les philosophes. Les poëtes ont presque tous chanté la fable des quatre âges; mais l'idée du progrès s'éveille en eux, quand, au lieu d'écouter la mythologie, ils contemplent l'homme, qui, jeté faible et nu dans le monde, devient par son industrie le roi de la nature. Qui ne se rappelle les beaux vers de Lucrèce? Cet enfant, ce naufragé jeté sur le rivage par la colère des flots, grandira dans la souffrance; il fécondera la terre, il bâtira des villes, il construira des vaisseaux, il fera des lois, il inventera les arts. Le cinquième livre du poëme de la *Nature* est la peinture épique des progrès de l'esprit humain.

Mais les poëtes satiriques et les moralistes, qui présentent le miroir aux vices des humains, prennent aisément le parti du passé, qui leur sert à humilier le présent. Chez les Athéniens, le représentant le plus décidé et le plus spirituel de l'esprit ancien, c'est Aristophane. Dans ces comédies exquises et cyniques qui transportaient le peuple d'Athènes et qui charmaient Platon, il attaque partout l'esprit nouveau, en politique, en philosophie, en littérature, et frappe avec une injuste égalité de violence Cléon, Socrate et Euripide. A Rome, quand Horace parle au nom de la critique littéraire, il défend la cause des modernes, où sa gloire est intéressée; mais Horace moraliste a pour devise :

> Ætas parentum, pejor avis, tulit
> Nos nequiores, mox daturos
> Progeniem vitiosiorem[1].

Molière se raille parfois de l'esprit ancien; c'est un per-

---

1. Horace, ode VI, liv. III.
> Nos pères n'avaient plus ces vertus des vieux âges,
>   Orgueil du siècle d'or;
> Et bientôt leurs enfants, race plus criminelle,
> Légueront à la terre une race nouvelle
>   Plus sacrilége encor.
>   (Traduction de M. Anquetil.)

sonnage ridicule qu'il charge de soutenir une thèse contre les circulateurs. Mais le plus souvent il loue nos pères à nos dépens. On composerait un volume entier, si l'on recueillait toutes les comparaisons établies, depuis la publication du premier livre, entre le présent et le passé, au préjudice du présent ; ou plutôt, le volume existe, écrit de main de maître, dans les œuvres d'Henri Estienne. Qu'on lise le tome Ier de l'*Apologie d'Hérodote*. Il renferme une longue liste de passages grecs, latins et français, où sont consignés fidèlement les regrets donnés de temps immémorial par tous les écrivains aux siècles passés qu'ils n'ont pas connus[1]. Il y a des accusations contre le genre humain qui se reproduisent d'âge en âge ; par exemple, celle de préférer l'argent à tout. Chaque génération semble se la réserver à soi-même, comme un symptôme spécial de corruption toujours croissante, et il est évident, par la continuité même du reproche, que le délit remonte à l'invention de la monnaie. On ne croirait pas que certaines critiques adressées à notre époque, et qui, par leur frivolité, semblent caractéristiques et nouvelles, sont vieilles au moins de trois cents ans. En 1548, s'il faut en croire les contes d'Eutrapel, maître Anselme, un prud'homme, se plaint grièvement que les jeunes gens ne savent plus être aimables et « danser au son du tambourineur[2]. » Chaque siècle se fait ainsi son procès, et le siècle suivant se charge de le justifier, en le prenant pour terme honorable d'une comparaison avec lui-même, où il donne modestement l'avantage à son aîné. C'est ce penchant éternel de l'esprit humain qui faisait dire à Montesquieu[3] : « Horace et Aristote nous ont déjà parlé des vertus de leurs pères et des vices de leur temps, et les auteurs, de siècle en siècle,

---

1. Voir les chap. IV, V et suivants. — 2. *Contes d'Eutrapel*, par Noël du Fail, chap. II, *de la Diversité des temps*, et chap. XXII, *du Temps présent et passé*. — 3. Montesquieu, *Pensées diverses*.

nous en ont parlé de même. S'ils avaient dit vrai, les hommes seraient à présent des ours[1]. »

Heureusement l'idée de progrès sert de contre-poids à celle de décadence, et son origine ne remonte guère moins haut. Elle existait, nous l'avons vu, chez les anciens. Sans doute, elle n'était pour eux ni complète, ni bien définie. Ils l'expriment rarement avec précision, et elle ne paraît avoir exercé, comme on l'a dit[2], qu'une faible influence sur l'ensemble de leurs opinions. Les anciens ne distinguaient pas et affirmaient moins encore toutes les sortes de progrès dans lesquelles se subdivise pour nous la notion de progrès en général. Surtout, ils s'élevaient rarement à l'idée de la vie collective de l'humanité, dans un but final marqué par la Providence. Quelques grands esprits seulement, parmi eux, ont aperçu le lien qui unit les sociétés entre elles, porté leurs regards au delà de la cité, et considéré dans l'homme, comme dit Cicéron, le *civem totius mundi*, le citoyen de l'univers[3]. La plupart des anciens étudient individuellement chaque société; un peuple est pour eux un homme qui a son enfance, sa jeunesse, sa virilité, sa vieillesse. L'idée antique, c'est celle de Florus divisant en quatre âges la vie du peuple romain[4]. Mais, je le répète, l'idée de progrès, j'entends de progrès intellectuel, n'est pas étrangère à l'antiquité, non plus que l'idée de la décadence de

---

1. Un jour que La Harpe vantait, devant le prince de Ligne, la politesse de la cour de Louis XIV, le prince, qui partageait sans doute l'avis de Montesquieu, lui cita ces vers de Régnier-Desmarais, né en 1632 et mort en 1713 :

Qu'une dame entre, on lui tourne le dos,
On s'émancipe en de libres propos,
Et lui marquer la moindre politesse
Passe auprès d'eux pour un air de vieillesse.

Voy. les *Mélanges* du prince de Ligne, t. XXVII, p. 13.

2. *De l'idée de progrès*, par M. Javary, p. 14.
3. Cicéron, *De legibus*, XXII et XXIII.
4. Florus, *Epitome rerum Romanarum*, lib. I, cap. I.

l'esprit humain. Qu'on affirme avec Nestor que les hommes étaient plus éloquents autrefois qu'aujourd'hui, ou avec Aristote qu'ils sont plus savants aujourd'hui qu'autrefois, on témoigne par cette double affirmation que les deux idées corrélatives de la décadence et du progrès intellectuels existent déjà dans l'esprit humain.

Il semble, dès lors, que la question de la préséance des anciens ou des modernes aurait dû se poser bien tôt dans l'antiquité. Mais rien n'est plus lent qu'une idée à se développer et à produire ses conséquences. Aussi admire-t-on, en étudiant l'histoire, la vieillesse d'une foule d'idées longtemps réputées neuves. Que d'écrivains, qui se donnent pour des inventeurs et des hommes nouveaux en littérature, ont une généalogie ignorée, qui se perd dans la nuit des temps! Que de découvertes ne sont que des recouvrements! Plus une idée est vraie, conforme à la nature de l'esprit humain, et intéressante pour lui, moins elle a de date certaine. On la trouve, on la perd, on la retrouve après l'avoir perdue. Des années s'écoulent avant qu'elle porte ses fruits. La propriété de l'aimant de se diriger vers le nord était connue plus d'un siècle avant qu'on inventât la boussole. Le germe du *Cogito, ergo sum*, est dans saint Augustin [1]. En général, ce ne sont pas les mêmes hommes qui posent un principe et en déduisent les conséquences, qui font une découverte et qui savent l'appliquer. Dieu a divisé les aptitudes et le travail. L'esprit spéculatif et l'esprit de pratique et d'exécution sont rarement réunis dans un même peuple, comme dans un même individu. Il y a des peuples de génie qui inventent, et des peuples hommes d'affaires qui exécutent; il y a des penseurs qui découvrent,

---

1. Plusieurs passages dans saint Augustin semblent contenir l'idée du *Cogito*, quoique Descartes se soit défendu de le lui avoir emprunté. Voy. saint Augustin, liv. XII, chap. XXVI, *de la Cité de Dieu*, et les *Soliloques*, II, I, III.

et des habiles qui appliquent la découverte, et souvent ne l'exploitent qu'à leur profit. Derrière un Colomb, qui devine un monde, il y a presque toujours un Améric Vespuce qui s'y installe et qui lui donne son nom. De même, longtemps après que des écrivains ont semé des idées, arrivent des moissonneurs qui recueillent le blé mûr, et qui souvent s'imaginent avoir déposé le grain dans le sillon. Byron disait, en exagérant cette vérité, qu'il n'y a pas d'écrivain original, et qu'on est toujours le plagiaire de quelqu'un. Et il ajoutait : « Gœthe, qui croit son Faust original, a pris pour le faire un membre à Marlowe et un membre à Shakspeare ; et, moi aussi, j'aurai bientôt des commentateurs qui viendront disséquer mes pensées, et sauront trouver qui les réclame[1]. »

Si les écrivains du xvıı^e siècle, qui crurent commencer la querelle des anciens et des modernes, s'étaient cherché des aïeux, ils se seraient formé toute une famille, en remontant assez haut dans l'antiquité. La question, en effet, avait été déjà débattue, sous des formes différentes, et avec moins de généralité : en Grèce, comme le remarque M. Burnouf, entre les partisans de Démétrius de Phalère et ceux d'une éloquence plus saine et plus virile ; en Italie, entre les vrais et les faux attiques[2]. Du temps de César, on regrettait déjà l'âge d'or de la littérature latine, et Saint-Évremont a pu dire : « Ce que nous voyons de Térence, ce qu'on disait à Rome de la politesse de Scipion et de Lélius, ce que nous avons de César, ce que nous avons de Cicéron, la plainte que fait ce dernier sur la perte de ce qu'il appelle *Sales*, *Lepores*, *Venustas*, *Urbanitas*, *Amœnitas*, *Festivitas*, *Jucunditas*, tout cela me fait croire, après y avoir mieux pensé, qu'il faut chercher en d'autres temps que

1. *Conversations de Byron*, par Medwin, t. I, p. 237.
2. Burnouf, *Tacite*, t. I, Introd., p. 28.

celui d'Auguste le bon et agréable esprit des Romains, aussi bien que les grâces pures et naturelles de leur langue[1]. » Sous Auguste, les anciens poëtes avaient leur parti qui dénigrait les nouveaux; mais, si nous en jugeons d'après le témoignage même d'Horace[2], ce mépris était moins la conséquence d'une théorie littéraire que le calcul habituel de l'envie, qui exalte les morts pour abaisser les vivants[3]. Quelquefois aussi la question qui se débat est plutôt celle de la suprématie de tel ou tel genre, comme au temps de Démétrius de Phalère, que celle de la prééminence de telle ou telle époque. La dispute que Lucien raconte dans sa spirituelle satire : *Le Maître des rhéteurs*, ce n'est pas la dispute des anciens et des modernes, c'est plutôt celle de la littérature facile et de la littérature difficile. Lucien trace une peinture charmante des deux écoles : l'une qui recommande l'étude des vieux auteurs, l'imitation des maîtres, les veilles et le travail; l'autre qui prêche ce qu'on pourrait nommer l'éloquence aisée, et dont voici la recette pour donner du talent aux médiocrités qui n'en ont pas : beaucoup d'ignorance, encore plus de hardiesse, un costume particulier, l'emploi des mots très-vieux ou très-nouveaux, le mépris affiché des métaphores classiques; dire que Démosthène n'a pas de grâce et que Platon est froid; prendre des poses en public; s'entourer de bons amis qui applaudissent fort; se donner quelques vices, si

---

1. Saint-Évremond, t. III, p. 44, *du Choix des livres*. — 2. Horace, ép. I, liv. II.

3. Phèdre parle de certains artistes de son temps qui, spéculant sur cet engouement public pour l'antiquité, inscrivaient sur leurs ouvrages les noms de Praxitèle et de Myron, pour en augmenter le prix :

> Ut quidam artifices nostro faciunt sæculo,
> Qui pretium operibus majus inveniunt novis,
> Si marmori adscripserunt Praxitelen suo,
> Myronem argento....   (Lib. V, *Prologus*.)

Cette ruse a été souvent renouvelée. On connaît l'histoire du *Cupidon* de Michel-Ange, et la leçon que le grand sculpteur donna aux Romains.

l'on a le malheur de n'en pas avoir, afin d'intéresser les femmes, à qui la mauvaise renommée ne déplaît pas : voilà le secret infaillible de passer pour un grand orateur. Ne croirait-on pas lire notre histoire d'il y a vingt-cinq ans, racontée par un témoin de nos folies[1]?

Mais ce n'est pas la suprématie de tel ou tel genre de littérature, c'est la question même de la préséance des anciens ou des modernes qu'aborde l'auteur du *Dialogue des orateurs*. Messala, l'un des personnages du dialogue, est l'avocat des anciens; Aper, celui des modernes; chacun d'eux prononce un plaidoyer véritable devant Maternus, l'arbitre du débat. Aper, le premier, prend la parole. Il est beau d'honorer les anciens. Mais à qui ce nom convient-il? Combien faut-il d'années pour faire un ancien? Cicéron est un ancien à l'égard d'Aper et de Maternus; c'est un moderne à l'égard de Démosthène, moderne lui-même à l'égard de Nestor. L'argument d'Aper, emprunté, comme on sait, à Horace, veut faire aboutir le débat à un non-sens[2]. Je m'étonne seulement que l'auteur du *Dialogue des orateurs*, quel qu'il soit, se dispense de citer le nom du poëte qui lui fournit son argument, à moins qu'un partisan des modernes ne craigne de commettre une inconséquence en invoquant l'autorité d'un ancien[3].

1. On pourrait citer encore d'autres écrivains qui ont comparé, en passant, le goût littéraire du présent à celui du passé. Sénèque le rhéteur, au début de ses Controverses, déclare que depuis Cicéron l'éloquence a dégénéré (t. I, p. 56, éd. Lemaire). Pline le jeune, au contraire, faisant l'éloge de Verginius Romanus, se plaint de ce penchant à n'admirer que le passé, comme si, dit-il, la nature fatiguée ne pouvait plus rien produire de beau : *Neque enim quasi lassa et effeta natura, ut nihil jam laudabile pariat* (lib. VI, ep. xxi). Martial a combattu le même travers dans une épigramme rappelée au xviie siècle, et traduite par Perrault (Martial, épig. x, liv. V; Perrault, *Parallèle*, t. I, p. 19), etc., etc. Il ne convient d'insister que sur le *Dialogue des orateurs*, où la question est abordée *ex professo*.

2. Horace, ép. ii, liv. II.

3. Horace pouvait à la rigueur passer pour un ancien aux yeux de l'au-

Un autre argument d'Aper, c'est qu'en admettant qu'il y ait des anciens, rien ne prouve que l'ancienneté soit une supériorité. Le goût change avec le temps ; mais changer, ce n'est pas se pervertir. Les formes de l'éloquence varient, et cette variété peut être un progrès aussi bien qu'une décadence. Mais la malignité humaine ferme les yeux sur les mérites du présent et sur les défauts du passé. Les plus parfaits parmi les anciens n'ont-ils pas d'imperfection ? Ici se place le jugement célèbre sur Cicéron, dont Montaigne a imité et exagéré la rigueur, rigueur naturelle peut-être chez l'écrivain gascon, qui aime le trait vif et concis, et qui chérit Sénèque ; mais étrange dans le dialogue latin, dont l'auteur imite sans cesse le style cicéronien qu'il condamne.

Aper termine son discours par l'éloge des orateurs de son temps, notamment de Maternus et de Julius Secundus, dont le talent témoigne assez que la décadence moderne dont on se plaint est une illusion des esprits chagrins ou des envieux. Il n'y a pas de décadence ; il n'y a pas d'anciens ; il n'y a pas de modernes. Voilà le plaidoyer d'Aper. C'est à la fois un déclinatoire et une satire pleine de verve et de passion contre Cicéron et les écrivains du passé, à tel point que Maternus ne consent pas à reconnaître dans une philippique si vive la vraie pensée d'Aper[1]. Il s'amuse, dit-il, à contredire. C'est un rôle qu'il s'est donné.

Messala, l'orateur des anciens, se passionne moins et raisonne davantage. Il ne s'arrête pas à ce qu'il appelle « la controverse du nom, » c'est-à-dire à la question de savoir le sens de ce titre : ancien, et le nombre d'années néces-

---

teur du *Dialogue*, qui, dit-il, assista à la conversation qu'il raconte, étant très-jeune encore ; *admodum juvenis*, vers la 6ᵉ année du règne de Vespasien, c'est-à-dire vers la 75ᵉ de notre ère.

1. *Quam copiose et varie vexavit antiquos*, dit Maternus (chap. XXIV), et il ajoute : *Ne ipse quidem ita sentit, sed, more veteri et a vestris philosophis sæpe celebrato, sumpsit sibi contradicendi partes.*

saire pour y avoir droit. Qu'on nomme nos devanciers des anciens, ou nos aînés, ou nos pères, qu'importe, pourvu que l'on avoue qu'ils ont été plus éloquents que leur postérité? Sans doute, Aper l'a dit, l'éloquence peut revêtir des formes diverses, et le bien admet la variété; mais la variété se trouve aussi dans le mal. Ici, Messala ne se borne pas à peindre la décadence de son temps; mais, selon le plan indiqué par Maternus, il en recherche les causes. Au fond, il n'en indique qu'une : la décadence de l'éducation dans la famille et dans les écoles publiques. Mais il existe, on le sait, dans le discours de Messala, une assez longue lacune. Nous n'avons ni la fin de ce discours, ni le commencement de celui de Maternus, et, tout en admirant l'effort ingénieux de Brotier pour suppléer ce qui nous manque, je ne saurais conjecturer, comme lui, les arguments disparus de Messala[1]. Quant au discours de Maternus, l'idée principale qu'il renferme, c'est que de toutes les causes qui contribuent à la grandeur ou à la décadence de l'éloquence, la plus directe et la plus puissante, c'est l'état des institutions politiques et des mœurs. Sénèque avait déjà développé l'idée résumée de nos jours par un mot célèbre : la littérature est l'expression de la société; il avait admirablement prouvé que les lettres subissent l'influence des mœurs publiques, et reçoivent le contre-coup de leur décadence[2]. Maternus, étendant cette observation aux institutions politiques, montre comment, chez un peuple, la chute de la liberté entraîne celle de l'éloquence, et il trouve, pour décrire cette double ruine, des accents que Longin n'a pas affaiblis en les imitant[3]. L'éloquence est en décadence à Rome, parce que la forme du gouvernement a changé.

---

1. *Supplementum Dialogi de oratoribus*, auctore Gabriel Brotier. Tacite, éd. Naudet.
2. Sénèque, lettre CXIV.
3. Longin, *Du sublime*, sect. XLIV, éd. de M Egger.

L'orateur n'a plus la place publique pour théâtre et le peuple romain tout entier pour auditeur. Il n'a ni Milon à défendre, ni Verrès à poursuivre, ni Catilina à chasser de Rome, ni Antoine à flétrir. Rome, pacifiée et soumise, ne peut être la Rome éloquente de la république et des guerres civiles. L'éloquence est une flamme ; c'est en brûlant qu'elle éclaire. Admirable leçon pour les peuples qui voudraient à la fois la gloire et le repos! Nul ne peut, dit Maternus, cumuler la gloire et le repos ! *Nemo eodem tempore assequi potest magnam famam et magnam quietem.* Seulement, je n'ajouterai pas comme lui : « Que chacun s'accommode de ce qu'il a, sans médire de ce qu'il n'a pas. » Cette résignation ressemble trop à l'indifférence. Il faut savoir préférer et choisir. Heureux les hommes qui font le choix d'Achille :

Non beaucoup d'ans sans gloire,
Mais peu de jours suivis d'une longue mémoire !

Heureux les peuples qui savent souffrir, pour être libres et glorieux !

J'ai insisté sur l'idée de Maternus, parce que c'est la plus élevée de toutes celles que renferme le *Dialogue*, et sur le *Dialogue* lui-même, parce que c'est le premier ouvrage où la question qui nous occupe est nettement posée. Aper, Messala et Maternus sont loin de l'avoir embrassée tout entière. Ils ne parlent que d'un genre littéraire, l'éloquence ; et si l'on résume leur discussion, elle se réduit à deux points : les anciens orateurs sont supérieurs aux modernes[1] ; il y a plusieurs causes de cette supériorité : l'éducation domestique

---

1. Je sais que telle n'est pas l'opinion de tous les critiques : plusieurs croient qu'Aper représente l'opinion de l'auteur du *Dialogue*. Je m'étonnerais que l'auteur eût laissé Maternus résumer le débat et conclure, si Maternus n'avait pas été son vrai représentant. Or, Maternus croit à la supériorité des anciens et à la décadence des modernes ; il explique l'une et l'autre, et sa conclusion conciliante, c'est : *Quisque bono sæculi sui utatur.*

et scolaire des jeunes gens, qui est moins bonne, et les circonstances politiques, qui sont moins favorables. Mais il serait injuste d'appuyer sur les lacunes d'une œuvre qui ne nous est pas parvenue tout entière. J'aime mieux l'admirer comme un des monuments les plus brillants, les plus spirituels et les plus élevés de la critique romaine.

CHAPITRE II.

Des rapports du christianisme avec l'idée de progrès et avec l'antiquité. — Le moyen âge. — Roger Bacon.

« Nous nous étonnons, a dit Sénèque, de ne pas connaître Dieu. Mais combien d'êtres sur la terre se sont pour la première fois révélés à notre siècle! Combien nous sont inconnus que les siècles à venir découvriront à leur tour! Combien de conquêtes sont réservées pour les âges futurs, quand notre mémoire sera pour toujours effacée! Il est des mystères qui ne soulèvent pas en un jour tous leurs voiles. Éleusis garde des révélations pour les fidèles qui reviennent l'interroger. La nature ne livre pas à la fois tous ses secrets. Nous nous croyons initiés, et nous ne sommes qu'au seuil du temple. La vérité ne vient pas s'offrir et se prodiguer à tous les regards; elle se cache et s'enferme au plus profond du sanctuaire : notre siècle en découvre un aspect; les siècles qui nous suivront contempleront les autres[1]. »

Tel est l'admirable langage dans lequel Sénèque à son tour exprime l'idée du progrès. Mais Sénèque est déjà le

---

1. Sénèque, *Questions naturelles*, liv. VII.

contemporain du christianisme, et c'est au christianisme que cette idée doit une conscience plus claire d'elle-même, une précision plus grande et sa diffusion dans le monde. On a commis une double erreur, tantôt en déclarant le christianisme incompatible avec l'idée de progrès, tantôt en le déclarant compatible avec l'idée de perfectibilité indéfinie. L'idée de perfectibilité indéfinie est contraire non-seulement au dogme de la chute, mais à l'esprit tout entier d'une religion qui représente la vie comme une épreuve, la souffrance comme un bienfait, la terre comme une vallée de larmes. L'espérance que l'homme arrive un jour à la plénitude du bonheur par le perfectionnement indéfini de ses facultés et même de ses organes est conforme peut-être à la religion épicurienne de quelques chrétiens de nos jours, mais elle aurait épouvanté la doctrine sévère de Bossuet. En régénérant l'homme déchu, le Christ lui a ouvert un chemin qui le rapproche du ciel, et lui a commandé d'y marcher : *Soyez parfaits*. Mais le Christ a parlé de la perfection morale, qui dépend de l'homme, et non de la perfectibilité indéfinie, qui dépend de Dieu. En étendant devant l'humanité cet escalier sans fin de l'éternel progrès, qui la mène jusqu'au trône de Dieu lui-même, la philosophie du dernier siècle et du nôtre a renouvelé le rêve altier du stoïcisme, qui égalait le sage à Jupiter. Mais le christianisme n'est pas le stoïcisme. Les stoïciens n'avaient pas devant eux la barrière du péché originel. Le christianisme a préparé la conception universelle de l'idée de progrès, en rendant plus claire et plus complète celle de l'unité du genre humain, par la fraternité de tous ses membres; il l'a démontrée, pour ainsi dire, par un exemple vivant, l'exemple du monde chrétien, civilisé par l'Évangile, et supérieur au monde antique. C'est cette supériorité de la civilisation nouvelle qui inspirait le beau discours où Turgot, montrant comme l'esprit de caste et d'égoïsme de la société païenne, l'esclavage et la souveraineté de la force, s'étaient évanouis devant la charité et l'égalité évangélique, mesurait l'intervalle immense qui sépare le vieux monde de l'univers chrétien[1]. Enfin, l'Église admet le progrès jusque dans l'immutabilité de sa croyance : « N'y a-t-il point de progrès dans l'Église du Christ? a dit saint Vincent de Lérins[2]. Il y en a, et même beaucoup; et qui serait assez envieux du bien des hommes, assez maudit de Dieu pour l'empêcher? Mais qu'il soit progrès, et non pas changement. » Cette idée du progrès au sein même de l'identité, c'est celle qu'exprimait Chateaubriand par l'image du cercle flexible; c'est celle qu'un théologien célèbre de nos jours[3] désigne sous le nom, maintenant consacré, de théorie du développement; c'est celle, en un mot, dont le dernier dogme proclamé par l'Église est la solennelle et récente application.

Mais en montrant par où le christianisme s'accorde avec le progrès, évitons de le faire trop complaisant, et tâchons de marquer nettement l'idée qu'il s'en est formée. L'écrivain qui l'a le mieux définie, c'est saint Augustin, dans la *Cité de Dieu*[4]. Ce livre est, pour ainsi dire, la théorie chrétienne du progrès : il contient l'original de la fameuse idée de Bacon et de Pascal dont je parlerai plus loin, et il est fondé tout entier sur le progrès du genre humain, tel que le comprend le christianisme. Depuis sa déchéance, l'homme a été précipité de la cité de Dieu dans la cité de l'enfer, par la faute

---

1. Turgot, Ier *discours en Sorbonne*, 1750.
2. Saint Vincent de Lérins, cité par M. Ozanam. *Du Progrès dans les siècles de décadence*, t. I, p. 20.
3. Le docteur Newman.
4. L'espèce humaine, représentée par le peuple de Dieu, peut être assimilée à un seul homme dont l'éducation se fait par degrés (Liv. X, chap. xiv.) — Ailleurs, saint Augustin a dit en donnant à sa pensée encore plus de netteté et de force : « La providence divine, qui conduit admirablement toutes choses, gouverne la suite des générations humaines, depuis Adam jusqu'à la fin des siècles, comme un seul homme qui, de l'enfance à la vieillesse, fournit sa carrière dans le temps en passant par tous les âges. » — Voy. la belle traduction de M. Saisset, t. II, p. 211.

de sa liberté, dont il a fait un mauvais usage. Mais Dieu a permis que son Fils descendît lui-même sur la terre pour sauver l'homme, et Jésus est venu, apportant avec la rédemption la vérité divine qui s'est répandue dans le monde, et qui a rouvert aux enfants de la cité terrestre les portes de la cité céleste, fermées pour eux depuis Adam. C'est vers elle qu'ils s'avancent, sous les yeux de Dieu qui les appelle et les conduit. Voilà en peu de mots la pensée fondamentale de la *Cité de Dieu*. Ce serait tomber dans une étrange méprise que d'y voir un système de perfectibilité, analogue à ceux des modernes. L'idée de progrès se trouve nécessairement contenue dans la *Cité de Dieu*, puisqu'elle est au fond même de la rédemption. L'homme ne peut, sans avancer, remonter par la grâce du Christ le chemin qu'il avait descendu dans sa chute, sous l'impulsion du démon. Mais ce progrès appartient-il bien à l'homme ? Non, il vient tout entier de Dieu, et c'est là que le christianisme se sépare de la philosophie. La philosophie, n'abordant pas l'ordre surnaturel, cherche la source du progrès dans l'homme, dans l'esprit humain, créé par Dieu pour marcher en avant. Le christianisme, même après la rédemption accomplie, ne peut accorder à l'esprit humain une faculté qui anéantirait les effets de la chute, et il place la source du progrès hors de l'homme, au-dessus de lui. Il va plus loin. Pour que l'homme sente éternellement sa faiblesse originelle, que la rédemption a secourue, mais non pas réparée, le christianisme proclame que l'homme, même racheté, ne peut avancer dans la voie qui le ramène à la cité de Dieu, par le seul effet unique et général de la rédemption : il faut qu'il reçoive à chaque instant l'assistance de Dieu, assistance purement volontaire et gratuite. Le christianisme complète l'effet de la rédemption par la nécessité de la grâce, qui vient et s'en va quand elle veut, retient par conséquent l'homme racheté sous sa dépendance, et l'empêche de s'élancer seul en avant, en le replaçant, lorsqu'elle se retire, sous le poids de l'impuissance originelle :

Trahitur collo pars longa catenæ.

Telle est, si je ne me trompe, la pensée chrétienne ; sur ce point, Bossuet s'accorde avec saint Augustin. C'est ainsi que le christianisme échappe à l'écueil de la perfectibilité, l'orgueil, en proclamant l'intervention protectrice de Dieu, dont l'homme ne peut se passer. Bossuet ajoute, en se fondant sur l'autorité des Pères (et c'est encore une limite que le christianisme impose à l'idée de progrès), que la perfection de l'homme racheté, et même assisté de la grâce, ne peut être jamais achevée. Dans ses *Lettres spirituelles*, il insiste sur les limites de la perfection. Il prouve dans son *Instruction sur les états d'oraison*, par un texte de saint Clément d'Alexandrie, que les parfaits ont toujours quelque chose à demander à Dieu, même quand ils sont parvenus à la plus haute cime de la perfection ; en d'autres termes, que la perfection humaine ne saurait être la perfection véritable [1]. En cela les protestants sont d'accord avec les catholiques. Ils admettent le progrès moral, le progrès individuel de l'homme racheté ; ils refusent d'admettre la perfectibilité indéfinie de l'humanité déchue, comme contraire au fondement même du christianisme. « Si l'homme, à mesure que l'humanité avance en âge, a dit un des sages du calvinisme, M. Vinet, devient essentiellement meilleur, il ne faut plus parler de chute ni de rédemption. Cette seule pierre arrachée fait écrouler la voûte [2]. »

La distinction entre le dogme de la chute et celui de la rédemption nous aide encore à expliquer certaines dispositions diverses que, dans le cours de son histoire, le chris-

---

1. Livre VI.
2. *L'Éducation, la Famille et la Société*, p. 393. Paris, 1855.

tianisme a témoignées à l'égard de l'antiquité classique. Malgré les efforts des plus grands hommes du christianisme pour tout accorder dans un juste équilibre, il y a toujours eu dans son sein deux esprits opposés : l'un, plus austère et plus triste, qui procède surtout de l'idée de la déchéance originelle; l'autre, plus consolant et plus doux, qui s'attache surtout à la rédemption. Selon qu'on est plus vivement touché de l'un ou de l'autre dogme, on arrive à exagérer ou la misère de l'humanité déchue, ou la grandeur de l'humanité rachetée. Ces deux esprits divers sont représentés dans le christianisme, à toutes les époques de son histoire. Leurs représentants les plus récents et les plus illustres sont les jansénistes et les jésuites : les uns, aggravant le péché originel, et considérant surtout la sévérité du Père; les autres, étendant outre mesure le bénéfice de la rédemption, et se fondant surtout sur la miséricorde du Fils. De ces deux manières d'envisager l'homme, soit dans la misère de son péché, soit dans la gloire de son rachat, résultent deux manières d'apprécier ces fruits de la pensée humaine qu'on appelle les lettres[1]. L'école austère du christianisme les dédaigne, ou du moins n'a pour elles quelque estime, qu'alors que le christianisme les a purifiées. Les jansénistes se sont servis de l'antiquité pour l'éducation, mais avec défiance. Ils méprisent l'art. C'est à leurs yeux une faiblesse mondaine, presque un péché. De Maistre s'est moqué, sans retenue, de leur désintéressement littéraire et de leur amour de l'anonyme[2]. En poussant plus loin, si l'on allait jusqu'aux protestants, on trouverait Luther qui, à ses débuts, aurait volontiers brûlé la littérature païenne tout entière. Mais les jésuites, plus doux, plus cléments que les jansénistes pour l'homme et

---

1. Voy. M. Sainte-Beuve, *Histoire de Port-Royal*, liv. IV, chap. I.
2. *De l'Église gallicane.*

pour l'esprit de l'homme, ont aimé les lettres païennes, et ont travaillé sans relâche à établir un chemin couvert entre l'antiquité et le monde chrétien. Ils cherchent à réconcilier, comme ils peuvent, l'esprit païen et l'esprit chrétien, et, dans leurs œuvres littéraires, ils les gâtent souvent l'un par l'autre. Dans ces poëmes où le merveilleux chrétien donne la main à la mythologie antique, on ne sait quoi ce mélange offense le plus, de la piété ou du goût. Nous verrons même plus loin comment les jésuites, par la façon dont ils ornaient et gâtaient les anciens, ont contribué, pour leur part, à la révolte des modernes.

Mais ces deux esprits du christianisme se marquent mieux encore dans la querelle de l'abbé de la Trappe et des bénédictins. M. de Rancé, converti et portant jusque dans la piété la fougue qui avait troublé sa jeunesse, avait rétabli dans les maisons de la Trappe toutes les rigueurs de l'ancienne discipline, abandonnées depuis longtemps. Il avait ramené l'abstinence, la loi du silence, les couches dures, la pauvreté et les humiliations, les jeûnes et la pénitence. Mais ce n'était là que la réforme du corps : Rancé voulait réformer l'esprit. Il supprima les études, même celle de la théologie, et ne permit à ses religieux que la lecture prescrite par saint Benoît, celle de l'Écriture, des Vies des saints, et des ouvrages des Pères qui traitent des devoirs monastiques. Dans son traité de la *Sainteté des devoirs de la vie monastique*, qu'il ne voulait pas publier, de peur de soulever contre lui tous les ordres religieux, il avait essayé de justifier ses réformes, et de laisser à ses frères, après sa mort, un tableau fidèle de leurs obligations. Il fut forcé de le donner au public par les instances et les indiscrétions de ses amis. Bossuet en surveilla l'impression, et le livre parut en 1683, avec l'approbation de plusieurs évêques. Je ne parlerai pas ici de l'orage qu'il souleva. Le réformateur fut attaqué de toutes parts. La seule réponse à son livre qui nous intéresse est celle de Mabillon, qui représente l'autre esprit du christianisme. Mabillon était l'un des bénédictins les plus savants de son ordre. On croit que La Bruyère l'a désigné quand il a dit : « Une personne humble, qui est ensevelie dans le cabinet, qui a médité, cherché, consulté, confronté, lu ou écrit pendant toute sa vie, est un homme docte. » Mabillon, chargé par ses frères de défendre les études des cloîtres, composa le *Traité des études monastiques*, qui fut publié en 1691. Il ne m'appartient pas de décider sur le fond de la querelle. Comme l'a dit le savant historien de la Trappe[1], il semble difficile de contester le droit de M. de Rancé, puisque la règle de Saint-Benoît, dont il avait eu soin de donner la traduction et l'explication, prescrit exclusivement le travail des mains et les lectures pieuses, sans assigner aucune place à l'étude[2]. D'autre part, qui aurait le courage de condamner Mabillon? Proscrire les études monastiques, c'est supprimer l'œuvre admirable des bénédictins et des autres religieux dévoués au travail, c'est enlever au christianisme une de ses gloires les plus pures, c'est attirer sur lui l'accusation de prêcher l'ignorance, parce qu'il a peur de la science et de la vérité. Mabillon, d'ailleurs, et c'est une des forces de son beau livre, ne demande pas pour les religieux la liberté sans frein des études profanes : il pousse si loin la sobriété de l'esprit, qu'il conseille aux jeunes moines de s'abstenir de la prédication, de peur que l'ambition du succès oratoire et de la renommée ne corrompe le désintéressement de leurs études. Mais est-il nécessaire, est-il

---

1. M. Gaillardin, *Les Trappistes ou l'ordre de Cîteaux au XIXe siècle*, t. I, p. 233.
2. C'est un argument auquel Mabillon ne répond pas suffisamment, même dans son chapitre VII : *que les études ont été établies par saint Benoît même dans ses monastères*, chapitre dont le titre est plus affirmatif que le texte n'en est convaincant. (P. 39.)

possible même de bannir des couvents l'étude de l'histoire, de la philosophie, de la théologie et des sciences? Sans doute les monastères ne sont ni des écoles ni des académies ; mais, si l'amour de la retraite et le détachement du monde sont les plus solides fondements de la vie religieuse, la science doit-elle être comprise dans le mépris du monde dont les solitaires font profession? La science est-elle l'ennemie du christianisme? L'ennemie véritable de la religion, c'est l'ignorance, c'est l'oisiveté, qui dégradent la raison de l'homme, et la plongent dans l'égoïsme, tandis que la science, unie à l'humilité, est, comme dit saint Augustin, l'instrument qui sert à élever dans son cœur l'édifice de la charité, *tanquam machina quædam, per quam structura caritatis assurgat*[1].

Voilà, représentés par deux grands hommes, les deux esprits du christianisme : d'une part, le détachement absolu de toute chose profane, même du savoir, et l'absorption en Dieu de toutes les forces de la pensée ; d'autre part, la conciliation de la piété la plus sévère avec les besoins intellectuels de l'homme et avec l'étude des lettres, filles de la raison, la raison, ce reflet humain de la pensée divine, ce rayon terrestre de la lumière des cieux.

Chacun de ces deux esprits a tour à tour été vainqueur. Au IVe et au XVIIe siècle, combien a été douce aux chefs-d'œuvre de l'antiquité la religion lettrée d'un saint Basile et d'un saint Grégoire de Nazianze, d'un Bossuet et d'un Fénelon ! Mais au moyen âge, que de blessures faites à l'antiquité par des mains chrétiennes ! C'est alors qu'il s'est trouvé des papes pour défendre la lecture des chefs-d'œuvre antiques[2], et des moines inexorables pour en effacer les derniers vestiges sur le parchemin violé, en attendant qu'un

---

1. Mabillon, *Traité des Études monastiques*, partie III, chap. I, p. 386.
2. Id., *ibid.*, partie II, chap. XI, p. 271.

Savonarole les brûlât en place publique. Mais loin de moi la pensée de récriminer contre le moyen âge, cette époque si grande dans ses passions et dans ses erreurs, si pénétrée de lumière au milieu de ses ombres, et qui a conquis le respect des esprits même qui se refusent à l'aimer. C'est le moyen âge qui a donné à l'idée de progrès un de ses plus illustres aïeux, le grand et malheureux moine Roger Bacon. Du fond de sa cellule, ce Condorcet du XIII° siècle rêvait, entre deux découvertes, la toute-puissance de l'homme sur la nature, par le progrès de la science et de l'esprit humain.

« Sénèque, disait-il en s'inspirant des *Questions naturelles* que j'ai citées plus haut, Sénèque n'a-t-il pas soutenu avec raison que les anciennes opinions ont dû manquer d'exactitude et de solidité; que les hommes encore grossiers et novices erraient à tâtons autour de la vérité; que tout était nouveau pour ceux qui essayaient une première fois, et qu'ensuite, par des efforts répétés, les mêmes choses devenaient plus faciles et plus connues: enfin, que nul commencement n'est parfait? Sénèque n'a-t-il pas dit au IV° livre du même ouvrage : Un temps viendra où ce qui est aujourd'hui caché se révélera aux générations futures? Pour de telles découvertes il ne suffit pas d'un jour, il ne suffit pas d'un siècle. L'avenir saura ce que nous ignorons, et s'étonnera que nous ayons ignoré ce qu'il sait. Rien n'est achevé dans les inventions humaines et nul n'a le dernier mot. Plus les hommes sont nouvellement venus dans le monde, plus étendues sont leurs lumières, parce que, derniers héritiers des âges écoulés, ils entrent en possession de tous ces biens que le travail des siècles avait accumulés pour eux[1]....

---

1. « Et hoc egregie docet Seneca in libro *Quæstionum naturalium*, quo-
« niam libro tertio dicit : « Opiniones veteres parum exactas esse; et
« rudes circa verum adhuc errabant; nova erant omnia primo tentanti-
« bus..., etc. » (*Opus majus*, cap. VI)

« Puisqu'il en est ainsi, ajoute plus loin Roger Bacon, gardons-nous de nous soumettre servilement à toute opinion que nous rencontrons dans les livres ou dans la bouche des hommes : examinons attentivement la pensée des anciens, afin de suppléer leurs omissions et de corriger leurs fautes, avec déférence et modestie[1]. »

Tout est là, on le voit : l'idée du progrès des connaissances humaines, l'indépendance de la raison, le libre examen, et même le respect du passé, qui manque presque toujours aux novateurs. Le pauvre moine du XIIIᵉ siècle a devancé le chancelier Bacon et Descartes, et il a été plus sage que Perrault. Voilà ce qu'un homme de génie enseignait au moyen âge, près de quatre cents ans avant le *Discours de la méthode*. Mais cette voix qui s'élève du fond d'un cloître n'est pas entendue. Si le moyen âge n'a jamais entièrement rompu avec la tradition et l'étude des anciens, s'il leur a laissé une place dans la bibliothèque de quelques monastères et dans les cellules de quelques religieux de génie, ce flambeau de l'antiquité, qu'il n'a pas éteint, ne projette sur lui que des lueurs incertaines et troublées. Dans les cloîtres mêmes d'où l'étude n'était pas bannie, que d'indifférence pour les livres anciens, abandonnés aux dédains de l'ignorance, et souvent aux intempéries du ciel ! Que de rigueurs exercées contre les moines qui travaillent ! Roger Bacon lui-même n'a-t-il pas reçu de son supérieur la défense de communiquer ses écrits ? N'a-t-il pas fallu, pour que l'*Opus majus* franchît le seuil de sa cellule, un ordre du pape Clément IV qui le voulut connaître, et, sous

---

1. *Opus majus*, cap. VII : « Quoniam igitur hæc ita se habent, non « oportet nos hærere omnibus quæ audimus et legimus, sed examinare « debemus districtissime sententias majorum, ut addamus quæ eis defue- « runt et corrigamus quæ errata sunt, cum omni tamen modestia et excu- « satione. » L'*Opus majus*, composé vers 1260, a été publié à Londres en 1733, d'après un manuscrit trouvé à Dublin. On s'est aussi beaucoup servi d'un autre manuscrit, qui fait aujourd'hui partie du British Museum.

un pontife moins favorable aux lettres, Bacon n'a-t-il pas achevé dans un cachot sa longue et laborieuse vie? J'admets, et je montrerai plus loin, que le nom de *Renaissance* donné, comme par acclamation, au triomphe des lettres anciennes, après la prise de Constantinople, n'a été qu'une hyperbole d'admiration; mais l'excès même du mot atteste la vivacité du sentiment public, et la différence que l'opinion a établie d'elle-même entre le demi-jour où languirent, pendant la plus grande partie du moyen âge, les ouvrages de l'antiquité, et la lumière vivifiante dont les inonda le soleil de la Renaissance.

CHAPITRE III.

La Renaissance et le commencement de l'âge moderne. — Henri Estienne. — *Apologie d'Hérodote.* — François Bacon.

Maintenant faut-il, après plus de trois cents ans, nous replonger dans l'ivresse où cette résurrection de l'antiquité païenne jeta le xve et le xvie siècle? Devons-nous applaudir sans réserve à cet entraînement du christianisme à s'oublier, je ne veux pas dire à s'abjurer lui-même, dans son enthousiasme pour le génie antique? Il ne me coûte pas d'avouer que les cardinaux qui gravissaient l'Hélicon, pour y célébrer Jupiter et Vénus, s'égaraient un peu loin du Calvaire. Il n'est pas besoin d'une orthodoxie rigoureuse pour condamner de tels écarts; il suffit d'un peu de goût.

Mais ne soyons pas trop sévères pour la Renaissance, et ne la rendons pas seule responsable d'une idolâtrie des lettres humaines dont les siècles plus religieux qu'elle avaient déjà donné l'exemple. Pendant le moyen âge, dont on vante aujourd'hui l'esprit chrétien, et à qui l'on prête volontiers un dédain si édifiant pour les nouveautés profanes, la religion n'entretenait-elle pas avec la littérature un commerce d'intimité ? N'ouvrait-elle pas à ses jeux les plus folâtres la porte des temples ? N'entourait-elle pas de l'auréole des saints les personnages les plus chers à sa poésie, comme l'a rappelé dernièrement un des amis du moyen âge qui sait le mieux l'aimer, parce qu'il le connaît le mieux[1] ? Ne plaçait-elle pas sur ses portails et sur les vitraux de ses églises Roland, Berte, Olivier, Renaud, à côté des images les plus révérées ?

Il serait aussi faux, d'ailleurs, de regarder la Renaissance comme une immense orgie païenne, que de la croire absolument innocente de tout paganisme. Beaucoup d'hommes distingués se laissèrent entraîner trop loin, cela est vrai, par le culte du passé ; mais, dans tous les temps, l'attrait de la nouveauté, l'empire de l'imagination et de la mode n'ont-ils pas fait perdre la juste mesure aux esprits les plus fermes et les plus sensés ? L'histoire de la littérature, et des arts surtout, n'offre-t-elle pas mille exemples de cette ivresse du goût public qui se passionne pour des théories ou des modèles nouveaux ? Quand l'Italie, quand l'Espagne furent à la mode, la poésie française ne fut-elle pas italienne et espagnole ? De notre temps, n'avons-nous pas été anglais et allemands ? S'il est excusable, en présence des monuments d'un art étranger, de ne pas garder un juste équilibre d'admiration, et d'oublier, dans la première ferveur

---

1. « Les pèlerins de Saint-Jacques de Compostelle visitaient les tombeaux de Roland, de Guillaume, de Garin, de Turpin lui-même avec non moins de piété que les reliques des bienheureux, et Fierabras, le géant sarrasin, après sa conversion, fut presque canonisé. » (Rapport lu dans la séance du 10 avril 1854, par M. J. V. Le Clerc, à la section de philologie du Comité de la langue, de l'histoire et des arts de la France.)

de l'imitation, les convenances de sa propre nature, n'est-ce pas quand on a sous les yeux les merveilles de l'art, et pour ainsi dire l'idéal de la beauté ? N'oublions pas, d'ailleurs, que les excès, qu'on flétrit aujourd'hui avec une indignation beaucoup trop solennelle, étaient raillés, au temps même de la Renaissance, par le bon sens public. Quand le bâtard d'un San Severino s'avisa, par admiration pour Diogène, de se promener sur la place publique avec un manteau troué et une lanterne, les huées universelles le renvoyèrent au plus vite dans son tonneau. Nous nous moquons de Sannazar, de ses Nymphes et de ses Néréides; mais Érasme nous a devancés. Il y a longtemps qu'Érasme a tourné en ridicule l'éloquence de ce prédicateur qui, devant Jules II, comparait Jésus-Christ à Décius[1]. Et puis ne soyons pas si naïvement dupes de cette adoption du langage païen; c'était une mode littéraire, ce n'était pas une hérésie. Ceux-là mêmes s'y abandonnaient qui défendaient l'orthodoxie dans des traités de théologie irréprochables, Sadolet, par exemple[2], ou qui unissaient à la passion de la littérature profane l'amour pieux des Écritures et des Pères, comme Nicolas V. Qu'est-ce que le paganisme ? Est-ce l'usage du vocabulaire païen ? Mais que prouve le langage ? Pour être païen, il ne suffit pas de parler, en prose ou en vers, de Jupiter et de Vénus, mais il faut croire ce

---

1. Érasme (*Ciceronianus*).
2. « Le cardinal Sadolet et le jésuite Maphée, dit très-bien Balzac dans le *Socrate chrétien*, ont été de l'une et de l'autre Rome. Comme ils ont écrit des Histoires et des Traités de morale, ils ont dit aussi la messe et le Bréviaire. Mais l'importance est qu'ils ont dit la messe sérieusement et tout de bon.... Nous savons qu'il y a encore aujourd'hui à Rome de ces sortes de Romains. Il y a de nos prêtres et de nos prélats qui trouveraient leur place dans l'ancienne République, qui auraient rang parmi les chevaliers et les sénateurs, qui seraient du nombre des Pères conscrits. Mais ces vrais et légitimes Romains savent distinguer le temps et les choses. Ils font leur devoir à l'autel, et suivent leur fantaisie dans le cabinet. »
(*Socrate chrétien.*— Discours VI.)

que croyaient les païens et se conduire comme eux. Nous tenons pour d'excellents chrétiens Corneille, qui a défendu, dans des vers si spirituels, les dieux du paganisme, et Boileau, qui disait que :

> .... Chasser les Tritons de l'empire des eaux,
> Oter à Pan sa flûte, aux Parques leurs ciseaux,
> C'est d'un scrupule vain s'alarmer sottement.

Pour revenir à la Renaissance, pense-t-on que, lorsque Bembo engageait le pape à se confier aux dieux immortels, il ne croyait pas à l'unité de Dieu, et niait le Calvaire parce qu'il parlait de l'Olympe? Pour avoir été l'élève de Gémiste Pléthon, ce rejeton attardé de Proclus, qui prédisait dans le néoplatonisme la religion prochaine de l'univers, Bessarion n'en défendait pas avec moins d'éloquence l'intégrité du dogme au concile de Florence; et si les deux Églises avaient pu faire la paix, c'est sa parole qui les eût réconciliées. Singulier paganisme que celui de ces princes de l'Église qui condamnaient Marc d'Éphèse! Singulier paganisme que celui de ces Médicis qui brûlaient Savonarole excommunié! Quand il s'agissait, non plus de parler, non plus d'écrire en beau langage, mais de mettre d'accord ce paganisme de style avec leur conduite, que faisaient alors les beaux esprits qui se couronnaient de lauriers, comme Léon X, pour chanter, en vers latins, la découverte de la statue de Lucrèce? Comme Léon X, ils poussaient le cri d'alarme contre les Turcs, et appelaient éloquemment les rois chrétiens à une croisade nouvelle. Et de tous ces rois, le plus amoureux des lettres profanes, ce païen qui fondait le Collége de France, est-ce au nom du paganisme qu'il brûlait les Vaudois? Ce poëte idolâtre de l'antiquité, Ronsard, dont l'école immolait des boucs par imitation des sacrifices antiques, est-ce pour la plus grande gloire de Jupiter qu'il criait aux peuples de l'Europe, en leur montrant

Memphis et Césarée, Sidon et Antioche aux mains des infidèles :

> Ce sont là les trésors que vous, soldats chrétiens,
> Devez ravir du sceptre et des mains des païens;

ou que, demandant quel est ce dieu des huguenots,

> Ce Christ empistolé, tout noirci de fumée,

il suppliait les magistrats de châtier l'hérésie, et les soldats qui vont la combattre, d'avoir

> Bon cœur et bonne main, bonne poudre et bon plomb[1].

Est-ce pour défendre l'Olympe que ce disciple de Ronsard, ce royal poëte, Charles IX, tirait sur les hérétiques, ses sujets, et que Muret le cicéronien commettait cet élégant et abominable discours en l'honneur de la Saint-Barthélemy[2]? Ne l'oublions pas, il y a dans l'homme deux sphères différentes : celle de la pensée et celle de l'action. Quand il reste dans l'une, quand il parle, quand il écrit, quand il rêve, il peut s'abandonner aux penchants de son esprit, et choisir pour sa pensée des formes que son goût préfère ou que la mode lui impose : c'est une vie intellectuelle, distincte de la vie des affaires. Mais quand il redescend dans l'autre sphère, dans celle de l'action, et qu'il se voit en face de ses intérêts, de ses passions ou de ses devoirs, les rêves, les penchants de l'esprit, les fantaisies de l'imagination s'évanouissent bien vite; il n'y a plus de lettré, plus de poëte, plus de savant, plus de païen; il n'y a qu'un catholique qui, par fanatisme ou par politique, brûle et tue les hérétiques comme François Ier et Charles IX, ou qu'un

---

1. M. Saint-Marc Girardin, *Tableau de la littérature au* XVIe *siècle*.
2. Mureti *Oratio XXII, pro Carolo IX, Galliarum rege christianissimo*.

pontife qui, par dévouement à sa foi, prêche, comme Léon X, la croisade contre les infidèles.

Ces contradictions, ou plutôt ces aspects successifs dans le même individu, c'est le fond même de la nature humaine : aussi se retrouvent-elles partout et toujours[1]. Sans elles, le moyen âge aurait dû être logiquement le plus heureux et le plus exemplaire de tous les temps: car enfin, au moyen âge, personne ne refusait sa foi; on faisait des épigrammes contre les moines et des émeutes contre les seigneurs et le roi; on se raillait de la papelardise; on riait des bons traits des trouvères et de Jean de Meung; mais on n'était ni dogmatiquement incrédule ni théoriquement révolutionnaire. Et cependant, au moyen âge, où est le bonheur, où est la paix, où sont la pureté des mœurs et les vertus chrétiennes? Quand on veut citer une époque où se rencontre enfin cet accord si rare entre les croyances et les vertus des hommes, entre les principes et la conduite, on nomme le XVIIe siècle, et nous avons été accoutumés de bonne heure à le regarder comme l'âge d'or de l'obéissance à la règle et de la soumission à la foi. La lecture des Mémoires nous a enseigné depuis ce qu'il faut penser de cette unité parfaite dans les hommes de ce temps. Ils croyaient, ils pratiquaient, ils mouraient en chrétiens, quand ils n'étaient pas surpris par la mort. Mais comment vivaient-ils? Est-il nécessaire de prouver par des exemples cette alliance scandaleuse de la religion et de la débauche dans les plus illustres personnages de cette société inconséquente? Qu'on ouvre les *Historiettes* de Tallemant et les *Mémoires* de Saint-Simon; on y voit fleurir une sorte de dévotion italienne ou espagnole, qui s'accorde avec le péché, qui sert à le ra-

[1]. C'est une de ces contradictions que M. Villemain a fait si vivement ressortir dans sa belle peinture des mœurs d'Antioche : « Antioche convertie mêlait encore les habitudes de la vie païenne à celles de son culte nouveau. » (*Tableau de l'éloquence chrétienne*, p. 179.)

cheter, pour mettre en paix la conscience, mais qui ne le prévient pas. C'est un mélange inouï d'écarts mondains et de pratiques religieuses, c'est un partage incroyable que l'homme fait de lui-même entre le démon et Dieu. Lisez les moralistes et les sermonnaires, La Bruyère, Bourdaloue, Fénélon[1]; lisez surtout le tableau qu'ont tracé de leur temps un jésuite et un janséniste, le P. Rapin[2], dans un petit traité intitulé *la Foi des derniers siècles*, et Arnauld, dans sa *Fréquente communion* ; vous voyez éclater dans ce XVIIe siècle, si majestueux de loin par cet accord prétendu des actions et de la foi, le plus étonnant scandale de contradiction. On croit, et l'on agit comme si l'on ne croyait pas, de même qu'à l'époque de la Renaissance, on est chrétien, et l'on parle, on écrit, comme si on sacrifiait aux dieux immortels invoqués par Bembo. L'esprit tient moins de place qu'on ne pense dans la conduite des hommes. Nos idées sont des mobiles moins actifs et moins puissants que nos passions, nos goûts, notre tempérament. En un mot, comme l'a remarqué Bayle[3], « il n'y a rien de plus sujet à l'illusion que de juger les mœurs d'un homme par les opinions générales dont il est imbu, et ses actions par ses livres et son langage. » Il n'est pas plus conforme à la connaissance philosophique de l'humanité qu'à la vérité de l'histoire, de prendre pour des païens des chrétiens qui parlaient le langage de l'antiquité, et d'appeler la Renaissance la résurrection du paganisme. Aussi sera-t-il permis de croire au christianisme de la Renaissance, tant qu'on n'aura pas démontré clairement que la foi religieuse fait plus encore que de donner à l'homme une règle, un mo-

---

1. Fénelon, *Sermon pour l'Épiphanie*. — La Bruyère, *Sur la dévotion du temps*, chap. *De la Mode*.
2. Voir particulièrement le chapitre X du *Traité*, Œuvres de Rapin, t. III, p. 494.
3. Bayle, *Pensées diverses*, t. III, p. 67. Edit. in-folio, 1737.

dèle idéal de sainteté, et de développer en lui des habitudes salutaires qui améliorent les incrédules eux-mêmes, mais qu'elle parvient, dans toutes les âmes, à renverser le mur intérieur qui sépare les actions des idées, et à faire de l'homme une personne unique, conséquente avec elle-même, parce qu'elle a tout soumis à sa croyance, ses intérêts, ses goûts, ses penchants, ses passions.

J'ai insisté sur ces idées, parce qu'au XVIIe siècle, ce n'est pas seulement l'autorité de la tradition littéraire que combattra Desmarets, l'un des chefs des *modernes*, c'est aussi le paganisme des partisans de l'antiquité.

Enfin, une raison sérieuse vient expliquer encore, à l'époque de la Renaissance, le culte des modernes pour les anciens. Au XVIIe siècle, Perrault put dire aux admirateurs de l'antiquité : « Vous avez un Corneille, un Racine, et vous déifiez Eschyle et Sophocle ! » L'Italie du XVe siècle avait bien Dante, Pétrarque et Boccace; mais Dante, Pétrarque et Boccace n'étaient pas des classiques à ses yeux. Politien dit quelque part : « Nous manquons de langue maternelle; » et cependant Politien et les autres poëtes latins de son temps, comme Sannazar, écrivaient l'italien avec beaucoup d'élégance et de pureté. L'Italie, déjà si riche d'écrivains originaux, ne croyait pas avoir de littérature nationale, et plus elle se trouvait indigente, plus elle s'humilia devant cette merveilleuse antiquité qui lui découvrait ses trésors. Cette abnégation même du génie moderne devant le génie ancien ne fut pas inutile à l'Italie. A force de donner à l'admiration des anciens la ferveur d'un culte, et à leur langue un caractère sacré, les écrivains de la Renaissance, qui l'adoptèrent pour exprimer leur pensée, l'élevèrent à la dignité d'une langue savante, aux formes immuables, et son voisinage fut dès lors moins dangereux pour la langue nationale que si elle était restée, comme au moyen âge, vivante et mobile aux mains du vulgaire. Cette transformation de la langue latine favorisa donc le développement des idiomes et du génie modernes, et l'on vit l'idolâtrie du passé devenir à son insu l'instrument du progrès.

Ne nous étonnons plus si peu d'écrivains, au xv⁰ et même au xvi⁰ siècle, purent conserver, à l'égard des anciens, cette mesure dans l'admiration qui préserve à la fois de l'effervescence et de la tiédeur. Pour un écrivain libre et hardi comme Pic de La Mirandole, qui retrouvait, après Roger Bacon, l'idée de progrès, et croyait que l'esprit humain avance par une série d'évolutions, combien d'autres, plaçant la perfection dans le passé, se mettaient sous la tutelle de l'antiquité grecque et latine[1] ! Il en est un cependant dont je dois parler, parce que son goût pour l'antiquité a été plus éclairé et plus sage que celui de ses contemporains, et que, sans établir de théorie du progrès, il a exposé, sur la suite des idées et des mœurs humaines, des vues plus développées que celles de Pic de La Mirandole, et qui se rattachent de plus près encore à mon sujet. C'est un grand érudit, un calviniste, Henri Estienne, l'auteur de ce pamphlet spirituel et bizarre, où, sous prétexte de défendre la véracité d'Hérodote, il fait au xvi⁰ siècle son procès.

Sallengre a raconté, dans ses *Mémoires de littérature* (t. I, p. 38), l'origine de cet ouvrage : « Henri Estienne, dit-il, ayant imprimé à grands frais l'histoire d'Hérodote, ses ennemis, qui ne cherchaient que l'occasion de lui nuire, décrièrent partout cette histoire, disant qu'elle était remplie de fables et de contes à dormir debout. Henri Estienne, pour prévenir l'effet d'une telle accusation, entreprit de se

---

[1]. Dans une thèse très-ingénieuse sur la guerre des Cicéroniens, M. Lenient a cité un passage curieux d'une lettre de Pic de La Mirandole à Bembo (*De Imitatione*, 1512) : « Virgilium ab Ennio plura sæpius mutua-
« tum esse; ingenia crescere rarius quam decrescere, et hominum studia
« semper in melius progredi debere; cuique vero ætati, cuique homini, ut
« propriam indolem propriasque sententias, ita proprium sententiarum
« habitum et cultum esse. » (P. 5.)

justifier en publiant l'apologie d'Hérodote. » Le plan de cette singulière apologie est très-piquant : Henri Estienne suppose que « tous les actes décrits par Hérodote, auxquels on ne peut pas ajouter foi, ne sont incroyables que pour deux raisons : à savoir ou pour la trop grande méchanceté, ou pour la trop grande sottise que nous y trouvons[1]. » Il ne nie ni la méchanceté ni la sottise, et par là il répond à ces gens « qui ont l'honneur de l'antiquité en si grande recommandation, voire (s'il se peut dire) en sont tellement zélateurs, qu'ils semblent lui porter une révérence approchant fort de la superstition[2]. » Mais il y a une autre classe de gens « à l'endroit desquels tant s'en faut que l'antiquité tienne le lieu et degré qu'elle mérite, qu'au contraire son honneur, en tant qu'en eux est, non-seulement est abaissé, mais comme foulé aux pieds[3]. » A ceux-là, Henri Estienne répond en essayant de leur prouver que les hommes de son siècle et des précédents ne sont ni moins méchants ni moins sots que ceux de l'antiquité ; et quand il a argumenté sur cette thèse pendant deux volumes, avec une abondance intarissable d'anecdotes et de citations, il s'écrie avec satisfaction : « Cela servira comme de préparatif à l'apologie d'Hérodote, en attendant que j'aie le loisir et le moyen de la traiter particulièrement et par le menu, et de trouver des faits de notre temps, correspondants et sortables à ceux qui nous semblent si étranges en Hérodote[4]. » Le fond de ce livre inachevé est donc moins un plaidoyer en faveur d'Hérodote qu'une longue invective contre le XVIe siècle, où se montrent l'érudit batailleur, comme l'étaient volontiers les savants d'alors, et le calviniste qui choisit complaisamment dans l'histoire du clergé catholique les témoignages de la perversité et de la sottise de son temps. Mais ce que

---

1. Préface de la IIe partie. — 2. Préface de la Ire partie. — 3. *Ibid.*
4. Préface de la IIe partie.

j'y remarque surtout, comme une preuve de la sagesse de Henri Estienne, c'est son dessein bien arrêté de combattre les deux excès contraires, la superstition et le mépris de l'antiquité, et de s'interposer entre eux, au nom du bon sens et de la vérité. C'est aussi la verve avec laquelle il soutient aux partisans outrés de l'antiquité que le bon vieux temps était mauvais, et aux contempteurs du passé que le présent ne vaut rien. Seulement, telle est l'impétueuse vivacité de son esprit et de son langage, qu'il perd quelquefois l'équilibre. A force de se railler du *peu de prud'homie et de la lourderie* du passé, il semble croire au progrès de l'espèce humaine ; à force d'étaler les vices et les ridicules du présent, il semble proclamer la décadence. Il dit au chapitre XXVII :

« Si j'avais à déduire le propos d'Ovide :

Sed quia cultus adest, nec nostros mansit in annos
Rusticitas priscis illa superstes avis;

je montrerais par le menu en combien de choses son siècle était plus poli que les précédents, et ceux principalement qui approchaient le plus près de ce vieil rêveur Saturne (pour parler selon les poëtes); et puis je pourrais, pour traiter encore plus généralement cet argument, montrer comment de siècle en siècle les hommes ont eu l'esprit plus éveillé, et par ce moyen ont regardé de plus près à leurs affaires, et ont donné toujours de plus en plus quelque polissement à leurs façons de faire, etc. »

Au chapitre IX, il s'exprime ainsi :

« Il n'y a nul doute que si, du temps d'Hésiode, il y avait bien peu de foi entre les hommes, voire entre les frères, voire aux enfants envers leurs père et mère, moins y en avait-il du temps d'Ovide, encore moins en a eu le dernier siècle; et toutefois le nôtre en a encore beaucoup moins : et que si la charité était ès siècles précédents bien refroidie, elle est maintenant du tout gelée. Item que si la justice a cloché d'un pied aux siècles précédents, elle cloche des deux au nôtre. Si elle était borgne auparavant, elle est maintenant aveugle ; si elle était sourde d'une oreille, maintenant elle l'est de deux. »

Mais ce n'est là qu'une contradiction accidentelle. Le fond de la thèse d'Henri Estienne, c'est qu'il y a dans le présent assez « de mal et de sottise » pour qu'on ne puisse taxer d'invraisemblance les récits d'Hérodote, et que l'antiquité est à la fois trop imparfaite et trop admirable pour qu'on ait le droit de l'adorer ou de la haïr. Henri Estienne indiquait ainsi à ses contemporains la véritable mesure qu'il convenait d'observer à l'égard des anciens. Il aurait donné à cette leçon plus de clarté et d'énergie encore, s'il avait poussé jusqu'au bout son travail commencé. On lit à la fin de la Préface de la seconde partie de l'apologie ce spirituel passage :

« Et comment donc (pourra dire le lecteur) estimez-vous que tous les actes décrits par Hérodote, auxquels nous ne pouvons ajouter foi, ne nous soient incroyables que pour les deux raisons susdites : à savoir ou pour la trop grande méchanceté, ou pour la trop grande sottise que nous y trouvons ? Certainement mon opinion n'est point telle ; ains reconnais très-bien que l'incrédulité de plusieurs en cet endroit provient aussi d'une autre troisième raison : c'est que plusieurs n'ont aucun égard au grand changement qui est presque en toutes choses entre ce temps-là et le nôtre, ains veulent que le naturel et manière de vivre des hommes d'alors se rapporte tellement aux nôtres, qu'ils aient pris plaisir aux choses qui nous sont plaisantes, et au contraire aussi que tout ce qui nous déplaît leur ait déplu. Qui plus est, veulent trouver convenance entre l'état des républiques et des royaumes d'alors et autres gouvernements de peuples, avec ceux que nous voyons aujourd'hui être établis. Voire sont aucuns si inconsidérés en lisant les anciennes histoires, qu'ils veulent mesurer le climat de pays si lointains à la mesure du nôtre. Or, ne se faut pas ébahir si, trouvant au contraire un grand discord entre ces choses, ils estiment les histoires anciennes être autant éloignées de vérité, que ce qu'ils y lisent est éloigné de ce qu'ils ont accoutumé de voir et ouïr. Connaissant donc cette troisième cause de l'incrédulité de plusieurs, je lui garderai la troisième partie du présent traité; mais je prierai le lecteur qu'il me permette laisser pour le présent ce que mes occupations ne me permettent d'ajouter. »

Henri Estienne mettait ici le doigt avec beaucoup de sagacité sur la double erreur de ses contemporains, dont les uns méprisaient l'antiquité parce qu'ils la jugeaient avec leurs idées modernes, et dont les autres l'admiraient aveuglément, et tentaient pour ainsi dire de se l'incorporer, oubliant les différences de génie qui séparent les siècles. Érudit passionné, mais esprit libre et sage, il avait aperçu toutes les diversités de mœurs, de goût, de gouvernement et de climat qui nous éloignent des anciens. La partie de son livre où il promettait de développer ces distinctions si justes, et alors si nouvelles, nous aurait sans doute offert un intérêt plus présent que la partie polémique de son apologie. Il y aurait montré dans quel esprit nous devons étudier et imiter les anciens, comment peuvent s'accorder la pensée chrétienne et l'inspiration antique. Ses immenses travaux et les malheurs de sa vie ne lui laissèrent pas le temps d'achever son ouvrage. Il mourut en 1598, à la veille du siècle dont les imitations originales devaient réaliser l'alliance entre le christianisme et l'antiquité.

Maintenant, un autre point de vue se présente. La Renaissance, en détournant de ses voies l'esprit français, en l'asservissant à l'antiquité, a-t-elle substitué à l'originalité gauloise un caractère d'emprunt qu'il nous a fallu tardivement dépouiller pour revenir à notre vraie nature? On l'a dit souvent, de 1825 à 1830. C'était la thèse des romantiques ; c'est encore aujourd'hui celle de quelques esprits éminents, étroitement attachés à la tradition chrétienne, et à ce qu'ils nomment la tradition nationale, par antithèse avec l'importation des modèles grecs et latins. Je ne sais s'ils ne voudraient pas effacer les trois siècles classiques de notre histoire littéraire, et replacer la France deux cents ans avant la chute de Constantinople, persuadés que la France d'alors, celle des trouvères, de Rutebeuf, de Jean de Meung, jouissait en paix de son originalité et de ses vertus, parce qu'une poignée de Grecs fugitifs n'avaient pas encore débarqué en Italie, ni infecté de la corruption païenne le monde chrétien, candide et innocent. J'ai indiqué dans quelle mesure la Renaissance a pu paraître une atteinte au christianisme, et je reconnais que les *modernes* du xviie siècle ont réagi contre le paganisme littéraire des siècles précédents ; mais je ne puis voir dans la Renaissance une bévue qui a fourvoyé l'esprit français.

Qu'était l'esprit français avant la Renaissance ? J'admire beaucoup nos vieux écrivains. Ils ont bien de l'esprit et de la grâce, mais combien peu de maturité ! Nos commencements étaient heureux ; mais, enfin, sommes-nous venus au monde grands et déjà formés, comme l'Apollon de l'hymne d'Homère qui, ses lèvres à peine ouvertes, chante avec la voix d'un dieu ? L'esprit français ressemblait à un enfant plein de promesses, qui laisse échapper des traits charmants, dont les familles se souviennent fidèlement plus tard.

Ajouterai-je que cet enfant naissait à peu près sans fortune ? Il existe un patrimoine d'idées communes que se transmettent de siècle en siècle les générations, et qui compose la richesse intellectuelle des hommes. Mais le moyen âge n'ayant pas tiré parti de la succession, l'esprit français, privé de la meilleure part de son héritage, avait commencé activement, et avec succès, à s'enrichir lui-même. C'est alors que les trésors de la Grèce et de l'Italie furent retrouvés, et que l'antiquité vint lui offrir les idées des siècles passés, renfermées dans les chefs-d'œuvre éclatants des philosophes, des orateurs, des poëtes, comme l'exemplaire d'Homère dans la riche cassette d'Alexandre. Voudrait-on que l'esprit français eût repoussé cet héritage inespéré, pour avoir le mérite de faire lui-même sa fortune? Pour moi, je trouve qu'il n'est jamais honteux d'hériter, pourvu qu'on emploie bien la succession, et le XVIIe siècle est là pour montrer que l'esprit français a su profiter de son bonheur.

Maintenant, est-il vrai qu'en nous enrichissant, la Renaissance, comme beaucoup de bienfaiteurs, nous a ravi notre liberté? Avons-nous, comme on l'a soutenu en pleine Académie française[1], sacrifié à l'antiquité l'originalité de notre propre génie, à tel point que cette méprise funeste de l'art classique, véritable digression dans l'histoire de notre littérature, n'est pas encore réparée, malgré l'insurrection légitime de Perrault et la prise d'armes du romantisme? Quand on représente la Renaissance comme une sorte de torrent qui inonde soudainement notre littérature, on oublie que les littératures ne se forment pas par l'effet d'un déluge, mais bien plutôt par alluvions, comme les langues; on oublie combien d'infiltrations profondes, dont il est impossible de saisir tous les canaux secrets, avaient déjà porté dans l'esprit français, même avant la Renaissance, les premières sources du génie ancien. Je ne parle pas des cent années qui ont précédé la prise de Constantinople. Si ce qui constitue la Renaissance, ce sont les livres, l'ardeur des grands esprits pour les découvrir et les publier, les maîtres pour les commenter et les traduire, les souverains pour encourager, à force d'or et de dignités, les recherches

---

1. Discours de réception de M. le comte de Montalembert. Ce jour-là l'illustre orateur a été un *moderne* de l'école de Perrault et de Saint-Sorlin.

des savants, les pontifes pour consacrer par leur exemple le culte des lettres antiques, il est trop facile de montrer que le siècle de Pétrarque et de Boccace est déjà une Renaissance. Mais si nous remontions plus haut, au delà de saint Thomas qui cite Sénèque, au delà de Dante qui prend pour guide Virgile, au delà de Brunetto Latini qui traduit des discours de Cicéron; si nous interrogions seulement les bibliothèques des couvents et les écoles du christianisme[1] pendant la première moitié du moyen âge, nous y trouverions la preuve que la tradition classique, affaiblie par le temps, à demi effacée par les invasions, ne fut jamais entièrement perdue. Quand les premières lueurs de l'antiquité semblaient évanouies, il existait encore dans quelques monastères privilégiés des livres pour former les hommes, et des hommes pour les étudier, comme il exista toujours dans l'Église de sages et généreux esprits pour encourager et bénir ces études. Non, la Renaissance n'a pas été un accident historique, une déviation, un égarement, mais le développement régulier et légitime de l'esprit humain, le couronnement d'une lente et laborieuse carrière, en un mot, la plénitude de force qui suit la jeunesse et l'enfance, la diffusion de lumière qui succède au matin et au crépuscule, sans qu'on puisse marquer avec précision le moment où disparaît l'aube et où commence l'éclat du jour.

Ne soyons donc pas surpris si, dans les premiers ouvrages qu'on appelle des fruits spontanés de l'esprit français, l'antiquité tient déjà une telle place ! Le plus gaulois de nos poëtes, Marot, étudiait l'antiquité, déjà popularisée en France par les guerres d'Italie.

> J'ai lu aussi le roman de la Rose
> Maître en amour, et Valère, et Orose
> Contant les faits des antiques Romains.

---

[1]. Voy. sur les écoles du christianisme un ouvrage rempli de faits inté-

Il pouvait ajouter : « J'ai traduit une églogue de Virgile, je connais mon Catulle et mon Martial, et je justifie au besoin *Christine la bergerette* avec une citation de l'*Art d'aimer*. » Car, « j'ai contrefait la veine du noble poëte Ovide ; j'ai voulu faire savoir à ceux qui n'ont pas la langue latine de quelle sorte Ovide écrivait, et quelle différence peut être entre les anciens et les modernes. » Marot faisait déjà des études de littérature comparée !

Mais considérons la Renaissance dans les deux écrivains qu'elle a le plus fortement touchés, du Bellay et Ronsard. Du Bellay, dans son manifeste, ne cherchait qu'une réforme, et non pas une révolution. Il demandait, non pas qu'on latinisât ou qu'on grécisât la France, mais qu'en imitant les auteurs anciens ou, comme il parle, en les dévorant, on les digérât et on les transformât en sang et en nourriture. C'est la vraie théorie de l'imitation. Quand il vit régner le plagiat brutal, il protesta au moins par des épigrammes :

Docte, doctieur, et doctime Baïf.

Ronsard, qui poussa la réforme jusqu'à la révolution, et mit la contrefaçon de l'antiquité à la place de l'imitation, a porté la peine de son imprudence par la longue disgrâce où la postérité l'a laissé. Je ne le défends pas, quoiqu'il soit juste de lui pardonner, en faveur de son admirable talent, une ivresse que partageaient tant d'esprits excellents. Mais je sépare la cause de Ronsard de celle de la Renaissance. La folie du poëte n'a pas sérieusement compromis l'antiquité. La Renaissance a fait son œuvre ; l'esprit français a peu à peu détaché les bandelettes antiques dont Ronsard l'avait enveloppé, et au XVIIe siècle il a marché sur les traces des anciens, dans toute sa liberté et dans toute sa force. Même au XVIe,

ressants : les *Recherches historiques* de M. l'abbé Landriot, évêque de la Rochelle.

l'éloquence nationale, qu'on nous dit opprimée par l'érudition, se déploie avec un prodigieux éclat, et les plus éloquents d'alors, ce ne sont pas les érudits, dans leurs bibliothèques : c'est le railleur des érudits, si savant lui-même, c'est Rabelais prêtant à un roi, à un père, les plus graves conseils ; ce sont les hommes qui, doués de grands talents, ont été mêlés à de grandes affaires, émus par de grandes passions, un Montaigne pleurant un ami perdu, un l'Hôpital prêchant la tolérance, un Pithou flétrissant la Ligue et pleurant les malheurs de la France, un Montluc racontant ses batailles, un d'Aubigné suppliant Henri IV de ne pas abjurer, un Henri IV parlant à ses sujets. Les anciens n'ont donc pas étouffé l'éloquence française. Muret, Turnèbe, Budé, Casaubon, tous ces grands érudits qui ont enseigné l'étude à la France, et qui lui ont donné le savoir, ne l'ont empêchée ni de bien penser ni de parler dans sa langue. En lui apprenant le latin et le grec, ils n'ont pas gâté son français. L'antiquité a été notre nourrice; elle nous a donné un lait vigoureux et nourrissant; de l'enfant que nous étions elle a fait un homme. Laissons dire les ingrats, et ne battons pas le sein où nous avons bu la force et la vie.

Les *modernes* du xviie siècle se sont révoltés contre le paganisme littéraire de la Renaissance, mais non pas contre une prétendue déviation de l'esprit français qu'ils ne paraissent pas soupçonner; et la preuve, c'est que l'adversaire de Perrault, Boileau, a été précisément le plus grand ennemi de Ronsard. Rabelais, qui parodie si gaiement le jargon pédantesque de son temps, dans le discours de Janotus de Bragmardo, *grand excoriateur de la langue latiale*, Rabelais était un fils de la Renaissance, et dans la résurrection des anciens il trouvait l'augure de tous les progrès à venir. Gargantua, écrivant à son fils Pantagruel, l'encourage au travail par la comparaison des études modernes avec celles d'autrefois.

« Comme tu peux bien entendre, le temps n'était tant idoine ne commode ès lettres comme est de présent, et n'avais copie de tels précepteurs comme tu as eu. Le temps était encore ténébreux, et sentant l'infélicité et calamité des Goths, qui avaient mis à destruction toute bonne littérature. Mais, par la bonté divine, la lumière et dignité a été de mon âge rendue ès lettres et y vois tel amendement, que, de présent, à difficulté serais-je reçu en la première classe des petits grimauds, qui en mon âge viril étais (non à tort) réputé le plus savant dudit siècle.... Tout le monde est plein de gens savants, de précepteurs très-doctes, de librairies très-amples, et m'est avis que ni au temps de Platon, ni de Cicéron, ni de Papinien, n'était telle commodité d'étude qu'on y voit maintenant. Et ne se faudra plus dorénavant trouver en place ni en compagnie, qui ne sera bien expoli en l'officine de Minerve. Je vois les brigands, les bourreaux, les aventuriers, les palefreniers de maintenant, plus doctes que les docteurs et prêcheurs de mon temps[1]. »

Qu'arrivait-il donc? C'est que les anciens, comme de bons maîtres qu'ils étaient, provoquaient leurs disciples à les égaler, à les surpasser même; en communiquant la science, ils éveillaient l'idée du progrès. L'idée de Rabelais nous conduit naturellement à celle de Bacon, reprise depuis par Pascal et par Fontenelle, que l'antiquité est la jeunesse de l'univers, et que l'âge moderne en est la maturité. Je ne m'étonne pas que cette pensée appartienne au siècle des plus belles découvertes scientifiques et au grand homme qui, apportant aux sciences une méthode nouvelle, avait le droit de proclamer le progrès de l'esprit humain, de même qu'au XVIIe siècle la protestation contre l'antiquité devait naître du spectacle des chefs-d'œuvre contemporains. Quand

---

1. *Pantagruel*, liv. II, chap. VIII.

Bacon écrivit le *Novum organum*[1], l'imprimerie était inventée depuis cent quatre-vingts ans ; Galilée avait découvert le télescope et préparé par là le triomphe de Copernic[2] ; Képler avait proclamé ses admirables lois[3] ; Harvey enseignait à ses élèves la circulation du sang[4] ; le médecin de Charles-Quint, André Vesale, avait créé l'anatomie[5]. L'élan de la pensée humaine désormais émancipée, l'ardeur infinie des conquêtes, l'ambition d'accroître les facultés, la puissance et le bonheur de l'humanité sur la terre, voilà le caractère de la philosophie de Bacon, qui propose à la science un but nouveau pour elle : la souveraineté de l'homme sur la nature[6]. Nul n'a mieux défini ce caractère que M. Macaulay, dans son Essai critique sur Bacon :

« Plus on étudie les ouvrages de Bacon, plus on s'aperçoit qu'il n'a suivi des voies différentes de celles des anciens que parce qu'il se proposait un but différent. C'était de relever la condition de l'humanité, d'assurer l'allégement des peines de la vie, de doter l'espèce humaine de nouvelles inventions et d'une nouvelle puissance ; tel était l'objet de toutes ses spéculations dans l'ordre des sciences, de la philosophie naturelle, de la législation, de la politique et de la morale. Deux mots résument toute la doctrine de Bacon : utilité et progrès[7]. »

On citerait une foule de passages de Bacon à l'appui du jugement de M. Macaulay[8] ; mais celui où l'idée de progrès se produit sous les traits les plus expressifs, est le fameux aphorisme du *Novum organum*, si souvent cité :

« Une autre cause, qui a fait obstacle aux progrès que les hommes auraient dû faire dans les sciences et qui les a

---

1. 1620. — 2. 1609. — 3. 1618. — 4. 1519. — 5. 1514-1564.
6. « Finis scientiarum a nemine adhuc bene positus est. » (*Novum organum*, lib. I, aphor. 81 ; et *De augmentis*, lib. I :) « Omnium gravissimus error in deviatione ab ultimo doctrinarum fine consistit. »
7. Macaulay, *Critical and historical Essays*, t. III, p. 92.— 8. Voir notamment : *Novum organum*, lib. I, et *De augmentis*, lib. II, cap. II.

pour ainsi dire cloués à la même place, comme s'ils étaient enchantés, c'est le profond respect qu'ils ont d'abord pour l'antiquité.... L'opinion qu'ils s'en forment, faute d'y avoir suffisamment pensé, est tout à fait superficielle, et n'est guère conforme au sens naturel du mot auquel ils l'appliquent. C'est à la vieillesse du monde et à son âge mûr qu'il faut attacher ce nom d'antiquité. Or, la vieillesse du monde, c'est le temps où nous vivons, et non celui où vivaient les anciens, qui en était la jeunesse. A la vérité, le temps où ils ont vécu est le plus ancien par rapport à nous, mais, par rapport au monde, ce temps était le plus nouveau. Or, de même que, lorsqu'on a besoin de trouver dans quelqu'un une grande connaissance des choses humaines et une certaine maturité de jugement, on cherchera plutôt l'une et l'autre dans un vieillard que dans un jeune homme, connaissant assez l'avantage que donnent au premier sa longue expérience, le grand nombre de choses qu'il a vues, ouï dire ou pensées lui-même; par la même raison, si notre siècle, connaissant mieux ses forces, avait le courage de les prouver et la volonté de les augmenter en les exerçant, on aurait lieu d'en attendre de plus grandes choses que de l'antiquité, où l'on cherche ses modèles ; car le monde étant plus âgé, la masse des expériences et des observations s'est accrue à l'infini[1]. »

On se tromperait si, sur la foi de ce passage, on prenait Bacon pour un détracteur de l'antiquité. Dans son *Traité sur la sagesse des anciens*, où il explique le sens allégorique de la mythologie, il laisse éclater partout son admiration pour le génie antique[2]. C'est un esprit indépendant, mais

---

1. *Novum organum*, lib. I, aphor. 84, traduction de M. Riaux.
2. Parmi les explications de Bacon, il y en a d'étranges; il y en a d'ingénieuses et de charmantes. Dans Protée, par exemple, Bacon voit l'allégorie de la matière, qui prend toutes les formes. Memnon, fils de l'Aurore, représente à ses yeux les jeunes gens de grande espérance, ravis au monde par une mort prématurée.

respectueux. Les cartésiens n'accepteront que la moitié de son héritage, l'indépendance, et refuseront le respect.

CHAPITRE IV.

Descartes et les cartésiens.

L'influence du cartésianisme sur les opinions philosophiques et religieuses de la France a été un immense bienfait. En comparant le premier tiers du XVIIe siècle au commencement du XIXe, on démêle entre ces deux époques une singulière ressemblance. Dès sa naissance, le spiritualisme cartésien eut à combattre et à vaincre la foule innombrable des athées dont parle Mersenne[1], et les esprits forts comme Naudé, Gui Patin, Saint-Pavin, et tant d'autres, qui laissaient déjà si loin le scepticisme de Montaigne et de Charron. Il fallait, comme on l'a dit spirituellement, qu'au *je ne sais* de Charron, et au *que sais-je?* de Montaigne, Descartes vînt répondre : « Je pense, donc je suis. » Il fallait qu'il démontrât qu'on pouvait croire à Dieu et à l'âme sans être un hypocrite, et que refuser d'y croire était, non d'un esprit

---

[1] « At non est quod totam Galliam percurramus, nisi siquidem non « semel dictum fuit unicam Lutetiam quinquaginta saltem atheorum mil-« libus onustam esse, quæ si luto plurimum, multo magis atheismo, « fœteat, adeo ut in unica domo possis aliquando reperire duodecim qui « hanc impietatem evocant. » (*Quæstiones celeberrimæ in Genesim.*) Les feuillets où Mersenne passe cette revue de l'athéisme en Europe ont été supprimés dans la plupart des éditions. Voir sur ce sujet l'excellente histoire du cartésianisme, par M. F. Bouillier. Je me plais à déclarer ici combien je lui suis redevable pour ce chapitre : c'est lui qui a le premier indiqué l'influence du cartésianisme sur les opinions des *modernes*.

fort, mais d'un faible esprit. De même, quand le matérialisme du xviii° siècle eut triomphé, quand la révolution française débordée eut emporté toute croyance, ce fut l'œuvre du spiritualisme renaissant de replacer dans les âmes les fondements de toute croyance, la foi en Dieu et en la Providence, la foi dans la spiritualité et dans l'immortalité de l'âme, tous les grands principes sans lesquels il n'y a pas de vie morale pour les peuples, ni de base pour la religion. C'est ainsi que le cartésianisme a deux fois sauvé la France de l'anarchie des idées et de l'incrédulité absolue, la première fois, par la voix du maître, la seconde, par celle des disciples illustres, dont la parole, retentissant dans l'abattement et la langueur universels, tira les âmes de leur léthargie et hâta le réveil religieux dont nous sommes les témoins. Voilà les effets du cartésianisme au xvii° et au xix° siècle, car c'est le cartésianisme et non le voltairianisme, quoi qu'on puisse dire, qui anime et soutient tous les esprits libres de notre temps. Il est permis au xix° siècle d'être ingrat envers le spiritualisme qui lui a rendu le peu d'énergie morale qu'il conserve encore, et qui a rouvert à la foi religieuse le chemin des âmes. Le xvii° siècle a été plus clairvoyant et plus équitable. Les grands hommes du catholicisme reconnaissaient les services de Descartes, et proclamaient le *Discours de la Méthode* le premier ouvrage du siècle, parce qu'ils croyaient aux lumières propres de la raison, parce qu'ils admiraient, sous le nom magnifique de christianisme de la nature, ces principes naturels de religion et de morale communs à tous les hommes [1]. Ils savaient distinguer l'ordre religieux de l'ordre philosophique, et n'admettaient pour celui-ci d'autre règle que l'autorité de la raison et de l'évidence.

---

1. Bossuet. Voy. 6° avertissement sur les lettres de Jurieu et 1ᵉʳ sermon sur la fête de la Circoncision. — Fénelon, *De l'existence de Dieu*.

Telle était leur devise : soumission en matière de foi, liberté en philosophie.

L'influence de Descartes sur la littérature a été bien puissante aussi, mais, à certains égards, moins aperçue. On a remarqué depuis longtemps qu'il avait donné un grand exemple de l'autorité de l'écrivain sur ses écrits et sur ses lecteurs, et introduit dans la composition l'ordre et la liaison des idées, l'exactitude du langage, en un mot la méthode. Mais on a signalé moins souvent un autre effet littéraire du cartésianisme. Il a voulu émanciper non-seulement la philosophie, mais la littérature, et faire tomber, comme si ç'avaient été les lisières d'un enfant, les liens qui unissaient l'esprit français à l'antiquité. Perrault est le fils de Descartes. Le cartésianisme, comme le cheval de bois des Grecs, portait dans ses flancs une troupe de modernes tout armés qui devaient, tôt ou tard, donner l'assaut à l'antique Ilion.

Descartes, le premier, enseigna le mépris de l'antique, comme Ronsard en avait prêché l'adoration : il semble que l'action et la réaction soient la loi de ce monde, comme le flux et le reflux sont la loi de l'Océan. Un esprit hardi, qui faisait profession de tout ignorer, pour se recommencer lui-même, devait estimer médiocrement le passé : le mépris était une condition de la révolte. S'il avait respecté, aurait-il détruit? Descartes se vante d'avoir oublié ce qu'il a lu : il affiche, si j'ose le dire, une fanfaronnade d'ignorance indigne d'un si grand génie. Il n'était pas savant, sans doute, quoi qu'ait dit l'évêque d'Avranches, Huet, et il n'eut pas à dissimuler une érudition profonde, pour donner à son système un plus grand air de nouveauté; mais il avait beaucoup de lecture; il connaissait « tous les livres traitant des sciences qu'on estime les plus curieuses et les plus rares[1]; » il commet une hyperbole

---

1. *Discours de la Méthode*, Ire partie.

volontaire, quand il nie l'utilité de l'histoire, du grec et du latin[1], et il mérite que Voltaire, dans une de ses poésies les plus spirituelles, le prenne ironiquement au mot, et le caractérise par ce vers :

N'ayant jamais rien lu, pas même l'Évangile[2].

L'un des plus grands disciples de Descartes, Malebranche, a poussé encore plus loin que son maître le dédain de l'antiquité. Il aurait dû se montrer plus indulgent pour les anciens, lui qui retrouvait si subtilement en eux les traits de son propre système, et qui citait un vers de Virgile : *Purpuream vomit ille animam*, à l'appui de son opinion que l'âme peut être formellement rouge, parce que les sensations ne sont que des modifications de l'âme, et qu'une âme qui a des perceptions de rouge, de gris ou de bleu, est une âme formellement rouge, grise ou bleue[3]. Mais les contre-sens que fait Malebranche, pour mettre les anciens de son parti, ne le rendent pas plus clément pour eux. Il prend tellement à la lettre l'idée de la table rase, qu'il voudrait se remettre en l'état où était Adam dans le paradis terrestre, avant l'arbre de science, bien entendu. Ne lui parlez pas de l'histoire grecque ni de l'histoire romaine. Descartes disait en montrant un squelette : « Voilà mes livres. » Malebranche renchérit encore : « Voici mes livres, dit-il, en montrant un insecte[4]. » Il appelle Platon et Aristote

1. « Il n'est pas plus du devoir d'un honnête homme de savoir le grec et le latin, que le suisse et le bas-breton, et l'histoire de l'empire germain ou romanique, que celle du plus petit État qui se trouve en Europe. » (Éd. Cousin, t. XI, p. 341.) Baillet raconte que Descartes, assistant à une leçon de grec donnée par Isaac Vossius à la reine Christine, avait dit à la reine : « Je m'étonne que Sa Majesté s'amuse à ces bagatelles. Pour moi, j'en ai appris tout mon saoul dans le collége étant petit garçon ; mais je me sais bon gré d'avoir tout oublié quand je suis parvenu à l'âge de raisonnement. »

2. Voltaire, *les Systèmes*. — 3. Voir une lettre curieuse du P. de Masseilles, de l'Oratoire, citée par Faydit, *Remarques sur Virgile et sur Homere*, p. 389. — 4. Fontenelle, *Éloge de Malebranche*.

des rêveurs, il se moque d'Homère[1], comme Perrault, et, à force d'accuser l'antiquité de barbarie, il pousse l'évêque d'Avranches à nommer le cartésianisme « un barbare. »

Mais, comme il est naturel, à ce mépris du passé se joignent le sentiment de la grandeur du présent et la confiance dans l'avenir. Chez les novateurs, l'excuse de leur orgueil, c'est de croire au progrès, et de reporter sur l'avenir l'estime qu'ils refusent au passé ; ou plutôt c'est là une conséquence de leur orgueil même, qui veut dater de leurs découvertes l'avènement de l'esprit humain à la vérité. Descartes croit si fermement à la perfectibilité de l'espèce humaine, qu'à la fin du *Discours sur la méthode*, il étale presque la même confiance que montrera plus tard Condorcet. « Je m'assure, dit-il, qu'il n'y a personne qui n'avoue que ce qu'on sait en médecine n'est presque rien en comparaison de ce qui reste à savoir, et qu'on se pourrait exempter d'une infinité de maladies, tant du corps que de l'esprit, et même aussi peut-être de l'affaiblissement de la vieillesse, si on avait assez de connaissance de leurs causes, et de tous les remèdes dont la nature nous a pourvus[2]. » Dans un fragment manuscrit de Descartes, cité par son biographe Baillet, nous retrouvons la pensée de Bacon : « Nous n'avons aucune raison pour tenir si grand compte aux anciens de leur antiquité. C'est nous, bien plutôt, qui sommes les anciens, car le monde est plus vieux aujourd'hui que de leur temps, et nous avons une plus grande expérience[3]. » Il est intéressant de suivre ainsi l'idée de

---

1. « Homère, qui loue ses héros d'être vites à la course, eût pu s'apercevoir, s'il eût voulu, que c'est la louange que l'on doit donner aux chevaux et aux chiens de chasse. »

2. *Discours de la Méthode*, VIe partie.

3. « Non est quod antiquis multum tribuamus propter antiquitatem, sed « nos potius iis antiquiores dicendi. Jam enim senior est mundus quam « tunc, majoremque habemus rerum experientiam. » (Baillet, *Vie de Descartes*, VIII, 10)

Bacon, à travers le XVIIe siècle, et non-seulement dans les cartésiens, mais dans un sceptique comme La Mothe Le Vayer, et dans un adversaire de Descartes comme Pascal.

La Mothe Le Vayer en effet, dans un de ses dialogues, où il s'est mis en scène sous le nom d'Orasius Tubero, s'exprime ainsi :

« Aux uns les autorités sont raisons; pour les autres il n'y a que la raison qui ait de l'autorité. Il y en a qui défèrent aux anciens, se laissant mener, comme les enfants, par la main de leurs pères; les autres soutiennent que les anciens ayant été dans la jeunesse du monde, s'il y en a, c'est ceux qui vivent aujourd'hui, lesquels sont véritablement les anciens, et qui doivent par conséquent être les plus considérables[1]. »

Sur les pas de Descartes, les cartésiens les plus célèbres s'élancent à leur tour dans la voie ouverte par Bacon.

« Si l'on croyait, s'écrie Malebranche, qu'Aristote et Platon fussent infaillibles, il ne faudrait peut-être s'appliquer qu'à les entendre; mais la raison ne permet pas qu'on le croie. La raison veut, au contraire, que nous les jugions plus ignorants que les nouveaux philosophes, puisque, dans le temps où nous vivons, le monde est plus vieux de deux mille ans, et qu'il a plus d'expérience que Platon et Aristote, comme on l'a déjà dit, et que les nouveaux philosophes peuvent savoir toutes les vérités que les anciens nous ont laissées, et en trouver encore plusieurs autres[2]. »

« Avec quelle vigueur, dit M. Bouillier, le grand Arnauld ne réfute-t-il pas la thèse du progrès de la corruption et de

---

1. Orasius Tubero, t. II, p. 218, *Sur l'Opiniâtreté*. M. Étienne, dans sa thèse sur La Mothe Le Vayer, fixe la date d'Orasius Tubero à 1632 ou 1633, tandis que Brunet et Quérard la mettent à 1606. J'incline vers l'opinion de M. Étienne, qui s'appuie sur de bonnes raisons.
2. *Recherche de la vérité*, liv. II, partie II, chap. v.

l'aveuglement, qu'un théologien opposait à la philosophie nouvelle : « C'est un paradoxe ridicule de s'imaginer que « les plus anciens aient été toujours les plus savants, par « cette raison que le nombre des siècles augmente la cor-« ruption générale de la nature humaine, et avec elle l'a-« veuglement de la raison naturelle. Si cela était, il faudrait « qu'il y eût, avant le déluge, de plus habiles médecins, « de plus savants géomètres qu'Hippocrate, Archimède et « Ptolémée. N'est-il donc pas visible, au contraire, que les « sciences humaines se perfectionnent par le temps? Je ne « daigne pas m'étendre là-dessus[1].... »

Mais de tous les écrivains qui se sont tour à tour essayés sur cette grande idée, celui qui lui a donné l'expression la plus complète et la plus éloquente, c'est Pascal, dans cette page admirable de ses *Pensées :*

« Les hommes sont aujourd'hui en quelque sorte dans le même état où se trouveraient les anciens philosophes, s'ils pouvaient avoir vieilli jusqu'à présent, en ajoutant aux connaissances qu'ils avaient celles que leurs études auraient pu leur acquérir à la faveur de tant de siècles. De là vient que, par une prérogative particulière, non-seulement chacun des hommes s'avance de jour en jour dans les sciences, mais que tous les hommes y font un continuel progrès, à mesure que l'univers vieillit, parce que la même chose arrive dans la succession des hommes que dans les âges différents d'un particulier. De sorte que toute la suite des hommes, pendant le cours de tant de siècles, doit être considérée comme un même homme qui subsiste toujours et qui apprend continuellement; d'où l'on voit avec combien d'injustice nous respectons l'antiquité dans sa philosophie : car, comme la vieillesse est l'âge le plus distant de l'enfance, qui ne voit que la vieillesse dans cet homme univer-

---

1. *Histoire de la Philosophie cartésienne*, t. I, p. 483.

sel ne doit pas être cherchée dans les temps proches de sa naissance, mais dans ceux qui en sont les plus éloignés? Ceux que nous appelons anciens étaient véritablement nouveaux en toutes choses et formaient l'enfance des hommes proprement; et comme nous avons joint à leurs connaissances l'expérience des siècles qui les ont suivis, c'est en nous que l'on peut trouver cette antiquité que nous révérons dans les autres [1]. »

A la fin du xviie siècle, Fontenelle et Perrault reprendront cette idée, non des mains de Pascal (le morceau que je viens de citer ne leur fut pas connu [2]), mais de celles des cartésiens, leurs prédécesseurs véritables. J'ai suivi le cours de l'idée depuis Bacon, à travers l'école cartésienne, pour marquer l'influence du cartésianisme sur la querelle des anciens et des modernes. Cette influence est à la fois philosophique et littéraire ; elle s'étend aux deux points de vue de la question : le point de vue dogmatique, et le point de vue critique, en d'autres termes l'idée du progrès, que Perrault développe à la suite des cartésiens, et la comparaison des écrivains modernes avec les anciens, pour lesquels il a le même dédain que l'école de Descartes. Ces deux questions ne se présenteront pas toujours réunies dans les écrivains qui ont pris part à la querelle. Un grand nombre n'ont pas aperçu la question philosophique du progrès, et se sont bornés à la question de critique littéraire. Mais il importe d'en remarquer la connexité avant qu'elles se divisent, et de montrer dans le cartésianisme l'origine de toutes les deux [3].

---

1. *Préface sur le Traité du vide.*
2. Il date de 1647 à 1651; mais il n'était pas imprimé quand Fontenelle entra en lice en 1688. Voir la belle édition des *Pensées* qu'a donnée M. Havet.
3. Le xviiie siècle héritera à son tour de l'idée de Bacon, de Descartes et de Pascal. Dans un discours prononcé à la Sorbonne, Turgot dira éloquemment : « Les phénomènes de la nature, soumis à des lois constantes,

CHAPITRE V.

Autres causes générales de la querelle des anciens et des modernes. — De l'enseignement de l'antiquité et de la traduction au XVIIe siècle.

Parmi les causes de la querelle des anciens et des modernes, il en est une très-directe et très-importante, qui doit attirer notre attention : je veux parler de la manière

sont renfermés dans un cercle de révolutions, toujours les mêmes. Tout renaît, tout périt, et, dans les générations successives par lesquelles les végétaux et les animaux se reproduisent, le temps ne fait que ramener à chaque instant l'image de ce qu'il fait disparaître. La succession des hommes, au contraire, offre de siècle en siècle un spectacle toujours varié. Tous les âges sont enchaînés par une suite de causes et d'effets qui lient l'état présent du monde à tous ceux qui l'ont précédé. Les signes multipliés du langage et de l'écriture, en donnant aux hommes le moyen de s'assurer la possession de leurs idées et de la communiquer aux autres, ont formé un trésor commun qu'une génération transmet à l'autre, ainsi qu'un héritage toujours augmenté des découvertes de chaque siècle, et le genre humain, depuis son origine, paraît, aux yeux d'un philosophe, un tout immense qui lui-même a, comme chaque individu, son enfance et ses progrès. » (2e discours, 1750. *OEuvres de Turgot*, t. II.)

Les citations que je viens de faire dans ce chapitre suffisent à montrer l'inexactitude de la thèse d'un philosophe de nos jours, M. P. Leroux, qui cherche à établir que « la France, après avoir ouvert la route du rationalisme solitaire ou de la psychologie, avec Descartes, s'en est retirée, pour en prendre une autre, celle de la philosophie et de la perfectibilité.» (*De l'Humanité*, liv. I.) Il n'y a pas eu dans l'adoption de l'idée de progrès une déviation de l'esprit cartésien. Loin de là, la doctrine de la perfectibilité de l'homme est issue en droite ligne du cartésianisme. C'est un cartésien, Leibnitz, qui a dit expressément : *Videtur homo ad perfectionem venire posse*, formule significative de la théorie du progrès. M. Leroux, ennemi de Descartes, est un cartésien sans le savoir.

dont on a conçu, au xviie siècle, l'étude et la traduction des anciens.

De loin, les grands noms de Port-Royal nous inspirent, pour l'enseignement au xviie siècle, un respect qu'affaiblit un examen plus attentif. Malgré les efforts des maîtres illustres de Port-Royal, malgré la réputation pédagogique de la Société de Jésus, l'étude de l'antiquité fut, pendant une grande partie du xviie siècle, bien incomplète et bien peu méthodique. Depuis les statuts de 1600, donnés par Henri IV, après l'interruption apportée dans les études par la guerre civile, l'Université ne s'était pas renouvelée; l'enseignement public, qui devrait être toujours en avance sur la société, se trouvait en retard. Un des premiers bons écrivains de la langue française, Guillaume du Vair, premier président au parlement de Provence, publia en 1614 un *Traité de l'éloquence française et des raisons pourquoi elle est demeurée si basse*. Les raisons principales qu'il donne de cette bassesse sont : « La première, le défaut des grandes affaires, et en même temps celui d'une juste récompense; la seconde, le peu d'attachement de la noblesse française pour cette étude; la troisième, la difficulté de l'art, qui demande tant de talents et tant d'exercice pour le faire valoir. » Le remède qu'il propose, c'est l'étude et l'imitation des anciens, trop négligée de ses contemporains, et, pour les y exciter par son exemple, il traduit en français les discours de Démosthène et d'Eschine *Sur la Couronne* et le *Pro Milone*.

Les plaintes et les encouragements du chancelier du Vair n'empêchèrent pas les générations formées sous Louis XIII, et au commencement du règne de Louis XIV, celles précisément dont Desmarets et Perrault font partie, d'ignorer les anciens ou de les mal connaître. Vingt-quatre ans après du Vair, en 1638, dans des *Considérations sur l'éloquence française* adressées au cardinal de Richelieu, La Mothe Le Vayer reconnaissait « que depuis M. du Vair on ne pouvait nier sans injustice qu'on se fût avancé de quelques pas dans l'éloquence, mais qu'on ne pouvait encore prétendre aller de pair avec ces grands hommes de l'antiquité, que M. du Vair loue dans son Traité. » Il vante à son tour les anciens, et il invite les Français à les prendre pour modèles, au lieu de les abandonner comme ils font. Les mondains eux-mêmes sentaient l'insuffisance de l'enseignement public, et en signalaient les pauvres résultats. Le chevalier de Méré dit quelque part que, de son temps, il n'y avait que les docteurs qui sussent le grec et le latin[1]. Même après la réforme introduite dans les études par MM. de Port-Royal, ni l'enseignement public de l'Université, ni l'enseignement privé n'adoptèrent immédiatement les saines idées des Arnauld et des Nicole. On en resta longtemps encore aux vieilles habitudes. En 1671, Molière reprend contre les études de son temps les railleries de Rabelais contre maître Jobelin et les sophistes en langue latine, et il tourne en ridicule M. Bobinet et les règles de Jean Despautère :

Omne viro soli quod convenit esto virile.

Pour ne citer qu'un exemple, on enseignait encore la lecture aux enfants en leur faisant épeler du latin, malgré la sage recommandation de Port-Royal, qui prescrit de les faire épeler en français. On employait à cet apprentissage stérile trois ou quatre années ; on dégoûtait les enfants de la langue latine en la leur imposant à la place de la langue maternelle[2], et cet usage continuel du latin, appliqué à toutes les actions de leur vie d'écolier, corrompait en eux le sentiment et le goût de la vraie latinité. Il y avait plus d'un siècle que Mathurin Cordier avait dénoncé les mauvais

---

1. Méré, cité par M. Sainte-Beuve, *Histoire de Port-Royal*, t. III, p. 420.
2. Voy. l'*Histoire de Port-Royal*, t. III, p. 423.

effets de cette habitude, en vigueur dans presque toute l'Europe, de parler latin au collége[1]. « Défaites-vous, disait-il aux jeunes gens, de ces façons de parler absurdes et toutes françaises que vous introduisez dans la langue latine : *Exstirpate, pueri, non solum absurdas voces, sed etiam Gallicas!* » Vaine recommandation! Il était inévitable que, du moment où l'on substituait une langue morte à la langue maternelle, dans l'usage quotidien de la jeunesse, le français chassé par la porte rentrât par la fenêtre, et s'installât en pleine latinité. Rabelais, Noël du Fail[2] et bien d'autres, eurent beau tourner cette coutume en ridicule, elle persistait encore du temps de Rollin, qui a composé un chapitre de son *Traité des Études*[3] exprès pour la combattre. Rollin se plaint qu'elle expose les jeunes gens à commettre une foule d'incorrections en latin et à négliger le français; sur ce point, il est entièrement d'accord avec Port-Royal. Son chapitre sur l'étude de la langue française est digne de faire suite au *Règlement d'études* du grand Arnauld.

Ce n'est qu'avec Rollin, c'est-à-dire tout à la fin du siècle, que l'Université se réforma réellement. Avant Rollin, l'école d'enseignement la plus sérieuse fut Port-Royal, et les malheurs de cette illustre maison ne lui permirent pas de former de nombreux élèves. Même à Port-Royal, quoique le P. Labbe ait appelé les solitaires « la secte des hellénistes, » le grec ne tenait pas une grande place ; on peut le voir dans le *Règlement d'études* d'Arnauld. Le nombre des esprits distingués qui savaient le grec au XVIIe siècle n'est pas considérable. Encore ne le savaient-ils guère que comme des gens du monde, et non comme les docteurs dont parle M. de

---

1. *De corrupti sermonis emendatione*, 1530. Mathurin Cordier cite des phrases des écoliers de son temps : *Feci cadere meum librum, et ego feci unum pastillum.* C'est presque du latin macaronique.
2. Contes d'Eutrapel. Conte de *l'Écolier qui parle latin à la chasse*, XIII, p. 215. — 3. *Traité des Études*, liv. II, chap. III.

Méré, Maucroix, Boileau, La Bruyère, et surtout Racine, étaient des hellénistes d'exception : les esprits les plus cultivés ne lisaient les écrivains grecs qu'à travers les traductions latines. Rollin a bien vu que c'était là le faible de son temps. Il insiste sur le grand avantage qu'a M. Despréaux de pouvoir relever « un grand nombre de bévues que son adversaire (Perrault), fort estimable d'ailleurs, a faites pour n'avoir lu les écrivains grecs que dans des traductions latines ; » il demande avec instance que l'on consulte les originaux, dont les traductions ne donnent qu'une idée infidèle; il encourage les jeunes gens à l'étude du grec, trop délaissée, par l'exemple d'un des plus illustres ancêtres du président de Mesme, de Henri de Mesme, qui raconte, dans un manuscrit communiqué à Rollin par le président, que dans sa jeunesse il récitait Homère d'un bout à l'autre. Rollin ajoute pieusement que, sans la connaissance du grec, il n'est pas possible d'entrer dans une étude sérieuse de la théologie, et cependant il reconnaît à la fin que les efforts des maîtres sont le plus souvent inutiles, et que « la plupart des pères regardaient comme absolument perdu le temps qu'on oblige leurs enfants de donner à cette langue [1]. »

Rollin avait raison : les traductions où ses contemporains lisaient les grands écrivains de la Grèce en offraient une image infidèle; et par là elles nuisirent aux anciens, qu'elles empêchèrent d'être bien connus. C'est à peine si quelques-uns des meilleurs esprits du XVIIe siècle, ceux qui pouvaient lire le grec dans le texte, se firent une idée juste de l'antiquité, tant il leur était difficile de se détacher des idées de leur temps ! A plus forte raison le public lettré, qui jugeait la Grèce sur les témoignages des traducteurs, la dut-il mal juger. Le XVIe siècle, si amoureux de l'antiquité, avait déjà donné l'exemple, en traduisant les anciens, d'une liberté

---

[1]. *Traité des Études*, chap. II, *De l'étude de la langue grecque*.

excessive. Les vrais connaisseurs, comme de Thou, en admirant le charme et la grâce d'Amyot, ne se méprenaient pas sur son inexactitude[1]. Quelques-uns même, surtout parmi ses rivaux, Méziriac par exemple, la lui reprochaient trop sévèrement. Car quelle reconnaissance ne devons-nous pas à ces traducteurs du xvie siècle, qui n'ont pas eu, comme nous, le secours de la philologie européenne pour éclaircir les textes, rapprocher les passages, rétablir les lacunes? Ils étaient obligés souvent de remonter à la source de toutes les lumières, d'aller en Italie, pour y étudier dans les manuscrits l'auteur qu'ils voulaient traduire. C'est à Venise qu'Amyot découvrit un exemplaire de Diodore de Sicile; c'est à Rome, au Vatican, qu'il rencontra un Héliodore plus complet, qui lui permit de corriger heureusement son *Histoire éthiopique*. C'est en Italie que les grands érudits du xvie siècle allaient chercher les anciens. Rabelais, Lambin, Muret et Montaigne lui-même, qui n'est pas un érudit, mais un grand ami de l'antiquité, avaient fait le voyage de Rome. Mais au xviie siècle, les traducteurs à la mode, Perrot d'Ablancourt, par exemple, ne vont pas chercher les anciens à Rome. Ils les arrangent dans leur cabinet, et les accommodent au goût de leur temps. Je ne parle pas seulement de l'inexactitude de couleur; de ce côté le xvie siècle n'est pas plus irréprochable que son successeur. Si Perrot traduit *Quirites* par *messieurs*, Amyot change les vestales en *religieuses* et prête à Denys des *gendarmes*; par un procédé inverse d'anachronisme, de Thou transporte dans notre histoire le vocabulaire politique de Rome, et travestit les magistrats en consuls, les membres du parlement en *Patres*

---

1. « Amyotus.... Plutarchum in linguam nostram Gallicam verterat, « majore elegantia quam fide, dum auribus nostris placere quam de sen- « sus veritate laborare potius existimat. » De Thou, *De vita sua*, V. C'est déjà presque le reproche que Courier adressera plus tard à Amyot : « Il ferait gagner à Pompée la bataille de Pharsale, si cela pouvait arrondir tant soit peu la phrase. »

conscripti. Mais les traducteurs du xviie siècle aggravèrent l'inexactitude du sens, bien plus fautive que celle de la couleur. Amyot ne se piquait pas de littéralité. Son rival Méziriac l'accusait de deux mille contre-sens[1]. Mais Amyot n'érigeait pas l'inexactitude en système. D'ailleurs le xvie siècle a son excuse. Il voulait enrichir la littérature française des chefs-d'œuvre de l'antiquité. Son travail était un travail d'appropriation, et pour que l'esprit français, assez ignorant encore, pût s'assimiler plus aisément les anciens, on les arrangeait à la moderne. Mais le xviie siècle a une prétention de plus. Il veut s'approprier aussi les anciens, mais en les perfectionnant, pour les rendre plus dignes de lui. Son infidélité se compose de beaucoup d'estime pour lui-même et de quelque dédain pour l'antiquité. L'esprit de la traduction au xviie siècle est tout entier dans ce passage de Perrot d'Ablancourt : il écrit à Conrart, en lui dédiant son Lucien[2] :

« Comme la plupart des choses qui sont ici ne sont que des gentillesses et des railleries, qui sont diverses dans toutes les langues, on n'en pouvait faire de traduction régulière.... L'auteur allègue à tous propos des vers d'Homère qui seraient maintenant des pédanteries, sans parler de vieilles fables trop rebattues, de proverbes, d'exemples et de comparaisons surannées qui feraient à présent un effet tout contraire à son dessein ; car il s'agit ici de galanterie, et non pas d'érudition. Il a donc fallu changer tout cela pour faire quelque chose d'agréable ; autrement ce ne serait pas Lucien, et ce qui plaît en sa langue ne serait pas supportable en la nôtre. D'ailleurs, comme dans les beaux visages il y a toujours quelque chose qu'on voudrait qui n'y fût pas, aussi dans les meilleurs auteurs, il y a des en-

---

1. Voy. sur Amyot le travail excellent d'un jeune professeur que l'Université regrette, M. de Blignières (*Essai sur Amyot*, p. 202).
2. Cette traduction de Lucien et cette épître dédicatoire sont de 1654.

droits qu'il faut toucher ou éclaircir, particulièrement quand les choses ne sont faites que pour plaire: car alors on ne peut souffrir le moindre défaut; et pour peu qu'on manque de délicatesse, au lieu de divertir on ennuie. Je ne m'attache donc pas toujours aux paroles ni aux pensées de cet auteur; et demeurant dans son but, j'agence les choses à notre air et à notre façon. Les divers temps veulent non-seulement des paroles, mais des pensées différentes; et les ambassadeurs ont coutume de s'habiller à la mode du pays où l'on les envoie, de peur d'être ridicules à ceux à qui ils tâchent de plaire. Cela n'est pas proprement de la traduction, mais cela vaut mieux que la traduction. »

Telle est la profession de foi tout à fait dégagée de Perrot d'Ablancourt : il change son original, *pour en faire quelque chose d'agréable*. Lucien est son obligé. Et que le nom fameux de *belles infidèles* ne fasse pas supposer qu'en admirant le beau style du traducteur, le goût public désavouait sa méthode. Les esprits les plus délicats et les plus sensés se laissaient prendre au piége de ce beau langage. Saint-Évremont louait d'Ablancourt « de ce qu'il n'y a pas un terme à désirer en lui pour la netteté du sens; rien à désirer, rien à rejeter[1]. » Patru, le sage Patru disait : « La belle manière de traduire que d'Ablancourt accrédite emporte l'admiration de tous les illustres de notre siècle, et il s'est proposé la vraie idée d'un bon traducteur, qui n'ôte rien à l'original de sa force ni de ses grâces[2]. » Cette poétique de d'Ablancourt, approuvée par les meilleurs juges, était celle de tous ses émules. Ainsi traduisaient Charpentier, l'interprète si libre de Xénophon, et le spirituel Maucroix, et Tourreil, que Racine appelait bourreau, parce qu'il donnait de l'esprit à Démosthène, mais que

---

1. Saint-Évremont, *De quelques traducteurs*.
2. Vie de d'Ablancourt. — Voy. aussi Baillet, *Jugement des savants*, t. II, partie III, p. 470.

Fléchier félicitait de laisser à Démosthène « toutes ses grâces et toute sa force[1]. » A peine quelques mécontents, Huet à leur tête, accusaient les traducteurs de mensonge, et leurs lecteurs de simplicité[2]. La Bruyère, dans l'admirable discours qui précède sa traduction imparfaite de Théophraste, se plaint que le public ne sache pas se défaire de cette prévention pour ses coutumes et ses manières, qui le prive, dans la lecture des livres anciens, du plaisir et de l'instruction qu'il en doit attendre. Si cette prévention du public invitait les traducteurs à l'infidélité, il faut avouer que l'extrême docilité des traducteurs à s'y conformer entretenait la prévention du public. C'était la faute de tout le monde. Comment s'étonner dès lors que des hommes distingués, comme Desmarets et Perrault, qui ne jugeaient les anciens que sur ces images embellies, selon d'Ablancourt, et par conséquent enlaidies, selon le bon sens, ne les aient pas estimés à leur prix? Comment, en voyant leurs traducteurs, c'est-à-dire, apparemment, leurs admirateurs les plus vifs, se déclarer obligés de les habiller à la mode du jour, pour leur donner bon air, n'aurait-on pas été conduit à prêter aux modernes une supériorité d'élégance et de goût? Voltaire a dit : « Mme de Sévigné comparait ces traducteurs à des domestiques qui vont faire un message de la part de leurs maîtres, et qui disent souvent le contraire de ce qu'on leur a ordonné. Ils ont encore un autre défaut des domestiques : c'est de se croire aussi grands seigneurs que leur maître, surtout quand leur maître est fort ancien. » Voilà précisément la disposition des traducteurs et du public au XVIIe siècle : tout le monde se croyait grand seigneur à l'égard de l'antiquité. Il était naturel dès lors qu'en représentant les anciens on tâchât,

---

1. Œuvres de Tourreil; t. I, p. 53. Lettre de Fléchier, 30 août 1701.
2. Huet, *De optimo genere interpretandi*.

avec affabilité, de leur communiquer quelque chose de cette perfection moderne qui leur avait manqué. Il y a une étroite parenté entre les Romains de Perrot d'Ablancourt et ceux de Mlle de Scudéry[1]. Quant aux Grecs, on les connaissait encore moins bien que les Romains. Il suffit d'ouvrir quelques traductions d'Homère avant celle de Mme Dacier, pour être tenté d'excuser les méprises des écrivains qui l'ont jugé sur ces faux témoignages. J'emprunte à dessein deux exemples au commencement et à la fin du xviie siècle. Voici comment du Souhait, en 1614, traduit un passage du Ier livre de l'*Iliade :*

« Les Grecs émus de pitié déclarèrent à haute voix que cette pucelle fût rendue à son désolé père, disant entre eux que c'était une chose pieuse et équitable, tant pour l'excellence des présents qu'il offrait pour la franchise de sa fille, que pour la dignité du prêtre d'Apollon ; qu'il y avait du péril à l'éconduire, vu la justice de sa demande et la faveur qu'il avait de son dieu. Agamemnon ne fut pas de cet avis; au contraire, se mettant en colère de la demande légitime de Crisès, et s'offensant que les princes la lui eussent si tôt accordée, il usa de ces termes, poussé de fureur et de colère :
« Vieillard, je te défends de te trouver jamais en nos tentes
« ni en lieu où nous soyons; sors présentement de ma pré-
« sence : autrement peu te serviront les sceptres et les cou-
« ronnes de ton dieu Apollon, car je t'assure que Criséide
« ne sera jamais séparée d'avecque moi. J'ai l'intention de
« la conduire en Argos, mon pays, et la tiendrai en ma
« maison, où elle filera ma toile et fera mon lit[2]. »

Plus de soixante ans après, voici comment un traducteur en renom, l'abbé de La Valterie, rend le même passage :

« Tous les Grecs étaient d'avis de recevoir les présents et

---

1. D'Ablancourt a traduit les *Annales* de Tacite en 1640 et 1651. La *Clélie* est de 1656. — 2. L'*Iliade* d'Homère, prince des poëtes grecs, par le sieur du Souhait, 1614, p. 150.

de lui rendre Cryséide. Il n'y eut qu'Agamemnon auquel sa demande fut désagréable. Bien loin de lui faire aucun honneur, il le traita durement : « Téméraire vieillard, lui dit-il, « ne t'arrête pas plus longtemps sur ces vaisseaux ou dans « le camp, et ne pense pas à y revenir jamais. Si j'apprends « que tu ne m'aies pas obéi, la couronne et le sceptre de « ton dieu ne te serviront de rien. J'emmènerai ta fille en « Argos, où elle vieillira dans ma maison, avant que je lui « donne la liberté. Mais retire-toi incontinent, et ne m'o- « blige pas par ta présence importune à te maltraiter [1]. »

Du Souhait est exact, mais diffus et délayé. La Valterie vise à la politesse; il abrége Homère, et prétend l'ennoblir : il se garde de parler du lit d'Agamemnon. Tous deux sont infidèles. Telle est la destinée d'Homère au xviie siècle, jusqu'à Mme Dacier. Il est trahi de toute manière, par la plate exactitude des uns, par l'élégance mensongère des autres. Les traducteurs simples l'avilissent; les traducteurs nobles le guindent. On fait de lui tantôt un conteur de carrefours, tantôt un bel esprit de ruelles, un grand seigneur de Versailles ou de Marly. On l'habille de costumes divers; mais tout le monde est d'accord pour le déguiser. N'existe-t-il pas un lien visible entre cette maxime de d'Ablancourt, qu'il faut émonder et changer les anciens « pour en faire quelque chose d'agréable, » maxime si généralement suivie, et le procédé de La Motte, qui corrigeait Homère et le diminuait de moitié « pour le rendre plus digne de sa réputation? » Les traducteurs du xviie siècle ont ouvert la route aux partisans des modernes; les plus sincères amis des anciens ont été, sans le savoir, les complices de leurs ennemis. Tourreil, dans un discours prononcé devant l'Académie française, en 1704, en a fait l'aveu avec humilité [2], et

---

1. Traduction de l'*Iliade*, par l'abbé de La Valterie, t. I, p. 3. Paris, Barbin, 1681.

2. « On a tort, dit Tourreil en expliquant les motifs qui ont fait dédai-

Boileau dit un jour vivement à l'abbé d'Olivet : « Savez-vous pourquoi les anciens ont si peu d'admirateurs ? C'est parce que les trois quarts de ceux qui les ont traduits étaient des ignorants et des sots. »

Si nous considérons maintenant dans quel esprit on étudiait l'antiquité, rappelons-nous qu'aux yeux de Port-Royal, les anciens parurent toujours des instruments utiles pour l'éducation de la jeunesse, mais que cependant la perfection de l'art antique lui fut toujours suspecte et redoutée. Port-Royal n'a jamais aimé l'art pour lui-même. Ses premiers écrivains, M. Sainte-Beuve l'a noté finement, se défiaient même du talent de style comme d'une vanité où il n'était pas bon de se laisser prendre. Ils ne se servaient des anciens qu'en les purifiant par l'esprit évangélique, en opposant sans cesse la pensée chrétienne à la pensée païenne, en rappelant à la jeunesse que le capital n'est pas d'être un savant, mais un bon serviteur de Dieu, et que les lettres, si utiles quand elles sont animées de l'esprit divin, sont dangereuses sans lui. Telle était l'idée toujours présente du plus austère des jansénistes, de celui qui, le premier, conçut le dessein des écoles, M. de Saint-Cyran. « Un jour, raconte Lancelot, il entra dans la chambre des enfants, et, comme il avait toujours l'air gai et un cœur porté au bien, il leur dit en les caressant : « Hé bien ! que faites-vous ? car il ne faut pas perdre de temps, et ce que vous ne remplissez pas, le diable le prend pour lui. » Ils lui montrèrent leur Virgile, qu'ils étudiaient, et il leur dit :

gner les anciens, d'imputer à d'excellents originaux ce que leur prête un traducteur, c'est-à-dire un copiste qui souvent les défigure, et les dégrade toujours.... Une partie de leur obscurité roule sur notre compte. On ne peut mettre sur le leur ni les coutumes abolies que nous ne saurions déchiffrer, ni les fines allusions dont nous n'avons point la clef. Le lecteur présomptueux incline fort à blâmer ce qui ne lui paraît pas intelligible. Il n'y a pas de voie plus courte et plus facile pour s'épargner certain aveu qui lui coûte tant. » (*OEuvres de Tourreil*, t. I, p. 31. Paris, 1721.)

« Voyez-vous ces beaux vers-là ? Virgile, en les faisant, s'est damné, parce qu'il les a faits par vanité et pour la gloire. Mais vous, il faut que vous vous sauviez en les apprenant, parce que vous devez le faire par obéissance et pour vous rendre capables de servir Dieu. » Virgile damné pour avoir fait l'*Énéide* par amour de la gloire ! L'antiquité tout entière, si fortement éprise de cette noble passion, est enveloppée dans l'arrêt de Saint-Cyran. Cet esprit rigide du maître persista toujours à Port-Royal, quoique adouci beaucoup, surtout dans la pratique, par ses successeurs. Ces grands religieux se servirent des anciens sans les aimer ; ils en usèrent comme des vases conquis sur les Philistins, qu'on purifie avant de les destiner à l'autel, dit saint Basile. Ils christianisent l'antiquité, dessein édifiant sans doute, au point de vue de la pédagogie ; mais au point de vue de l'art et du goût (choses trop mondaines pour les occuper), cette métamorphose pieuse de l'antiquité ne leur permet pas de la bien comprendre. En arrachant les anciens à leur religion, à leur morale, à leur caractère, pour les pénétrer d'un esprit chrétien qui permette de vivre avec eux sans se damner, comme dit Saint-Cyran, on arrive à les déguiser saintement, comme Racine a déguisé la Phèdre antique, en vrai disciple de Port-Royal qu'il était. Ce que Port-Royal admirait dans la *Phèdre* nouvelle, ce qui réconciliait Arnauld avec Racine, c'est précisément, on le sait, ce repentir chrétien ignoré d'Euripide. En littérature, on ne comprend bien que ce qu'on aime. Pour avoir du goût, il faut que le cœur s'en mêle. Le cœur des solitaires, tout entier à Dieu, ne donnait rien à l'art antique, dont leur esprit se bornait à tirer adroitement parti. Trop éclairés et trop sincères pour contester, comme on l'a fait de nos jours, l'admirable beauté de l'éloquence et de la poésie païennes, ils allaient jusqu'à proclamer la supériorité littéraire des anciens, mais en opposant avec un dédain triomphant à cette beauté de leur littérature la vérité dont la révélation a donné le privilége aux chrétiens. M. Sainte-Beuve, dans son *Histoire de Port-Royal*, raconte que Saint-Cyran, lisant avec admiration les *Offices* de Cicéron, dit un jour : « Il faut avouer que Dieu a voulu que la raison humaine fît les plus grands efforts avant la loi de grâce, et il ne se trouvera plus de Cicérons ni de Virgiles. » « Vue ingénieuse, ajoute l'historien, perspective inaccoutumée qui tendrait à partager l'histoire littéraire en deux, et qui la subordonne, comme tout le reste, à la venue de Jésus-Christ : le *beau* surtout d'un côté, le *vrai* de l'autre. C'est dans ce sens qu'un penseur chrétien, M. Joubert, a pu dire : « Dieu, ne pouvant départir la vérité aux Grecs, leur donna la poésie. » Dans la querelle des anciens et des modernes, les défenseurs tout littéraires des premiers se sont peu avisés d'un argument religieux si transcendant [1]. » Cela est vrai ; mais les défenseurs des modernes ne manqueront pas de s'en emparer ; ils opposeront la vérité des lettres chrétiennes non pas à la beauté (plus dédaigneux que Port-Royal lui-même, ils ne la confesseront pas), mais au mensonge des lettres païennes, et nous retrouverons dans Desmarets une aggravation de l'argument religieux de Saint-Cyran.

Les jésuites, plus doux que les jansénistes, n'avaient pas de ces rigueurs envers l'antiquité ; ils l'expurgeaient sans doute, comme avant eux l'avait expurgée Port-Royal (car M. de Saci, un des plus sensés expurgateurs, a précédé Jouvency) ; mais ils l'accueillaient bien plus à bras ouverts et sans arrière-pensée. Seulement, dès qu'elle entrait chez eux, elle laissait sur le seuil sa simplicité et sa grandeur. M. de Maistre a lancé contre la littérature de Port-Royal un chapitre fougueux et spirituel, où il accuse la roideur, la

---

1. *Histoire de Port-Royal*, t. II, p. 33.

sécheresse, la nudité du style janséniste[1]. On pourrait donner un pendant à ce chapitre en prenant pour sujet la littérature des jésuites, et il ne serait pas besoin de l'éloquence de M. de Maistre pour faire aisément préférer par les bons juges la tristesse des jansénistes, qui, du moins, a sa grandeur, à l'élégance souriante et parée, aux grâces fades, à la gentillesse des jésuites. Ceux-ci n'ont que le petit goût. En toutes choses comme en vers latins, ils aiment le diminutif. Poussin disait de leur peinture religieuse : « On ne peut s'imaginer un Christ avec un visage de Père Douillet. » Le mot s'applique aux grands écrivains de l'antiquité traduits ou commentés par les jésuites. Quand ceux-ci les traduisent, ils enjolivent le texte ; quand ils les commentent, ils noient la pensée ; quand ils écrivent en latin, ils rejettent la langue de tout le monde et se font une langue particulière, ornée, fleurie, pleine de belles expressions propres à figurer sur les cahiers de collége. Ils fardent l'antiquité, ils y introduisent la chose la moins antique, le bel esprit, qui est leur dieu. Le P. Bouhours, un de leurs meilleurs écrivains, a beau définir l'esprit « le bon sens qui brille, » et vouloir que l'éclat ne nuise pas à la solidité ; il a beau comparer le vrai style « à ces soldats de César qui, tout propres et tout parfumés qu'ils sont, ne laissent pas d'être vaillants ; » ce qui domine dans la manière des jésuites, ce n'est pas la force, c'est le parfum ; on peut leur appliquer le vers de Martial :

.... Male olet, qui bene semper olet.

Et ce qui montre le dommage qu'un tel goût fait à l'antiquité, c'est que le P. Bouhours précisément sera l'un des premiers partisans des modernes.

Voilà le sort de l'antiquité au xviiie siècle ; cultivée avec soin à Port-Royal, mais avec une pieuse défiance de l'esprit

---

1. *De l'Église gallicane.*

païen; étudiée sans méthode et sans progrès dans l'Université, du moins jusqu'à Rollin; enjolivée et rapetissée par les jésuites; travestie par les traducteurs, négligée par les gens du monde. Un petit nombre de grands hommes seulement, un Corneille, un Racine, un Bossuet, un Boileau, un La Fontaine, un Fénelon, un La Bruyère, enseignaient, par leurs exemples, l'amour éclairé de l'antiquité; encore ne la comprenaient-ils pas tout entière avec une égale perfection, et n'entraient-ils pas tous au même degré dans le sentiment du génie antique. Comme ces illustres amis des anciens sont les plus grands écrivains de leur temps, nous n'apercevons à distance que ces génies qui dominent leur siècle, et nous prêtons volontiers une part de leurs lumières à leurs contemporains qu'ils couvrent de leur éclat. Mais le goût public, bien loin d'égaler la pureté du leur, était plus disposé qu'on ne l'imagine à une rébellion contre l'antiquité, dont l'autorité nous semble de loin aussi fortement établie au XVIIe siècle que celle de Louis XIV. Si l'antiquité avait été aussi pleinement souveraine que le grand roi, la querelle des anciens et des modernes n'aurait été qu'une émeute, apaisée dans l'espace d'un matin. Elle a été plus qu'une émeute, plus même que la Fronde de quelques beaux esprits. La Fronde ne demandait qu'un changement de ministre. En succombant, elle affermit pour plus d'un siècle la royauté victorieuse, et ne laissa rien après elle, qu'un frivole souvenir. Les *modernes* réclamaient, les armes à la main, un changement de dynastie; ils prétendaient détrôner l'antiquité en faveur de l'esprit moderne. Momentanément battus, ils ont recommencé la guerre après une trêve passagère; ils ont conquis à leur cause des hommes supérieurs à leurs premiers généraux; les idées justes qu'ils ont semées sur le champ de bataille ont fini par triompher, et, en vérité, à considérer le déclin du goût classique en France, et l'ivresse toujours croissante de l'esprit moderne, si fier de ses découvertes, si dédaigneux envers le passé, si présomptueux pour l'avenir, on croirait que les idées fausses des *modernes* ont fini par triompher avec leurs idées justes, et que les paradoxes ont partagé avec la vérité le bénéfice de la victoire.

CHAPITRE VI.

Alexandre Tassoni. — Ses *Pensées diverses*. — Boisrobert.

L'ensemble des idées et des faits que j'ai résumés dans le chapitre précédent explique logiquement la naissance de la querelle des anciens et des modernes dans la seconde moitié du xviie siècle. Mais, outre les causes générales qui déterminent les événements littéraires, il y a pour eux, comme pour les événements politiques, des occasions particulières qui en aident l'accomplissement, en accélérant l'action des causes générales. Ainsi l'influence des idées cartésiennes est sensible chez Desmarets, le premier des modernes qui ait sérieusement ouvert le débat contre l'antiquité. Mais Desmarets a un prédécesseur, l'abbé de Boisrobert, qui, en 1635, un an avant le *Discours sur la Méthode*, déclarait la guerre aux anciens; et l'occasion qui mit Boisrobert aux prises avec eux, ce fut probablement un livre italien, les *Pensées diverses*, de Tassoni, qui tombèrent entre les mains de l'irrévérent abbé, et lui fournirent le sujet de son premier discours devant l'Académie française. Arrêtons-nous un instant devant ce livre curieux, dont n'ont pas parlé jusqu'ici les écrivains qui se sont occupés de la querelle des anciens et des modernes.

On connaît cette fameuse querelle qui éclata en Italie, à l'apparition de la *Jérusalem délivrée*[1]. L'Académie naissante de la Crusca[2] se montra plus sévère encore envers le Tasse que l'Académie française envers Corneille, et Salviati, son organe, fut moins équitable et moins poli que Chapelain. Pendant de longues années cette querelle enflamma tous les beaux esprits de l'Italie. Mon dessein n'est pas de m'y engager après eux : ce serait sortir de mon sujet. Le débat, en Italie, est presque toujours purement italien. On dispute sur la prééminence du Tasse ou de l'Arioste; on accumule volume sur volume; on se bat en duel, et l'on se tue, comme les sénateurs de Bologne, pour la plus grande gloire de Roland ou de Godefroy; c'est une querelle domestique, et pour ainsi dire de ménage, entre les critiques d'Italie. Elle n'offre d'intérêt un peu plus général que lorsque le débat, franchissant les frontières de l'Italie, embrasse l'antiquité, et que la question se pose entre les anciens et les modernes, c'est-à-dire au commencement du XVIIe siècle. L'écrivain qui, le premier, lui donne cet aspect nouveau, c'est l'auteur fameux du *Seau enlevé*, Alexandre Tassoni. Paul Beni, l'ancien ami du Tasse, qui vengea sa mémoire contre l'Académie de la Crusca, en mettant la *Jérusalem* au-dessus de l'*Iliade* et de l'*Énéide*, n'a écrit sa comparaison d'Homère, de Virgile et du Tasse, que six ans après la première édition des *Questions philosophiques*[3]. Les *Nouvelles du Parnasse* de Boccalini[4], où se glissent çà et là quelques comparaisons de détail entre les anciens et les modernes, sont de 1612. C'est donc à Tassoni qu'appartient l'honneur d'a-

---

1. Publiée en 1580, à Venise, sous le titre de *Il Goffredo;* il n'y avait dans la première édition que les dix premiers chants et quelques fragments du XVe et du XVIe. — 2. Fondée en 1582. Voy. Guinguené, t. V, p. 260-265. — 3. *Questions philosophiques*, Ire édition, 1601 ; *Comparaison d'Homère, de Virgile et du Tasse*, 1607. — 4. *Ragguagli di Parnasso. Centuria prima*, 1612. Venise.

voir élevé un débat local à la hauteur d'une question de goût d'un intérêt universel ; c'est lui qui, par sa date comme par l'importance de son livre, connu et traduit en France dans la première moitié du xviie siècle, est le véritable introducteur de la querelle en France, comme Saint-Évremond en sera l'introducteur en Angleterre, à la fin du xviie siècle ; c'est donc à lui qu'il faut nous attacher en laissant de côté, quoique à regret, un certain nombre d'écrivains comme Errico[1], Crescimbeni[2], Gravina[3], qui remplirent chacun un rôle intéressant, mais qui sont venus plus tard, et qui ne se rattachent qu'indirectement à notre sujet.

Alexandre Tassoni, poëte, historien, philosophe, diplomate, était un des esprits les plus étendus et les plus variés du xviie siècle. Après avoir fait d'excellentes études à Bologne et à Ferrare, il entra au service du cardinal Colonna, et voyagea avec lui en Espagne. Tour à tour secrétaire du duc de Savoie et de son fils le prince cardinal, renvoyé de Turin à Rome et de Rome à Turin par des disgrâces alternatives, il apprit à connaître les hommes dans ce rude métier de la domesticité des grands, et mûrit, par l'observation, son esprit déjà fortifié par le travail. C'est pendant ces années d'épreuves qu'il rassembla dans un livre intitulé d'abord *Questions philosophiques*, et plus tard *Pensées diverses*[4], les fruits de ses études sur tous les sujets. Son ouvrage est un résumé rapide, mais confus, de toutes les connaissances de son temps, en philosophie, en morale, en politique, en histoire, en littérature, en physique. Çà et

---

1. *Guerre di Parnasso*, Venise, 1643, et *Rivolte di Parnasso*, comédie piquante, publiée à Messine en 1625, dont le continuateur de Ginguené a donnée l'analyse, t. XII, p. 138. — 2. Voy. son traité sur la beauté de la Poésie vulgaire (*Trattato della bellezza della volgar Poesia*). Rome, 1700. — 3. Voy. principalement son traité *Della ragione poetica*, vrai manifeste moderne contre la poétique d'Aristote. 1708. Traduction en français, Paris, 1754. — 4. *Varieta di pensieri divisa in 9 parti*, 1612, in-4°, avec une 10e partie, 1620 ; in-4°.

là brillent des idées neuves, mêlées à des paradoxes qui ont devancé de plus de deux cents ans des témérités que nous croyons d'hier : J. J. Rousseau, quand l'Académie de Dijon couronnait son éloquente diffamation des lettres, ne savait pas que Tassoni pouvait réclamer une feuille au moins de sa couronne.

Les *Pensées diverses* excitèrent un violent orage en Italie. « Elles scandalisèrent au plus haut point, dit Tiraboschi, la plupart des écrivains du temps, qui, trouvant dans ce livre une vive censure de plusieurs passages d'Homère et des opinions d'Aristote, en même temps qu'un doute formel sur l'utilité des lettres, laissèrent éclater leur colère, comme si Tassoni avait déclaré la guerre à toutes les sciences et à tous les savants[1]. » La partie de l'ouvrage qui rencontra la plus vive opposition, fut le dixième livre, où l'auteur comparait les anciens et les modernes. Tassoni prend pour épigraphe cette pensée de Velleius Paterculus : « L'émulation est l'aliment des esprits ; la jalousie et l'admiration les enflamment tour à tour : on atteint le faîte où l'on a brûlé de monter : mais il est difficile de se maintenir dans la perfection ; quand on ne peut plus avancer, on recule, et, comme le désir d'atteindre ceux qui marchaient devant nous avait soutenu nos efforts, dès que nous désespérons de les dépasser ou de les rejoindre, notre ardeur s'éteint avec notre espérance, et renonce à poursuivre le but qu'elle ne saurait toucher. Nous abandonnons une carrière occupée, pour nous en ouvrir une plus libre, et ce passage d'une route dans une autre, cette inconstance perpétuelle de nos efforts, sont les plus grands obstacles à la perfection[2]. »

---

1. Tiraboschi, *Storia della litt. ital.*, liv. III, t. VIII, p. 374.
2. « Alit æmulatio ingenia, et nunc invidia, nunc admiratio incitatio-
« nem accendit, naturaque quod summo studio petitum est ascendit in
« summum, difficilisque in perfecto mora est : naturaliterque quod pro-

Dans une série de vingt-sept chapitres, Tassoni examine les divers objets de la science, qu'il distribue en trois classes : les sciences *spéculatives*, les sciences *actives*, et les *arts*. Il subdivise les sciences *spéculatives* en trois catégories, les sciences mathématiques, les sciences naturelles et les sciences dont Dieu est l'objet, à savoir la théologie et la philosophie. Les sciences *actives* comprennent la politique, la jurisprudence, la guerre, l'hippiatrique, l'histoire, l'éloquence, que Tassoni semble regarder comme une dépendance de la politique, et la poésie, égarée dans la même catégorie, avec l'industrie et l'agriculture. Enfin, parmi les arts, Tassoni considère particulièrement la statuaire et la peinture. Il trace un résumé rapide de l'histoire de chaque science, et il nomme les personnages principaux qui s'y sont distingués depuis l'antiquité jusqu'à son temps. Dans cette revue d'objets si variés, se révèlent, malgré les omissions inévitables, une instruction étendue et une singulière curiosité d'esprit. Tassoni cite très-souvent les écrivains latins, mais il ne paraît pas connaître les originaux grecs; quand il s'appuie du témoignage de Platon, il transcrit Marsile Ficin. On chercherait vainement dans cette esquisse encyclopédique l'idée générale du progrès de l'esprit humain. Tassoni ne rassemble pas sous son regard l'humanité tout entière, ni l'ensemble de son histoire ; il observe chaque nation en particulier et note les vicissitudes de sa grandeur et de sa décadence.

« Les arts, dit-il au début de son dixième livre, se perfectionnent par la longueur des efforts et de l'étude, et dans

---

« cedere non potest, recedit; et ut primo ad consequendos quos priores
« ducimus accendimur, ita ubi aut præteriri aut æquari eos posse despe-
« ravimus, studium cum spe senescit, et quod assequi non potest, sequi
« desinit, et velut occupatam relinquens materiam, quærit novam….
« sequiturque ut frequens ac mobilis transitus maximum perfecti operis
« impedimentum sit. » (*Hist. Rom.*, lib. I, cap. XVII.)

chaque chose, comme parle Sénèque, les débuts ont été loin de la perfection : *in omni negotio longe semper a perfecto fuere principia*. Aussi semblerait-il que le progrès dût appartenir aux temps modernes, puisque tout ce qui prend sa source dans la nature ou dans l'art commence d'ordinaire par l'imperfection et s'améliore par des efforts successifs. Mais ce raisonnement est défectueux. Les sciences et les arts ne se sont pas perfectionnés sans interruption par une suite de génies excellents; quelquefois ils tombent aux mains d'esprits lourds et débiles, qui les laissent rétrograder, quelquefois ils s'éteignent et meurent, comme il advint à l'Italie dans la décadence de l'empire romain.... »

Mais si les peuples les plus illustres de l'antiquité sont tombés, après leur période d'éclat, dans les ténèbres d'une longue nuit, les peuples modernes, à leur tour, ayant retrouvé l'héritage des anciens, voient luire une ère de splendeur qui efface les plus beaux jours de l'antiquité. « Il semble que depuis quelques années Dieu, touché de compassion pour ses misères, a éclairé de nouveau l'Italie, longtemps aveugle, et qu'il a dans les pays voisins créé de nouveau des génies qui non-seulement mériteront l'attention de la postérité, mais lutteront sans désavantage contre la gloire des Grecs et des Romains. »

Malheureusement l'Italie ne connaît pas son bonheur. Elle se passionne pour l'antiquité sans se douter qu'elle l'égale. D'où viennent cet excès d'admiration et cet excès de modestie ? « C'est que les lecteurs obéissent toujours à une prévention qui les porte à estimer le passé et à mépriser le présent. » *Vitio enim malignitatis humanæ vetera semper in laude, præsentia in fastidio sunt*, a dit l'auteur du *Dialogue des orateurs*. Tassoni prie son public de se dépouiller de ce préjugé et d'être un juge impartial entre les anciens et les modernes dont il va débattre les titres.

Le résultat de sa comparaison est tout à l'avantage des

modernes. Ils surpassent les anciens, non-seulement dans
les sciences, dans l'industrie, dans l'agriculture, mais dans
les lettres et dans les arts, en éloquence, en poésie et en
peinture. En peinture, Tassoni n'a pas de peine à justifier la
supériorité des modernes [1]; en éloquence, il se met un peu
trop à l'aise en déclarant Boccace, Savonarole, Speroni et
Bembo les égaux de Cicéron et de Démosthène [2]; en poésie,
il n'admire chez les Latins que Virgile ; Lucain, Stace,
Silius Italicus, sont, selon lui, plus que médiocres. Il fait
le plus grand cas d'Homère, ce qui ne l'empêche pas de
conclure ainsi son chapitre sur les poëtes : « Nous avons
pour nous ces deux souveraines lumières de notre langue
et de notre âge, l'Arioste et le Tasse ; l'envie les peut bien
obscurcir un instant dans ce siècle indifférent ; mais elle
ne fera pas que dans les âges à venir ils ne soient illustres
et glorieux par-dessus tous les anciens, quoique les anciens, n'ayant pas eu de rivaux pendant tant de siècles,
aient atteint à un tel degré de renommée, que des génies
surhumains semblent seuls les pouvoir surpasser [3]. »

Presque toujours, on le voit, Tassoni choisit ses exemples
dans l'histoire de son pays. L'Italie moderne lui suffit pour
battre l'antiquité tout entière. Même quand il s'agit de la
guerre, il s'abstient de citer la France, excepté pour parler
de ses carabiniers et pour prononcer le nom de Henri IV.
Et cependant la France et l'Italie entretenaient depuis longtemps des relations politiques et littéraires assez actives
pour que Tassoni pût confirmer, par des arguments français, sa thèse de la supériorité des modernes. Il s'enferme
dans son pays, non par un patriotisme égoïste et jaloux,
mais parce que l'idée collective des forces de l'esprit humain, déjà née cependant, n'a pas encore pénétré jusqu'à
lui. A l'antiquité grecque et latine, l'Italie du XVIIe siècle

---

1. Chap. XIX. — 2. Chap. XV. — 3. Chap. XIV.

oppose l'Italie. La France du même temps opposera la France ; et même au siècle suivant, l'Angleterre, par la voix de ses modernes, n'opposera que l'Angleterre. Chacun chez soi, chacun pour soi, cette fameuse maxime prévaut, même en littérature. Rien n'explique mieux la lenteur de l'idée de progrès.

Le livre de Tassoni fut traduit en français par Jean Baudouin, le traducteur infatigable de toutes les nouveautés italiennes, anglaises et espagnoles[1]. Baudouin, un des premiers membres de l'Académie française, y fut nommé dès sa fondation, avec Bautru, Silhon, Bourseys, Maynard, Colletet, Gomberville, etc. La traduction de Baudouin fit peu de bruit, car Pellisson ne la mentionne même pas parmi les ouvrages de cet académicien, et les *Pensées diverses*, de Tassoni, semblent inconnues non-seulement à Charles Perrault, qui aurait pu s'autoriser de ce nom illustre, mais même à Pierre Perrault, son frère, le traducteur du *Seau enlevé*. Rien d'étonnant toutefois que Boisrobert ait connu le livre de Tassoni par son confrère Baudouin, et qu'il y ait pris l'idée d'attaquer les anciens. Ce n'est qu'une conjecture, je l'avoue, que le défaut de documents ne me permet pas de changer en affirmation ; mais c'est une conjecture vraisemblable, quoique émise pour la première fois.

C'est Boisrobert qui le premier en France, au XVIIe siècle, commença par une escarmouche la guerre si longue des anciens et des modernes. Il arrive aux grandes pièces d'être jouées par de petits acteurs, et c'est souvent un faquin, comme dit Balzac, qui paraît sur la scène au lever du rideau. Boisrobert ne se doutait pas que la guerre qu'il allumait durerait plus d'un siècle, et qu'elle occuperait les plus grands esprits de l'Europe ; il ne songeait pas davan-

---

1. *Dictionnaire* de Moreri, art. *Tassoni*.

tage à la question philosophique, engagée dans la cause qu'il allait soutenir; il ne pensait pas au progrès, il ne se souvenait pas de Bacon qu'il n'avait jamais lu, il ne prévoyait ni Descartes, ni Pascal; pour lui c'était une simple question de goût, quelques-uns même prétendent une question de vanité. Ce personnage était un abbé de cour de beaucoup d'esprit, d'assez mauvaises mœurs, favori de Richelieu qu'il amusait, parce qu'il était de belle humeur et que, comme dit Voltaire :

> Tous les gens gais ont le don précieux
> De mettre en train tous les gens sérieux.

Il était le bienvenu dans les ruelles, parce qu'il causait agréablement, faisait bien les petits vers, maniait aisément l'épigramme, déclamait à merveille, contrefaisait les gens de la façon la plus plaisante du monde (on l'avait surnommé l'abbé Mondory). Il n'avait guère étudié les anciens que chez Ninon, d'où il ne sortait pas, et dont une robe, disait Mme Cornuel, lui servait de chasuble; ou au cabaret, avec ses amis Théophile, Saint-Amant, Faret et Sorel, qui l'a peint tout au vif dans son roman de *Francion*; ou bien enfin dans ses prieurés où il menait joyeuse vie :

> Je suis vers Chaumont arrêté
> Au prieuré de la Ferté.

Boisrobert, l'un des cinq auteurs des tragédies de Richelieu, avait composé pour son propre compte un grand nombre de pièces de théâtre qui n'avaient pas eu pour réussir la même raison d'État que *Mirame*, et ne lui avaient pas fait beaucoup d'honneur, sauf peut-être *la Belle Plaideuse*[1], où, avant Molière, il avait mis en scène l'aventure

---

1. *La Belle Plaideuse* est de 1655; *l'Avare*, de 1668.

célèbre du président de Bercy et de son fils, se trouvant en tête-à-tête, l'un comme usurier, l'autre comme emprunteur. Boisrobert avait été introduit avec son ami Desmarets, un autre des cinq auteurs, dans la petite société des beaux esprits, qui se réunissaient chez Conrart pour se communiquer leurs ouvrages; le matin, au lever du cardinal, à qui il racontait les nouvelles du jour pour le divertir, il avait parlé de cette réunion littéraire et des écrivains qui la composaient. Richelieu vit d'un coup d'œil le parti qu'on pourrait tirer d'une telle assemblée et fit proposer aux amis de Conrart de former un corps sous la protection de l'autorité publique : Boisrobert fut son négociateur ; la société hésitait à échanger sa liberté absolue contre les honneurs qu'on lui proposait, pressentant combien il en coûte quelquefois pour être protégé ; elle finit par consentir, parce qu'il était difficile de refuser le cardinal. Des lettres patentes furent dressées au nom du roi, dans le mois de janvier 1635, et l'Académie française naquit d'une conversation de Boisrobert et d'une grande pensée de Richelieu.

« Le 2 février 1635, dit Pellisson dans son *Histoire de l'Académie française*[1], avant même que les lettres de l'établissement fussent scellées, on fit par sort avec des billets un tableau des académiciens : on ordonna que chacun d'eux serait obligé de faire à son tour un discours sur telle matière et de telle longueur qu'il lui plairait; qu'il y en aurait un pour chaque semaine, commençant par la première du mois de février suivant.... mais la bizarrerie du sort ayant mis aux premiers rangs quelques personnes absentes ou qui n'étaient pas en état de s'attacher à ces exercices, on changea l'ordre du tableau en cela, et l'on mit à leur place d'autres académiciens présents, de ceux qui y témoignaient le plus d'inclination. »

---

1. Page 92.

Parmi ces derniers fut naturellement Boisrobert, qui prononça le quatrième discours entendu par l'Académie, le 26 février 1635. Il avait choisi pour sujet la défense du théâtre. Ni Pellisson, ni l'abbé Goujet, qui nous a donné sur le favori de Richelieu des détails reproduits depuis par la plupart des biographes, ni les auteurs plus récents d'études littéraires sur Boisrobert[1], ne parlent de ce discours qu'on cherche inutilement dans ses œuvres. L'abbé Irail nous dit seulement que le vaniteux poëte « attribuant le mauvais succès de ses pièces à la grande admiration qu'on avait pour les anciens, » les attaqua avec violence comme des gens inspirés par le génie, mais sans goût et sans délicatesse, et compara Homère aux chanteurs des carrefours « dont les vers réjouissaient la canaille[2]. » Je ne puis, faute de documents, contrôler le témoignage d'Irail; cependant j'en trouve la confirmation dans un ouvrage assez curieux écrit longtemps après (1671), par Gabriel Guéret, avocat au parlement de Paris. On sait que l'abbé d'Aubignac avait formé chez lui une académie au petit pied qu'il estimait rivale de l'Académie française, et pour laquelle il demanda le titre d'Académie royale, une seule académie ne pouvant suffire, disait-il, aux besoins littéraires de la France[3]. Gabriel Guéret était secrétaire de cette assemblée, et comme tel il prononça quelques discours. Dans un petit livre, né probablement comme le *Parnasse réformé*, dont il est la suite, des conversations de l'académie de d'Aubignac, et intitulé : *La Guerre des auteurs anciens et modernes*, Guéret suppose qu'il a assisté en rêve à une émeute du Parnasse. « La Serre, Nervèse, et des Écutaux » s'étant mis à la tête des perturbateurs, Apollon les condamne à l'exil. Homère

---

1. MM. Charles Labitte, Hippeau et Livet. — 2. *Histoire des guerres littéraires* depuis Homère jusqu'à nos jours. Chapitre *des anciens et des modernes*. — 3. *Discours au roi sur l'établissement d'une seconde Académie dans la ville de Paris.* 1664.

demande que le dieu chasse Zoïle par la même occasion. Boisrobert alors prend la parole et s'écrie :

« Paraissez, Navarrais, Maures et Castillans; paraissez, Saumaises, Scaligers, Vidas, légion de commentateurs, et apprenez aujourd'hui de moi que celui que vous appelez le prince des poëtes n'est qu'un misérable rapsodiste à qui vos seules bévues ont donné du nom. Ne vous entêtez point si fort pour cet aveugle. Ses poëmes ne sont composés que de chansons qu'il chantait devant la Samaritaine et devant le pont Neuf de son temps. C'était un coureur de cabarets qui suivait la fumée des bons écots. J'ai plus de deux garanties parmi MM. les anciens, qui me font dire qu'il n'avait pas d'emploi plus honorable que celui de notre fameux Savoyard (chanteur du pont Neuf). »

Suit une diatribe contre les héros d'Homère, que l'orateur accuse de grossièreté et d'ineptie. Telle est la parodie que Guéret nous a donnée du discours de Boisrobert, dont il avait sans doute une copie sous les yeux, ou dont la tradition avait conservé le souvenir[1]. Cette parodie doit être fidèle : sous l'expression à dessein exagérée, on retrouve le tour d'esprit vif et osé de Boisrobert. Ce qui est certain, c'est que le premier coup porté en France à la tradition et à l'antiquité est parti de la main d'un académicien.

---

1. Des vingt discours dont Pellisson nous fait connaître les sujets, il n'y en eut que cinq d'imprimés, ceux de Godeau, de La Chambre, de Racan, de Méziriac et de Colletet; mais on a encore, ajoute Pellisson, des copies de plusieurs autres.

CHAPITRE VII.

Desmarets de Saint-Sorlin. — *Les Délices de l'esprit.* — *Marie-Magdeleine.* — *Clovis.* — *Traité pour juger les poëtes grecs, latins et français.*

Le second agresseur des anciens en France, au xviie siècle, ce fut un ami de Boisrobert, un des cinq auteurs comme lui, et comme lui un académicien, Desmarets de Saint-Sorlin, contrôleur général de l'extraordinaire des guerres, et secrétaire de la marine du Levant. Vingt ans environ s'étaient écoulés depuis le discours de Boisrobert. Le *Discours sur la Méthode* était dans toutes les mains. Mais ce qui suscita Desmarets contre les anciens, ce ne fut pas tant l'influence de la philosophie que celle de la religion. D'esprit fort qu'il avait été, Desmarets était devenu chrétien et néophyte ardent, si ardent qu'il expiait ses erreurs d'autrefois aux dépens de son prochain, et faisait pénitence sur la joue des saints de Port-Royal. On définissait Desmarets de son temps : « le plus fou parmi les poëtes et le plus poëte parmi les fous. » Quand on considère quelques traits de sa vie, on admet la première partie de la définition; en lisant ses œuvres, on ne saurait souscrire à la seconde. Ses violences contre les jansénistes, son *Avis du Saint-Esprit*, où il offrait au roi de lever une armée de cent quarante mille hommes pour exterminer l'hérésie, ses prophéties apocalyptiques, sont des folies véritables dont Nicole a fait une sévère justice[1]. Sa comédie des *Visionnaires*,

---

1. Nicole ne traite pas plus doucement les œuvres littéraires de Desma-

agréable et spirituelle (Molière n'était pas venu), a été trop vantée par Pellisson, qui la déclarait inimitable[1]. On se souvient de ses vers sur la *violette*, dans la *Guirlande de Julie*. Mais son poëme chrétien de *Marie-Magdeleine* est encore plus ignoré aujourd'hui qu'il n'a été célèbre au xviie siècle, et sans Boileau qui connaîtrait *Clovis*? Cependant, dans ses moments lucides, Desmarets a des vues ingénieuses, et sa conversion, sans éteindre sa vanité naturelle, a tourné son esprit vers des idées religieuses, qui ennoblissent sa polémique littéraire et lui donnent même quelque nouveauté.

L'idée principale à laquelle s'attacha Desmarets, depuis son retour à la religion, dans la plupart des ouvrages qui datent de la seconde moitié de sa vie, c'est l'idée de la poésie du christianisme. C'est elle qui lui inspire le poëme de *Clovis*, en 1657; c'est elle qu'il développera dans le discours qui précède l'édition de ce poëme, publiée en 1673. C'est elle qu'on retrouve déjà, sous la forme d'une théorie littéraire, dans les *Délices de l'esprit*, qui parurent en 1658; livre curieux dont on a dit avec plus de malice que de justesse : l'erratum devrait se borner à un mot : *Délices*, lisez *Délires*.

Il y a en effet dans ces deux volumes, maniérés et précieux, quelques idées intéressantes sur la peinture, la musique, l'architecture, et sur les inventions de l'esprit humain, dont

---

rets; après avoir dit que Desmarets ne s'était fait connaître dans le monde que par des romans et des comédies, il ajoute : « Qualités qui ne sont pas fort honorables au jugement des honnêtes gens, et qui sont horribles, considérées suivant les principes de la religion chrétienne. Un faiseur de romans et un poëte est un empoisonneur public, non des corps, mais des âmes. Il doit se regarder comme coupable d'une infinité d'homicides spirituels ou qu'il a causés en effet ou qu'il a pu causer. » (Ier *Visionnaire*.) Louis Racine nous apprend dans ses Mémoires que son père crut ce passage dirigé contre lui, et c'est alors qu'il fit cette lettre pleine de traits piquants contre Port-Royal, à laquelle répondit Barbier d'Aucour. Elle est intitulée : Lettre à l'auteur des *Hérésies imaginaires*. (Louis Racine, t. V, p. 40.)

1. Voy. Baillet, *Jugement des savants*, t. IV, part. II, p. 305.

Perrault profitera plus tard; Perrault empruntera peut-être même à Desmarets la forme du dialogue, qui donne plus de vivacité à l'exposition des opinions contradictoires. *Eusèbe* et *Philédon* sont les deux personnages de Desmarets. *Eusèbe*, un chrétien, un sage, qui veut faire aimer à *Philédon*, un épicurien et un esprit fort, les sciences et les arts, comme il les faut aimer, c'est-à-dire pour la plus grande gloire de Dieu. Les arts, aimés pour eux-mêmes, sont une pure idolâtrie; c'est ainsi que, selon Desmarets, la sculpture mal comprise a été la vraie cause de l'adoration des idoles, et il fallait que Jésus se fît homme et descendît sur la terre, pour remédier aux effets désastreux de la statuaire[1]. Mais lorsque dans les arts on cherche Dieu lui-même, ils procurent à l'esprit les plaisirs les plus vifs et les plus purs; et c'est ce qu'*Eusèbe* démontre à *Philédon* en le conduisant dans les divers appartements du palais des arts et des sciences, où logent toutes les beautés de l'esprit humain. Arrivés à l'appartement de l'architecture, il lui tient ce discours, où nous voyons reparaître enfin l'idée du progrès, et que plus tard imitera Perrault :

« Pense que l'art de bâtir a été une invention merveilleuse : quelles recherches l'esprit humain a faites pour aller jusque dans les entrailles de la terre trouver le fer, pour le rendre souple et maniable par le feu; pour lui donner la trempe, l'organiser et le rendre tranchant, et pour en faire des cognées, afin d'abattre le bois nécessaire pour bâtir, et des scies pour le fendre; car tu sais que d'abord les maisons ont été faites de bois, et que depuis on a fouillé les carrières de pierre pour bâtir des maisons plus solides, et de marbre pour les rendre plus pompeuses! Pense quel effort a fait l'esprit humain pour trouver la gentille et incomparable invention du compas, et celle de la règle afin de faire les

---

1. *Délices de l'esprit*, t. I, p. 215.

bâtiments avec ordre, mesure et symétrie. Considère sa hardiesse et sa magnificence d'avoir trouvé l'invention des colonnes, des frises et des corniches, et tous les divers ordres de l'architecture, et les dessins des temples augustes, des palais superbes, des portiques voûtés et des orgueilleux amphithéâtres; et d'avoir encore trouvé l'invention de tracer sur le papier les élévations des bâtiments, et d'en faire des modèles, pour corriger les défauts d'un ouvrage, avant même qu'il fût en nature. »

Philédon répond : « Tu me fais considérer des merveilles de l'esprit que je n'avais considérées. » *Philédon* est un peu simple : les idées de Desmarets ne brillent pas précisément par la nouveauté, pas plus que par le style ; mais ce qui fait leur intérêt pour nous, c'est qu'elles ont pour objet ce développement de l'esprit humain depuis l'antiquité, qui sera le grand argument de Perrault, et dont Desmarets a été frappé avant lui.

Dans la préface de ce même ouvrage, intitulée : *Avis aux beaux esprits du monde*, je rencontre ce passage : « Il faut faire voir à ce siècle sensuel, délicat et poli, qui cherche la beauté des inventions, la richesse des descriptions, la tendresse des passions, et la délicatesse et justesse des expressions figurées, qu'il n'y a ni roman ni poëme héroïque dont la beauté puisse être comparée à celle de la sainte Écriture, soit en diversité de narration, soit en richesse de matières, soit en magnificence de descriptions, soit en tendresses amoureuses, soit en abondance, en délicatesse et en justesse d'expressions figurées[1]. » Tant vaut l'homme, tant vaut l'idée. Qu'a fait Desmarets de cette idée féconde? Un livre curieux en certains passages, mais à cela près illisible. M. de Chateaubriand en a fait le *Génie du christianisme*. Singulière fortune des idées qui portent dans leur sein de tels ouvra-

---

1. Page 3.

ges, et qui attendent des siècles entiers un grand écrivain pour les faire éclore !

Desmarets, on le voit, était amené naturellement par sa conversion à l'admiration des saintes lettres, et par l'admiration des saintes lettres au dédain de l'antiquité profane. Mais j'aurais tort de vouloir l'absoudre entièrement du reproche de vanité que ses contemporains lui adressaient. Il y a peu d'hommes, même parmi les meilleurs, qui ne pensent qu'avec leur esprit, et qui se désintéressent tout à fait d'eux-mêmes dans leurs opinions. Desmarets avait fait ce qu'ont fait beaucoup d'honnêtes gens en ce monde : il s'était converti de son incrédulité, mais non de ses passions ; il avait surtout gardé son orgueil intact, et devenu, comme il disait lui-même, amoureux de la sainteté, il parlait encore de son *Clovis* avec l'humilité que voici :

« Le poëme de *Clovis*, qui est mêlé du christianisme et du paganisme, à cause que ce grand roi fut retiré de l'un à l'autre, est le plus grand et le plus beau sujet qu'un poëte français puisse jamais traiter.... C'est le véritable poëme de la France, où l'on voit les admirables exploits de ce grand roi qui en fit la conquête, et qui lui donna le nom de France, et où la sainte religion triomphe du triomphant. Aussi la Grèce et l'Italie n'ont jamais eu un si noble et si haut sujet où la vraie religion ait combattu et vaincu la fausse, et l'on ne pourra jamais l'appeler en justice au nom d'Homère, ou de Virgile, ou du Tasse, pour restitution ni d'emprunt ni de larcin.

« Quant à la diction, la perfection est de voguer entre les deux écueils de l'obscurité et de la simplicité, sans briser son vaisseau ni contre l'un ni contre l'autre. Le premier n'est pas reconnu pour écueil par les savants grecs et latins, qui croient que la poésie n'a de force que dans les continuelles inversions du langage et dans les paroles mises hors de leur place naturelle, qui font de fréquentes ténèbres dans les poëtes anciens, pour lesquelles ils ont tous besoin d'interprètes, qui sont souvent eux-mêmes bien empêchés pour en trouver le sens.

« L'autre écueil est pris pour un port bien agréable et bien sûr par les simples génies qui, n'ayant aucune force, veulent faire croire que la perfection consiste en une diction bien simple, sans aucune inversion ; et plutôt en la seule politesse qu'en la haute majesté, qui est mêlée de force et de netteté. Ils aiment mieux demeurer dans leurs règles étroites, et que rien ne les ravisse et ne les transporte, parce que rien n'excède la portée de leur faible imagination. C'est se contenter de peu de chose, et prétendre que d'autres s'en contentent; et c'est demeurer au rang des médiocres, qui ne méritent pas le nom de poëtes, comme le dit Horace:

Mediocribus esse poetis
Non di, non homines, non concessere columnæ[1]. »

On conçoit que, professant une telle opinion de lui-même, Desmarets dut être blessé grièvement par les épigrammes de Boileau[2] et par la froideur relative du public, qui, malgré le bon accueil qu'il fit à *Clovis*, ne pouvait élever son admiration au même niveau que l'auteur, et ne consentait pas à regarder *Clovis* comme le poëme de la France. Desmarets, qui s'estimait loué médiocrement quand on le comparait à Homère, se trouva conduit par son amour-propre,

---

1. *Des poëtes grecs, latins et français*, chap. XXIII.
2. Je parle des épigrammes proprement dites, et non des traits semés çà et là dans les *Satires*, comme celui-ci :

> Avant qu'un tel dessein n'entre dans ma pensée,
> On pourra voir la Seine à la Saint-Jean glacée,
> Arnaud à Charenton devenir huguenot,
> Saint-Sorlin janséniste, et Saint-Pavin bigot.
> (Satire I, 1663).

Boileau a combattu l'ennemi des jansénistes avant de harceler l'auteur de *Clovis*.

comme par les idées que j'exposais plus haut, à remettre les anciens à leur place ; il était doublement leur ennemi, comme poëte et comme chrétien. Il les combattit en effet, sans relâche, dans quatre ouvrages publiés : l'un en 1669, à la tête de son poëme de *Marie-Magdeleine;* l'autre en 1670, sous le titre de *Traité pour juger les poëtes grecs, latins et français;* le troisième en 1673, dans un discours qui précédait une nouvelle édition de *Clovis* ; le dernier, enfin, dans une *Défense de la poésie française,* adressée à Perrault. Jetons un coup d'œil sur cette poésie nouvelle et sur cette nouvelle poétique où Saint-Sorlin se donnait à la fois deux plaisirs chers à la plupart des poëtes, l'un d'ajuster une théorie à ses œuvres, et de tirer de son propre goût la philosophie de l'art, et l'autre d'attaquer ses adversaires :

Son bien premièrement, et puis le mal d'autrui.

Voici le début de *Marie-Magdeleine ou le Triomphe de la Grâce :*

Assez j'ai soupiré pour les plaisirs du monde
    Et pour les mortelles beautés ;
Mes vers ont trop longtemps flatté leurs vanités.
A la voix de la Grâce il faut que je réponde.
    Libre et détrompé désormais,
    Je dois célébrer à jamais
Celui dont les bontés m'ont sauvé du naufrage.
    Après tant de flots combattus,
    Je veux chanter sur le rivage
La honte des péchés et l'honneur des vertus.
Esprit, sacré lien et du Fils et du Père,
    Source de lumière et d'amour,
Adorable flambeau du glorieux séjour
Dont la divine ardeur nous brûle et nous éclaire,
    Dis-moi des dangereux péchés
    Les combats mortels et cachés
Dont nul des écrivains n'a composé l'histoire,

> Les forces de ces révoltés,
> Et combien la Grâce a de gloire
> Quand elle a mis aux fers ces ennemis domptés.

L'exemple que Saint-Sorlin choisit pour marquer la toute-puissance de la Grâce est celui de Marie-Magdeleine. Il la représente, au second chant, merveilleusement belle :

> Des lis son teint eut la blancheur,
> Sa bouche une vive rougeur.
> De ses beaux yeux sortaient d'ardentes étincelles ;
> Son port avait de la fierté,
> Et de ses grâces naturelles
> La hauteur de sa taille ornait la majesté[1].

Et, de plus, singulièrement coquette :

> Elle savait de ses amants
> Accroître ou flatter les tourments ;
> Sa seule fin était d'étendre son empire ;
> Son refus fut toujours constant,

---

1. On peut comparer cette description de Desmarets converti à celle que fait Alidor dans les *Visionnaires* ; celle-ci n'est qu'une plaisanterie, l'autre veut être sérieuse : il n'y a de différence que dans les intentions :

> Filidan, laissez-moi dans ces divins transports
> Décrire la beauté que j'aperçus alors ;
> Je m'en vais l'attraper. Une beauté céleste
> A mes yeux étonnés souvent se manifeste ;
> Tant de rares trésors, en un corps assemblés,
> Me rendirent sans voix, mes sens furent troublés,
> De mille traits perçants je ressentis la touche.
> Le corail de ses yeux, et l'azur de sa bouche,
> L'or bruni de son teint, l'argent de ses cheveux,
> L'ébène de ses dents, dignes de mille vœux,
> . . . .
> La grandeur de ses pieds et sa petite taille
> Livrèrent à mon cœur une horrible bataille.
>   (Scène IV, acte I.)

Les vers de Desmarets encore libertin semblent la parodie des vers de Desmarets converti. En dépit de sa théorie, on ne voit pas, littérairement du moins, ce que le poëte a gagné à sa conversion.

> Connaissant que l'ardeur expire
> Sitôt que dans l'amour le désir est content.

Elle était fort aimée :

> Elle avait dans ses fers toutes sortes d'esclaves,
> Juifs, Arabes, Grecs et Romains,
> Les plus voluptueux d'entre tous les humains,
> Les plus nobles esprits et les cœurs les plus braves :
> Le prince Abner, sage et vaillant,
> Jubal, d'esprit vif et brillant,
> Agrippe, doux et franc, prince de Galilée,
> Arphaxad, impie et brutal,
> Selmon, d'humeur dissimulée,
> Et Zabas, prince arabe, adroit et libéral.

Mais sept démons ayant pénétré dans son cœur, Marie-Magdeleine céda. On penserait que son vainqueur doit être Zabas, ce prince adroit et surtout *libéral*; mais non, c'est Abner, le sage et le vaillant. Il est vrai qu'Abner se détache assez vite de Marie, qui, furieuse et inspirée par les sept démons, ses hôtes, lui suscite un rival et veut le faire tuer dans une partie de chasse. J'omets le reste des épisodes. Elle rencontre Jésus chez Simon, et verse le baume sur ses pieds. Simon veut éloigner la pécheresse; mais Jésus, s'adressant à Simon :

> Par tes soins ai-je ici trouvé
> De l'eau dont je fusse lavé,
> Pour ôter la poussière à mes pieds attachée?
> Celle-ci de pleurs amoureux
> Et de sa liqueur épanchée
> Les lave, et les essuie avec ses longs cheveux.
> Ta bouche, à mon abord, d'un baiser honorable
> N'a daigné me favoriser;
> Et la sienne à mes pieds, par un fréquent baiser,
> A rendu devant tous un devoir mémorable.
> Sur mon chef as-tu par honneur

> D'une huile répandu l'odeur ?
> Sur mes pieds elle verse une huile précieuse.
> A l'égal des péchés commis,
> Elle est humblement amoureuse ;
> Et le cœur aime moins à qui moins est remis.
> Va-t'en, Marie, en paix, lui dit celui qu'elle aime,
> Tes péchés te sont pardonnés. (Chant VI.)

A ces paroles de Jésus, la Grâce triomphe, et la pécheresse est sauvée.

Je comprends qu'après avoir composé de tels vers, Saint-Sorlin ait écrit dans sa préface :

« Voici une sorte de poëme dont il n'y a ni préceptes ni exemples dans l'antiquité, et ceux qui voudront en juger sur les règles d'Aristote ou sur la poésie d'Homère ou de Virgile, se tromperont ou voudront en tromper d'autres pour leur faire faire de faux jugements. »

Cette poésie est, en effet, séparée de l'art antique par toute la distance de la platitude et de la vulgarité à la perfection de l'élégance et du goût. Desmarets se fait illusion, non-seulement en se croyant un grand poëte, mais en se prenant pour un poëte chrétien. Le christianisme de la poésie ne consiste pas dans la combinaison de l'orthodoxie des sentiments et des pensées avec le prosaïsme de la composition et du style, comme on pourrait le conclure de certaines poésies chrétiennes du XVIIe et du XIXe siècle. Il n'est pas dans l'usage de tel ou tel merveilleux, de telle ou telle machine poétique. On peut être chrétien en faisant parler les héros antiques, païen en faisant parler des anges. Saint-Sorlin, en décrivant les lis et les roses du teint de Magdeleine, est aussi païen que Racine est chrétien en peignant le repentir de Phèdre et la résignation d'Iphigénie. Le christianisme de la poésie réside dans l'inspiration évangélique, dans l'enthousiasme religieux, dans l'élévation, la pureté, la ferveur des sentiments qui ont dicté *Athalie* et *Polyeucte*. En un mot, il est dans l'âme du poëte, et non pas dans le costume de ses héros. Ne jugeons donc pas des idées de Desmarets d'après son œuvre, qui est mauvaise. Il n'a pas fait d'épopée chrétienne, parce qu'il n'avait pas de génie; mais sur la poétique il a conçu des idées qui ont leur prix, parce qu'il était, comme dit Pellisson[1], un bel esprit, et surtout un de ces beaux esprits hasardeux qui ont des éclairs d'invention et de justesse. Je ne veux pas dire qu'il ait eu, le premier, l'idée de s'adresser au christianisme : il y avait longtemps que la poésie lui demandait des sujets. M. Sainte-Beuve, analysant *Polyeucte* dans son *Histoire de Port-Royal*, a rappelé l'espèce de renaissance chrétienne qui avait préparé le chef-d'œuvre de Corneille. La théorie du renouvellement de la littérature par le christianisme existait en germe longtemps avant Desmarets. Déjà Balzac avait appelé au secours de l'éloquence française ces Pères de l'Église[2] dont les écrits devraient, disait-il, être la règle de la rhétorique. Pour la poésie, Godeau, évêque de Vence, auteur d'hymnes et d'églogues sacrées, invoquait l'assistance de l'inspiration chrétienne. Six ans après *Polyeucte*, en 1646, dans la préface de son recueil, il oppose les beautés de la poésie sacrée à celles de la poésie païenne, que cependant il admire. Il fait vœu d'abandonner les sujets profanes, et, en effet, depuis qu'un jeu de mots du cardinal de Richelieu eut promu à l'évêché de Grasse le nain de la princesse Julie, Godeau ne rima plus que des vers religieux, dans l'espoir « que son exemple engagerait les autres doctes Français, et ferait des Muses de bonnes chrétiennes[3]. » Mais l'idée

---

1. Voy. Baillet, *Jugement des savants*, t. IV, part. II, p. 305.
2. Balzac, Quatrième entretien avec M. du Mas, cité par Goujet, t. I, p. 431.
3. « Je soutiens, dit Godeau, que les poëtes grecs et latins n'ont rien de si fort et de si magnifique que le livre de Job, les Psaumes, et Isaïe, entre

que Godeau esquisse à peine, Desmarets en tire toute une théorie littéraire, dont il se sert pour accabler les anciens.

« Il y a bien de la différence, dit-il, entre un sujet héroïque dont le principal personnage n'est qu'un homme d'une valeur et d'une force extraordinaires et où le merveilleux et le surnaturel ne paraissent qu'en des assistances ou en des contrariétés du ciel ou de l'enfer, ce que l'on appelle des machines inventées par le poëte, et un sujet dont le principal personnage est un Homme-Dieu, et fait par lui-même des choses merveilleuses et surnaturelles et si grandes, que le poëte n'a qu'à les bien représenter selon la vérité, avec de riches figures, pour attirer l'admiration; mais il ne doit pas y mêler des machines de son invention qui ne pourraient jamais paraître si admirables.

« Ici le héros est Dieu, marche sur les eaux, commande aux vents et à la mer, chasse les démons, renverse d'un seul mot une troupe de soldats, ressuscite les morts, ressuscite lui-même et monte au ciel, à la vue de plusieurs. Jamais Hercule ni Alcide n'ont rien fait de semblable, même avec l'assistance de leurs dieux; et jamais la fiction, toute vaste et tout audacieuse qu'elle est, n'a pu approcher d'une seule des merveilles de Jésus-Christ, et, quand elle a voulu forger des miracles comme de changer les navires d'Énée en nymphes, elle s'est rendue ridicule, au lieu que les miracles de Jésus-Christ ont été certifiés par plusieurs témoins qui ont répandu leur sang pour en soutenir la vérité[1].

les prophètes, n'égalent ou ne surpassent. Je confesse qu'autrefois j'ai eu les sentiments contraires, et que, ne voyant pas de vers de dévotion que fort médiocres et en petit nombre, j'ai cru assez longtemps qu'il ne s'en pouvait faire d'excellents et qu'il n'y avait point de sujets pieux qui fussent bien propres pour les grands poëmes. Mais la grâce de Notre-Seigneur, me faisant connaître d'autres erreurs, m'a encore tiré de celle-ci. » (*Paraphrase des Psaumes de David*, préface, p. 14.)

1. C'est ici qu'on peut mesurer toute la distance qui sépare le novateur

« Hercule a dompté des monstres, mais nul monstre n'a jamais été si formidable que l'orgueil qui avait perdu le monde, et qu'Hercule n'a jamais combattu. Il a fallu qu'un Dieu soit venu sur la terre pour le dompter, non par la force, mais par le prodigieux abaissement de la Divinité dans l'humanité, par un continuel exemple d'humilité, et par une patience à laquelle ni celle d'Ulysse ni celle de Socrate ne peuvent être comparées[1]. »

Ainsi le merveilleux chrétien est supérieur au merveilleux païen. Les miracles du Christ, attestés par le sang des martyrs, l'emportent littérairement sur les prodiges du paganisme, inventés par l'imagination des poëtes; la vraie religion est plus favorable à la poésie que la fausse, puisqu'elle lui apporte un héros plus divin et des sujets plus beaux. Elle lui fournit encore, ajoute Desmarets, des mœurs meilleures, des sentiments plus nobles et plus élevés, des richesses de diction plus grandes. « Dans les sujets divins, dit-il, les figures sont comme dans leur pays natal, parce que les saintes Écritures en sont toutes pleines;

Desmarets du classique Chapelain. Dans la *Pucelle* aussi le vrai Dieu intervient; le lecteur assiste à des miracles fondés sur une légende chrétienne. Chapelain les invoque même pour établir, avant Desmarets et *Clovis*, que son sujet est le plus beau de tous les sujets épiques. C'est la prétention commune de tous les auteurs d'épopées : « Pour rendre cette histoire plus susceptible de la forme épique, dit pompeusement Chapelain, le ciel y concourt avec la terre. » Mais Chapelain s'arrête là. Il n'attaque pas le merveilleux païen, comme Desmarets; il fait même une remarque juste et fine : « Les miracles n'ont besoin que d'être crus vrais pour être crus vraisemblables, » et les prodiges des épopées antiques « réussissaient avantageusement parmi les païens, parce qu'ils avaient une ferme créance du pouvoir de leurs dieux. » Puis il s'autorise avec respect de l'exemple d'Homère et de Virgile, pour demander la permission de faire paraître des anges dans son poëme. On reconnaît la hardiesse du poëte qui, s'excusant de prendre une femme pour héroïne, combat l'opinion de ceux qui, après Aristote, regardent la femme comme une erreur de la nature. Pour réhabiliter le sexe féminin et faire passer Jeanne d'Arc, il cite Arria, Epicharis, Tomiris, Zénobie et Boadicée. (Préface de *la Pucelle*.)

1. Préface de *Marie-Magdeleine*.

et c'est le Saint-Esprit qui en est l'auteur et qui les a inspirées, comme créateur de la nature, laquelle il connaît parfaitement, et de laquelle il a toujours tiré de belles figures pour la magnificence de ses expressions. Le démon ne les a apprises que des saints livres, et sur ce modèle il les a inspirées aux poëtes païens, qui en ont fait la plus admirable richesse de leurs ouvrages. » L'imagination païenne n'est que l'ombre de l'imagination du Saint-Esprit; et, quand nous nous inspirons du paganisme au lieu de nous inspirer des livres saints, nous cherchons l'ombre au lieu de chercher la lumière. La théorie de Desmarets est complète, on le voit; elle embrasse les pensées, les sentiments et le style, le fond et la forme; elle établit la supériorité absolue, au point de vue littéraire, du christianisme sur le paganisme.

D'autres écrivains développeront la théorie de Desmarets, la fortifieront par des raisons nouvelles, en déduiront mieux que lui les conséquences, et les revêtiront d'un style plus persuasif et plus brillant. Mais désormais la thèse est posée : Desmarets commence l'interminable polémique contre le paganisme littéraire et la mythologie.

Je n'ai pas ici à discuter en détail la théorie de Desmarets. Mais n'y avait-il pas dans cette idée, qui s'est reproduite depuis tant de fois, assez d'importance et une portion de vérité assez grande pour que les contemporains y fissent plus d'attention? Je suis bien loin d'accepter la théorie de Desmarets tout entière, même quand M. de Chateaubriand la soutient de son autorité, l'enrichit d'arguments nouveaux, et la pare des séductions de son style. Elle soulève beaucoup d'objections qu'on n'a pas manqué de faire aux *Martyrs*. L'abbé Terrasson a dit avec justesse : « Quel intérêt Milton pense-t-il que je puisse prendre à de purs esprits qui ne sont pas de mon espèce et que je ne puis imiter qu'en spéculation[1]? » Cela est vrai : les défauts mêmes des dieux d'Homère, tant critiqués par Desmarets et par les autres modernes, contribuent, en les rapprochant de nous, à l'intérêt qu'ils nous inspirent. L'homme se reconnaît dans ses dieux. Mais les anges, leur perfection les place tellement au-dessus de nous, qu'ils excitent une vénération pieuse plutôt qu'ils ne nous intéressent. Leur attrait littéraire n'égale pas leur pureté divine et leur majesté. Sans action, il n'y a pas de poésie, et sans les passions mobiles que le merveilleux païen prête aux dieux comme aux hommes, il n'y a pas d'action. Mais dans le *merveilleux chrétien* (deux mots dont l'association irrévérente paraît assimiler le christianisme à la mythologie), où sont les passions ? La religion les combat sur la terre comme des ennemies de la perfection évangélique. La poésie les transportera-t-elle au ciel ? Mais elles ont perdu dans le ciel chrétien la place que l'épopée antique leur avait donnée dans le ciel de Jupiter. Dans l'Olympe, espèce de cour féodale où la suzeraineté de Jupiter n'enchaîne pas l'indépendance de ses grands vassaux divins, il y a autant de passions que de personnes, et quelquefois autant de vices que de passions. Le ciel païen offre, comme la terre, l'image de la variété dans l'imperfection, c'est-à-dire l'image même de la vie. De là le conflit des esprits et des caractères, de là le drame, de là la poésie. Mais, dans le christianisme, l'enfer est plus poétique que le ciel, parce que l'enfer est le seul asile ouvert aux passions ; et voilà pourquoi Satan est le vrai héros du *Paradis perdu*. Le ciel chrétien, c'est l'unité dans la perfection. Les Anges, les Séraphins, les Chérubins, les Dominations, les Trônes, n'ont de diversité que dans leurs noms. Une seule pensée les anime, une seule volonté les dirige : la pensée de Dieu, la volonté de Dieu ; ou plutôt,

---

[1]. Terrasson, *Philosophie de l'esprit*, p. 170.

dans ce ciel hiérarchique où règne l'autorité absolue d'un pouvoir infini, et avec elle l'adoration ineffable et l'inaltérable paix, il n'y a qu'un seul personnage : c'est le Dieu éternel, immuable ; c'est l'esprit pur dont l'immatérialité, sublime aux yeux du philosophe et du chrétien, échappe aux couleurs du poëte et triomphe de son imagination.

Mais la littérature ne vit pas seulement d'imagination : elle vit aussi d'idées et de sentiments ; et, si le paganisme était plus favorable à l'imagination que le christianisme, de nouvelles idées, de nouveaux sentiments surtout, étaient entrés dans le monde avec la civilisation chrétienne ; l'esprit de l'homme s'était étendu, son cœur s'était approfondi.

« On ne saurait disconvenir, dit excellemment M. Guizot, que, sous le point de vue de la forme et de la beauté de l'art, les littératures modernes sont très-inférieures à la littérature ancienne. Mais sous le point de vue du fond des sentiments, des idées, elles sont plus fortes et plus riches. On voit que l'âme humaine a été remuée sur un plus grand nombre de points, à une plus grande profondeur. L'imperfection de la forme provient de cette cause même. Plus les matériaux sont riches, nombreux, plus il est difficile de les ramener à une forme simple, pure. Ce qui fait la beauté d'une composition, de ce que, dans les œuvres de l'art, on nomme la forme, c'est la clarté, la simplicité, l'unité symbolique du travail. Avec la prodigieuse diversité des idées et des sentiments de la civilisation européenne, il a été bien plus difficile d'arriver à cette simplicité, à cette clarté[1]. »

Voilà ce que Desmarets aurait pu répondre, s'il avait pénétré plus avant dans la voie qu'il avait ouverte. S'adressant à ses contemporains les plus illustres, à Racine, par

---

1. *Histoire de la civilisation en Europe*, p. 39.

exemple, il lui aurait montré combien grande est la part que la religion chrétienne peut revendiquer dans son génie et dans ses œuvres, et quelle supériorité morale elle communique à ses tragédies sur les plus beaux ouvrages de l'antiquité. Mais nous aurions tort d'exiger que Desmarets ait tracé, en 1673, dans son *Discours préliminaire au poëme de Clovis*, les brillants parallèles de M. de Chateaubriand dans le *Génie du christianisme*, entre les personnages de Racine et ceux d'Euripide, ou les analyses délicates de M. Saint-Marc-Girardin, dans son *Cours de littérature dramatique*. Sachons-lui plutôt bon gré de s'être emparé d'une idée nouvelle, que mauvais gré de ne l'avoir pas approfondie.

Aussi, malgré la justesse des objections qu'on peut opposer à Saint-Sorlin, ou plutôt à cause de leur justesse, sa théorie méritait du public un accueil moins dédaigneux. Les réponses que lui fit Boileau ne me semblent pas suffisantes. Son épigramme contre le *Clovis* n'est qu'une épigramme. Je comprends qu'il lui en ait coûté beaucoup pour lire *Clovis*[1]. J'en ai lu la plus grande partie, et l'*hélas!* de Boileau est tout à fait légitime. Il aurait pu même ajouter le *holà!* qu'il eut le tort de réserver au vieux Corneille. Mais, si Boileau l'avait voulu, il lui était possible de lire la prose de Desmarets, où des idées sérieuses se rencontrent

---

1. Racine, plains ma destinée!
C'est demain la triste journée
Où le prophète Desmarets,
Armé de cette rude foudre
Qui mit le Port-Royal en poudre,
Va me percer de mille traits.
C'en est fait, mon heure est venue!
Non que ma muse, soutenue
De tes judicieux avis,
N'ait assez de quoi le confondre :
Mais, cher ami, pour lui répondre,
Hélas! il faut lire *Clovis*.

parmi le fatras et le bel esprit, et de les discuter sérieusement. J'admire le bel éloge de la fable :

D'un air plus grand encor, la poésie épique[1], etc.

Je trouve fort piquants, quoique un peu prosaïques, ces vers dirigés contre Desmarets :

> C'est donc bien vainement que nos auteurs déçus,
> Bannissant de leurs vers ces ornements reçus,
> Pensent faire agir Dieu, ses saints et ses prophètes,
> Comme ces dieux éclos du cerveau des poëtes ;
> Mettent à chaque pas le lecteur en enfer ;
> N'offrent rien qu'Astaroth, Belzébuth, Lucifer.
> De la foi d'un chrétien les mystères terribles
> D'ornements égayés ne sont pas susceptibles.
> L'Évangile à l'esprit n'offre de tous côtés
> Que pénitence à faire et tourments mérités ;
> Et de vos fictions le mélange coupable
> Même à ces vérités donne l'air de la fable.
> Et quel objet enfin à présenter aux yeux
> Que le diable toujours hurlant contre les cieux,
> Qui de votre héros veut rabaisser la gloire,
> Et souvent avec Dieu balance la victoire[2] ?

L'argument de Boileau, tiré du respect qu'on doit à la religion, a sa valeur sans doute, mais il n'est pas décisif.

---

[1]. *Art poétique*, chant III, v. 160. — [2]. En écrivant ces vers, Boileau pensait sans doute à ce passage du *Clovis* :

> Le superbe démon qui, pour de faux hommages,
> Se fit sur les autels élever les images
> Que vingt siècles entiers le crédule univers
> Adore vainement sous mille noms divers ;
> Après le nom fini de cinq fois cent années,
> Depuis qu'un Dieu naissant changea les destinées,
> Voyant de toutes parts ses oracles cessés,
> Ses mystères détruits, ses temples renversés,
> Et ne pouvant dompter son orgueil inflexible,
> Dans ses antres profonds hurlait d'un son horrible,
> Et faisait retentir tout l'infernal manoir,
> Souffrant avec ses feux son cuisant désespoir. (*Clovis*, liv. I.)

Il vaut contre l'abus qu'on pourrait faire du christianisme, en le compromettant dans des sujets indignes de lui ; il ne vaut pas contre l'usage. Saint-Sorlin répliquait assez pertinemment à Boileau, tout en se donnant le tort de l'accuser d'impiété :

« Certains auteurs prétendent couvrir admirablement leur malice, quand ils disent que c'est par le respect qu'ils ont pour la religion qu'ils ne veulent pas la traiter en poésie, et que ceux-là sont bien téméraires, qui osent mêler des fictions à ses pures vérités ; mais ils ont beau donner le nom de respect au mépris et à la haine qu'ils ont pour elle, ils ne peuvent s'empêcher de le faire paraître dans leurs poésies et dans leurs paroles libertines. L'amour que l'on a pour une chose n'impose point ce silence ; mais il faut que l'on en parle avec autant d'estime et de respect que son excellence le mérite[1]. »

De plus, Boileau s'exposait à une objection immédiate, le nom du Tasse, et y répondait par une assez médiocre raison[2]. Les partisans du poëme chrétien ne prétendaient pas que tous les saints fussent d'excellents héros d'épopée ni qu'il ne les fallût occuper qu'à mettre le diable à la raison. Ils affirmaient seulement que le diable est plus poétique que Pluton. A peu près dans le même temps que Boileau se moquait de Belzébuth hurlant contre les cieux, Milton (1667) créait l'admirable personnage épique de Satan,

---

1. *Discours pour prouver que les sujets chrétiens sont seuls propres à la poésie héroïque.* (A la tête de la dernière édition du *Clovis*, 1673.)

2.   Le Tasse, dira-t-on, l'a fait avec succès.
    Je ne viens point ici lui faire son procès :
    Mais, quoi que notre siècle à sa gloire publie,
    Il n'eût point de son livre illustré l'Italie,
    Si son sage héros, toujours en oraison,
    N'eût fait que mettre enfin Satan à la raison,
    Et si Renaud, Argant, Tancrède et sa maîtresse
    N'eussent de son sujet égayé la tristesse.

et léguait à l'Angleterre une épopée chrétienne qui déconcertait l'*Art poétique* de Boileau.

Plusieurs années après l'*Art poétique*, la question de la fable se présenta de nouveau, et la mythologie trouva pour défenseur un plus grand poëte encore que Despréaux, le grand Corneille. Les deux frères Santeul, Claude et Jean-Baptiste, le chanoine de Saint-Victor, engagés dans une discussion et même dans un pari, l'un contre la mythologie, l'autre pour elle, prirent pour juge du débat un comité d'académiciens. Claude, qui avait attaqué la Fable dans une pièce de vers élégante et ingénieuse[1], fut proclamé vainqueur. Jean-Baptiste perdit la gageure; mais sa pièce, condamnée par l'Académie, obtint la gloire d'être imitée par Corneille en vers charmants. Santeul s'était contenté de vanter les grâces et la beauté de la mythologie. Corneille à cette défense de la Fable ajouta quelques traits spirituels contre Saint-Sorlin et ses partisans :

> La Fable, en nos écrits, disent-ils, n'est pas bien;
> La gloire des païens déshonore un chrétien.
> L'Église toutefois, que l'Esprit saint gouverne,
> Dans ses hymnes sacrés nous chante encor l'Averne,
> Et par un vieil abus le Tartare inventé
> N'y déshonore point un Dieu ressuscité.
> Ces rigides censeurs ont-ils plus d'esprit qu'elle,
> Et font-ils dans l'Église une Église nouvelle[2]?

Les traits de Corneille atteignaient plutôt les partisans outrés de Desmarets que Desmarets lui-même; car en pro-

---

[1]. En voici un fragment sur les mœurs des dieux antiques :

> Molle quis in truncum, nisi trunco durior ipso,
>   Virginis immeritæ vertere corpus amet?
> Phœbus amat; Phœbum virgo deludit amantem,
>   Et fugit, et supplex a patre poscit opem.
> Mollia corticibus durantur membra puellæ :
>   Hoc pretium, Daphne, virginitatis habes, etc.

[2]. Corneille, édit. Lefèvre, t. XI, p. 113.

clamant la supériorité littéraire du christianisme, celui-ci ne prétendait pas exclure absolument de tous les genres de poésie les dieux et les déesses des païens. « Moi-même, disait-il, je m'en sers dans mon poëme, non comme les croyant dieux et déesses, mais en faisant parler les païens selon leur croyance. Même je ne suis pas si sévère que de vouloir bannir les fausses divinités des poésies qui ne sont pas fondées sur des vérités du christianisme. Car elles peuvent être employées en des poésies non sérieuses, soit pour l'amour, soit pour d'autres plaisirs [1]. » Saint-Sorlin revendiquait pour le christianisme le privilége de la poésie héroïque; il abandonnait au paganisme les genres inférieurs, la poésie du plaisir et de l'amour. Pour un novateur, il gardait encore quelque modération. Plus tard, il est vrai, il retira cette concession, et prononça l'exclusion absolue de la mythologie. C'est l'effet d'une polémique prolongée de pousser les idées à outrance [2].

On me permettra, fût-ce au prix d'une digression, de rappeler le dénoûment de ce débat sur la Fable. Le chanoine de Saint-Victor, vaincu par son frère, fit vœu de ne plus chanter les dieux païens, et de ne travailler désormais qu'à la gloire de l'Église. Une pension de Louis XIV, qui récompensa ses hymnes pour le Bréviaire de Paris, le confirma dans son serment. Pour s'y affermir encore davantage, il adressa à Pélisson, sous la forme d'une épître, un désaveu public de ses erreurs poétiques d'autrefois. Santeul était l'homme aux désaveux. Intimidé par les sarcasmes et les épigrammes des jésuites, *pubes jesuitica sagittaria*, comme il l'appelle, il désavoua aussi sa fameuse épitaphe d'Arnauld, et mérita, par sa faiblesse, de recevoir du bon Rollin, qui était aussi le spirituel Rollin, une leçon très-

---

1. *Discours pour prouver que les sujets chrétiens sont seuls propres à la poésie héroïque.* — 2. *Défense du poëme héroïque.* 1674.

piquante, intitulée : *Le repentir de Santeul* (*Santolius pœnitens*). Il en reçut une plus vive encore de la main de Bossuet, quand, violant le vœu qu'il avait formé de ne plus travailler que pour l'Église, il dédia à La Quintinie une épître sur *Pomone*. Bossuet lui reprocha sévèrement, non sa récidive mythologique, mais la violation de sa promesse; le péché moral, non le péché littéraire ; et la preuve, c'est que lorsque Santeul eut fait amende honorable dans son *Poëte chrétien* (*Poeta christianus*[1]), Bossuet lui écrivit deux lettres de consolation et de compliments. Dans l'une, il le félicitait de son repentir et de son humilité chrétienne, qui lui avaient inspiré les plus beaux vers qu'il eût jamais faits; dans l'autre, il exprimait son opinion sur l'usage de la Fable, opinion pleine de mesure, qui mettait fin à la controverse :

« Il est vrai, monsieur, que je n'aime pas la Fable, et qu'étant nourri depuis beaucoup d'années de l'Écriture sainte, qui est le trésor de la vérité, je trouve un grand creux dans les fictions de l'esprit humain et dans les productions de la vanité. Mais lorsqu'on est convenu de s'en servir comme d'un langage figuré, pour exprimer d'une manière en quelque façon plus vive ce que l'on veut faire entendre, surtout aux personnes accoutumées à ce langage, on se sent forcé de faire grâce au poëte chrétien, qui n'en use ainsi que par une sorte de nécessité [2]. »

Au fond, n'est-ce pas là une justification de Santeul, et une défense de la Fable, telle qu'un admirateur des anciens, qui était en même temps un évêque, pouvait se la permettre? Bossuet tient le milieu entre Boileau, qui n'admet que la

---

1. On voyait à la tête de cette pièce une vignette dans laquelle Bossuet était revêtu de ses habits pontificaux et Santeul à genoux devant lui, sur les marches de l'église de Meaux, la corde au cou, faisant amende honorable, et jetant tous ses vers profanes dans le feu. (*OEuvres de Bossuet*, t. X, p. 732. Éd. de Besançon, 1846.)

2. *OEuvres de Bossuet*, t. X, p. 732 et 733. Éd. de Besançon, 1846.

Fable, et les partisans outrés de Desmarets, qui l'exilent de la poésie.

Jusqu'ici Desmarets s'est renfermé dans la théorie pure. Nous allons le voir maintenant dans un ouvrage publié un an après le poëme de *Marie-Magdeleine*, entamer la polémique et poser nettement la question de la supériorité des modernes sur les anciens. Je veux parler du *Traité pour juger des poëtes grecs, latins et français* (1670). C'est sa véritable entrée en campagne.

Distinguons dans ce livre la partie philologique et la partie littéraire. Dans la première, Desmarets reprend une question depuis longtemps débattue et à laquelle une discussion récente dans l'Académie des inscriptions avait rendu quelque nouveauté, celle de l'*Illustration de la langue française*, comme disait du Bellay, ou de la *Précellence du langage français*, comme disait Henri Estienne. Après Henri Estienne, Pasquier avait soutenu, dans une lettre à Turnèbe, que les Français ne devraient écrire que dans leur langue sur les sciences et sur les arts. Au XVIIe siècle, la précellence du français sur les langues anciennes fut défendue de nouveau d'abord par Louis Le Laboureur, bailli de Montmorency, qui, par un procédé souvent usité dans les discussions, prit l'offensive contre le latin, et présenta ses plus heureux priviléges, l'inversion par exemple, comme de pures imperfections [1].

« Quelques années après, dit Goujet, le dessein d'élever

---

[1] « Demandez à M. de Cordemoy (un cartésien qui naturellement n'était pas un *ancien*) ce qu'il lui semble de la phrase française et de la latine : il vous répond que la première est plus juste, plus naturelle à l'esprit et plus convenable au bon sens que n'est l'autre; il dira que la transposition des mots qui se rencontre sans cesse dans le latin fait dans l'esprit un embarras qui ne se trouve guère dans notre langue. Il dira que notre style est bien mieux réglé, et que chez nous les mots se rangent dans la bouche de celui qui parle et dans l'oreille de celui qui écoute, selon que les choses, pour être bien digérées, se doivent ranger dans l'entendement de l'un et

un arc de triomphe au feu roi excita une contestation qui donna lieu à publier plusieurs ouvrages sur le même sujet. On convenait qu'il fallait des inscriptions pour cet arc de triomphe ; mais devait-on les faire en latin ou en français ?

C'est sur quoi les sentiments étaient partagés. L'avis de M. Colbert était qu'on les fit en français. C'était aussi celui de M. Perrault, de l'Académie française. Le plus grand nombre des membres de l'Académie opinait de même.... D'un autre côté, les défenseurs de la langue latine représentaient qu'il ne fallait pas troubler dans sa possession une langue qui avait immortalisé les Césars et les Augustes. La dispute s'échauffa. M. Santeul et quelques autres poètes se livrèrent à tout leur zèle pour la langue de l'ancienne Rome [1]. »

Santeul, en effet, se fit auprès de Perrault, dont l'influence était déjà sensible dans l'Académie, l'avocat de la muse latine éplorée :

« Viens à notre secours, Perrault, s'écria-t-il ; ne méprise pas mes plaintes. Notre Apollon succombe sous le poids de ses maux. Abandonnée, plongée dans une profonde nuit, la poésie latine a perdu tout crédit, tout honneur. Ses lauriers desséchés tombent de son front ; sa lyre dédaignée garde le silence ! Voilà donc la fortune qui attendait les poëtes d'Ausonie ; voilà le digne prix de leur génie sublime ! La Muse divine de Rapin va

---

de l'autre. En effet, on n'en saurait dire autant du latin, où tout le contraire se remarque ; où ce qui doit être au commencement est à la fin, et où l'ordre des paroles confondrait l'ordre des choses, si on n'y prenait garde, et si un long usage n'y accoutumait leur esprit. Mais on a bien affaire d'avoir cette peine, et qu'une langue qui doit servir aux hommes pour expliquer leurs pensées, vienne les embrouiller et leur donner la torture au lieu de les aider ! » (Louis Le Laboureur, cité par Barbier d'Aucour. *Sentiments de Cléante*, p. 59.)

1. *Bibliothèque française*, t. I.

mourir, et toi, Commire, et toi, La Rue, votre voix est muette [1]. »

Santeul s'alarmait trop tôt; le P. Commire n'était pas muet encore, et, moins effrayé que Santeul des envahissements de la poésie française, il chantait la Muse latine avec la fierté d'un vainqueur :

« Ronsard, qu'on nomme le père de la langue française, déchire nos oreilles délicates de ses clameurs barbares. Qui estimerait du plus vil prix les vers du grossier Desportes, si chèrement payés autrefois? Et toi, Du Perron, tu gis dans la poussière! Et toi, Malherbe, Paris t'est bien avare de son admiration! Le charme si vanté de Voiture s'est évanoui. La grâce, d'une aile trop rapide, s'est envolée des écrits de Balzac. La mode capricieuse dédaigne pour longtemps ce qu'elle n'admira qu'un jour. Mais la Muse latine a sa gloire assurée, et la renommée de ses poëtes défie les atteintes d'un siècle frivole [2]. »

---

[1].   Affer opem, Peralte, meos ne despice questus :
        Obruitur quantis noster Apollo malis!
    Deserimur! Latiosque premit nox alta poetas;
        Nullus honos Latiis, gratia nulla modis.
    Arentes jam sponte cadunt de vertice lauri,
        Et despecta nimis plectra canora silent.
    Scilicet Ausonios manet hæc fortuna poetas,
        Inclyta sic virtus præmia digna refert!
    Divini deinceps morietur Musa Rapini,
        Et jam Commiri, tuque, Ruææ, siles!

(*Ad Peraltum elegia, quod latini poetæ non sint in honore apud aulicos.*)

[2].   Ronsardus male barbaro
        Molles auriculas murmure vulnerat,
            Dictus Franciscæ pater
    Linguæ. Quis modo non unius æstimet
            Assis vendita millibus
    Ter denis opici carmina Portei?
        Et jam, Perronide, jaces!
    Jam Malherba, tuos Sequana parcius
            Miratur numeros; fugit

A ces gémissements de Santeul, à ce cri de triomphe de Commire, Desmarets se chargea de répondre en prose et en vers. Aux vers légers et fanfarons de Commire, il opposa ces strophes pesantes et superbes :

> Nous qui, d'invention ayant nos sources pleines,
> Dédaignons de puiser aux antiques fontaines,
> Nous parlons un langage et plus noble et plus beau
> Que ce triste latin qu'on tire du tombeau.
> Sans l'aide ni des dieux, ni des métamorphoses,
> Ni de tout le ramas des célèbres écrits,
>   Toujours par de nouvelles choses
>   Nous charmons les esprits.
>
> . . . .
>
> Ronsard ne corrompit son génie élevé
>   Qu'en imitant les enflures antiques ;
> Sans les mots composés qu'il croyait magnifiques,
>   Son vers serait plus achevé.
>
> . . . .
>
> Oses-tu bien encor dire que de Malherbe
> On ne lit plus le vers si doux et si superbe,
> De Malherbe, dont l'art nous apprit à chanter
>   Avec pompe, avec élégance,
>   Sans affecter la docte extravagance,
>   Et que tu devais respecter ?
> On le lira toujours, on voudra l'imiter.
> De Balzac l'éloquence et si noble et si pure
>   Charmera toujours l'avenir,
> Et jamais par les ans les grâces de Voiture
>   Ne pourront se ternir....

A Santeul, Desmarets essaya de démontrer en forme que la Muse latine ne méritait pas ses regrets, et, dans le

> Laudatus populis Vetturium lepos ;
> Festino et nimium pede
> Chartas Balzacii deseruit Venus :
> Sic mori placitum improbo

Traité dont j'ai parlé plus haut, il recommença, sur les traces de Louis Le Laboureur, un parallèle entre les langues anciennes et la langue française, où il refusait intrépidement aux unes toutes les qualités qu'elles ont, et prêtait à l'autre celles qu'elle n'a pas. Ainsi le français, selon Desmarets, est de beaucoup supérieur au latin et au grec pour la richesse, la souplesse et l'harmonie. Le pis, c'est que l'outrecuidant critique ne peut juger l'antiquité sans faire de retour sur lui-même, et qu'il choisit sans façon dans ses œuvres les exemples qu'il oppose aux anciens. Pour prouver que la langue française égale la faculté imitative de la langue latine, il ose dire :

« Pour un vers de Virgile qui représente le galop :

Quadrupedante putrem sonitu quatit ungula campum,

il y en a quatre dans le poëme de *Clovis*, du cheval de la princesse Yolande et de ceux de ses compagnes, qui ont tout ensemble et le son et le bon sens :

Le barbe impétueux, allégé de sa charge,
Fournit sa course entière, et, dans l'espace large,
D'un pied libre et léger, fait cent tours vagabonds,
Hennit de tons aigus, fait cent sauts, fait cent bonds[1]. »

Les vers de Desmarets sont ridicules ; son idée est fausse ; sa thèse sur la supériorité de la langue française est mal présentée, mal soutenue. Mais il n'en est pas moins persuadé qu'il l'a démontrée avec évidence. Laissons-lui

---

Fastidire, semel quod placuit, diu.
At certus Latiis honos
Et vani haud metuens tædia sæculi
Perstat gratia vatibus.
(*Ad Santolium J. Commirius. Ex Santolii oper. omn. edit. tertia.*)

1. *Traité pour juger des poëtes grecs, latins et français*, chap. IV. — *Clovis*, liv. IV.

son erreur, et passons de la discussion philologique à la discussion littéraire [1].

La vraie cause, à ses yeux, du respect exagéré qu'on professe pour les morts, c'est la jalousie qu'inspirent les vivants. Et puis, comme l'a dit Horace, notre vieillesse veut admirer toujours ce qu'admirait notre enfance. Pourquoi l'antiquité nous serait-elle supérieure? Le monde a-t-il donc dégénéré? Ici Desmarets s'inspire de l'idée de Bacon et de l'école cartésienne, et son style prend une noblesse inaccoutumée :

« Bien que l'antiquité soit vénérable pour avoir défriché les esprits aussi bien que la terre, elle n'est pas si heureuse, ni si savante, ni si riche, ni si pompeuse que les derniers temps, qui sont véritablement la vieillesse consommée, la maturité, et comme l'automne du monde, ayant les fruits, les richesses et les dépouilles de tous les siècles passés, et le pouvoir de juger et de profiter de toutes les inventions, de toutes les expériences et de toutes les fautes des autres ; au lieu que l'antiquité n'est que la jeunesse et la rusticité du temps, et comme le printemps des siècles, qui n'a que quelques fleurs. Et qui voudrait comparer le printemps du monde avec notre automne? C'est comme qui voudrait comparer les premières maisons des hommes avec les somptueux palais de nos rois. »

Ici Saint-Sorlin imagine une distinction ingénieuse entre les ouvrages de la nature et ceux des hommes. « La nature, dit-il, produit de tout temps des ouvrages parfaits: de tout temps il y a eu de beaux corps, de beaux arbres,

---

1. La querelle sur la supériorité de la langue française continua longtemps après Desmarets. Bourzeys, le P. Lucas, l'abbé de Marolles, M. de La Chambre et l'avocat Belot, dont Ménage s'est moqué, y prirent part tour à tour. Goujet a donné la liste des ouvrages que cette controverse a enfantés (*Biblioth. fr.*, t. II). Le plus remarquable est celui de Charpentier : *De l'excellence de la langue française* (1683), qui n'a pas été inutile à Perrault.

de belles fleurs. Les mers, les fleuves, le lever et le coucher des astres ont été aussi beaux depuis la création ; mais il n'en est pas de même des ouvrages des hommes : ils ont commencé par être imparfaits, et se sont perfectionnés peu à peu. Les ouvrages de Dieu ont été parfaits dès leur création, au lieu que pour l'invention les hommes se corrigent les uns sur les autres, et les derniers sont les plus heureux, les mieux instruits et les plus parfaits, selon le génie que Dieu leur donne. »

Si Desmarets s'arrêtait là, ce serait à merveille ; mais il parvient à gâter et à fausser sa pensée : « De tout temps, dit-il, les hommes ont eu des passions d'amour, de haine, de désir ou de crainte ; de tout temps ils ont raisonné, ils ont eu différents caractères d'esprit, ils ont fait des narrations, des descriptions et des comparaisons, et ont même parlé en termes figurés. Tout cela de tout temps a pu être imité et décrit parfaitement, selon le génie et le bon sens de chacun. » Ne croirait-on pas alors que la poésie a pu de tout temps être parfaite, puisqu'elle consiste à peindre la nature, les passions et les sentiments des hommes ? Non pas, répond Saint-Sorlin ; « la poésie est une chose de l'invention des hommes, et la nature ne leur en a pas fourni des modèles. Il a fallu que des hommes aient inventé la manière de ranger des mots avec de certaines mesures pour en faire des vers, puis de faire diverses poésies selon les sujets, ou simples ou graves, puis des poésies héroïques pour représenter les grands faits des hommes. »

Saint-Sorlin réduit ici la poésie au matériel de la composition. Il est certain qu'il importe à la perfection de la poésie que la langue et la versification soient parfaites, que les genres soient distingués les uns des autres, que les règles de la composition soient observées ; mais il importe bien davantage encore que le cœur humain, ce sujet éternel de toute poésie, soit bien connu, pour être bien décrit. Saint-Sorlin n'a pas vu que cette connaissance profonde du cœur est la conquête des modernes ; loin de là, il admet que les sentiments humains, ayant été parfaitement connus dans tous les temps, ont été parfaitement décrits. Aussi se méprend-il gravement quand il veut tirer un argument en faveur des modernes de la révolution introduite dans le monde par le christianisme. Au lieu de montrer qu'en perfectionnant le cœur de l'homme, la religion chrétienne a perfectionné le modèle permanent de la poésie, et lui a offert de nouveaux traits à peindre, inconnus aux anciens, il oppose la vérité de la religion chrétienne à la fausseté du paganisme. Il développe cette idée que les poëtes païens, tout grands génies qu'ils étaient, n'ont pu être aussi grands poëtes que les chrétiens, parce que c'étaient les démons qui habitaient en eux et qui leur inspiraient l'erreur, tandis que c'est l'Esprit-Saint qui réside dans les poëtes chrétiens et qui leur inspire la vérité[1], idée puérile, qui repose sur une confusion. Le fond de la poésie, ce n'est pas la vérité. La poésie n'est ni la philosophie ni la morale. On n'est pas nécessairement plus grand poëte parce qu'on a le bonheur de vivre dans une religion plus vraie. Ce qui fait le grand poëte, ce n'est pas la vérité des idées, c'est la vérité des sentiments, la beauté de l'imagination, la vivacité des passions, l'éclat du langage, toutes choses qui peuvent se trouver dans toutes les religions possibles. Cela n'a pas empêché l'idée de Desmarets de refleurir après lui ; elle a reparu de nos jours, comme une découverte, dans la controverse sur le paganisme de l'éducation moderne. Ces arguments-là ne meurent pas, parce qu'ils ont un faux air

---

1. Voy. chap. xxii. « Un chrétien qui connaît la grandeur, les merveilles de la religion, et attribue à Dieu seul toutes les lumières, a mille fois plus d'esprit et de jugement que n'en ont eu jamais les plus grands génies des gentils. »

de vérité qui suffit aux esprits simples, et que les esprits rusés les tournent aisément en sophisme.

Enfin Saint-Sorlin donnait le premier l'exemple de prendre corps à corps les poëtes et de les mettre en parallèle, pour les humilier, avec les poëtes modernes. Selon lui Virgile n'a pas d'invention. « Ses derniers livres sont si pauvres qu'ils ne sont point relus quand ils ont été lus une fois. » Il juge l'Énéide avec une telle sévérité que l'abbé de Marolles, indigné, lui reprocha de blasphémer contre le grand poëte, « sans avoir d'autres titres que d'avoir fait un poëme rempli d'aventures semblables aux livres de chevalerie, qui furent condamnés au feu par ceux qui voulurent guérir la cervelle blessée du chevalier de la Manche[1]. » Ovide a de l'esprit, mais non de la délicatesse, il ne sait pas conduire ses sujets : « son grand livre des *Métamorphoses* n'est qu'un ramas de pièces cousues ensemble, attachées par de fausses liaisons sans ordre, sans temps limité. Catulle a un beau tour de vers ; mais dans ses *Noces de Thétis et de Pélée*, il oublie que c'est une robe qu'il représente, la robe de Thétis, et il la fait parler comme ne parla jamais une broderie. Silius Italicus et Lucain ont trop suivi l'histoire. Stace est assez plein de fictions dans sa *Thébaïde* ; mais,

---

1. Voy. la lettre de Desmarets à l'abbé de La Chambre, *au sujet d'un discours apologétique de l'abbé de Marolles pour Virgile*. Paris, 1673. — Desmarets, pour se justifier, s'appuie sur un mot de Segrais, qui avait dit dans ses remarques sur le troisième livre de Virgile : « On ne relit pas le troisième livre de Virgile. » Desmarets répondit encore dans le *Discours* qui précède *Clovis* : « Sur ce qu'on se plaint que j'ai examiné et critiqué trop sévèrement Homère et Virgile, et que, dit-on, leur grande réputation, confirmée par tant de siècles, devait me donner plus de respect d'eux, je réponds que je ne censure que ce qu'ils ont exposé eux-mêmes à la censure de tout le monde, et que je ne suis redevable qu'à Dieu de ce qu'il m'a fait naître après eux, et de ce qu'il m'a donné assez de sens pour connaître leurs défauts, sans que je puisse en tirer vanité, puisque ce qui est de la Grâce n'est pas de moi. » Voilà le Saint-Esprit directement responsable de la critique d'Homère et de Virgile. Étrange humilité que celle de Desmarets !

pour paraître magnifique, il s'est tellement enflé pendant quatorze ans qu'il dit avoir employés à la composer, que c'est une merveille comment il n'a pas crevé. » Desmarets n'épargne qu'Horace, Tibulle et Properce, on ne sait trop pourquoi, et il n'admire sans réserve que saint Grégoire de Nazianze, un poëte chrétien qui a composé, dit-il, une tragédie du Christ souffrant, où il fait parler la Magdeleine ; c'est-à-dire que Desmarets, l'auteur d'une autre Magdeleine, se regarde comme le descendant en droite ligne de saint Grégoire. Mais le poëte contre lequel il concentre toutes ses forces, c'est Homère. Saint-Sorlin a deviné ce grand principe de la stratégie moderne que, dans les guerres d'invasion, il faut marcher tout de suite sur les capitales, et, dans son attaque contre l'antiquité, il a donné à ses successeurs l'exemple de courir droit à l'Iliade, la forteresse et la clef de toute l'antiquité.

Les reproches que Perrault et Lamotte accumuleront contre Homère, je les trouve déjà dans Desmarets. Le seul tort que celui-ci s'épargne envers le père des poëtes, c'est de le traduire. Homère est un babillard qui répète sans cesse les mêmes choses : Achille aux pieds légers, Junon aux yeux de génisse, Apollon qui lance au loin les traits ; épithètes oiseuses et ridicules. Homère viole à chaque instant toutes les bienséances. Ses comparaisons sont basses et intempestives. Il compare Ajax, entouré d'ennemis, à un âne surpris dans un blé, et Ulysse s'attachant aux branches d'un figuier, pour ne pas tomber dans Charybde, à un juge qui descend de son siége à l'heure du dîner. Il imagine des absurdités impossibles, par exemple des figures qui se meuvent et parlent sur un bouclier, comme si un métal muet pouvait se mouvoir, penser et parler. Quant aux dieux homériques, Desmarets en rejette la responsabilité sur Homère, comme si c'était Homère qui les avait inventés, et comme si son merveilleux n'était pas tout simplement la religion de son temps et de son pays. Homère a été le théologien de la Grèce, je le veux bien, en ce sens qu'il a créé des images vivantes des divinités grecques; mais il n'a mis au monde aucun dogme. Les légendes s'offraient à lui toutes prêtes et toutes consacrées : il les a gravées en vers immortels. C'est de quoi Desmarets ne s'avise pas. Aussi s'égaye-t-il fort aux dépens de ce Jupiter « qui bat sa femme, qui mange, qui boit, qui dort pour soutenir sa vie éternelle, et ne peut dormir quand il a quelque souci dans la tête. Et si je rapportais, ajoute-t-il, toutes les indécences, tous les discours et toutes les actions ridicules qui sont dans Homère et dans Virgile, on verrait quelle est la force et l'imposture de la prévention que l'on a pour les anciens, et combien ceux à qui l'on ne pardonne aucun défaut doivent être plus parfaits. »

Desmarets n'est pas homme à glisser modestement sur ce dernier point. Il consacre un chapitre spécial à la gloire des modernes, et il dresse la liste des contemporains qui lui paraissent éclipser l'antiquité. Après ce qu'il a dit de Virgile et d'Homère, ce n'est qu'un mince compliment :

« Voiture, Sarrasin et Malleville ont infiniment surpassé tous les anciens en esprit fin et doux. Pour la grande invention avec jugement (il s'agit à mots couverts du poëme héroïque et du *Clovis*), c'est chose maintenant connue que les Français en ont beaucoup plus que n'eurent jamais ni Homère ni Virgile; cela se peut voir par les poëmes et même par les romans qui sont si abondants et si merveilleux en rares aventures, en sentiments, en mœurs, en passions et en divers caractères bien soutenus, qu'ils peuvent être lus et relus sans jamais ennuyer le lecteur.... Pour ce qui regarde la noblesse des sentiments, il faut que les savants mêmes reconnaissent, après avoir vu les excellentes pièces de théâtre qui ont de ce temps ennobli la France, que jamais l'antiquité n'a rien fait d'approchant en force, en tendresse, en délicatesse d'invention, de passion et de sentiments, et en toutes choses qui sont dignes d'admiration et d'étonnement, et que jamais ni Homère, ni Virgile, ni Sophocle, ni Euripide, ni Sénèque le tragique, ni Aristophane, ni Plaute, ni Térence, n'ont rien fait qui puisse être mis en comparaison. Pour ce qui regarde les figures, les comparaisons, la noble diction, et le beau tour des vers, Malherbe en a eu le premier le fort et judicieux génie et la belle audace, qu'il a inspirée et enseignée à Racan, à Lingendes, à Maynard et à ceux qui auront la force de l'imiter ; si l'on prend la peine de comparer les poëtes anciens avec les premiers des nôtres, pièce à pièce, invention à invention, narration à narration, description à description, etc., les anciens se trouveront surpassés en tout, si ce n'est en la diction et les descriptions des choses de la nature, où ils pourront être égaux. »

Nous avons vu que les choses de la nature, d'après Saint-Sorlin, embrassent jusqu'aux sentiments, aux caractères et aux passions des hommes, c'est-à-dire le fond tout entier de la poésie. La diction n'en est que la forme. Si donc on voulait pousser un peu Desmarets, on le forcerait à conclure contre sa thèse, que, dans le fond et dans la forme, l'art antique est parfait. Mais je n'insiste pas. J'ai déjà signalé chez lui ce vice capital de son argumentation ; il ne doit pas nous faire oublier les titres qui recommandent Saint-Sorlin à notre souvenir.

Le premier, c'est qu'il a fait passer de la philosophie dans la polémique l'idée de la supériorité des anciens sur les modernes. Remarquons en passant que cette idée entre dans la polémique avec le caractère religieux, plutôt qu'avec le caractère philosophique : car Desmarets se borne à indiquer la permanence des forces de la nature, tandis qu'il insiste partout sur le progrès que le christianisme a fait faire à l'esprit humain. *Habent sua fata :* les idées ont leur destinée. Celle-ci arrive chrétienne dans la discussion, avec Desmarets. Il la baptise, pour ainsi dire, avant de la lancer dans l'arène; elle en sortira antichrétienne avec Condorcet. Desmarets s'en tenait au progrès intellectuel et moral de l'homme par la Rédemption, c'est-à-dire, comme je l'ai montré au commencement de ce travail, qu'il restait dans l'esprit du christianisme. Condorcet aboutit à la perfectibilité indéfinie, c'est-à-dire qu'il sort du christianisme, en abattant la barrière qu'élève devant lui le péché originel, le dogme fondamental de la religion chrétienne.

Enfin Desmarets a entrevu l'idée de la perpétuité des forces de la nature, rompu avec la mythologie, pressenti la fécondité littéraire du christianisme, et donné le signal de la guerre contre les plus grands des anciens. Il est, par sa date, le véritable chef du parti des modernes. Mais il manquait de tact et de mesure, il compromettait par l'incohérence de son esprit, et rendait ridicules par son outrecuidance, les vues les plus ingénieuses et les plus justes. Sans études, à peu près étranger aux arts, il ne pouvait généraliser ses idées, et il a restreint son point de vue à la poésie, particulièrement à la poésie héroïque. Sauf dans les *Délices de l'esprit*, où il s'étend davantage, il s'enferme dans un seul genre, il n'embrasse jamais toutes les formes de l'art. Enfin, dans Saint-Sorlin, l'homme extravagant et l'écrivain médiocre ont fait tort à sa cause. C'est par ces raisons que, malgré son droit de priorité, ce n'est pas lui, mais Perrault que l'on a toujours considéré comme le premier des modernes. C'est à Perrault que Desmarets lui-même confia le soin de défendre la cause que la mort le forçait d'abandonner. Quelque temps avant son dernier jour, en 1675, il adressa à son ami une invocation en vers, qui avait la solennité d'une volonté dernière. Il lui représentait la France, implorant son appui pour la défense de la vérité :

Viens défendre, Perrault, la France qui t'appelle ;
  Viens combattre avec moi cette troupe rebelle,
  Ce ramas d'ennemis qui, faibles et mutins,
  Préfèrent à nos chants les ouvrages latins...

Alors, emportant l'espérance d'avoir un successeur dans sa guerre avec l'antiquité, il s'endormit en paix, comme Amilcar après avoir dicté à Annibal son serment de haine contre Rome.

CHAPITRE VIII.

Le P. Bouhours. — *Entretiens d'Ariste et d'Eugène.*

Quand Saint-Sorlin fit à Perrault, avant de mourir, cet appel suprême, Perrault n'avait pas encore pris parti, au moins publiquement, dans le débat soulevé par son ami. Jusque-là Perrault, administrateur habile, protégé de Colbert, dont l'amitié avait été son plus grand titre aux suffrages de l'Académie française (il y avait été reçu le 22 novembre 1671), ne s'était désigné à l'attention du public lettré que par un *Portrait d'Iris* fort applaudi des ruelles, par son dialogue de *l'Amour et de l'Amitié*, que Fouquet, charmé, avait fait imprimer sur vélin avec des peintures et des ornements d'or, enfin par son poëme de *Saint-Paulin*, publié quatre ans après sa réception à l'Académie, un an avant la mort de Saint-Sorlin. Rien dans ses œuvres n'annonçait nécessairement en lui l'héritier de Desmarets et l'exécuteur de son testament littéraire, à moins qu'on ne prenne pour une première agression contre les anciens, et pour un présage de la guerre à venir, une parodie de Virgile qu'il avait faite dans sa jeunesse en collaboration avec ses deux frères, le médecin et le docteur de Sorbonne[1]. Mais le poëme de *Saint-Paulin*, la plus récente de ses œuvres, était un poëme chrétien, et par là Perrault était entré dans la voie édifiante où Saint-Sorlin converti s'était efforcé de pousser l'épopée. Prendre pour sujet d'un poëme épique en six chants le dévouement d'un évêque qui engage sa liberté pour racheter celle d'une de ses ouailles, c'était marcher sur les traces de l'auteur de *Marie-Magdeleine*, c'était en quelque sorte lui donner un gage. Dans sa préface, Perrault disait aussi, mais en passant, et sans faire une théorie, « que le ciel et les enfers, les anges et les démons pouvaient être le digne objet des travaux des poëtes. » De plus, il montrait dans cette œuvre difficile à lire aujourd'hui une indépendance de goût, un penchant à se mettre au-dessus de la tradition et des règles, qui promettait, encore plus que le choix même de son sujet, un successeur à Desmarets. C'est cette indépendance qui frappa surtout les lecteurs de *Saint-Paulin*, et que les admirateurs de Perrault vantèrent tout d'abord dans son ouvrage. Louis le Laboureur (il s'était, on l'a vu plus haut, annoncé comme *moderne* en 1669, par une plaidoirie pour la langue française contre la langue latine) disait dans une épître dédicatoire, mise à la tête des œuvres mêlées de Perrault : « Tous ces écrits ont une certaine nouveauté qui les fait regarder comme autant d'originaux, chacun dans son genre. Tout y est d'après nature, on n'y voit rien d'après les autres; il ne se dresse pas

---

1. Il avait traduit en vers burlesques le sixième livre de l'Énéide ; c'est dans cette parodie que se trouvent les vers fameux attribués à Scarron par Voltaire et par Marmontel :

> J'aperçus l'ombre d'un cocher
> Qui, tenant l'ombre d'une brosse,
> Nettoyait l'ombre d'un carrosse.

pour son plan sur ce que les anciens ou les modernes ont fait en pareille rencontre ; il ne suit que ses propres idées, et s'il s'agit de donner le caractère de quelque passion, il ne va point consulter les livres, il n'étudie que le cœur, qui lui dicte toujours quelque chose de nouveau. » Je n'ai pas à parler ici du poëme de *Saint-Paulin*, je n'y veux relever qu'un trait qui fera mieux sentir cette liberté de goût dont Le Laboureur félicite Perrault. Le poëte y représentait saint Paulin marié, vivant avec sa femme Thérasie comme avec une sœur. La susceptibilité de quelques amis s'effaroucha de ce spectacle, plus conforme aux mœurs des premiers chrétiens qu'à celles du xviie siècle. Ils objectèrent à Perrault que cette cohabitation, même fraternelle, était contraire aux habitudes de leur temps, qui voulaient que lorsqu'un homme marié s'engageait dans les ordres sacrés, sa femme se retirât dans un monastère, et ils exhortèrent Perrault à faire aux idées du public le sacrifice de Thérasie. Perrault s'y refusa et répondit : « La règle qui veut qu'on se conforme aux mœurs du siècle où l'on vit, en supprimant ou en déguisant les choses qui y sont contraires, est très-bonne pour les pièces de théâtre, mais il n'en est pas de même pour les autres ouvrages, qui sont d'autant plus agréables que les événements, les coutumes et les usages des temps qu'ils représentent sont différents des nôtres [1]. »

Outre une distinction fine et juste, il y a là une preuve d'indépendance de goût qui devait plaire à Saint-Sorlin. Mais, je le répète, Perrault n'avait pas encore pris parti dans la question, quand Desmarets l'appela à son secours, et un autre écrivain, plus célèbre alors que Perrault[2], l'avait devancé et pouvait être convié par Saint-Sorlin à la défense de ses opinions.

---

1. Baillet, *Jugement des savants*, t. IV, part. II, p. 598.
2. « Le P. Bouhours, dit Baillet, tient aujourd'hui le premier rang parmi les critiques. » *Jugement des savants*, t. II, part. I, p. 154.

C'était le P. Bouhours, un auteur fort goûté du monde, où il portait la distinction de l'esprit, l'agrément des manières, l'élégance recherchée du langage ; un religieux cher aux salons, où la discipline indulgente de son ordre lui permettait de briller ; un homme instruit, quoi que dise Ménage[1], honnête homme d'ailleurs, qui croyait être jésuite, et qui l'était en effet, par le mélange de la dévotion et de la mondanité, par l'habileté insinuante, par le manége ingénieux et agréable ; mais rempli de droiture et de sincérité, et digne de réconcilier Pascal avec sa compagnie. On lui reprochait injustement, comme à tous les écrivains qui s'occupent des mots, de n'avoir pas d'idées, et, pour avoir voulu trop bien écrire, il passe aujourd'hui pour n'avoir pas su penser. Ses contemporains déjà le punissaient de son purisme en l'accusant d'être vide. Voltaire a répété l'épigramme des contemporains. Dans le *Temple du goût*, il représente ironiquement le P. Bouhours, à quelques pas de Bourdaloue et de Pascal, qui s'entretiennent sur le grand art de joindre l'éloquence au raisonnement. Le P. Bouhours est derrière eux, marquant sur des tablettes toutes les fautes de langage et toutes les négligences qui leur échappent. Mais Voltaire oublie qu'il a écrit dans les *Variantes* du *Temple du goût*, à propos du P. Bouhours lui-même : « Ce sont les grands hommes qu'il faut critiquer, de peur que les fautes qu'ils font contre les règles ne servent de règle aux petits écrivains. » Le P. Bouhours n'était pas un peseur de syllabes. Je ne le défends pas du travers de purisme : il aimait trop le mot choisi et la phrase parée ; en le lisant on sent la justesse du reproche de Barbier d'Aucour, qui l'accuse de traiter sa langue maternelle comme une langue morte, et de composer en français comme les jeunes gens composent en latin. Mais il savait penser, et même penser

---

1. *Observations sur la langue française*, p. 7.

finement. Son esprit s'ouvrait aux idées, il saisissait avec promptitude les aperçus nouveaux, il n'accueillait que trop volontiers toutes les pensées heureuses qu'il rencontrait, même chez autrui, et il a passé non-seulement pour un chercheur, mais pour un emprunteur d'esprit, comme disaient ses ennemis, par euphémisme. Si le plus souvent les vues qu'il expose manquent de conclusion, c'est qu'il était de cette famille d'écrivains qui se plaisent à indiquer plutôt qu'à affirmer, qui hésitent à s'engager, pour peu qu'un sujet excite la controverse, et qui aiment mieux paraître indécis que de s'attirer des contradicteurs. Il existe beaucoup de ces esprits délicats et prudents jusqu'à la timidité, et le P. Bouhours, qui tenait cette disposition de la nature, n'avait pas appris de son ordre à se moins ménager entre les opinions. Le livre où il se peint tout entier, ce sont les *Entretiens d'Ariste et d'Eugène* : on y reconnaît « cet homme poli, comme dit Longuerue, ne condamnant personne et cherchant à excuser tout le monde. » Mais cette extrême politesse devient un écueil non-seulement pour la pensée de l'écrivain, qui n'ose pas être forte, mais pour le style, qui glisse, et craint d'appuyer. Une idée qui survient en efface une autre ; le mot qui suit fait oublier le mot qui précède ; ce sont des ombres élégantes, légères, dont la fuite rapide forme un contraste singulier avec l'ambition de Bouhours, qui croit sculpter pour la postérité. Il me rappelle cette héroïne de Montemayor dont il a parlé dans ses *Entretiens*. Assise sur le bord de la mer, elle écrivait sur le sable une devise espagnole, symbole de l'éternelle durée de son amour. Une vague inonde l'inscription et l'efface. Ce contraste entre la promesse d'une durée sans fin et la soudaineté de la disparition me revient à l'esprit, quand je lis ces pages de Bouhours, qu'il a crues immortelles, et qui tracées, pour ainsi dire, sur le sable, par une main trop légère, s'effacent en un moment du souvenir.

Cherchons à démêler, dans les *Entretiens* circonspects *d'Ariste et d'Eugène*[1], l'opinion du P. Bouhours sur la question des anciens et des modernes. Elle ne s'étalera pas certainement, mais elle se fera deviner. *Ariste* vient de définir le bel esprit : c'est l'union de l'éclat et de la solidité ; en d'autres termes, c'est le bon sens qui brille. La définition n'est pas mauvaise ; c'est l'équivalent de la *raison assaisonnée*, avec le *brillant* de plus, chose si chère au spirituel jésuite. Poussant un peu plus loin son analyse, et s'aventurant un peu plus qu'il ne convient à la prudence dans les rapports délicats du physique et du moral, *Ariste* indique pour origines physiologiques du bel esprit : un cerveau rempli d'une substance délicate, une bile ardente et lumineuse (c'est sans doute la *splendida bilis* d'Horace qui lui revient en mémoire), fixée par la mélancolie et adoucie par le sang. « La bile donne le brillant et la pénétration ; la mélancolie donne le bon sens et la solidité ; le sang donne l'agrément et la délicatesse[2]. » La conclusion, c'est que la nature est pour beaucoup dans la formation des beaux esprits. Sans doute elle ne les fait pas toute seule : « La plus heureuse naissance a besoin d'une bonne éducation et de cet usage du monde qui raffine l'intelligence et qui subtilise le bon sens[3]. » Mais elle y a une grande part. Aussi, partout où la nature n'est pas languissante, il y a de l'esprit. Il y en a plus dans les climats heureux, mais on en trouve en Allemagne et en Pologne comme ailleurs. « Il n'est pas des esprits comme de l'or et des pierreries, que la nature ne forme qu'en certains endroits de la terre. »

Ici *Eugène* veut amener évidemment *Ariste* à s'expliquer sur les anciens et les modernes. S'il y a de l'esprit partout, si la nature en produit toujours, en présence de cette per-

---

1. Paris, 1671. — 2. *Entretiens d'Ariste et d'Eugène*, p. 275.
3. *Ibid.*, p. 281.

pétuité des forces de la nature, que faut-il penser de la supériorité prétendue de l'antiquité ? *Eugène* est un homme prudent : il témoigne le plus grand respect pour les anciens. Il a dit précédemment, en faisant allusion à la controverse engagée : « Les Grecs et les Romains sont si jaloux de la gloire de leur nation qu'on ne peut leur disputer rien là-dessus sans se brouiller avec eux, et sans avoir des affaires avec les plus braves et les plus spirituels hommes du monde. Pour moi, *comme je n'aime pas à me faire des ennemis*, j'aime mieux céder aux Grecs et aux Romains, et confesser de bonne foi que tous les pays sont stériles en héros, au prix de l'ancienne Grèce et de l'ancienne Italie. » *Ariste* n'est pas moins prudent qu'*Eugène*, ni moins respectueux, et il ne s'avise pas de contester la beauté des esprits grecs et romains. Mais il ajoute : Comme il y avait autrefois de beaux esprits grecs et romains, il y en a maintenant de français, d'italiens, d'espagnols, d'anglais et de moscovites. Ils sont plus rares dans les pays froids, parce que la nature y est morne et languissante (le cardinal du Perron disait un jour en parlant du jésuite Gretser : « Il a bien de l'esprit pour un Allemand[1] »). Mais il y a du bel esprit partout ; seulement le plus parfait est en France, « soit que cela vienne en partie de la température du climat, soit que notre humeur y contribue quelque chose. » On voit d'ici le P. Bouhours sourire, satisfait de la louange indirecte qu'il vient de se donner, car en pensant au bel esprit il n'est assurément pas désintéressé. « On dirait que vous vous êtes peint vous-même dans le tableau que vous venez de faire du bel esprit, tant il vous ressemble, » dit *Eugène* à *Ariste*. *Ariste* lui répond par une autre politesse, et, comme le P. Bouhours est tout ensemble *Ariste* et *Eugène*, il tire

---

1. On attribue d'ordinaire au P. Bouhours ce mot incivil de du Perron : ce n'est qu'une citation chez Bouhours. Barbier d'Aucour a le premier commis la méprise (*Sentiments de Cléanthe*, t. Ier, p. 156).

double profit de la civilité de ses deux personnages. « Mais, répond *Eugène*, si le bel esprit est de tous les pays, il n'est pas de tous les siècles ? car il y en a de polis, il y en a de grossiers. » La question, comme on voit, devient un peu plus pressante, et la comparaison entre les anciens et les modernes paraît inévitable. Mais *Ariste* se gardera bien de l'aborder de front. Il passe lestement à côté, et il cite avec une habile impartialité plusieurs siècles ingénieux, celui de Périclès, celui d'Auguste, le IVe siècle de l'Église, celui de Médicis, celui de François Ier, celui de Richelieu, « où la passion du cardinal pour le théâtre a porté la comédie à sa dernière perfection, et a fait naître des poëtes dramatiques qui *effacent presque* les anciens. » Qui effacent presque ! on ne peut pas retenir avec plus de soin l'idée près de s'échapper !

Eugène veut en savoir davantage. D'où vient, demande-t-il, qu'un siècle est plus ou moins spirituel que l'autre ? On dirait qu'*Ariste* aperçoit le but où la question peut conduire, car il n'indique dans sa réponse que des causes générales : la bonne ou la mauvaise éducation, l'émulation entre les esprits cultivés, la protection des souverains, les hérésies naissantes qui servent à bannir la barbarie et l'ignorance par la passion qu'ont les uns pour établir et les autres pour détruire une nouvelle doctrine. Enfin *Ariste* ajoute, pour se mieux tirer d'affaire : « Il y a en tout cela je ne sais quelle fatalité, où, pour parler plus chrétiennement, je ne sais quelle disposition de la Providence, où l'on ne voit goutte. Car cette barbarie ou cette politesse des esprits passe de pays en pays et de siècle en siècle, par des voies qui nous sont souvent inconnues. En un temps, une nation est grossière, et en un autre elle est ingénieuse. Du temps d'Alexandre, les Grecs avaient plus d'esprit que les Romains ; du temps de César, les Romains avaient plus d'esprit que les Grecs. Le siècle passé était pour l'Italie un siècle de doctrine et de politesse.... le siècle présent est pour la France ce que le siècle passé était pour l'Italie ; on dirait que tout l'esprit et toute la science du monde soient maintenant parmi nous, et que tous les autres peuples soient barbares en comparaison des Français.... »

En lisant attentivement la suite de cet entretien, on voit clairement qu'*Ariste* s'est efforcé d'éviter la comparaison entre les anciens et les modernes, tout en essayant de faire conclure la supériorité des modernes sur les anciens, et que la Providence arrive à la fin comme le *Deus ex machina*, pour prendre la responsabilité d'une opinion dont le timide *Ariste* ne veut pas se charger tout seul. Mais il serait injuste de ne voir qu'une échappatoire dans ce recours final à la Providence. Il y a là une idée, indiquée d'un de ces traits faibles et légers dont j'ai parlé plus haut, mais juste et importante, que Bouhours a, le premier, introduite dans le débat, et qui paraîtra plus tard avec plus d'éclat et de force entre les mains d'autres écrivains plus décidés : c'est l'idée que la politesse des esprits (nous l'appelons la civilisation) passe de siècle en siècle et de peuple en peuple, selon la loi mystérieuse de la Providence; que chaque nation paraît à son tour sur la scène pour exercer la souveraineté du génie, et que le tour de la France est arrivé d'occuper la place qu'ont remplie jadis la Grèce et l'Italie; c'est une idée philosophique de la marche de la civilisation dans le monde ; et cette idée, qui vaut mieux assurément qu'un parallèle entre Sophocle et Corneille, entre Térence et Molière, Barbier d'Aucour ne saurait reprocher au P. Bouhours de l'avoir dérobée à personne. Voilà sa part dans ce débat où il a tenu à paraître sans se montrer, et où il aurait joué un plus grand rôle, s'il avait été naturellement moins évasif et plus hardi. Bouhours est un moderne timoré qui ne veut pas se compromettre, et Desmarets a bien fait de ne pas l'appeler comme champion.

CHAPITRE IX.

Fontenelle. — *Dialogues des Morts.*

Un autre écrivain que Desmarets aurait pu choisir pour successeur s'il avait assez vécu pour le connaître, était un jeune homme très-spirituel, fort ambitieux, malgré son extrême froideur, et qui devait devenir un des plus célèbres écrivains du xviiie siècle, le premier peut-être après les écrivains de génie. C'est Fontenelle. Mais en 1676 il n'était guère qu'un jeune disciple de Voiture. Venu de province à Paris pour y chercher fortune, il avait débuté dans le *Mercure Galant*, sous la direction de Thomas Corneille et du sieur de Vizé, par de petits vers d'abord applaudis et bien vite oubliés. Il avait couru les ruelles et cherché à s'élever à la renommée sur les ruines d'une comédie et même d'une tragédie tombées dès leur naissance [1]. Ces deux échecs en différents genres suffirent pour le jeter dans le parti des mécontents littéraires. Il trouvait à faire de l'opposition contre les réputations établies, le compte de sa rancune et de sa vanité. Il s'attaqua donc naturellement au pouvoir, et le pouvoir alors en littérature, c'était l'autorité classique, la tradition, l'antiquité, soutenue par les plus grands écrivains. Fontenelle ne pouvait être retenu par les souvenirs de son éducation. Il avait fait de bonnes études, mais à l'école des jésuites, qui ne lui avaient pas enseigné

---

1. *La Comète*, comédie. — *Aspar*, tragédie, 1683.

le grand goût, et dont l'admiration pour ses talents précoces l'avait quelque peu gâté [1]. Il avait composé sur les bancs des vers latins, aussi beaux que ceux de Virgile, disait-il plaisamment, « car ils en étaient. » Mais il n'eut jamais, même à vingt ans, cette flamme d'enthousiasme qu'allume dans les âmes le pur amour des grandes beautés de l'art. Mme de Tencin, lui mettant la main sur le cœur, lui disait : « C'est de la cervelle que vous avez là [2]. » Il est le représentant, on pourrait dire le père de cette génération d'esprits géométriques, si nombreux aujourd'hui, dont l'aptitude scientifique a troublé le sens littéraire, et qui inclinent à regarder l'étude des anciens comme l'apprentissage d'une société adolescente, inutile aux peuples émancipés. Enfin ce qui moins que tout le reste aurait pu arrêter Fontenelle, c'est le respect pour les opinions établies. Il fut profondément sceptique avant Voltaire, et peut-être plus que lui, car il le fut jusqu'en littérature, où Voltaire admettait l'autorité. Plus maître de lui que Voltaire, plus calme, plus égoïste, nullement tenté de troubler la quiétude de sa vie en lâchant sur l'espèce humaine quelques poignées de vérités, il se fit une loi, dès son âge mûr, de tenir sa main tout au plus entr'ouverte, et il assista, comme un témoin curieux, à la grande guerre que se faisaient devant lui la philosophie et la religion. Mais, à l'époque où nous sommes, il était encore jeune, il aimait à contredire pour briller, il avait à prendre une revanche et à se venger

---

1. Les jésuites lui gardèrent toujours une grande faveur : ils l'avaient défini au collège : *Adolescens omnibus partibus absolutus et inter discipulos princeps*. Plus tard, plusieurs professeurs de leurs colléges firent son portrait dans des discours publics. Trublet cite plusieurs de ces portraits, notamment celui du P. Power, longue série de jolies antithèses, dans le goût de la Compagnie. Le P. Tournemine, dans les *Mémoires de Trévoux*, trouva moyen de louer même *l'Histoire des Oracles* (août 1707), et de justifier Fontenelle de toute intention maligne contre la religion.

2. Trublet, *Mémoires*, p. 110.

d'adversaires personnels; il se croyait obligé d'être l'ennemi de Racine, comme neveu de Corneille, et parce que Racine s'était moqué d'*Aspar*. Fontenelle donc se décida, et se mit en campagne contre les anciens, mais comme Fontenelle pouvait entrer en campagne, sans bruit, à petits pas. On peut dire, en changeant un mot au vers de Jean-Baptiste :

C'est le guerrier le plus joli du monde.

La Bruyère a tracé le portrait de Cydias, qui, « après avoir toussé, relevé sa manchette, étendu la main et ouvert les doigts, débite gravement ses pensées quintessenciées et ses raisonnements sophistiqués.... Soit qu'il parle ou qu'il écrive, il ne doit pas être soupçonné d'avoir en vue ni le vrai, ni le faux, ni le raisonnable, ni le ridicule. Il évite uniquement de donner dans le sens des autres, et d'être de l'avis de quelques-uns. » Dans ce portrait sévère, où Fontenelle se reconnut, deux traits conviennent parfaitement à sa jeunesse : le désir de briller par la contradiction, et l'absence d'opinions arrêtées. Il ne croit pas à ses idées; aussi, quand il discute, prend-il une précaution inaccoutumée dans la polémique, c'est d'adoucir d'avance les coups qu'il va porter, et d'affaiblir la valeur de ses arguments : il semble oser et n'ose pas. Avant d'exposer ses idées sur les anciens et les modernes, par exemple, il déclare qu'en matière de goût tout est vrai et tout est faux. On dirait qu'en faisant bon marché de sa critique, il prend d'avance ses sûretés contre celle d'autrui. On lui demandait un jour comment il s'était fait tant d'amis, et si peu d'ennemis : « En trouvant tout possible, répondit-il, et que tout le monde a raison. » Dans l'*Épître dédicatoire* qui précède le *Jugement de Pluton* sur la querelle des anciens et des modernes, il a développé ce principe de la tolérance illimitée : « Je vous ai dit qu'il n'y avait rien de plus inutile ni en même temps de plus aisé que de faire des critiques. Critiquez tout ce qu'il vous plaira. Faites-vous revenir quelqu'un de son premier jugement ? Personne du monde. Et puis, pourquoi ferait-on revenir les gens ? Leur premier jugement a souvent été fort bon, et s'il ne l'a pas été, ils reviennent d'eux-mêmes avec un peu de temps.... Tout paresseux que je suis, je voudrais être gagé pour critiquer tous les livres qui se font. Quoique l'emploi paraisse assez étendu, je suis assuré qu'il me resterait encore du temps pour ne rien faire. »

C'est parler de la critique avec dégagement. Mais comme, après avoir écrit ces lignes, Fontenelle consacra plusieurs ouvrages à critiquer des opinions établies en littérature, et différentes des siennes, je suivrai son exemple plutôt que ses préceptes.

La première escarmouche de Fontenelle contre les anciens, ce furent les *Dialogues des Morts* (1683). Dans ce petit ouvrage très-agréable, où Fontenelle rapprochait avec une certaine affectation d'imprévu des personnages de siècles et de caractères différents, il prêtait à ses acteurs des pensées philosophiques singulièrement justes, d'un tour aisé et hardi, qui annonçaient de bonne heure l'esprit le plus libre et le plus pénétrant. Les héros antiques ou modernes de Fontenelle, dans leurs entretiens souvent subtils et maniérés, laissent échapper, comme sans y prendre garde, des vues rapides qui portent loin. Le défaut de ces dialogues, c'est que l'auteur paraît derrière tous ses personnages. Il en tient les fils; il pense et parle pour eux. Dans le dialogue d'*Ésope et d'Homère*, Ésope représente d'abord les idolâtres d'Homère, qui lui prêtent partout des allégories profondes. Homère se défend d'avoir eu tant d'esprit; il affirme qu'il n'a pas entendu prêcher comme le croient ses admirateurs : « Quoi ! dit Ésope (c'est Fontenelle qui prend la parole), ces dieux qui s'estropient les uns les autres, ce foudroyant

Jupiter qui, dans une assemblée de divinités, menace l'auguste Junon de la battre, ce Mars qui, étant blessé par Diomède, crie, dites-vous, comme neuf ou dix mille hommes, et n'agit pas comme un seul (car au lieu de mettre tous les Grecs en pièces, il s'amuse à s'aller plaindre de sa blessure à Jupiter), tout cela eût été bon sans allégorie ? — Pourquoi non ? » répond Homère; et Homère, c'est encore Fontenelle, qui prête à l'auteur de l'Iliade la théorie du scepticisme le plus intrépide : « Vous vous imaginez que l'esprit humain n'aime que le vrai ; détrompez-vous. L'esprit humain et le faux sympathisent extrêmement. Si vous avez la vérité à dire, vous ferez fort bien de l'envelopper de fables; elle en plaira beaucoup plus.... Le vrai a besoin d'emprunter la figure du faux pour être agréablement reçu dans l'esprit humain; mais le faux y entre bien sous sa propre figure, *car c'est le lieu de sa naissance et sa demeure ordinaire, et le vrai y est étranger.* » Fontenelle est là tout entier. La conclusion du dialogue est charmante. Ésope s'effraye de cette disposition de l'esprit humain qui prend si facilement le faux pour le vrai. « Cela me fait trembler, dit-il. Je crains furieusement que l'on croie que les bêtes aient parlé comme elles font dans mes apologues, mais si l'on a bien cru que les dieux aient pu tenir les discours que vous leur avez prêtés, pourquoi ne croira-t-on pas que les bêtes aient parlé de la manière dont je les ai fait parler ? » Homère lui répond : « Eh! ce n'est pas la même chose. Les hommes veulent bien que les dieux soient aussi fous qu'eux; mais ils ne veulent pas que les bêtes soient aussi sages. »

Dans le dialogue entre *Érasistrate et Harvey*, Fontenelle établit le progrès des connaissances humaines dans les sciences; on sent, en passant de Saint-Sorlin à lui, qu'on vient de quitter un rêveur, et qu'on rencontre un philosophe. Déjà Fontenelle suggère à Perrault des idées sur les sciences et sur les arts que celui-ci développera dans ses

Parallèles. Fontenelle se peint encore dans ce dialogue avec beaucoup de grâce et d'esprit :

« J'avoue, dit Érasistrate, que les modernes sont meilleurs physiciens que nous, ils connaissent mieux la nature, mais ils ne sont pas meilleurs médecins.... Nous voyons venir ici tous les jours autant de morts qu'il y en est jamais venu. — Il serait étrange, répond Harvey, qu'en connaissant mieux l'homme, on ne le guérît pas mieux. A ce compte, pourquoi s'amuserait-on à perfectionner la science du corps humain? Il vaudrait mieux laisser là tout. — *Érasistrate :* On y perdrait des connaissances fort agréables. » Voilà encore Fontenelle. Tout chez lui se tourne en idée. *O spiritus !* pourrait-on dire de cet élève de Descartes, comme Gassendi disait du maître. Il ne voit dans les choses que ce qui touche l'esprit. Il croit aux progrès des connaissances; il ne croit guère au profit que l'homme peut en tirer, et il ne s'en inquiète pas : « Pour ce qui est de l'utilité, je crois que découvrir un nouveau conduit dans le corps de l'homme, ou une nouvelle étoile dans le ciel, est bien la même chose. Il y a une certaine mesure de connaissances utiles que les hommes ont eue de bonne heure, à laquelle ils n'ont guère ajouté et qu'ils ne passeront guère.... » Le reste, c'est le luxe de l'esprit, que Fontenelle prise beaucoup, mais comme luxe, et sans se faire illusion sur son utilité. Le progrès des connaissances ne donne pas aux hommes de nouveaux plaisirs, Raymond Lulle, plus loin, le démontre à Apicius; il ne les rend pas meilleurs, Montaigne le prouve très-spirituellement à Socrate. Dans ce dernier dialogue, l'un des plus sérieux de Fontenelle, à côté du tableau piquant de la permanence des vices humains, on voit reparaître, mais cette fois avec plus de précision et de finesse, cette idée sur la permanence des forces de la nature, que nous avons déjà rencontrée dans Saint-Sorlin. Montaigne vient de dire à Socrate que les hommes dégénèrent, que les connaissances qu'ils ont acquises ne leur servent à rien; ils sont faits comme les oiseaux, qui se laissent prendre sous le filet où l'on a pris mille oiseaux de leur espèce. « Il n'y a même plus de ces grandes âmes vigoureuses et roides de l'antiquité, des Aristide, des Phocion, des Socrate. »

SOCRATE.

Prenez garde, l'antiquité est un objet d'une espèce particulière : l'éloignement la grossit. Si vous eussiez été comme Aristide, Phocion, Périclès et moi, puisque vous voulez me mettre de ce nombre, vous eussiez trouvé dans votre siècle des gens qui nous ressemblaient. Ce qui fait d'ordinaire qu'on est si prévenu pour l'antiquité, c'est qu'on a du chagrin contre son siècle, et l'antiquité en profite. On met les anciens bien haut pour abaisser ses contemporains. Quand nous vivions, nous estimions nos ancêtres plus qu'ils ne méritaient, et à présent notre postérité nous estime plus que nous ne méritons; mais et nos ancêtres et nous et notre postérité, tout cela est bien égal, et je crois que le spectacle du monde serait bien ennuyeux, pour qui le regarderait d'un certain œil : car c'est toujours la même chose.

MONTAIGNE.

J'avais cru que tout était en mouvement, que tout changeait, et que les siècles différents avaient leurs différents caractères, comme les hommes. En effet, ne voit-on pas des siècles savants et d'autres qui sont ignorants? N'en voit-on pas de naïfs, et d'autres qui sont plus raffinés? N'en voit-on pas de sérieux et de badins, de polis et de grossiers?

SOCRATE.

Il est vrai.

MONTAIGNE.

Et pourquoi donc n'y aurait-il pas de siècles plus vertueux, et d'autres plus méchants?

SOCRATE.

Ce n'est pas une conséquence. Les habits changent; mais ce n'est pas à dire que la figure des corps change aussi. La politesse ou la grossièreté, la science ou l'ignorance, le plus ou le moins d'une certaine naïveté, le génie sérieux ou badin, ce ne sont là que les défauts de l'homme, et tout cela change ; mais le cœur ne change point, et tout l'homme est dans le cœur. On est ignorant dans ce siècle, mais la mode d'être savant peut venir ; on est intéressé, mais la mode d'être désintéressé ne viendra point. Sur ce nombre prodigieux d'hommes assez déraisonnables qui naissent en cent ans, la nature en a peut-être deux ou trois douzaines de raisonnables qu'il faut qu'elle répande par toute la terre, et vous jugez bien qu'ils ne se trouvent jamais nulle part en assez grande quantité pour y faire une mode de vertu et de droiture. »

Mais enfin ces deux ou trois douzaines se reproduisent toujours, à moins que la nature ne soit épuisée. « Pourquoi le serait-elle en hommes raisonnables, puisqu'elle ne l'est en rien ? Aucun de ses ouvrages n'a encore dégénéré ; pourquoi n'y aurait-il que les hommes qui dégénérassent? » Voilà la conclusion de Socrate : Il y a toujours les mêmes mérites et les mêmes défauts sur la terre, les mêmes vertus et les mêmes vices, la même majorité de fous, la même minorité de sages : l'esprit humain fait des progrès, le cœur ne change pas; les idées changent et se perfectionnent, les passions sont les mêmes éternellement. Mais si le cœur de l'homme ne profite pas des découvertes de son esprit, si le monde s'instruit sans devenir meilleur, à quoi servent et le désir de s'instruire et ce rêve de progrès que forme incessamment l'humanité ? Ils lui servent d'aiguillons pour la pousser à la conquête de ce progrès, qui est un plaisir : « Il faut, dit *Raymond Lulle* à *Artémise*, qu'en toutes choses les hommes se proposent un point de perfection au delà même de leur portée. Ils ne se mettraient jamais en chemin, s'ils croyaient n'arriver qu'où ils arriveront effectivement. Il faut qu'ils aient devant eux un terme imaginaire qui les anime. On perdrait courage, si on n'était pas soutenu par des idées fausses. » Vues profondes et tristes, qui marquent à Fontenelle sa place entre ceux des anciens qui affirment la décadence perpétuelle de l'humanité, et ceux des modernes qui lui promettent la perfectibilité indéfinie. Fontenelle tient le milieu entre Nestor et Condorcet. Les *Dialogues des morts* sont le prélude du poëme sur le *Siècle de Louis le Grand*, et dans ce premier essai de ses forces contre les anciens, dans ce commencement d'expédition qui ressemble à une réconnaissance, Fontenelle s'arrête, comme nous allons le voir, en deçà de Perrault. Du poste intermédiaire où il s'établit, il signale quelques vérités, qui ne sont encore chez lui qu'une première vue, mais qui s'étendront un peu plus tard et arriveront à leur pleine lumière. C'est ce progrès de son esprit que n'a pas assez marqué La Bruyère, trop exclusivement frappé des travers du jeune Fontenelle. Le portrait de *Cydias*, a-t-on dit avec justesse, est pour nous une leçon. « Il nous montre comment un peintre habile, un critique pénétrant, peut se tromper en disant vrai, mais en ne disant pas tout et en ne devinant pas assez que, dans cette bizarre et complexe organisation humaine, un défaut, un travers et un ridicule des plus caractérisés n'est jamais incompatible avec une qualité supérieure[1]. »

---

1. *Causeries du lundi*, t. III, p. 249.

CHAPITRE X.

Les frères Perrault. — *Poëme sur le siècle de Louis le Grand.* — Deux séances de réception de l'Académie française.

C'est une famille intéressante que celle des Perrault. Ils ont tous un trait commun de ressemblance, la variété et l'indépendance de l'esprit; même goût de la nouveauté, même haine de la routine qu'ils ne distinguent pas de la tradition, mêmes recherches des expériences à tenter et des aventures à courir. L'un, Claude, génie créateur dans l'art qu'il adopta définitivement, l'architecture, et même dans quelques sciences, au dire de Condorcet et des hommes compétents, en anatomie et en physiologie ; Nicolas, le docteur, caractère décidé, qui se fit exclure de la Sorbonne à la suite du grand Arnauld; Pierre, le receveur général, qui porta le goût des expériences dans les finances, se ruina, et se consola de sa ruine en traduisant Tassoni, en composant un traité sur les fontaines et en défendant l'*Alceste* de Quinault; enfin, Charles, le contrôleur général des bâtiments du roi, préludant, dès le collége, à ses combats futurs, par des discussions philosophiques avec son régent qui forcèrent l'écolier à s'exiler de la maison, et cherchant longtemps sa voie entre le barreau, l'administration et la poésie. Sauf Nicolas, que ses vœux ecclésiastiques préservèrent de changement, mais qui eut aussi dans sa vie sa petite révolution, il n'est pas un des frères Perrault qui n'ait commencé par une profession et fini par une autre. Leur caractère commun, c'est cette variété d'aptitudes qui rend, sinon propre à tout faire, au moins curieux de tout connaître et de tout essayer, et disposé à parler de tout. Voilà leur ressemblance de famille, comme le penchant de la satire fut la ressemblance des frères Boileau, Gilles, Jacques et Nicolas.

Pierre, Claude et Charles Perrault furent tous trois en guerre avec Despréaux. Ce fut Pierre qui ouvrit le feu en 1678, deux ans après la mort de Desmarets, dans une préface dont il fit précéder la traduction du *Seau enlevé* de Tassoni. On y trouve en substance la plupart des idées développées par Charles vingt ans après. C'est exactement la même thèse, mais indiquée seulement, et sans cet air aisé et spirituel qui plaît dans Charles Perrault :

« Je crois que la grande réputation en laquelle nous voyons encore à présent les anciens auteurs ne leur a été donnée qu'à cause que leurs ouvrages ont paru dans un temps où les esprits étaient grossiers et sans érudition ; et comme en effet les ouvrages étaient bons et que les autres ouvrages qu'il y avait alors ne leur étaient pas comparables, ils excitèrent une haute estime, laquelle s'étant fortement insinuée dans les esprits de ce temps-là, passa facilement des pères aux enfants, des maîtres aux écoliers, qui s'en laissèrent prévenir par une soumission aveugle qu'ils avaient, comme des jeunes gens, pour les avis de leurs pères et de leurs maîtres, qui les assuraient que ces ouvrages étaient divins et inimitables. »

Pierre Perrault termine, par un passage à l'adresse de Boileau, cette première esquisse des *Parallèles* : « Je ne doute point que ce que je viens de dire ne soit trouvé téméraire par les amateurs de l'antiquité et par beaucoup d'autres, chez qui la prévention qu'ils ont prise au collége dans leur jeunesse, et dont ils ne se sont pas encore avisés de se défaire, dure encore. Mais quand ce serait à moi une témérité d'oser me déclarer contre une opinion générale et si établie, ne me le voudrait-on pas permettre, puisque la satire se donne bien aujourd'hui la licence de reprendre les mœurs, de censurer les ouvrages et de les tourner en ridicule avec leurs auteurs? Et si l'on le trouve bon ainsi, pourquoi ne trouvera-t-on pas encore meilleur que je loue ces ouvrages et que je tâche de défendre l'honneur de notre siècle à l'égard des lettres, dont notre monarque s'est déclaré particulièrement le protecteur? Car en tout cas, et en quelque sens que je puisse prendre la satire, elle n'a pas plus le droit de mordre et de déchirer que j'en puis avoir de louer et d'approuver, et l'autorité des auteurs satiriques n'étant pas plus établie que la mienne, leur sentiment ne doit non plus servir de loi pour décider sur le bon ou sur le mauvais des ouvrages que pourrait faire le mien, et, toutes choses pareilles, mon procédé, étant plus honnête que celui de ces jaloux et envieux misanthropes, sera toujours plus approuvé par les honnêtes gens que ne saurait être le leur. »

Boileau ne répondit pas à une allusion où il n'était pas nommé. D'ailleurs la querelle n'était pas encore engagée sérieusement, et lorsque le poëme sur le *Siècle de Louis le Grand*, lu par Charles Perrault devant l'Académie, eut enflammé la colère de Despréaux et ouvert le débat, la préface de Pierre était oubliée. Enfin Racine s'était chargé, quelques années auparavant (1674), de donner une leçon au détracteur d'Euripide et au défenseur de Quinault[1]. En défendant l'*Alceste* française contre les épigrammes de Boileau, Pierre Perrault avait attaqué celle du poëte grec. Malheureusement il avait commis deux erreurs : l'une, de prêter à Admète des paroles qui, dans Euripide, appartiennent à Alceste, et qui deviennent ridicules en passant

---

[1]. La défense de Quinault par Pierre Perrault a été insérée par Le Laboureur dans un recueil de divers ouvrages de prose et de vers dédié au prince de Conti. Paris, 1678.

dans la bouche de son mari ; l'autre, d'appeler Admète *un vieux mari*, et Alceste *une princesse déjà sur l'âge, qui a déjà deux grands enfants majeurs*. Racine, dans sa préface d'*Iphigénie*, se chargea de punir Perrault : « J'ai trop d'obligation à Euripide, dit-il, pour ne pas prendre quelque soin de sa mémoire et pour laisser échapper l'occasion de le réconcilier avec ces messieurs (les *modernes*). Je m'assure qu'il n'est si mal dans leur esprit que parce qu'ils n'ont pas bien lu l'ouvrage sur lequel ils l'ont condamné. » Puis relevant avec une modération ironique la double bévue du critique présomptueux, Racine adressa aux *modernes* ce dédaigneux avis : « Tout le reste de leurs critiques est à peu près de la force de celle-ci. Mais je crois qu'en voilà assez pour la défense de mon auteur. Je conseille à ces messieurs de ne plus décider si légèrement sur les ouvrages des anciens. Un homme tel qu'Euripide méritait au moins qu'ils l'examinassent, puisqu'ils avaient envie de le condamner ; ils devaient se souvenir de ces paroles de Quintilien : *Modeste tamen et circumspecto judicio de tantis viris pronuntiandum est.* »

Boileau n'avait plus besoin de s'occuper de Pierre Perrault, si spirituellement rappelé à l'ordre. Il se rabattit sur Claude, contre lequel il avait aussi quelques griefs. Le véritable tort de Claude Perrault envers Boileau, ce n'est pas d'avoir été son médecin, ce qui pourrait excuser la vivacité du satirique, si le médecin avait compromis la santé du malade. On ne sait exactement si Claude a soigné Boileau, ni s'il a guéri ou aggravé sa maladie[1]. Mais on sait,

---

1. Claude déclare qu'il a traité Boileau ; son frère Charles l'affirme après lui, mais Boileau le nie dans une épigramme plus dure que fine :

> Ton frère, dis-tu, l'assassin,
> M'a guéri d'une maladie ;
> La preuve qu'il ne fut jamais mon médecin,
> C'est que je suis encore en vie.   (1693.)

Voltaire nous l'apprend, que Claude n'exerçait pas la médecine. Il a pu lui donner quelque conseil de régime, à la rencontre, comme à un homme du monde qui se plaignait souvent de sa santé. Boileau s'est expliqué plusieurs fois sur ses rapports avec Claude Perrault [1]. Selon lui, l'origine de leur différend, c'est que Claude Perrault s'est déchaîné dans le monde contre l'auteur des *Satires*, pour venger Quinault, et qu'il a inventé des calomnies, comme de prétendre que Boileau « avait glissé dans ses ouvrages des choses dangereuses et qui concernent l'État, » et que dans ce vers :

> Midas, le roi Midas a des oreilles d'âne,

Midas était le pseudonyme sournois de Louis XIV. Cette imputation étrange contre le poëte que Voltaire appelle

> Zoïle de Quinault et flatteur de Louis,

Claude Perrault se l'était réellement permise, comme l'atteste une lettre d'Arnauld (10 juillet 1694). Aussi Arnauld reprocha-t-il aux Perrault d'avoir eu contre Despréaux les premiers torts et les plus graves. « J'ai souffert quelque temps avec modération le déchaînement de M. Perrault, écrit Boileau à M. de Vivonne ; mais enfin la bile satirique n'a pu se contenir, si bien que dans le quatrième chant de ma poétique, j'ai inséré la métamorphose du médecin qui

> De mauvais médecin devint bon architecte. »

Jusque-là, rien de bien cruel : l'épigramme était tempérée par un éloge. Bientôt Boileau rétracta l'éloge et ne laissa que l'épigramme [2]. Enfin (et Boileau omet ce détail

---

1. Voir notamment sa lettre au maréchal de Vivonne, t. III, p. 19, éd. Berryat Saint-Prix, et la *Première Réflexion* sur Longin.

2. Oui, j'ai dit dans mes vers qu'un célèbre assassin,
Laissant de Galien la science infertile,

dans sa lettre à M. de Vivonne), comme pour n'être pas en reste d'imagination malveillante à l'égard de Claude Perrault, il propagea le bruit répandu par d'Orbay que le véritable auteur des plans du Louvre était Levau, bruit calomnieux, qui ne pouvait tenir devant la comparaison des ouvrages des deux artistes et que fit tomber la production du dessin original de Claude Perrault [1]. Boileau avait l'humeur vive. Il était aussi chaud dans ses aversions que dans ses amitiés. Sa haine des idées fausses le mettait hors de lui, comme sa haine des sots livres, et sa passion pour le bon sens fut précisément ce qui lui fit oublier quelquefois cette mesure qui sied si bien aux hommes sensés.

Claude Perrault, du reste, ne se laissa pas frapper sans résistance. Tous les Perrault se piquaient de littérature. Claude prit à Boileau son arme, la poésie, et répondit à ses épigrammes par une fable intitulée : *Le Corbeau guéri par la Cigogne* ou *l'Envieux parfait* [2]. C'est la fable de Phèdre, *le Loup et la Cigogne*, arrangée pour la circonstance, allongée et gâtée. Le personnage allégorique qui désigne Boileau, c'est

> Un oiseau de brigandage,
> Malencontreux noir et vilain,

un corbeau, qui, ayant avalé un os, demande assistance à la cigogne. La cigogne, obligeante personne, lui tire l'os

> D'ignorant médecin devint maçon habile :
> Mais de parler de vous je n'eus jamais dessein,
>   Lubin, ma muse est trop correcte;
> Vous êtes, je l'avoue, ignorant médecin,
>   Mais non pas habile architecte.   (1674.)

1. Voir Condorcet, *Éloge de Claude Perrault*.
2. Elle a été trouvée par l'abbé Joly dans les Mémoires manuscrits de Ph. de La Mare, et imprimée par lui pour la première et unique fois dans ses *Remarques critiques* sur le Dictionnaire de Bayle. (Pag. 632, 633.)

du gosier. On reconnaît Claude et sa prétention d'avoir
guéri Boileau.

> Mais d'un bienfait d'un si grand poids
> Voyons le fruit qui lui succède.
> Un jour le glouton envieux
> Le vit sur une métairie
> Bâtir un nid, grand, spacieux,
> De la plus belle symétrie
> Qui se vit jamais sous les cieux.

L'allégorie continue : ce grand nid, c'est le Louvre.

> « Quoi donc! dit-il avec furie,
> Je ne saurai que croasser,
> Que déchirer, mordre et pincer,
> Aux passants dire des injures
> Et les plus vilaines ordures;
> Et la cigogne en même temps,
> Portant bonheur à sa patrie,
> Et pieuse envers ses parents,
> Des gens de bien sera chérie,
> Saura garantir les maisons
> De tous venins, de tous poisons
> Et de tout autre maléfice;
> Guérira les maux les plus grands,
> Saura vaincre, en fait d'édifice,
> Les maîtres les plus excellents!
> Non, non, c'est se moquer des gens.
> C'est un vice, mais très-grand vice,
> D'avoir ainsi tant de talents.
> Ah! je veux en faire justice. »

> Là se trouvèrent amassés
> Mille oiseaux de divers plumage,
> Qui ne pouvaient louer assez
> Le nid dont la cigogne sage
> Embellissait le voisinage.
> « Voilà le chef-d'œuvre parfait

Et du compas et de la règle ;
Voilà, disaient-ils, en effet,
La digne demeure d'une aigle.

— Il est vrai, repart l'envieux,
Son architecture est divine.
Ce qu'elle fait charme les yeux ;
Mais elle ferait encor mieux
D'abandonner la médecine,
Car l'ignorante, tous les jours,
Mille et mille gens assassine
Au lieu de leur donner secours. »

La cigogne ouït ce discours,
Et dit, sans en être alarmée :
« D'avoir bien fait je suis blâmée.
Si l'os que deux fois j'ai tiré,
Dans sa gorge fût demeuré,
La même gorge envenimée
N'eût pas blessé ma renommée.
Mais quoi ! c'est un ingrat parfait :
D'un outrage il paye un bienfait ! »

L'apologue de Claude, encore moins modéré et moins poétique que les épigrammes de Boileau, paraîtra peu modeste. Claude se restituait intégralement, et au delà, en médecine et en architecture, tout le mérite dont l'avait frustré Boileau. Ce fut son dernier exploit. Il mourut en 1688, mais après avoir vu son frère Charles accourir à sa défense, le venger par des hommages répétés d'admiration, et entamer solennellement le débat.

Pour bien connaître Charles Perrault et de bonne heure étudier les qualités et les défauts qui ont fait de lui le chef de parti et le tribun accrédité des idées nouvelles, il est bon de lire les *Mémoires* que Perrault nous a laissés sur la première partie de sa vie. Au collége de Beauvais, où il faisait ses études, il composait volontiers des vers, et en présentait de si bons à son régent, que le digne homme lui demandait, d'un air de connaisseur, qui les lui avait donnés. Ce régent-là ne prévoyait ni le poëme de *Saint-Paulin* ni le poëme sur le *Siècle de Louis le Grand*. « Cela prouve, dit d'Alembert[1], que si la passion pour un art indique souvent des dispositions à s'y distinguer, elle n'en est pas toujours l'annonce infaillible. » Le régent du collége de Beauvais et Perrault s'y trompèrent tous deux; mais Boileau ne s'y trompa pas, et ne prit jamais Perrault pour un poëte.

Le jeune faiseur de vers était en même temps un grand philosophe. Il ne tarissait pas en arguments spécieux dans les discussions interminables qu'il provoquait entre ses camarades, quelquefois même entre ses maîtres et lui. Il aimait tant à disputer, que les jours de congé lui paraissaient des *jours morts*. Cette philosophie qu'il chérissait, dit encore d'Alembert, n'était que la scolastique ; mais elle fournissait une sorte de pâture à un écolier avide de s'exercer même sur des chimères, et plus fait pour les choses du raisonnement que pour celles du goût. Quand il commençait une controverse, il voulait toujours avoir le dernier. L'auteur des *Causeries du lundi* a raconté avec agrément son départ du collége de Beauvais : Un jour que son professeur le fit taire, il se leva, et sortit de la classe, suivi d'un camarade appelé Beaurain, qui était en tout son second. Ils allèrent d'abord tous deux au jardin du Luxembourg, comme les séditieux de Rome se retiraient sur le mont Aventin ou sur le mont Sacré, et là ils décidèrent de ne plus retourner au collége, qui leur était inutile, et d'étudier ensemble librement.[2]

« Nous exécutâmes notre résolution, dit Perrault dans ses *Mémoires*, et, pendant trois ou quatre années de suite,

---

1. *Éloge de Charles Perrault.* — 2. *Causeries du lundi*, t. V, p. 207.

M. Beaurain vint presque tous les jours deux fois au logis : le matin à huit heures jusqu'à onze, et l'après-dîner depuis trois heures jusqu'à cinq. Si je sais quelque chose, je le dois particulièrement à ces trois ou quatre années d'études. Nous lûmes presque toute la Bible et presque tout Tertullien, l'histoire de France de La Serre[1] et d'Avila ; nous traduisîmes le traité de Tertullien *de l'habillement des femmes* ; nous lûmes Virgile, Horace, Tacite et la plupart des autres auteurs classiques, dont nous fîmes des extraits que j'ai encore. »

J'admets volontiers que la meilleure éducation est celle qu'on se donne soi-même ; mais encore faut-il, pour se passer de guide, qu'on sache se conduire et qu'on supplée les lumières d'autrui par la justesse de son esprit. Dans le programme d'études de Perrault, où est l'ordre, la gradation et le choix réfléchi ? Je reconnais bien là son esprit curieux, affamé de lecture, s'abattant sur chaque livre comme sur une proie, mais ne goûtant qu'avec dédain ceux des anciens, *male singula dente superbo*. Je le vois avec son ami, passant de la poésie à l'histoire, des anciens aux modernes, et s'accoutumant à confondre Tacite et d'Avila. Dans cette liste confuse où ne figure pas un seul livre grec, le mélange de la littérature sacrée et de la littérature profane, de la théologie et de la philosophie, m'offre une image exacte du rôle de Perrault : bon catholique et se défiant de la philosophie de Descartes, il a porté les principes de Descartes dans la littérature. Chose singulière en effet, les *modernes* se sont recrutés dans deux opinions bien différentes, parmi les catholiques fervents comme Desmarets et Perrault, par antipathie contre le paganisme et la

---

1. Le texte imprimé de Perrault porte : *La Serre*. Mais La Serre, poëte et romancier, n'a pas fait d'Histoire de France. Perrault avait écrit sans doute : *Jean de Serres*, auteur de l'*Inventaire de l'Histoire de France* (1597), qu'on lisait beaucoup avant Mézerai.

mythologie, et parmi les esprits indépendants jusqu'au scepticisme. Il faut ajouter que les premiers ont été plus injustes pour les anciens que les seconds; car ceux-ci ont eu du moins l'impartialité de l'indifférence : ils ont mis dans la question une passion de moins, la piété. Aussi, quand Beaurain et Perrault passent de la Bible qu'ils vénèrent à Virgile qu'ils parodient, il me semble entendre leurs réflexions irrévérentes à l'égard de ces anciens dont ils se font les lecteurs sans guide et sans règle, les commentateurs ironiques et les traducteurs émancipés. J'entends leurs éclats de rire quand ils travestissent en élèves de Scarron le sixième livre de l'*Énéide* avec l'aide de Claude Perrault et du docteur Nicolas. Évidemment c'est dans ces entretiens anticlassiques de littérature amusante qu'est né le dessein du *Siècle de Louis le Grand*; c'est là qu'a longtemps couvé la pensée d'une révolte contre l'antiquité, et que s'est formé au jour le jour le nouveau dogme littéraire. La fuite du collège, c'est l'hégire de Perrault, et sa petite chambre d'étude, c'est la *Médine* du nouveau Mahomet.

Plus tard, dans l'Académie française, et dans la petite Académie (on nommait ainsi une réunion de quelques académiciens choisis par Colbert, qui fut le berceau de l'Académie des *Inscriptions*), Perrault, désigné aux suffrages de la compagnie par la faveur du ministre et par ses talents, apporta son esprit d'invention et son goût de la nouveauté. Quand il s'agissait de trouver une devise pour les médailles que Colbert demandait au nom du roi, Perrault l'emportait dans ce travail qui demande, comme dit d'Alembert, une assez grande variété de connaissances, l'art d'appliquer les plus beaux traits des anciens aux événements modernes, une mémoire heureuse, un style expressif et concis. C'est Perrault, par exemple, qui, après avoir obtenu pour l'Académie un logement au Louvre, proposa la devise de la médaille frappée à l'occasion de cette faveur du roi ; *Apollo Palatinus*, allusion ingénieuse au temple d'Apollon, bâti dans l'enceinte du palais d'Auguste. C'est Perrault qui demande au roi par la bouche de Colbert de se déclarer le protecteur de l'Académie, après la mort du chancelier Séguier. C'est lui qui fait prévaloir l'élection au scrutin des membres de l'Académie, qu'on nommait jusqu'alors à haute voix, par oui et par non, et qui donne le dessin de la première boîte de scrutin. C'est lui qui fait ouvrir au public les portes de l'Académie française les jours de réception des nouveaux membres : son discours plut si fort à ses confrères qu'ils prirent la résolution de rendre publiques à l'avenir leurs solennités. C'est lui qui, avec son frère Claude, contribue à l'établissement de l'Académie des sciences ; c'est lui enfin qui a la plus grande part, avec Chapelain, à la distribution des pensions que Colbert accorde aux écrivains et aux savants français et étrangers[1]. Perrault fut une sorte d'intermédiaire intelligent et zélé entre le pouvoir et la littérature. Par la faveur dont il jouissait, par son empressement à la bien employer, comme par l'agrément de son esprit et la civilité de son caractère, il se fit dans l'Académie et dans le monde beaucoup d'amis, qui devinrent, au fort de sa querelle, autant de partisans. Même aux yeux de ses adversaires, les services que je viens de rappeler, ces fruits heureux de son esprit inventif et bienveillant, auraient dû peut-être excuser bien des écarts

---

1. Cette feuille des bénéfices littéraires est trop connue pour que je la transcrive ici. Remarquons seulement que Perrault ne s'y est pas oublié lui-même (Charles Perrault, *habile en poésie et en belles-lettres*, 1500 livres), et qu'il n'a pas négligé son ami Desmarets : au sieur Desmarets, *doué de la plus belle imagination qui soit au monde*, 1200 livres. On s'est étonné de trouver sur la même liste Racine inscrit seulement pour 600 livres, quand Desmarets en reçoit 1200. — Mais n'oublions pas, dit d'Alembert à l'excuse de Perrault, que cette liste date de 1663, et que Racine n'avait fait aucune de ses tragédies.

de jugement et bien des témérités, d'autant plus que, lorsqu'il les commit, il avait perdu la faveur de Colbert et quitté le contrôle général, et qu'en ne se souvenant pas assez de ses services passés, on paraissait ne songer qu'à sa disgrâce.

Perrault, dans sa retraite du faubourg Saint-Jacques, au milieu de sa famille et de ses amis, se consolait de son repos, un peu lourd pour un esprit si actif, en faisant l'éducation de ses enfants, et en composant des vers, comme autrefois au collége. Un jour, c'était le 27 janvier 1687, l'Académie s'était assemblée pour célébrer la convalescence du roi. Au milieu de la séance, Perrault se leva et lut un petit poëme intitulé : *Le siècle de Louis le Grand.* Il commençait ainsi :

> La belle antiquité fut toujours vénérable,
> Mais je ne crus jamais qu'elle fût adorable.
> Je vois les anciens sans plier les genoux :
> Ils sont grands, il est vrai, mais hommes comme nous;
> Et l'on peut comparer, sans crainte d'être injuste,
> Le siècle de Louis au beau siècle d'Auguste.

Perrault, après douze ans, s'était souvenu de l'appel de Desmarets.

Le poëte établissait la comparaison du siècle de Louis XIV avec ceux d'Auguste et de Périclès, et, passant en revue les grands écrivains d'Athènes et de Rome, il étalait une liberté d'opinion médiocrement académique et un laisser-aller de style qui manquait de poésie :

> Platon, qui fut divin du temps de nos aïeux,
> Commence à devenir quelquefois ennuyeux....
> Chacun sait le décri du fameux Aristote,
> En physique moins sûr qu'en histoire Hérodote.
> . . . .

Pourquoi s'en étonner? demandait Perrault; les anciens

n'avaient pas fait les découvertes réservées aux modernes. Et s'élevant avec son sujet, il disait plus élégamment :

> Dans l'enclos incertain de ce vaste univers,
> Mille mondes nouveaux ont été découverts,
> Et de nouveaux soleils, quand la nuit tend ses voiles,
> Égalent désormais le nombre des étoiles....
> L'homme de mille erreurs autrefois prévenu,
> Et malgré son savoir à lui-même inconnu,
> Ignorait en repos jusqu'aux routes certaines
> Du Méandre vivant qui coule dans ses veines....

Passant aux orateurs, il reconnaissait l'éloquence de Démosthène et de Cicéron, mais il affirmait qu'il ne manque aux orateurs modernes pour les égaler que d'aussi grands sujets. Qu'on nous donne un Philippe à combattre, un Verrès à poursuivre, un Catilina français à chasser de Paris, nous aurons nos *Philippiques*, nos *Verrines* et nos *Catilinaires*. Enfin, quand Perrault arriva aux poëtes, le portrait qu'il traça d'Homère consomma sa rupture avec les partisans des anciens, qui peut-être lui auraient pardonné ses paradoxes. En général, nous souffrons plutôt qu'on ne soit pas de notre avis sur les choses que sur les hommes. Nous sommes plus choqués de la vivacité des critiques que de la hardiesse des théories. Il semble que les idées soient plus impersonnelles que les jugements, et qu'elles se détachent plus aisément de l'écrivain qui les produit, pour entrer dans le domaine commun ; en un mot, qu'elles deviennent plus volontiers anonymes, et par là, qu'elles se ressentent moins des griefs qu'on a ou qu'on croit avoir contre leurs auteurs. Les jugements de Perrault sur Homère et sur Virgile sont encore et ne sont que les jugements de Perrault. Ses idées sur le progrès des connaissances humaines et sur la permanence des forces de la nature font aujourd'hui partie de l'esprit de tout le monde. Les contemporains devraient plutôt s'occuper des idées qui durent que des jugements qui passent; mais ce sont au contraire les jugements qui les frappent le plus, parce qu'ils ont quelque chose de plus personnel, et les idées quelque chose de plus abstrait. Il arrive d'ailleurs quelquefois que la portée de celles-ci ne se laisse pas immédiatement apercevoir. Le soin de la postérité, aux yeux de qui leur importance se découvre, est de passer rapidement sur les faux jugements et de s'arrêter aux vues nouvelles et justes, parce que l'oubli a diminué l'inconvénient des uns, et qu'il y a toujours à profiter des autres. Voilà pourquoi les disputes que les jugements engendrent s'éteignent si vite et ne laissent qu'un vague souvenir. Tout en signalant les erreurs de goût de Perrault, et en regrettant plusieurs de leurs conséquences, comme la vérité et la justice l'exigent, je m'efforcerai donc d'être moins sévère qu'on ne l'a été de son temps pour sa critique des anciens, inoffensive aujourd'hui, et plus attentif pour celles de ses vues qui n'ont rien perdu de leur justesse et de leur utilité.

Mais il était permis aux contemporains de Perrault partisans des anciens de ne pas montrer le calme qui nous est, à nous, si facile. Ils perdirent leur sang-froid, quand ils virent attaqués les plus grands écrivains de l'antiquité. Ils auraient peut-être laissé passer en souriant, comme un paradoxe qui ne les touchait pas, cette théorie d'ailleurs exprimée en bons vers :

> A former les esprits, comme à former les corps,
> La nature en tout temps fait les mêmes efforts.
> Son être est immuable, et cette force aisée
> Dont elle produit tout ne s'est point épuisée.
> Jamais l'astre du jour, qu'aujourd'hui nous voyons,
> N'eut le front couronné de plus brillants rayons;
> Jamais, dans le printemps, les roses empourprées
> D'un plus vif incarnat ne furent colorées.

Non moins blanc qu'autrefois, brille dans nos jardins
L'éblouissant émail des lis et des jasmins;
Et dans le siècle d'or la tendre Philomèle,
Qui charmait nos aïeux de sa chanson nouvelle,
N'avait rien de plus doux que celle dont la voix
Réveille les échos qui dorment dans nos bois.
De cette même main les forces infinies
Produisent en tout temps de semblables génies.

Mais ils se sentirent atteints et blessés dans la personne d'Homère par ce jugement trop lestement porté :

Père de tous les arts, à qui du dieu des vers
Les mystères profonds ont été découverts,
Vaste et puissant génie, inimitable Homère,
D'un respect infini ma Muse te révère.
Non, ce n'est pas à tort que tes inventions
En tout temps ont charmé toutes les nations;
Que de tes deux héros les hautes aventures
Sont le noble sujet des plus doctes peintures,
Et que de grands palais les murs et les lambris
Prennent leurs ornements de tes divins écrits.
Cependant si le ciel, favorable à la France,
Au siècle où nous vivons eût remis ta naissance,
Cent défauts, qu'on impute au siècle où tu naquis,
Ne profaneraient pas tes ouvrages exquis.
Tes superbes guerriers, prodiges de vaillance,
Près de s'entre-percer du long fer de leur lance,
N'auraient pas si longtemps tenu le bras levé,
Et, lorsque le combat devrait être achevé,
Ennuyé les lecteurs d'une longue préface
Sur les faits éclatants des héros de leur race.
Ta verve aurait formé ces vaillants demi-dieux
Moins brutaux, moins cruels et moins capricieux.
D'une plus fine entente et d'un art plus habile
Aurait été forgé le bouclier d'Achille,
Chef-d'œuvre de Vulcain, où son savant burin,
Sur le front lumineux d'un résonnant airain,
Avait gravé le ciel, les airs, l'onde et la terre,

Et tout ce qu'Amphitrite en ses deux bras enserre ;
Où l'on voit éclater le bel astre du jour,
Et la lune au milieu de sa brillante cour ;
Où l'on voit deux cités parlant diverses langues,
Où de deux orateurs on entend les harangues,
Où de jeunes bergers, sur la rive d'un bois,
Dansent l'un après l'autre, et puis tous à la fois ;
Où mugit un taureau qu'un fier lion dévore ;
Où sont de doux concerts, et cent choses encore
Que jamais d'un burin, quoiqu'en la main des dieux,
Le langage muet ne saurait dire aux yeux.
Ce fameux bouclier, dans un siècle plus sage,
Eût été plus correct et moins chargé d'ouvrage.
Ton génie abondant dans ses descriptions
Ne t'aurait pas permis tant de digressions ;
Et, modérant l'excès de tes allégories,
Eût encor retranché cent doctes rêveries
Où ton esprit s'égare et prend de tels essors,
Qu'Horace te fait grâce en disant que tu dors.

Les partisans des anciens, c'est-à-dire les plus grands écrivains du xviie siècle, auraient pu, sans rien compromettre, faire grâce à l'injustice de Perrault envers le passé, si étroitement liée à son enthousiasme pour le présent, dont ils étaient la gloire. Perrault leur objectait spirituellement que c'était leur faute et le tort de leur génie, plutôt que celui de son propre goût, s'il se montrait si dur à l'égard des anciens, et leur insinuait que sa critique de Sophocle et d'Horace faisait indirectement leur éloge. Mais ils ne laissèrent pas apaiser par le plaisir de l'orgueil satisfait le ressentiment de leurs affections blessées. D'ailleurs, Perrault, dans la liste des modernes qu'il opposait aux grands écrivains de l'antiquité, avait à dessein oublié quelques noms, ceux des adversaires les plus déclarés de ses idées ou de sa famille, de Boileau et de Racine, et il en avait inscrit quelques autres dont l'admission devait choquer vivement des hommes de goût, et surtout Despréaux. Perrault citait avec une égalité d'admiration qui paraît singulière aujourd'hui :

> Les Regniers, les Maynards, les Gombaulds, les Malherbes,
> Les Godeaux, les Racans, dont les écrits superbes,
> En sortant de leur veine et dès qu'ils furent nés,
> D'un laurier immortel se virent couronnés.
> Combien seront chéris, par les races futures,
> Les galants Sarrazins et les tendres Voitures,
> Les Molières naïfs, les Rotrous, les Tristans,
> Et cent autres encor, délices de leur temps!

Je regretterais de donner à entendre, comme d'Alembert, que l'omission du nom de Boileau fut une cause secrète de sa colère, plus puissante que son dévouement pour les anciens. Sans doute Boileau était assez grand pour avoir sa part dans l'admiration de Perrault; mais, puisqu'on l'accuse d'orgueil, il avait assez d'orgueil en effet pour se passer volontiers d'un hommage si prodigué, et sa fierté s'accommodait mieux sans doute d'un oubli également infligé à Racine, que d'une louange partagée avec un Gombauld et un Tristan. Écartons donc tout soupçon de rancune mesquine. La vraie cause de sa colère, ce fut l'attaque imprévue de Perrault contre des noms et des ouvrages sacrés aux yeux de Despréaux. Il se sentit blessé dans son cœur, dans son esprit, dans sa piété respectueuse et tendre à l'égard des anciens, et dans son goût de poëte, qu'irritaient ces prosaïques blasphèmes. Perrault lui parut doublement coupable, de sacrilége et de mauvais style. Aussi, pendant la lecture du *Siècle de Louis le Grand*, Boileau s'agitait sur son fauteuil, d'un air d'impatience et de mauvaise humeur[1]. Il semblait jouer le personnage du Misanthrope écoutant l'homme au sonnet, ou plutôt il jouait,

---

1. *Mémoires* de Charles Perrault, liv. IV, p. 201.

ainsi qu'il le dit lui-même dans une de ses lettres, son propre personnage, « le chagrin de ce misanthrope contre les méchants vers ayant été, comme Molière me l'a confessé plusieurs fois lui-même, copié sur mon modèle [1]. » Ce jour-là Boileau fut vraiment Alceste, et l'Académie lui paraissant jouer le rôle de Philinte, il s'emporta contre l'Académie :

Eh quoi! vil complaisant, vous louez des sottises!

Boileau, dit Perrault, qui raconte cette petite comédie à la fin de ses *Mémoires*, grondait tout bas, pendant que Huet, alors évêque de Soissons, qui siégeait à côté de lui, s'efforçait de le calmer, en lui représentant « que, s'il était question de prendre le parti des anciens, cela lui conviendrait mieux qu'à lui; mais qu'ils n'étaient là que pour écouter. » Écouter! c'est à quoi se refusait Boileau, qui, d'impatience, se leva avant la fin du discours, en s'écriant qu'une telle lecture était une honte pour l'Académie [2]. Cependant La Fontaine, assis de l'autre côté de Huet, paraissait rêver. Quelques jours après, en portant à l'évêque de Soissons une traduction de Quintilien, par Orazio Toscanella [3], il lui offrit l'admirable épître en l'honneur des anciens, où on lit ces beaux vers :

> Quelques imitateurs, sot bétail, je l'avoue,
> Suivent en vrais moutons le pasteur de Mantoue.
> J'en use d'autre sorte, et, me laissant guider,
> Souvent à marcher seul j'ose me hasarder.
> On me verra toujours pratiquer cet usage :
> Mon imitation n'est pas un esclavage.
> Je ne prends que l'idée, et les tours et les lois

---

1. Lettres de Boileau, t. III, p. 126. Éd. Berryat Saint-Prix.
2. *Mémoires* de Charles Perrault, liv. IV, p. 201.
3. Huet, *Comment.*, lib. V.

Que nos maîtres suivaient eux-mêmes autrefois.
Si d'ailleurs quelque endroit en eux plein d'excellence
Peut entrer dans mes vers, sans nulle violence
Je l'y transporte, et veux qu'il n'ait rien d'affecté,
Tâchant de rendre mien cet air d'antiquité.
Je vois avec douleur ces routes méprisées.
Art et guides, tout est dans les Champs-Élysées ;
J'ai beau les évoquer, j'ai beau vanter leurs traits,
On me laisse tout seul admirer leurs attraits.
Térence est dans mes mains ; je m'instruis dans Horace ;
Homère et son rival sont mes dieux du Parnasse.
Je le dis aux rochers ; on veut d'autres discours :
Ne pas louer son siècle est parler à des sourds ;
Je le loue, et je sais qu'il n'est pas sans mérite ;
Mais près de ces grands noms notre gloire est petite[1].

Telle fut la vengeance de La Fontaine : le bonhomme se peint dans ce calme rêveur et dans cette élégie de bon goût, comme Boileau se peint dans sa colère, dans sa brusque sortie, et dans ses épigrammes. Racine, lui aussi, le malin Racine, est tout entier dans sa vengeance. Il connaissait Perrault depuis longtemps. C'est à lui qu'en 1660 il avait fait montrer, par M. Vitart, ses premières odes de jeunesse, après avoir obtenu le suffrage de Chapelain, et Perrault lui avait indiqué quelques retranchements à faire, entre autres une comparaison de Vénus et de Mars, dont Perrault demandait la suppression, « à cause que Vénus est une prostituée[2]. » Racine s'était exécuté. Il avait supprimé Mars et Vénus. Au sortir de la séance académique, il s'approcha de Perrault en souriant, loua beaucoup son poëme, et le complimenta du jeu d'esprit qu'il avait si agréablement soutenu. Perrault, piqué de l'éloge, répondit qu'il avait parlé fort sérieusement et qu'il le prouverait. « Je

---

1. Œuvres de La Fontaine, t. VI, p. 149. Éd. Walkenaër.
2. Lettres de Racine, écrites dans sa jeunesse, 1660. Lettre IV, à l'abbé Le Vasseur.

pris alors, écrit Perrault, la résolution de dire en prose ce que j'avais dit en vers. » Il méditait les *Parallèles*[1].

De son côté, Boileau exhalait sa mauvaise humeur dans une suite d'épigrammes qui tombaient à la fois sur Perrault et sur l'Académie[2]. Ce qui l'irritait le plus, ce n'était pas ce qu'il appelait l'*infamie* de Perrault; mot plaisant à force d'être rude, et que Boileau ne prononçait pas sérieusement. Il estimait l'esprit et le caractère de Perrault, qui lui-même admirait son adversaire. Boileau était toujours juste, quand il reprenait son sang-froid, et Perrault, ne le perdant jamais, n'avait pas beaucoup de peine à l'être. Mais ce qui acheva d'exaspérer Despréaux, ce fut la longanimité de l'Académie, qui laissa Perrault poursuivre sa lecture, sans l'interrompre par aucune marque d'impatience, sans lui témoigner aucun blâme quand il l'eut

---

1. Perrault, *Mémoires*, liv. IV, p. 202.
2. Voici la première de ces épigrammes :

> Clio vint l'autre jour se plaindre au dieu des vers
>   Qu'en certain lieu de l'univers
> On traitait d'auteurs froids, de poëtes stériles,
>   Les Homères et les Virgiles.
> « Cela ne saurait être, on s'est moqué de vous,
>   Reprit Apollon en courroux.
> Où peut-on avoir dit une telle infamie?
> Est-ce chez les Hurons, chez les Topinambous?
> — C'est à Paris. — C'est donc à l'hôpital des fous?
>   — Non, c'est au Louvre, en pleine Académie. » (1687.)

Cette épigramme ne fut pas imprimée dans l'édition de 1694; mais elle se trouve dans celle de 1701. En voici une seconde :

>   J'ai traité de Topinambous
>   Tous ces beaux censeurs, je l'avoue,
>   Qui de l'antiquité si follement jaloux,
> Aiment tout ce qu'on hait, blâment tout ce qu'on loue :
>   Et l'Académie, entre nous,
>   Souffrant chez soi de si grands fous,
>   Me semble un peu topinamboue.

Celle-ci fut communiquée sous le secret à Maucroix, dans une lettre du 16 avril 1695.

finie, et même sans lui refuser ses applaudissements.
L'Académie n'était pas forcée d'applaudir; mais elle avait
raison de laisser à Perrault sa liberté tout entière et de
respecter en lui le droit académique de médire publiquement des anciens, tant qu'il n'offensait en rien ni le roi,
ni la religion, ni la morale. Mais Boileau, qui avait dit si
spirituellement :

> Qui méprise Cotin n'estime point son roi,

Boileau tombait dans le travers dont il s'était moqué, et regardait l'incartade de Perrault comme l'équivalent d'un
délit prévu par la loi. Il aurait voulu que l'Académie ôtât
la parole au lecteur et qu'elle prononçât contre lui une
exclusion au moins momentanée, en punition de ses fautes.
Il prétendait que « la compagnie, en ne fermant pas la
bouche à Charles Perrault, en lui laissant même ses portes
ouvertes, opinait plus scandaleusement que lui contre les
anciens. » Il ajoutait, dans l'impétuosité de sa colère, qu'il
fallait changer la devise de l'Académie et mettre à la place
une troupe de singes qui se miraient dans une fontaine, avec
ces mots : *Sibi pulchri*, charmants pour eux seuls [1]. Ces violences faisaient les affaires de Perrault, et les Topinambous
de l'Académie, comme les appelait Boileau, étaient plus nombreux qu'on ne croit. On s'imagine quelquefois, à la distance
où nous sommes du XVIIe siècle, que Perrault fut seul, ou
presque seul de son parti. Nous sommes accoutumés à considérer le siècle de Louis XIV comme celui de la discipline
dans la littérature, aussi bien que de l'obéissance dans la politique. Et pourtant sous le grand règne couva longtemps une
opposition politique violente et silencieuse, qui fit çà et là
explosion par des pamphlets ou des révoltes, rapidement

---

1. D'Alembert, *Éloge de Charles Perrault.*

étouffés, et qui se déchaîna après la mort de Louis XIV[1]. De même, en littérature, il y eut une opposition vive et opiniâtre qui résista longtemps au gouvernement de Boileau, et dont Perrault devint le drapeau naturel. On s'est représenté trop souvent Boileau entrant dans la littérature un fouet à la main, comme Louis XIV dans le parlement, et dispersant les restes de la fronde poétique. Mais les révolutions littéraires sont plus lentes à s'accomplir que les révolutions politiques ; celles-ci s'opèrent le plus souvent par la force ; elles s'imposent, et il leur suffit, à la rigueur, pour s'accomplir, des vingt-quatre heures qui formaient l'unité classique de temps dans les tragédies de l'ancien répertoire. Mais les révolutions du goût ne s'improvisent pas, ni surtout la restauration du bon goût, qui implique un retour du public au sens commun et à la raison : car le public met bien plus de temps à y revenir qu'à s'en écarter. La république des lettres est la seule où l'on ne fasse pas de coup d'État. N'allons donc pas, dupes d'une illusion perspective, croire qu'il suffisait à Boileau, pour imposer un terme à l'anarchie des idées littéraires, de paraître, les *Satires* à la main. Longtemps après qu'il eut mis en déroute les mauvais auteurs et proclamé les vrais principes, les partis subsistèrent nonseulement dans ces régions inférieures de la littérature où s'agite à toutes les époques l'opposition envieuse des talents indisciplinés contre les maîtres qui prescrivent la règle par leurs préceptes et par leurs exemples, mais même jusqu'au sein de l'Académie. Nous avons la liste des académiciens qui occupaient les trente-neuf fauteuils quand Boileau, aidé par Louis XIV qui dut prêter main-forte à

---

1. Boileau lui-même, l'un des plus grands admirateurs du roi dans un siècle que M. Villemain appelle spirituellement le siècle de l'admiration, a fait de l'opposition une fois en sa vie, quand la suppression des greffiers de la grand'chambre mit une de ses nièces à l'hôpital. Voir une lettre à Brossette, t. III, p. 400.

son génie, vint s'asseoir sur le quarantième. Quand on n'y
remarquerait pas les noms de ses ennemis les plus connus,
Cotin, Boyer, La Calprenède, La Serre, on devinerait quels
devaient être les sentiments de l'Académie à l'égard du
récipiendaire, en lisant ce discours de réception, vrai chef-
d'œuvre de bon goût et d'esprit, où Boileau s'incline devant
l'Académie avec un respect un peu moqueur, et la remercie d'avoir écouté le vœu du roi, avec une reconnaissance pleine de malice. A l'époque où nous sommes parvenus, plusieurs de ses anciens adversaires vivaient encore,
comme Boyer et Leclerc; quelques académiciens, Charpentier, l'abbé Lavau, Thomas Corneille, s'étaient joints à Fontenelle et à Perrault, à qui son esprit aimable et ses qualités
privées, l'aménité de son commerce et les services qu'il
avait rendus dans le temps de sa faveur, avaient fait beaucoup d'amis. N'oublions pas d'ailleurs qu'il y avait dans
l'admiration de Perrault pour ses contemporains une séduction capable de toucher l'Académie, et dans quelques-
unes des idées du novateur assez de justesse pour ôter à
l'adhésion de ses confrères l'air d'une complaisance de la
vanité satisfaite. Enfin, dans les assemblées littéraires où
dominent inévitablement, par la supériorité de leurs talents, deux ou trois grands écrivains, il se trouve toujours
un certain nombre d'esprits jaloux de se dérober à leur
influence, ne fût-ce que pour ne pas paraître attachés à
leur suite. Ils forment alors à part un groupe qui se croit
indépendant, parce qu'il se sépare des chefs naturels du
corps, et qui se subordonne à quelque chef moins illustre
dont l'autorité les blesse moins, parce qu'elle se révèle avec
moins d'éclat. C'est ainsi qu'un certain nombre d'académiciens se rangèrent autour de Perrault, pour se dérober à
l'influence légitime de Boileau et de Racine. Boileau ne se
résigna pas à cette faveur que l'Académie témoignait à
Perrault. Il écrit à Maucroix : « Que j'aurais de plaisir à

déposer entre vos mains le chagrin que me donne tous les jours le mauvais goût de nos académiciens, gens assez comparables aux Hurons et aux Topinambous, comme vous savez bien que je l'ai déjà dit dans une épigramme ! » Il répond à Brossette, qui lui avait annoncé la création d'une académie à Lyon : « Je suis ravi de l'académie qui se forme dans votre ville. Elle n'aura pas grand'peine à surpasser en mérite celle de Paris, qui n'est maintenant composée, à deux ou trois hommes près, que de gens du plus vulgaire mérite, et qui ne sont grands que dans leur propre imagination. C'est tout dire qu'on y opine du bonnet contre Homère et contre Virgile, et surtout contre le bon sens, comme contre un ancien, beaucoup plus ancien qu'Homère et que Virgile [1]. » Deux ou trois hommes de bon sens à l'Académie, seulement! Et l'Académie comptait encore dans son sein Bossuet, Fénélon, Fléchier, Huet, Segrais, et tant d'autres ! Mais Boileau est en colère, et l'hyperbole ne lui coûte pas.

Une occasion solennelle s'offrit, le 15 mai 1691, aux deux partis de se dessiner dans l'Académie. Fontenelle y entrait, aux grands applaudissements de Perrault et de ses partisans, et malgré les efforts de Boileau et de Racine. Dans le remercîment très-court que le récipiendaire prononça, il prit le temps d'insérer une phrase peu courtoise qui dut blesser Racine et par suite Boileau : « J'ai prouvé, disait-il, par ma conduite, que je connaissais tout ce que vaut l'honneur d'avoir place dans l'Académie française, et vous m'avez compté cette connaissance pour un mérite ; mais le mérite d'autrui vous a encore plus fortement sollicités en ma faveur. *Je tiens, par le bonheur de ma naissance, à un grand nom, qui, dans la plus noble espèce des productions de l'esprit, efface tous les autres noms.* »

---

1. Boileau, t. III, p. 326. Éd. Berryat Saint-Prix.

Thomas Corneille, qui recevait son neveu, lui répondit par un discours touchant et sage, où il donnait, avec les marques d'une vraie tendresse, des conseils excellents, et qui ne pouvaient offenser personne. Mais Perrault lut ensuite un fragment de ses *Parallèles*, et un ami de Perrault, dont Boileau s'est moqué, l'abbé Lavau[1], prononça un discours où il loua Fontenelle avec une insistance et une vivacité d'admiration, visiblement hostiles à ses adversaires : « On peut dire de lui ce que rapporte Cicéron d'un des plus beaux génies de son temps, César, frère de Catulus, qu'il savait donner aux choses les plus tragiques tout l'agrément que le genre comique peut fournir, et mettre de l'enjouement dans les choses les plus relevées sans leur faire perdre de leur poids et de leur force. »

Cette comparaison de Fontenelle avec un Romain illustre devait piquer au vif les partisans des anciens. Cette séance, espèce de triomphe que s'étaient arrangé les modernes, fit le plus grand bruit. On en parla longtemps à la cour et à la ville, et l'on se passa de main en main une complainte en vers, où la séance académique était racontée[2]. Il semble

---

1.   Ne blâmez pas Perrault de condamner Homère,
        Virgile, Aristote, Platon.
     Il a pour lui monsieur son frère,
   G... N... Lavau, Caligula, Néron,
        Et le gros Charpentier, dit-on.   (1692-1693.)

On ne sait qui l'initiale G... désigne ; N... est sans doute le duc de Nevers, l'auteur de l'énergique portrait en vers de l'abbé de Rancé. Quant à Lavau, c'est lui, dit Voltaire, qui est le véritable auteur du fameux sonnet prêté à Desbarreaux, lequel se termine par ces vers :

   Tonne, frappe ; il est temps ; rends-moi guerre pour guerre.
   J'adore en périssant la raison qui t'aigrit.
   Mais dessus quel endroit tombera ton tonnerre,
   Qui ne soit tout couvert du sang de Jésus-Christ ?
            (Voltaire, *Écrivains du siècle de Louis XIV*, p. 64.)

2. En voici plusieurs couplets :
        Or, écoutez, noble assistance,
        Ce qu'à l'Académie on fit

difficile que ces vers assez médiocres soient de Racine, qui excellait dans l'épigramme. L'abbé Trublet les attribue à Mlle Deshoulières, fille de la célèbre dame de ce nom[1]. Elle avait concouru avec Fontenelle, en 1687, pour le prix de poésie, et l'avait remporté. Le bruit s'était répandu que Fontenelle, par galanterie, s'était laissé vaincre, et le propos, bien que sans vraisemblance, avait blessé la jeune muse.

Mais une revanche, plus piquante que les meilleurs couplets, était réservée au parti des anciens. Deux ans après, le 15 juin 1693, un des plus grands adversaires de Fontenelle, un des plus grands admirateurs de Racine et de Boi-

> Dans la mémorable séance
> Où l'on reçut un bel esprit.
>   Ce qui fut dit
> Par ces modèles d'éloquence,
> A bien mérité d'être écrit.
>
> Quand le novice académique
> Eut salué fort humblement,
> D'une normande rhétorique
> Il commença son compliment,
>   Où sottement
> De sa noblesse poétique
> Il fit un long dénombrement.
>
> Corneille, diseur de nouvelles,
> Suppôt du *Mercure galant*,
> Loua son neveu Fontenelles,
> Et vanta le prix excellent
>   De son talent,
> Non satisfait des bagatelles
> Qu'il dit de lui douze fois l'an.
>
> Entêté de son faux système,
> Perrault, philosophe mutin,
> Disputa d'une force extrême,
> Et, coiffé de son avertin,
>   Fit le mutin,
> Pour prouver clairement lui-même
> Qu'il n'entend ni grec ni latin.

---

1. Trublet, *Mémoires sur La Motte et sur Fontenelle*.

leau, entrait à son tour à l'Académie française. C'était un
ami déclaré de l'antiquité : il avait pris parti pour elle dans
ses *Caractères*[1]. En entrant dans l'Académie, partagée en
deux camps, il crut devoir faire nettement sa profession de
foi. Le discours de La Bruyère, pris en lui-même, et sans
acception de date, est un chef-d'œuvre. Si l'on songe aux
passions intestines de l'Académie, à l'époque où il fut prononcé, c'est un coup de hardiesse et un trait de franchise.
La Bruyère se met ouvertement sous le drapeau des *anciens*;
il marque sa place à côté d'eux ; il ne loue aucun *moderne*,
excepté Charpentier, mais en passant, et purement par bienséance, Charpentier devant prendre la parole après lui.
Enfin il donne au chef reconnu des anciens, à Boileau, accusé d'être le copiste de Juvénal, cet éloge significatif : « Celui-ci passe Juvénal, atteint Horace, semble créer les pensées d'autrui, et se rendre propre tout ce qu'il manie : il a
dans ce qu'il emprunte des autres toutes les grâces de la
nouveauté et tout le mérite de l'invention. Ses vers forts et
harmonieux, faits de génie, quoique travaillés avec art,
pleins de traits et de poésie, seront lus encore quand la langue aura vieilli, en seront les derniers débris. *On y remar-*

---

1. « On se nourrit des anciens et des habiles modernes; on les presse,
on en tire le plus que l'on peut, on en renfle ses ouvrages, et quand on
est auteur et que l'on croit marcher tout seul, on s'élève contre eux, on
les maltraite, semblables à ces enfants drus et forts d'un bon lait qu'ils
ont sucé, et qui battent leur nourrice.

« Un auteur moderne prouve ordinairement que les anciens nous sont
inférieurs de deux manières, par raison et par exemple : il tire sa raison
de son goût particulier, et l'exemple de ses ouvrages. Il avoue que les
anciens, quelque ingénieux et peu corrects qu'ils soient, ont de beaux
traits; il les cite, et ils sont si beaux qu'ils font lire ses critiques. »

Cela s'adresse à Perrault. Voici maintenant pour Boileau et pour Racine :

« Quelques habiles prononcent en faveur des anciens contre les modernes : mais ils sont suspects, et semblent juger leur propre cause, tant
leurs ouvrages sont faits sur le goût de l'antiquité. On les récuse. » — (*Des
ouvrages de l'esprit.*) Voir pourtant une pensée toute moderne de La
Bruyère, au chapitre *Des Jugements*, t. II, p. 157, éd. Destailleur : « Si le
monde dure seulement cent millions d'années, etc. »

que une critique pure, judicieuse et innocente, s'il est permis du moins de dire que ce qui est mauvais est mauvais. »

Chacun de ces mots porte, et, lu au point de vue que j'indiquais plus haut, un tel passage prend une nouvelle vivacité et un nouvel éclat. La Bruyère proclamait le génie de Boileau et l'innocence de sa critique devant les détracteurs de l'un et les victimes de l'autre! On sait comment l'organe du parti des modernes, le *Mercure galant*, accueillit le manifeste dirigé contre ses amis. On sait aussi avec quelle vigueur La Bruyère, dans la préface qu'il mit à son discours de réception, répondit à ces académiciens « qui, violant les lois de l'Académie française, lâchèrent contre lui des auteurs associés à une même gazette » et à ces gazetiers qui l'avaient calomnié « dans leur libelle diffamatoire. » Le souvenir de ces dissensions académiques s'est peu à peu effacé de l'histoire, même de l'histoire de l'Académie. Cependant ils ne sont pas indifférents pour l'histoire des lettres françaises. Je serais curieux, je l'avoue, de savoir qui était ce Théobalde, « qui bâilla vingt fois et s'ennuya à la mort pendant la grande vilaine harangue de La Bruyère[1]. » Les moindres faits ont un intérêt toujours vif, quand ils concernent de si grands hommes. D'Olivet, pourtant, n'en a pas tenu compte. Il s'est contenté de rapporter que l'élite de l'Académie se rangea du côté de Boileau, ce qui est vrai; et il en a conclu que le parti des anciens était incomparablement le plus fort, ce qui est inexact[2]. La supériorité de la cause et même celle des talents ne suffisent pas toujours, dans une discussion, pour l'emporter aux yeux du public. Combien de fois les idées les moins justes et les hommes les moins grands sont précisément ceux que préfère la popularité! Je ne comprends pas que d'Olivet n'ait pas été averti de son erreur par le

---

1. Préface du discours de La Bruyère. — 2. *Hist. de l'Acad.*, t. II, p. 308.

mot de Boileau qu'il cite, et que j'ai reproduit plus haut :
« Savez-vous pourquoi les anciens *ont si peu d'admirateurs?*
c'est parce que ceux qui les ont traduits sont des ignorants
ou des sots[1]. » Tous les témoignages s'accordent à prouver
l'ascendant du parti des modernes dans l'Académie, et je
montrerai plus loin que son influence sur le public ne fut
pas moins considérable.

CHAPITRE XI.

Fontenelle. — *Réflexions sur la poétique et sur la poésie en général.*
— *Discours sur l'Églogue.* — *Digression sur les anciens et sur les modernes*[2]. — *Épître au Génie*; par Perrault.

Nous avons laissé Fontenelle aux *Dialogues des morts*. Sa
réputation était établie désormais. Sa parenté avec Thomas
Corneille, ses relations avec le *Mercure galant*, son inimitié
contre Racine et Boileau, l'affinité des idées de ses *Dialogues*
avec celles de Perrault, promettaient dans Fontenelle une
conquête précieuse et presque assurée au parti des modernes. L'imperfection même de son goût l'indisposait naturellement contre les anciens. Toujours bel esprit, il venait de composer un roman, les *Lettres du chevalier d'Her...*,
ouvrage de galanterie insipide, qu'on ne peut lire aujourd'hui, sinon pour apprendre combien l'esprit le plus distingué est lent à se dégager du faux goût. Changeant subitement

---

1. *Hist. de l'Acad.*, t. II, p. 122. — 2. La *Digression* parut le 30 janvier 1688. Le 1ᵉʳ volume des *Parallèles des anciens et des modernes* ne fu publié que neuf mois après, le 30 octobre de la même année.

de voie, et cherchant dès lors à mériter le nom d'esprit universel que Voltaire lui donna plus tard[1], il avait abrégé l'*Histoire des oracles*, de Van Dale, et caché l'allégorie de Rome et de Genève sous les anagrammes de *Méro* et d'*Enégu* (1685-1687). Il avait trente ans ; il était dans une veine modérée de hardiesse, et l'année suivante, en 1688, il se jeta, ou plutôt il se glissa (car Fontenelle, même dans ses grands jours de jeunesse, se glissait toujours et ne se jetait jamais), il se glissa dans le débat des anciens et des modernes, que Perrault venait de ressusciter. Avant d'examiner son *Essai sur l'Églogue* et la *Digression*, je voudrais montrer comment les lacunes de son goût suffisent, au besoin, pour expliquer ses opinions. On comprend mieux ses jugements sur les poëtes anciens, quand on connaît ses idées sur la poésie en général, exposées dans ses *Réflexions sur la poétique*, et d'ailleurs c'est par la théorie qu'il est arrivé à la polémique.

Fontenelle est le chef de cette singulière école de poëtes qui ont commencé par confondre la poésie avec l'art de versifier la prose, et ont fini par la nier tout à fait. Avant Fontenelle et après lui, deux hommes de génie, Pascal et Montesquieu, ont tourné la poésie en ridicule ; mais ni l'un ni l'autre ne se donnait pour un poëte ; ce fut une nouveauté de voir des prêtres du temple, Fontenelle et La Motte, outrager leur dieu. On s'est fort scandalisé de ces théories antipoétiques de cette école, comme si elle n'était pas une plante naturelle de notre pays. La France a beaucoup moins d'imagination et beaucoup plus de raison qu'elle ne paraît en avoir. Quoique dans le cours de son histoire elle ait fait bien des folies, ce qui domine chez elle, c'est le bon sens, et la preuve, c'est que personne ne juge mieux que la France ses propres travers, personne ne blâme

---

1. *Écrivains du siècle de Louis XIV*, p. 119.

plus sévèrement ses fautes qu'elle-même; elle les commet avec son caractère, qui est fantasque; elle les juge et les regrette avec son esprit, qui est sensé. Les orgies d'imagination où nous nous abandonnons parfois ne prouvent rien contre la sobriété naturelle de notre tempérament: nous ressemblons à ces gens rangés qui se dérangent une fois par an, la veille du mercredi des Cendres. Ce tempérament d'esprit n'est pas précisément celui qui fait les poètes. Aussi rencontre-t-on dans notre histoire des époques tout entières où le public confond la poésie avec la versification.

Si l'on s'est élevé si vivement contre La Motte et Fontenelle, c'est qu'ils ont eu l'imprudence de nier théoriquement la poésie dans leurs dissertations, au lieu de se borner à une négation pratique dans leurs vers. Tant qu'ils n'eurent pas la prétention de dogmatiser et de décréter pour ainsi dire la poétique de la prose, on leur pardonna, que dis-je? on les admira. Mais quand ils eurent tiré la conséquence logique de leur méthode, et conclu ouvertement que la prose pure et simple valait mieux que la poésie, les Aristarques du temps se fâchèrent, et La Harpe déchaîna contre eux les tonnerres de l'Athénée. La Motte et Fontenelle avaient raison pourtant. La prose vaut mieux que la poésie, telle qu'ils la comprennent. Seulement ils ont tort de prendre pour la poésie ce qui n'en est que l'ombre, et d'argumenter en conséquence. Leur conclusion est juste, mais leurs prémisses sont fausses. La critique du XVIIe siècle admettait leurs prémisses; elle prenait la poésie de La Motte et de Fontenelle pour la poésie, et elle attaquait leur raisonnement, qui était inattaquable. L'histoire littéraire est pleine de ces méprises. J'arrive à l'exposition des idées de Fontenelle.

Les *Réflexions sur la poésie* sont précédées d'un article que Fontenelle fit insérer dans le *Mercure* de janvier 1678.

C'est une allégorie assez bizarre, intitulée : *Description de l'empire de la poésie*. Cet empire est un pays très-peuplé, dit l'auteur ; il est divisé en haute et basse poésie ; la haute poésie est habitée par des gens graves, mélancoliques et refrognés. Elle a pour capitale le poëme épique. Les montagnes de la tragédie sont aussi dans le pays de la haute poésie ; deux rivières l'arrosent : l'une, la rivière de la rime, qui prend sa source au pied des montagnes de la rêverie ; l'autre, la rivière de la raison, qui coule loin de la première et à une grande distance de la forêt du galimatias. — Rien d'intéressant dans cette fiction, si ce n'est un passage : « Entre la haute et la basse poésie, il y a des solitudes qu'on appelle les déserts du bon sens. Il n'y a point de ville dans cette grande étendue de pays, mais seulement quelques cabanes assez éloignées les unes des autres. Peu de gens s'avisent d'y aller demeurer. »

C'est dans une de ces cabanes qu'a prétendu se loger Fontenelle ; c'est de là qu'il a médité sur la poésie, et qu'il l'a si mal comprise. Je n'entreprendrai pas la réfutation de sa théorie. La Harpe s'y est dévoué, dans son *Cours de littérature*, avec une insistance et une sévérité qui ne laissent rien à désirer[1]. Je veux seulement rappeler quelques-uns de ces paradoxes qui feront mieux comprendre les jugements de l'allié de Perrault. Fontenelle attribue à la poésie deux origines : la première, la nécessité de graver les lois dans la mémoire des hommes, alors que l'écriture n'était pas inventée ; la seconde, l'imitation du chant des oiseaux. Il assigne deux causes au charme de la poésie : la musique du discours mesuré et le plaisir de la difficulté vaincue. Il n'y découvre absolument rien autre chose, c'est-à-dire qu'il ne considère que la partie matérielle de l'art, et qu'il prend

---

1. La Harpe, *Lycée*, IIIe partie, XVIIIe siècle, *Poésie*.

la versification pour la poésie. Il mentionne bien en passant le plaisir que procurent à l'esprit les grandes images, et l'on peut croire qu'il va parler de l'imagination ; mais il a soin d'ajouter que de toutes les images, les plus belles et les seules vraiment neuves, ce sont les *images spirituelles*, autrement dit les *pensées*, et il en donne cet exemple: Quand La Motte appelle les flatteurs

> Idolâtres tyrans des rois,

ou qu'il dit :

> Et le crime serait paisible,
> Sans le remords incorruptible
> Qui s'élève encor contre lui,

les expressions *idolâtres, tyrans, remords incorruptible*, sont des images *spirituelles*. Il serait plus vrai de dire qu'elles ne sont nullement des images. Mais Fontenelle les préfère à toutes les autres, parce qu'elles offrent une combinaison d'idées plus nouvelle et plus utile. Plus de gens diront : *la diligente abeille*, que le *remords incorruptible*. Fontenelle conclut à l'emploi des images *spirituelles* dans la poésie ; en d'autres termes, la poésie n'est pour lui qu'une forme du bel esprit et de la philosophie.

Au-dessus des images *spirituelles* il y a des images plus spirituelles encore, placées dans une région où l'esprit humain ne s'élance qu'avec peine : ce sont les images de l'ordre général de l'univers, de l'espace, du temps, des esprits, de la divinité ; elles sont métaphysiques ; on pourrait les appeler *intellectuelles*, pour les distinguer de celles qui ne sont que *spirituelles*. Fontenelle regarde cette poésie métaphysique comme le plus grand effort de l'esprit humain : peu d'esprits en seraient capables, peu de lecteurs la goûteraient ; mais qu'importe? elle serait le vrai chef-d'œuvre poétique par excellence. Il cite, comme un des modèles de poésie intellectuelle, cette strophe prodigieuse de La Motte :

> La nature est mon seul guide ;
> Représente-moi le vide
> A l'infini répandu ;
> Dans ce qui s'offre à ma vue
> J'imagine l'étendue,
> Et ne vois que l'étendu.

Et cette autre :

> La substance de ce vide
> Entre ce corps supposé
> Se répand comme un fluide :
> Ce n'est qu'un plein déguisé !

Fontenelle ne voit pas qu'à force de spiritualiser la poésie, la poésie n'existe plus ; il en fait une idée pure, une idée rationnelle, une algèbre de la pensée. La poésie n'est pas une idée pure ; c'est l'homme même avec toutes les facultés de son esprit, avec tous les sens de son corps, et c'est là ce qui fait sa beauté. « La poésie, a dit M. de Lamartine, c'est l'incarnation de ce que l'homme a de plus intime dans le cœur, de plus divin dans la pensée, dans ce que la nature a de plus magnifique, les images, et de plus mélodieux, les sons. Elle est à la fois sentiment et sensation, esprit et matière ; et voilà pourquoi c'est la langue complète, la langue par excellence, qui saisit l'homme par son humanité tout entière, idée pour l'esprit, sentiment pour l'âme, image pour l'imagination, et musique pour l'oreille[1]. » Fontenelle faisait de la poésie le chiffre des idées métaphysiques : c'était la tuer, et les poëtes le sentaient bien. J.-B. Rousseau disait spirituellement de La Motte, qu'il représentait récitant ses odes sur le Parnasse devant Apollon et les Muses :

> Ces odes-là frisent bien le Perrault....
> Lors Apollon bâillant à bouche close :

---

1. *Des destinées de la Poésie.*

« Messieurs, dit-il, je n'y vois qu'un défaut,
C'est que l'auteur devait les faire en prose !... »

La conséquence était naturelle ; elle fut rigoureusement acceptée, et La Motte, en bon logicien, soutint, on le sait, que la poésie lyrique pouvait exister en prose, sans l'embarras inutile des vers, aux grands éclats de rire de Rousseau, qui n'avait cru faire qu'une épigramme, et qui avait fait une prophétie.

Avec de telles idées sur la poésie, il est clair que Fontenelle ne peut goûter beaucoup les anciens, qui ne sont en vers ni de beaux esprits, ni des métaphysiciens, et dont les images matérielles blessent l'intellect du philosophe. Dans des *Remarques sur le théâtre grec*, que Trublet voulait donner à Diderot pour l'*Encyclopédie*, et que Diderot refusa par respect pour les anciens, le calme Fontenelle s'échauffe jusqu'à dire « que les Grecs étaient des rhéteurs ; que la description d'Hercule faisant bonne chère, dans *Alceste*, est si burlesque, qu'on dirait d'un crocheteur qui est de confrérie ; qu'on ne sait ce que c'est que le Prométhée d'Eschyle ; qu'Eschyle est une manière de fou. » Ce sont là de gros mots, tout étonnés de se rencontrer sous la plume paisible d'un philosophe aussi poli.

Fontenelle, comme beaucoup de poëtes, ne découvrit qu'après coup les règles du genre où il s'exerçait, et les tira de ses œuvres. Sa théorie de la poésie pastorale est celle de sa propre manière, la théorie de l'églogue spirituelle et galante, qu'il prit pour la théorie du naturel dans la bucolique, parce que les idées seules y sont raffinées, et qu'il confond la simplicité des termes avec celle des sentiments. Une des plus agréables pastorales de Fontenelle, c'est l'églogue d'Atis et Lycidas.

Trois jours s'étaient passés, trois jours qu'avaient perdus
Et Delphire et Damon qui ne s'étaient point vus ;

> Leurs troupeaux, jusqu'alors confondus dans la plaine,
> Tristement séparés ne paissaient qu'avec peine.
> Tandis que le berger ne songeait qu'à choisir
> Les lieux, les sombres lieux où l'on rêve à loisir,
> La bergère affectait de paraître suivie
> Des plus jeunes bergers dont elle fut servie;
> Mais elle était distraite, et des soupirs secrets
> Allaient après Damon jusqu'au fond des forêts.
> Vois de quelle rigueur était cette bergère :
> Damon lui déroba quelque faveur légère;
> Soudain il fut banni dans un premier courroux....
> Peut-être un peu plus tard l'ordre eût été plus doux.
> Un soir que les troupeaux, sortant du pâturage,
> D'un pas tardif et lent marchaient vers le village,
> Et que tous les bergers chantaient, à leur retour,
> Les douceurs du repos qui suit la fin du jour,
> Delphire, qui, malgré l'ombre déjà naissante,
> Vit Damon d'aussi loin que peut voir une amante,
> S'arrêta sur sa route, et prit soin d'y chercher
> L'endroit le plus obscur où l'on se pût cacher.
> Rêveur, triste et rempli d'un air de nonchalance,
> Tel qu'on peut souhaiter un amant dans l'absence,
> Il laissait ses brebis errer en liberté,
> Et son hautbois oisif pendait à son côté.
> Delphire en fut touchée, et, pour être aperçue,
> Elle fit quelque bruit; il détourna la vue,
> Et, quand vers la bergère il adressa ses pas,
> Elle le reçut mal, mais elle ne fuit pas[1]....

Voilà, selon Fontenelle, le modèle de l'églogue; et, comme on n'en saurait démêler tous les mérites au premier coup d'œil, il a développé lui-même le secret de cette nouvelle poésie, si différente de la poésie des anciens[2].

Le grand tort des faiseurs d'églogues, d'après Fontenelle, c'est de croire ou qu'il faut peindre les bergers tels qu'ils sont, ou qu'il faut les élever tout à fait au-dessus de leur

---

1. Fontenelle, *Poésies pastorales*, p. 25.—2. *Disc. sur la nat. de l'Églogue*.

condition et de leur caractère. Qu'est-ce qui plaît dans la représentation de la vie pastorale? C'est la tranquillité qu'on se figure y être attachée; c'est le charme qu'on goûte dans l'oisiveté dont on y jouit, et le peu qu'il en coûte pour y être heureux; ce n'est pas le soin de garder des moutons, de les voir paître, et de parler du ménage de la campagne. Il faut donc éviter de donner aux bergers trop de bassesse en les peignant comme ils sont, ou trop d'élégance en les peignant comme des gens du monde. C'est le défaut de Théocrite et de Virgile. Théocrite alternativement élève ses bergers au-dessus de leur génie naturel et les y laisse retomber : il leur prête une trop grande beauté d'imagination et des termes qui répondent trop bien à la grossièreté du village. Virgile n'est jamais trop rustique, mais il met des idées trop relevées dans la bouche des pasteurs. Sa seconde églogue, par exemple, est ornée de cette sentence trop magnifique : *Trahit sua quemque voluptas*. Ailleurs, Virgile chante l'origine du monde et le système d'Épicure. Les vrais bergers de l'églogue ne doivent ni traiter de tels sujets, ni tenir des conversations si brillantes. Il faut que leurs sentiments soient délicats et que leur langage ait la forme la plus simple, la plus champêtre. Leur naïveté doit exclure le raffinement, mais non les lumières et la finesse, et, pourvu qu'ils parlent uniment, ils ont le droit d'avoir de l'esprit.

« Les hommes qui ont le plus d'esprit, et ceux qui n'en ont que médiocrement, ne diffèrent pas tant par les choses qu'ils sentent que par la manière dont ils les expriment. Les passions portent, avec tout leur trouble, une espèce de lumière, qu'elles communiquent presque également à tous ceux qu'elles possèdent. Il y a une certaine pénétration, de certaines vues attachées, indépendamment de la différence des esprits, à tout ce qui nous intéresse et nous pique. Mais les passions qui éclairent à peu près tous les hommes de la même sorte ne les font pas tous parler les uns comme les autres. Ceux qui ont l'esprit plus fin, plus étendu, plus cultivé, en exprimant ce qu'ils sentent, y ajoutent je ne sais quoi qui a l'air de réflexion, et que la passion n'inspire point; au lieu que les autres expriment leurs sentiments plus simplement, et n'y mêlent, pour ainsi dire, rien d'étranger. Un homme du commun dira bien : « J'ai si souhaité que ma « maîtresse fût fidèle, que j'ai cru qu'elle l'était. » Mais il n'appartient qu'à M. de La Rochefoucauld de dire : « L'esprit « a été en moi la dupe du cœur. » Le sentiment est égal, la pénétration égale, mais l'expression est si différente, que l'on croirait volontiers que ce n'est plus la même chose.

« On ne prend pas moins de plaisir à voir un sentiment exprimé d'une manière simple que d'une manière plus pensée, pourvu qu'il soit toujours également fin. Au contraire, la manière simple de l'exprimer doit plaire davantage, parce qu'elle cause une espèce de surprise douce et une petite admiration. On est étonné de voir quelque chose de fin et de délicat sous des termes communs et qui n'ont point été affectés, et sur ce pied-là, plus une chose est fine sans cesser d'être naturelle, et les termes communs sans être bas, plus on doit être touché. »

Toute la théorie de Fontenelle est dans cette jolie page. Son idéal de l'églogue, c'est ce mélange de délicatesse dans les pensées et de simplicité dans le style, qui cause « une surprise douce et une petite admiration ; » idéal incomplet, où n'entrent ni le sentiment de la nature, ni la naïveté des caractères, ni la vivacité de la vraie passion, que Fontenelle confond avec la galanterie; idéal faux, qui repose sur cette égalité prétendue de lumières où les passions amènent tous les hommes, comme si la distinction de chacun ne se marquait que dans son langage, et n'atteignait pas jusqu'à ses sentiments. Si la théorie de Fontenelle était vraie, ni la *Magicienne*, ni les *Pêcheurs* ne seraient des idylles, et Fontenelle aurait parfaitement raison de les citer comme des erreurs de Théocrite. Voici son jugement sur les *Pêcheurs :* « Deux pêcheurs, qui ont mal soupé, sont couchés ensemble dans une méchante petite chaumière qui est au bord de la mer. L'un réveille l'autre pour lui dire qu'il vient de rêver qu'il prenait un poisson d'or, et son compagnon lui répond qu'il ne laisserait pas de mourir de faim avec une si belle pêche. Était-ce la peine de faire une idylle ? » Sans aucun doute, peut-on répondre à Fontenelle, parce que dans un cadre si simple Théocrite a tracé la peinture de la vie rustique et de deux caractères simples et vrais, et qu'il a tiré de ce rêve une morale agréable et saine que Fontenelle n'a pas aperçue. A la fin de son discours, il est vrai, Fontenelle s'excuse d'avoir médit de Théocrite et de Virgile, et, pour se justifier, il demande la permission de faire une digression sur les anciens et les modernes, qui sera son apologie. « J'espère, dit-il, qu'on me l'accordera d'autant plus facilement que le poëme de M. Perrault a mis cette question fort à la mode. Comme il se prépare à la traiter plus amplement et plus à fond, je ne la toucherai que fort légèrement. J'estime assez les anciens pour leur laisser l'honneur d'être combattus par un adversaire illustre et plus digne d'eux. » Voilà comme Fontenelle est amené par sa théorie à traiter la question des anciens et des modernes.

La *Digression* est un morceau charmant, qui plaît par son agrément, même quand il ne s'impose pas par sa justesse, et où les idées fines et profondes peuvent à chaque instant donner le change sur le paradoxe. C'est, on le sent, l'œuvre d'un écrivain qui ne veut que dire librement et agréablement son opinion, et qui laisse aux partisans de la tradition le ton de l'autorité. En le lisant, on est séduit par cette variété de vues, par cette modération qui tient à l'absence de parti pris, et qui fait de Fontenelle un homme du monde causant dans un salon, tandis que Perrault, malgré l'agrément de son esprit, soutient davantage une thèse. Il faut se tenir en garde contre le charme de Fontenelle, de peur de se livrer sans réserve et de renoncer aux objections. « La question générale de prééminence, dit-il d'une façon piquante, se réduit à savoir si les arbres d'autrefois étaient plus grands que ceux d'aujourd'hui. Il ne paraît pas que les chênes du moyen âge aient été moindres que ceux de l'antiquité, ni les chênes modernes que ceux du moyen âge; donc nous pouvons égaler Homère, Platon et Démosthène..... La nature a entre les mains une certaine pâte qui est toujours la même, qu'elle tourne et retourne sans cesse en mille façons, et dont elle forme les hommes, les animaux, les plantes, et certainement elle n'a point formé Platon, Démosthène, ni Homère, d'une argile plus fine ni mieux préparée que nos philosophes, nos orateurs, et nos poëtes d'aujourd'hui. »

Mais Fontenelle sait d'abord garder la mesure : s'il ne reconnaît pas de différence dans la pâte dont se sert la nature pour former les arbres et les esprits, il en admet dans les climats : les arbres de tous les siècles sont également grands ; mais les arbres de tous les pays ne le sont pas. De même pour les esprits : les différentes idées sont comme des plantes ou des fleurs qui ne viennent pas également bien en toutes sortes de climats et dans toutes les circonstances. La nature sème un nombre égal de Cicérons et de Virgiles, dans tous les temps; mais, comme ils ne rencontrent pas tous des circonstances favorables, il y en a peu qui viennent à bien. Les climats ont aussi leur influence ; peut-être la France n'est-elle pas propre pour les raisonnements que font les Égyptiens, non plus que pour leurs palmiers, quoique la culture puisse bien plus sur les cerveaux que sur la terre, et que les pensées se transportent plus aisément que les plantes d'un pays en un autre. Aussi les peuples voisins les uns des autres effacent très-facilement leurs différences par le commerce des livres; les peuples fort éloignés seuls ne le peuvent pas.... Jusque-là toutes ces vues sont fines et justes. Mais Fontenelle a tort de croire toutes les difficultés résolues. « Voilà, s'écrie-t-il, la grande question des anciens et des modernes vidée. Les siècles ne mettent aucune différence naturelle entre les hommes; le climat de la Grèce et de l'Italie, et celui de la France, sont trop voisins pour mettre quelque différence sensible entre les Grecs ou les Latins et nous : et quand ils y en mettraient quelqu'une, elle serait fort aisée à effacer. Nous voilà donc tous parfaitement égaux, anciens et modernes, Grecs, Latins et Français. Et même, nous autres modernes, nous sommes supérieurs aux anciens; car étant montés sur leurs épaules, nous voyons plus loin qu'eux. »

La question n'est pas si simple à résoudre que le croit Fontenelle; et s'il la trouve si simple, c'est qu'il n'en aperçoit pas tous les aspects. D'abord, si le pygmée monté sur les épaules du géant voit plus loin que le géant, c'est la grandeur du géant qui le fait voir si loin. La louange des modernes est donc la louange des anciens. De plus, il ne suffit pas de tenir compte de la différence des climats; celle des races, celle des mœurs, celle des institutions politiques, celle des événements sont aussi de la plus grande importance, et Fontenelle les indique bien légèrement. La plus grave de toutes dans la question, c'est la différence des genres. Fontenelle, qui paraît y songer d'abord, finit par n'en pas tenir compte. Ce qu'il dit peut être vrai de quelques applications de l'activité humaine, sans être vrai de toutes. Les modernes sont, je suppose, aussi bons soldats, négociateurs, commerçants, industriels, que les anciens. Est-ce une raison pour qu'ils aient la même supériorité dans les travaux de l'esprit? Dans ces travaux il y a deux ordres, celui des sciences et celui des lettres. Nous l'emportons dans les sciences, j'y consens. S'ensuit-il que nous l'emportions aussi dans la littérature? En littérature, il y a bien des genres divers, la philosophie, l'éloquence, la poésie, etc. Nous sommes, je le veux, de plus profonds philosophes; en résulte-t-il que nous soyons des orateurs plus éloquents? Nous sommes de plus grands orateurs; qui démontre que nous soyons de plus grands poëtes? Je n'insiste pas. Fontenelle ne s'est pas inquiété de ces distinctions si naturelles et si importantes. Il s'aperçoit bien que la physique, la médecine, les mathématiques, étant composées d'un très-grand nombre de vues et réclamant le secours du raisonnement, qui se perfectionne avec lenteur, ont besoin de plus de temps pour avancer que l'éloquence et la poésie, qui ne demandent qu'un nombre limité d'idées[1]. Mais l'éloquence et la poésie, il ne craint pas de le dire, ont peu d'importance à ses yeux, et, toute réflexion faite, après avoir avoué que les anciens y ont pu exceller, il arrive peu à peu à soutenir que les modernes y doivent être encore supérieurs, parce qu'un bon esprit cultivé est composé de tous les esprits des siècles précédents, ou plutôt, parce que ce n'est qu'un même esprit qui s'est cultivé sans cesse, qui se cultivera toujours, car toujours les idées justes de tous les bons esprits s'ajouteront les unes aux autres, et les hommes ne dégénéreront jamais.

Ainsi, à proprement parler, tout se réduit à une question d'histoire naturelle et à une question d'arithmétique. Les cerveaux d'aujourd'hui sont aussi bien doués que les cerveaux d'autrefois et produisent autant d'idées. Si l'on additionne les idées d'aujourd'hui avec celles d'autrefois, qui ne se sont jamais perdues, puisque la tradition et les livres les

---

1. Voir sur les sciences chez les anciens une belle préface de Fontenelle, à la tête de l'*Analyse des infiniment petits*, par le marquis de L'Hôpital, 1693. (*OEuvres de Fontenelle*, t. VI, p. 24.) Rollin, dit d'Alembert, admirait l'impartialité de ce morceau, et fut étonné d'apprendre qu'il était de Fontenelle.

ont conservées, on obtient pour les derniers venus des modernes une somme de connaissances bien plus considérable que celle des anciens. De plus, ces connaissances sont plus vraies, parce que les anciens, étant venus avant nous, ont épuisé la plus grande partie des idées fausses, et nous ont acquittés du tribut qu'il faut toujours payer à l'erreur. Donc nos idées étant plus nombreuses et plus vraies, et les idées étant la matière même de la philosophie, de l'éloquence et de la poésie, Fontenelle conclut sans hésiter que nous sommes plus grands philosophes, plus grands orateurs et plus grands poëtes. Nous connaissons les idées de Fontenelle sur la poésie, et nous ne nous étonnons pas de le voir trancher la question poétique par une addition. Fontenelle ne comprend pas qu'avec le plus gros total d'idées que contienne le plus vaste cerveau on peut n'être qu'un très-pauvre poëte. Malgré ses idées philosophiques sur les climats, on l'aurait grandement surpris, si on lui avait affirmé qu'un peuple généreux et libre, doué d'organes souples et forts, né dans la jeunesse du monde, sous le ciel de la Grèce, au pied des plus belles montagnes, au milieu des plus belles eaux, à la clarté de la lumière la plus pure, a dû produire plus naturellement la poésie que tel peuple venu plus tard dans l'univers, doué d'organes plus durs, placé sur un sol ingrat, et n'ayant pour aider son génie ni la naïveté des mœurs, ni la jeunesse de l'imagination, ni la beauté de la nature. Qu'importent tous ces dons, aux yeux de Fontenelle, pourvu que ce peuple ait au fond de sa cervelle un plus gros total d'idées? Fontenelle est le premier qui soit tombé dans cette aberration. Il y a entraîné après lui Perrault et La Motte.

La *Digression* se termine avec beaucoup de grâce et d'esprit. Comme toutes choses sont à peu près égales dans tous les siècles, Fontenelle témoigne l'espérance, au nom des modernes, qu'un excès d'admiration de la part de l'avenir les payera des dédains du présent, et il donne en passant un éloge adroit à Racine et à Boileau : « On s'étudiera à trouver dans nos ouvrages des beautés que nous n'avons point prétendu y mettre ; telle faute insoutenable, et dont l'auteur conviendrait lui-même aujourd'hui, trouvera des défenseurs d'un courage invincible, et Dieu sait avec quel mépris on traitera, en comparaison de nous, les beaux esprits de ces temps-là, qui pourront bien être des Américains. Je puis même pousser la prédiction encore plus loin. Un temps a été que les Latins étaient modernes, et alors ils se plaignaient de l'entêtement que l'on avait pour les Grecs, qui étaient les anciens. La différence des temps qui est entre les autres disparaît à notre égard, à cause du grand éloignement où nous sommes ; ils sont tous anciens pour nous, et nous ne faisons pas de difficulté pour préférer ordinairement les Latins aux Grecs, parce qu'entre anciens et anciens, il n'y a pas de mal que les uns l'emportent sur les autres ; mais, entre anciens et modernes, ce serait un grand désordre que les modernes l'emportassent. Il ne faut qu'avoir patience, et par une longue suite de siècles nous deviendrons les contemporains des Grecs et des Latins ; alors il est aisé de prévoir qu'on ne fera aucun scrupule de nous préférer hautement à eux sur beaucoup de choses. Les meilleurs ouvrages de Sophocle, d'Euripide, d'Aristophane ne tiendront guère devant *Cinna, Ariane, Andromaque, le Misanthrope*, et un grand nombre de tragédies et comédies du bon temps ; car, il en faut convenir de bonne foi, il y a environ dix ans que ce bon temps est passé. Je ne crois pas que *Théagène et Chariclée, Clitophon et Leucippe* soient jamais comparés à *Cyrus*, à l'*Astrée*, à *Zaïre*, à *la Princesse de Clèves*.... Nous voyons par l'*Art poétique*, et par d'autres ouvrages de la même main, que la versification peut avoir aujourd'hui autant de noblesse, mais en même temps plus de justesse et d'exactitude qu'elle n'en eût jamais. Je me suis proposé d'éviter les détails, et je n'étalerai pas davantage nos richesses ; mais je suis persuadé que nous sommes comme les grands seigneurs, qui ne prennent pas toujours la peine de tenir des registres de leurs biens, et qui en ignorent une bonne partie.... Cependant il faut tout dire. Il n'est pas sûr que la postérité nous compte pour un mérite les deux ou trois mille ans qu'il y aura un jour entre elle et nous, comme nous les comptons aujourd'hui aux Grecs et aux Latins. Il y a toutes les apparences du monde que la raison se perfectionnera, et que l'on se désabusera généralement du préjugé grossier de l'antiquité. Peut-être ne durera-t-il pas encore longtemps : peut-être, à l'heure qu'il est, admirons-nous les anciens en pure perte et sans jamais devoir être admirés en cette qualité. Ce serait un peu fâcheux [1]. »

Fontenelle se montre tout entier dans ce petit ouvrage, avec sa finesse, sa pénétration, l'indépendance de son esprit et l'indifférence de son humeur. La *Digression* eut un grand succès en France et à l'étranger. Six mois après, en juillet 1688, le jour de la réception de M. de La Chapelle, secrétaire des commandements du prince de Conti, élu membre de l'Académie française à la place de Furetière, Perrault rendit à Fontenelle un hommage public, en lisant une *Épître sur le Génie*, qu'il venait de lui dédier. On dirait que la modération de Fontenelle est un exemple qui l'a touché, et qu'il essaye d'atténuer les hardiesses de son *Siècle de Louis le Grand*. Pour définir le génie, il choisit les noms de Démosthène, de Miron, d'Apelle et même d'Homère :

> Ce fut là (dans le palais du Beau) qu'autrefois, sans l'usage
> Du siége d'Ilion le chantre glorieux   [des yeux,
> Découvrit de son art les plus sacrés mystères,

[1]. *Digression sur les anciens et les modernes*, p. 273.

Et prit de ses héros les divins caractères;
Ce fut là qu'il forma la vaillance d'Hector,
Le courage d'Ajax, le bon sens de Nestor,
Du fier Agamemnon la conduite sévère,
Et du fils de Thétis l'implacable colère.

Évidemment Homère, tout en inspirant encore de mauvais vers à Perrault, lui inspire déjà de meilleurs sentiments. Ce n'est pas une amende honorable, c'est un retour momentané de justice à l'égard des anciens et une concession à leurs partisans. Perrault va jusqu'à célébrer la Fable dans des vers mythologiques, dont l'ombre de Saint-Sorlin dut gémir. Mais il n'abandonne rien de son idée principale, et il achève son épître par ce compliment à Fontenelle, qui est en même temps la récidive de son paradoxe :

En vain quelques auteurs, dont la muse stérile
N'eût jamais rien chanté sans Homère et Virgile,
Prétendent qu'en nos jours on se doit contenter
De voir les anciens et de les imiter;
Qu'en leurs doctes travaux sont toutes les idées
Que nous donne le ciel pour être regardées,
Et que c'est un orgueil aux plus ingénieux
De porter autre part leur esprit et leurs yeux.
Combien, sans le secours de ces rares modèles,
En voit-on s'élever par des routes nouvelles!
Combien de traits charmants, semés dans tes écrits,
Ne doivent qu'à toi seul et leur être et leur prix!
N'a-t-on pas vu des morts, aux rives infernales,
Briller de cent beautés toutes originales
Et plaire aux plus chagrins, sans redire en françois
Ce qu'un aimable Grec leur fit dire autrefois?
De l'Églogue, en tes vers, éclate le mérite,
Sans qu'il en coûte rien au fameux Théocrite,
Qui jamais ne fit plaindre un amoureux destin
D'un ton si délicat, si galant et si fin.
Pour toi, n'en doutons pas, trop heureux Fontenelle,
Dés nobles fictions la source est éternelle.

Pour toi, pour tes égaux, d'un immuable cours
Elle coule sans cesse et coulera toujours[1].

C'est la dernière fois que Perrault plaide la cause des modernes devant l'Académie. Il va maintenant la porter devant le public. Ce n'est plus aux *quarante* qu'il s'adresse, c'est à tout le monde; il fait appel à l'opinion, il devient chef de parti.

CHAPITRE XII.

Perrault. — *Parallèles des anciens et des modernes.*

La forme que Perrault adopta pour l'exposition de ses idées est celle du dialogue, forme agréable et souple, commode pour la discussion, et qui se plie à tous les sujets, philosophiques ou littéraires. Très-usitée au xviie siècle, elle resta de mode au siècle suivant, où Montesquieu la fit servir à l'histoire, Fontenelle à la science, Galiani à l'économie politique. Nous l'avons un peu abandonnée; sans doute elle ne suffit plus à notre dogmatisme. M. de

---

1. Voici les vers de Perrault sur la Fable :

> Il voit (le génie) tous les ressorts qui meuvent l'univers,
> Et si le sort l'engage au doux métier des vers,
> Par lui mille beautés à toute heure sont vues,
> Que les autres mortels n'ont jamais aperçues.
> Quelque part qu'au matin il découvre des fleurs,
> Il voit la jeune Aurore y répandre des pleurs.
> S'il jette ses regards sur ces plaines humides,
> Il y voit se jouer les vertes Néréides, etc.

Maistre, dans les *Soirées de Saint-Pétersbourg*, a posé les conditions du genre : « Si le sujet de l'entretien est grave, dit-il, il me semble qu'il doit être subordonné aux règles de l'art dramatique, qui n'admet point quatre interlocuteurs. Cette règle est dans la nature[1]. » Avant M. de Maistre, Perrault l'avait observée. Il introduit sur la scène trois personnages, le Président, l'Abbé et le Chevalier. Le Président est un caractère doux et un esprit timoré, qui jure sur la parole des anciens, mais qui se laisse très-aisément détacher d'eux par l'Abbé, défenseur des modernes. Perrault le vante un peu en le donnant pour savant et pour spirituel. L'argument favori de ce Président débonnaire, c'est : *Ipse dixit*, le maître l'a dit. Mais il baisse la tête, dès que l'Abbé a parlé, et se tait ou ne répond que par une objection qui ne vaut pas le silence. Il paraît calqué sur le modèle de certains interlocuteurs de Socrate, qui jouent un rôle monosyllabique dans les dialogues de Platon, et donnent la réplique à leur adversaire. En choisissant un tel avocat pour les anciens, Perrault les a désarmés ; il a d'avance donné gain de cause à l'Abbé, qui n'avait pas besoin d'un tel secours. L'Abbé a de l'esprit, du calme, de la hardiesse, de la dextérité dans la discussion, et une grande politesse de langage. Il se met volontiers en frais de compliments à l'égard de ses adversaires. L'Abbé, c'est Perrault lui-même ; Perrault l'avoue pour son représentant dans la préface de son second volume, aveu tardif et inutile, car dès le premier volume on avait reconnu le personnage au portrait qu'en traçait Perrault : « L'Abbé peut aussi être regardé comme un homme savant, mais plus riche de sa propre pensée que de celle des autres. Sa science est une science réfléchie et digérée par la méditation : les choses qu'il dit viennent quelquefois de ses

---

1. *Soirées de Saint-Pétersbourg*, t. I, p. 104.

lectures, mais il se les est tellement appropriées qu'elles semblent originales, et ont toute la grâce de la nouveauté. Il a pris soin de cultiver son propre fonds, et, comme ce fonds est fertile, il en tire par de fréquentes réflexions mille pensées nouvelles qui quelquefois semblent un peu paradoxes, mais qui étant examinées se trouvent pleines de sens et de vérité. » C'est Perrault en personne, avec l'éducation qu'il s'est donnée lui-même, et l'opinion qu'il a de lui.

Le Chevalier est un homme du monde, à demi cultivé, léger, superficiel, avec une inclination plutôt qu'un parti pris en faveur des modernes et une rancune d'écolier contre les anciens. Il se jette au hasard dans la discussion, et prend à son compte les plus grandes hardiesses de Perrault. Perrault le lance en avant, se réservant, s'il le faut, de le désavouer. « Je ne garantis pas toutes les vivacités du Chevalier, comme par exemple quand il soutient que Socrate et Platon sont deux saltimbanques, et que Mézerai narre plus exactement que Thucydide. *Quoique ces propositions puissent être vraies dans le fond*, comme elles sont contraires aux opinions reçues, je n'ai pas estimé devoir les soutenir bien sérieusement[1]. »

Le Président, l'Abbé et le Chevalier avaient souvent disputé, raconte Perrault, sur le mérite des anciens, à l'occasion du poëme sur le *Siècle de Louis le Grand*, qui faisait l'entretien et divisait les opinions de tous les beaux esprits. Un jour que les trois amis allaient visiter les jardins de Versailles, le Président, fidèle à son amour de l'antiquité, se prévalut de l'autorité d'Horace pour mettre Versailles au-dessous de Tivoli, et vanter le siècle d'Auguste dans le palais de Louis XIV. L'Abbé répliqua, le Chevalier intervint, et la discussion dura presque tout le jour. Perrault

---

1. Préface du second volume.

qui, du fond d'un bosquet sans doute, écoutait leur conversation, la recueillit et la mit sous les yeux du public, le 5 octobre 1688. Dans sa préface, il répondait avec enjouement aux attaques que lui avait attirées le *Siècle de Louis le Grand*, de la part de quelques traducteurs, notamment de Longepierre et de Dacier, et terminait sa réponse par cette épigramme, qui plut même à Boileau[1] :

> Ils devraient, ces auteurs, demeurer dans leur grec,
>   Et se contenter du respect
>   De la gent qui porte férule.
> D'un savant traducteur on a beau faire choix ;
>   C'est les traduire en ridicule
>   Que de les traduire en françois.

Mais les épigrammes ne remplacent pas les arguments. Perrault comprit qu'il importait de défendre son opinion par des raisons, de désavouer aux yeux du public les excès qu'on lui prêtait, et de limiter le terrain où il voulait se maintenir. Tel est le but de son premier Dialogue. Perrault y montre d'abord une modération habile. On l'accuse de porter la guerre dans la littérature, de se révolter contre les anciens ! Pure calomnie ! Il admire sincèrement l'antiquité. « Les anciens sont excellents, on n'en peut disconvenir ; mais les modernes ne leur cèdent en rien, et même les surpassent en beaucoup de choses. Voilà distinctement ce que je pense et ce que je prétends prouver. » Il est donc l'admirateur, mais non pas l'idolâtre des anciens. Cette prévention qu'ils inspirent est un préjugé de tous les temps. Un des amis de Racan voulut un jour lui faire admirer une épigramme grecque. Racan se résigna, pour ne pas disputer contre un plus savant que lui. A quelques jours de là, tous deux furent invités à un repas

---

1. D'Alembert, *Éloge de Perrault*, notes, t. II, p. 189, et Louis Racine, *Mémoires*, p. 97.

où l'on servit une soupe fort maigre et sans sel, du pain trempé dans l'eau chaude. « Que vous en semble? » dit à Racan l'admirateur de l'*Anthologie*. « Je ne la trouve pas à mon gré, répondit Racan d'un ton modeste; mais je n'ose le dire. C'est peut-être une soupe à la grecque. » Perrault met aussi quelque complaisance à raconter l'anecdote du président Morinet, qui traduisait avec enthousiasme le morceau de Pindare : *L'eau est très-bonne à la vérité*, devant la présidente qui se moquait de lui. Perrault invoque avec plaisir le témoignage des femmes; il les veut attirer dans son parti, et il affecte de les prendre pour juges, même en matière d'érudition. En parlant de Platon, il ira jusqu'à faire dire au Chevalier : « Platon est jugé ; il ne plaît pas aux dames. » Perrault ne semble pas songer qu'il y a des sujets qui par leur nature sont en dehors, il serait malséant de dire au-dessus de l'esprit des femmes. Il croit que, pour bien juger toutes les questions littéraires, c'est assez du goût naturel, de l'éducation ordinaire, de la politesse de l'esprit. Il n'aperçoit rien au delà. Il ne soupçonne pas qu'il soit besoin, pour comprendre la philosophie de l'antiquité, d'une éducation particulière, d'un goût plus délicat et plus exercé que le goût de tout le monde, et c'est une première cause de la sévérité que, malgré ses promesses de modération, il montrera bientôt contre les anciens.

Ce préjugé universel en faveur des anciens, dont il a cité des exemples, Perrault demande sur quoi il se fonde. Leurs livres sont-ils donc des livres sacrés ? « A l'égard des livres sacrés, dit l'Abbé, j'ai une retenue, un respect et une vénération qui n'ont pas de bornes, et de là vient sans doute que j'en ai moins pour les anciens auteurs profanes. La grande soumission où je tiens mon esprit pour des ouvrages inspirés de Dieu, le souci que j'ai de le faire renoncer sans cesse à ses propres lumières et de le ranger sous le joug de la foi, fait que je lui donne ensuite toute liberté de penser et de juger ce qu'il lui plaît de ces grands auteurs dont vous dites qu'il est si dangereux d'oser décider par soi-même[1]. »

Ce passage est le seul des *Parallèles* où paraisse l'idée religieuse, le seul où Perrault reprenne des mains de Desmarets l'argument tiré de la vérité divine du christianisme. Nous aurons plus d'une fois l'occasion de nous étonner qu'il n'en ait pas tiré un meilleur parti. Par là, il est inférieur à Saint-Sorlin; mais il développe avec plus de force et d'ampleur que lui l'argument philosophique tiré des progrès de l'esprit humain, considéré comme un seul esprit[2]. Perrault est un chrétien de l'école de Descartes; il a vu avec sagacité jusqu'où pourrait conduire Descartes en passant du domaine de la philosophie dans celui de la religion; mais, bien résolu à rester dans les bornes de la littérature, il déclare expressément qu'il veut appliquer à l'examen des ouvrages d'esprit la liberté que Descartes a portée dans la philosophie, et secoue le joug de l'autorité en littérature, comme Descartes en métaphysique.

Un autre argument de Perrault contre le préjugé de l'antiquité, c'est l'excès d'admiration que nous avons pour les inventeurs. Inventer est un grand mérite; mais qui fait les inventions? Un hasard de date et de priorité; ce qu'ont inventé les anciens, nous l'aurions inventé nous-mêmes, si nous avions été les anciens[3]. Sont-ils d'ailleurs d'aussi

---

1. *Parallèles*, t. I, p. 42. — 2. *Parallèles*, p. 49 et suiv. Perrault s'y inspire directement de Fontenelle.
3. C'est l'idée que le chevalier de Cailly a mise en vers :

    Dis-je quelque chose assez belle,
    L'antiquité, tout en cervelle,
    Me dit : « Je l'ai dit avant vous. »
    C'est une plaisante donzelle !
    Que ne venait-elle après nous?
    J'aurais dit la chose avant elle.

grands inventeurs qu'on le croit? Il fut louable au premier homme d'avoir construit ces toits rustiques dont parle Vitruve. Mais n'était-il pas presque impossible de ne pas imaginer quelque chose de semblable, dans la pressante nécessité de se défendre des injures de l'air? Celui qui s'avisa le premier de creuser le tronc d'un arbre, et de s'en faire un bateau pour traverser une rivière, mérite quelque applaudissement. Mais si l'on voulait examiner de près ces toits rustiques et ces premiers bateaux, on verrait que l'idée a pu en être fournie aux premiers inventeurs par les animaux; que les castors sont peut-être les premiers maîtres d'architecture, et qu'une coquille de noix nageant sur l'eau a pu donner le modèle de la première barque. La gloire de la première invention n'est donc pas si grande qu'on l'imagine.

D'ailleurs, si les anciens ont inventé beaucoup de choses, les modernes ont découvert des perfectionnements plus merveilleux que les premières inventions; et, à supposer que les premiers ouvriers aient eu plus de génie que ceux qui ont perfectionné leurs œuvres, ce qui n'est qu'une simple hypothèse, il n'est pas moins évident que les ouvrages récents, exécutés avec une pleine connaissance et une longue habitude, sont plus parfaits que les anciens, sortis de mains encore novices. C'est faute d'avoir fait cette distinction entre l'œuvre et l'ouvrier, ajoute Perrault, que plusieurs savants se sont élevés mal à propos contre l'auteur du poëme sur le *Siècle de Louis le Grand*, et l'ont accusé d'avoir manqué de respect envers les anciens. Il loue les anciens, mais il ne loue pas tous leurs ouvrages, et il use même d'un tel ménagement pour eux, que quand il ose, par exemple, trouver quelque chose à redire dans les poëmes d'Homère, il ne s'en prend qu'à son siècle, qui ne lui permettait pas de faire mieux, et non pas à son génie, qu'il traite de vaste et d'inimitable. On n'a pas compris, assurément, le système qu'il établit, quoiqu'il soit très-clair. Il pose pour fondement que la nature est immuable et toujours la même dans ses productions, et que, comme elle donne tous les ans une certaine quantité d'excellents vins, parmi un très-grand nombre de vins médiocres et de vins faibles, elle forme aussi dans tous les temps un certain nombre d'excellents génies parmi la foule des esprits communs et ordinaires. Nous convenons tous de ce principe, car rien n'est plus déraisonnable que de s'imaginer que la nature n'a plus la force de produire d'aussi grands hommes que ceux des premiers siècles. Les lions et les tigres qui se promènent aujourd'hui dans les déserts de l'Afrique sont aussi fiers et aussi cruels que ceux du temps d'Alexandre ou d'Auguste; nos roses ont le même incarnat que celles du siècle d'or : pourquoi les hommes seraient-ils exceptés de cette règle générale? « Ainsi, quand nous faisons la comparaison des anciens et des modernes, ce n'est point sur l'excellence de leurs talents purement naturels, qui ont été les mêmes et de la même force dans les excellents hommes de tous les temps, mais seulement sur la beauté de leurs ouvrages et sur la connaissance qu'ils ont eue des arts et des sciences, où il se trouve, selon les différents siècles, beaucoup de différence et d'inégalités. Car, comme les sciences et les arts ne sont autre chose qu'un amas de réflexions, de règles et de préceptes, l'auteur du poëme soutient avec raison que cet amas, qui s'augmente nécessairement de jour en jour, est plus grand, plus on avance dans les temps, surtout lorsque le ciel donne à la terre quelque grand monarque qui les aime, qui les protège et qui les favorise. »

Voilà les idées générales qui dominent dans l'ouvrage de Perrault. Examinons-les brièvement avant d'étudier les applications qu'il en a tirées.

Et d'abord, cette distinction ingénieuse entre l'ouvrage

et l'ouvrier, dont il se prévaut maintenant, ne se retournera-t-elle pas tôt ou tard contre lui? Lorsqu'il croira, par exemple, avoir démontré la médiocrité de quelque chef-d'œuvre antique, et qu'il en conclura celle des anciens, nous invoquerons, pour le rappeler au respect de l'antiquité, cette distinction de l'ouvrier et de l'ouvrage, et nous lui répondrons qu'à la rigueur l'œuvre a pu être médiocre et l'artiste excellent. C'est une arme contre Perrault que Perrault dépose entre nos mains.

En second lieu, j'admets qu'il y a des inventions qui ne valent pas certains perfectionnements. Celui qui découvrira l'art de diriger les ballons rendra, en un sens, un plus grand service à l'humanité que l'inventeur des aérostats, parce qu'un aérostat sans direction n'est qu'un jouet scientifique. Il est beau de trouver un trésor enfermé; mais le trésor n'est rien tant qu'on n'en a pas la clef. J'accorde encore qu'il a fallu au sauvage qui a bâti de bois et de terre la première cabane sur le modèle des huttes de castor, moins d'effort et d'art qu'à Michel-Ange pour jeter dans les airs le dôme de Saint-Pierre de Rome, ou à Claude Perrault pour élever la colonnade du Louvre. J'accorde qu'il y a moins loin de la coquille de noix flottant sur un ruisseau à la première barque, que de la première barque à nos vaisseaux de ligne. Mais Perrault conclut que l'invention du vaisseau est supérieure à celle de la barque, et il a tort. En vertu de son propre raisonnement et de sa distinction entre l'ouvrier et l'ouvrage, tout ce qu'il a le droit de conclure, c'est la supériorité du vaisseau. Pour proclamer justement celle du constructeur, il faudrait mesurer avec exactitude le degré d'invention qui lui appartient, et, pour cela, connnaître exactement la série des perfectionnements qui ont précédé et préparé son ouvrage. C'est précisément ce qui est impossible. Entre la barque et le vaisseau, que d'inventions diverses qui ne datent pas du même temps, qui ne relèvent pas du même ouvrier ! Qui sait combien il y a eu d'efforts, de tâtonnements et d'ébauches, depuis la coque du premier esquif jusqu'à la rame, de la rame au gouvernail, du gouvernail au mât et à la voile ? Combien a-t-il fallu d'années pour franchir tous ces degrés ? Nul ne saurait le dire : mais on peut conjecturer que la suite des essais a été longue, et que la gloire de l'invention se partage entre une foule d'inventeurs, tant l'esprit humain est lent à tirer les conséquences d'un principe et les applications d'une invention première ! Rappelons-nous le proverbe : Il y a plus loin de 0 à 1 que de 1 à 100.

Voilà le second vice du raisonnement de Perrault. Il ne tient pas assez de compte de l'invention première ; il ne voit pas que son grand mérite est de contenir virtuellement toutes les autres. Au point de vue de l'art, je le répète, la hutte du sauvage n'est rien auprès du Louvre ; mais au point de vue de la philosophie, le palais est contenu dans la cabane, comme le vaisseau de ligne est enfermé tout entier dans les flancs de la première pirogue. Tôt ou tard l'industrie humaine l'en fera sortir. Qu'est-ce que le gland à côté du chêne ? Mais que serait le chêne sans le gland ? Perrault s'occupe trop des résultats, et pas assez des causes. Ce qui fait la beauté de l'ébauche primitive et la grandeur de ces premières idées écloses dans l'esprit de l'homme, c'est qu'étant plus éloignées de l'art, c'est-à-dire du travail humain, elles sont plus près de la nature, c'est-à-dire de l'inspiration divine. L'art, c'est l'homme ajouté à la nature, a dit admirablement Bacon : *homo additus naturæ*. Dans ces premières découvertes de l'esprit humain qui s'éveille, dans ces idées encore confuses et imparfaites que lui suggère le spectacle de la nature, on ne saurait voir l'œuvre collective des générations écoulées et le fruit d'un long travail ; il n'y a que le don naturel de l'homme, que la faculté créatrice provoquée par la contemplation des choses, que le mécanisme merveilleux de la pensée humaine mis en mouvement par la main de Dieu. C'est là un privilége que rien n'égale. Nos industries sont admirables, mais nous ne pouvons revendiquer la gloire naïve et poétique du premier ouvrier, par la raison que nous ne pouvons être nos aïeux. Perrault l'a trop oublié. Voilà pourquoi il dédaigne étourdiment les inventions premières; voilà pourquoi il se moque de la pourpre, en la comparant aux teintures trouvées par la chimie, et de la première montre qu'il appelle un tournebroche, en la comparant aux pendules de Huyghens. S'il vivait de nos jours, en regardant passer un bateau à vapeur, l'ingrat se moquerait de Roger Bacon.

Cette préférence exclusive qu'il accorde au perfectionnement sur l'invention tient, au fond, à l'idée fondamentale de ses *Parallèles*, celle de la permanence des forces de la nature, qu'il exprime, comme Fontenelle, par une comparaison : Les arbres produisent aujourd'hui les mêmes fruits ; pourquoi les hommes ne produiraient-ils pas les mêmes idées ? Et s'ils les produisent, si, de plus, ils héritent de toutes celles de leurs devanciers, comment les hommes d'aujourd'hui, c'est-à-dire les vrais anciens, ne seraient-ils pas supérieurs à ceux d'autrefois; c'est-à-dire aux vrais modernes ? Il est temps d'indiquer les côtés faibles de cet argument. Je ne veux pas le prendre au mot, comme fit une femme d'esprit du XVIIe siècle, qui, mécontente de devenir une *ancienne*, se vengea en répliquant : « M. Perrault a raison; le monde est si vieux qu'il radote. » Mais, si les noms d'anciens appliqués aux modernes et de modernes appliqués aux anciens ne doivent pas se prendre à la rigueur, il faut avouer que les mots *autrefois* et *aujourd'hui*, dont Perrault se sert pour comparer le passé avec le présent, manquent de précision. Perrault aurait dû fixer les bornes de l'antiquité et de la nouveauté, afin que chacun pût connaître son bien et le défendre. Mais il a laissé le point indécis pour profiter de l'indécision, et il a tiré à lui, sous le nom de modernes, des hommes et des inventions qu'on peut revendiquer pour les anciens, selon la date qu'on assigne à la nouveauté. De même, comme il n'a pas défini la supériorité qu'il attribue aux modernes, comme il se sert de ce mot en général et sans en limiter le sens, il faut bien le prendre dans toute son étendue, et la responsabilité de Perrault s'accroît de toutes les distinctions qu'il ne fait pas. Mais le plus grand défaut de son argument, c'est qu'il tend à confondre, d'une façon absolue, la postériorité avec la supériorité. Si son principe était entièrement vrai, une époque l'emporterait sur une autre, par cela seul qu'elle viendrait après elle, et de la succession continue et indéfinie des générations résulterait la perfectibilité indéfinie de l'humanité, sans retardement, sans interruption. Mais, comme Perrault n'ignore pas que l'histoire lui ménage quelques objections, il se réserve d'abord une porte dérobée : « Il faut, dit-il prudemment, que toutes choses soient égales entre elles, pour qu'un siècle soit supérieur à l'autre; il faut qu'il n'y ait pas de guerres, pas d'invasions de barbares, pas de révolutions, pas d'interruption dans les études. » Voilà la théorie du progrès à la merci des événements! Que les catastrophes prévues par Perrault éclatent, combien l'humanité fera-t-elle de pas en arrière? Combien de temps mettra-t-elle, au moyen âge, à s'élever au-dessus du siècle d'Auguste, après avoir été si longtemps au-dessous? Perrault n'a garde de répondre; il aime mieux abandonner sa restriction, reprendre son principe dans toute son étendue, et soutenir qu'un siècle plus récent l'emporte nécessairement sur un siècle plus ancien, et que la succession implique la supériorité, c'est-à-dire que Perrault n'échappe à une contradiction que pour tomber dans une idée fausse, démentie par l'histoire et par le bon sens.

Examinons maintenant les applications que Perrault tire de ses principes.

Le premier dialogue des *Parallèles* roule sur l'architecture, la statuaire et la peinture. Perrault, à son début, a voulu se placer sur son terrain. On reconnaît le contrôleur des bâtiments de Colbert. L'homme du métier se montre, mais l'homme de métier plutôt que l'homme de goût. En toutes choses, Perrault croit beaucoup trop au métier et ne songe pas assez à l'art. Tout habile qu'il est dans la pratique, le sentiment du beau lui échappe. C'est un de ces esprits adroits et industrieux, doués d'une grande variété de talents et de connaissances, mais qui ne dépasse pas le point où l'artiste commence, et avec lui l'homme supérieur. Voici son raisonnement : Nous savons mieux la géométrie, la perspective et l'anatomie que les anciens; nous avons perfectionné les instruments et les procédés de l'architecture, de la statuaire et de la peinture; nous connaissons le secret du clair-obscur et de la dégradation des teintes, que les anciens ignoraient; donc nous sommes de plus grands architectes, de plus grands sculpteurs et de plus grands peintres que les anciens [1]. Perrault ne sépare pas la partie matérielle des arts, celle qui admet des perfectionnements successifs, de la partie spirituelle, de la pensée, du génie, qui peut être complet en naissant. Il ne voit pas que le perfectionnement des procédés et des instruments sert la médiocrité plutôt que le génie, et qu'au lieu de multiplier les chefs-d'œuvre, l'accroissement des

---

[1]. *Parallèles*, t. II, p. 237. L'abbé du Bos a contesté l'affirmation de Perrault, dans ses *Réflexions critiques sur la poésie et sur la peinture*; il soutient, en s'appuyant sur des textes, que les anciens égalaient, dans le clair-obscur et dans la distribution des lumières et des ombres, les plus grands peintres modernes. (Tome Ier, p. 407.)

connaissances les rend plus difficiles et plus rares, en étouffant les dons naturels sous le poids des idées acquises, comme sous un monceau de bois s'évanouit l'étincelle d'où la flamme allait s'élancer. Perrault n'établit même aucune distinction entre les arts qui ont besoin du temps pour arriver à leur perfection, et ceux qui peuvent être parfaits dès leurs commencements. Il ne songe pas que la peinture empruntant à l'humanité ses modèles, et que la beauté humaine variant avec les races et selon les époques, il peut y avoir, dans les types que la peinture copie, une décadence accidentelle qui atteint l'art lui-même, en corrompant l'idée que les peintres se forment de la beauté. Aux yeux de Perrault, les formes seules de la beauté varient, la beauté elle-même est égale dans tous les temps :

« Je me trouvais, il y a quelque temps, dit-il, avec cinq ou six de mes amis, dans le cabinet d'un curieux qui avait pris plaisir de ramasser les portraits des plus belles femmes qui soient aujourd'hui dans l'Europe, et de celles qui y ont fait du bruit pendant le dernier siècle. De quarante ou cinquante portraits que nous regardions, il n'y en avait pas deux qui se ressemblassent ni qui fussent du même genre de beauté. Nous nous imposâmes la nécessité de choisir chacun celle qui nous plairait le plus, pour voir si nous nous rencontrerions. Le choix tomba sur autant de beautés que nous étions d'hommes, et pas une n'eut deux voix pour elle. »

Je ne m'arrête pas à discuter cette double idée de la permanence dans la race humaine d'une beauté toujours égale sous des formes variées, et de l'égale légitimité des goûts les plus divers. Mais voici la conséquence qu'en tire Perrault : c'est que dans les arts, comme dans l'humanité, dans l'architecture, dans la statuaire, dans la peinture, dans l'éloquence et la poésie, il y a deux sortes de beautés :

les beautés universelles et absolues, c'est-à-dire celles qui plaisent en tout temps et tout lieu, et à tout le monde, et les beautés particulières et relatives, qui ne plaisent qu'à certaines personnes, en certains lieux et en certains temps. « En architecture, les beautés naturelles et positives qui plaisent toujours, c'est pour les bâtiments d'être élevés et d'une vaste étendue, d'être bâtis de grandes pierres bien lisses, bien unies, dont les joints soient presque imperceptibles ; que ce qui doit être perpendiculaire le soit parfaitement, que ce qui doit être horizontal le soit de même, que le fort porte le faible, que les figures carrées soient bien carrées, les rondes bien rondes, et que le tout soit taillé proprement, avec des arêtes bien vives et bien nettes [1]. » Voilà les beautés universelles et éternelles. Mais les proportions, mais le style, mais l'élégance des formes et le goût des ornements, ce sont des beautés purement arbitraires, qui plaisent parce que les yeux s'y sont accoutumés, et qui n'ont d'autre avantage que d'avoir été préférées à d'autres qui les valaient bien, et qui auraient plu également, si on les eût choisies.

De même dans l'éloquence, raisonner juste et conséquemment, prouver ce qu'on avance, réfuter les objections par des raisons solides et convaincantes, voilà les beautés absolues, éternelles ; le style, les ornements, la grâce, l'abondance ou la concision, la tristesse ou l'enjouement, la simplicité ou la parure, tout cela est purement arbitraire : c'est tantôt plus, tantôt moins, selon l'humeur des auditeurs, selon le goût et la mode du siècle [2]. En d'autres termes, Perrault n'admet de règle que pour le fond des choses : la forme, le style, le goût, pure convention. Il y a le vrai et le faux, le droit et le courbe, le carré et le perpendiculaire ; cela est de tous les temps, et tout le monde le sent.

---

1. *Parallèles*, t. II, p. 45. — 2. *Parallèles*, t. III, p. 49.

Mais le beau et le laid, la grâce et la difformité, l'agréable et le désagréable, ce sont des conventions et des caprices, c'est ce qu'on nomme le goût, qui n'est autre chose que la mode. Il s'ensuit naturellement qu'il ne faut pas alléguer le style ni le goût, quand on veut prouver la supériorité des anciens : car, d'après la thèse de Perrault, ce qui a plu de leur temps peut déplaire aujourd'hui, et il n'y a pas lieu d'asseoir un jugement sur les beautés mobiles de la forme. Reste le fond ; or, comme, pour le fond, pour la partie positive et matérielle des arts, pour le nombre et la justesse des idées, les modernes l'emportent sur les anciens, il est évident que leur architecture, leur statuaire, leur peinture, sont supérieures, aussi bien que leur éloquence. Le palais d'Auguste, dit-on, n'avait pas de vitres : qu'on lui compare la colonnade du Louvre. En architecture, Perrault ne cite que les monuments de son siècle, comme en peinture il tire plus volontiers ses exemples des œuvres de Lebrun, qu'il met au-dessus de Paul Véronèse et de Raphaël[1]. Si novateur qu'il soit, il borne volontiers son horizon ; il ne sort guère de Paris ou de Versailles, il méprise l'architecture gothique. Au Panthéon, au temple d'Éphèse, au Colisée, au théâtre de Marcellus, à l'arc de Constantin, il oppose la façade du Louvre, ce qui est d'un bon frère, et ne songe pas un instant à la cathédrale de Bourges et à Notre-Dame de Paris. Il n'aime pas plus le gothique que ne l'aiment Fénelon et La Bruyère. Il est tout entier de son siècle, par ses admirations comme par ses dédains.

Mais à quel titre discuterai-je les unes et les autres ? Perrault m'a désarmé d'avance en récusant le goût. Je ne veux pas entreprendre la défense du goût, peu sérieusement attaqué. Une seule réflexion. Il y a deux sortes de

---

1. *Parallèles*, t. 1er, p. 200 et suiv.

goût, comme il y a deux sortes de beauté : un goût passager, mobile, arbitraire, qui varie avec le caractère des hommes, avec le génie particulier des époques et des peuples, et qui correspond aux beautés passagères des choses; un goût invariable, certain, impératif, qui correspond à ces beautés éternelles que Perrault lui-même a reconnues. On ne sait, en vérité, comment la distinction des deux sortes de beauté ne l'a pas conduit à celle des deux sentiments qu'elles éveillent et qui les jugent. Il y a dans les arts des convenances permanentes qui ne dépendent ni du temps, ni du génie des nations, ni du tour particulier de chaque esprit, ni de la mode qui règne, convenances que la nature établit, et non la société. Le goût mobile et variable, le seul que reconnaisse Perrault, est celui qui s'attache aux convenances accidentelles que règle la société, et qui changent avec elle; c'est le goût qu'on peut nommer artificiel, parce qu'il ne dépend que de circonstances locales et temporaires que l'homme fait lui-même et défait tour à tour. Mais ces convenances éternelles établies par la nature, c'est le goût qu'on peut appeler naturel qui les juge; et j'entends par là le sentiment inné dans tous les hommes de tous les temps, cette conscience de l'esprit dont le germe se cache dans les natures les plus incultes, que l'éducation développe, et que l'extrême civilisation corrompt quelquefois. Quand on s'est asservi aux bienséances convenues du goût artificiel, on a grande peine à en affranchir son esprit et à découvrir, sous les règles superficielles inventées par la société, la loi simple et naïve du goût naturel. Combien il en coûte d'efforts pour s'arracher à ces habitudes de noblesse, de dignité, de recherche, qui sont comme l'atmosphère où l'esprit s'est efféminé! Perrault n'a pas rompu sa chaîne ; il a jugé les anciens en esclave du goût artificiel, et voilà l'origine de toutes ses méprises, de toutes ses injustices. Il a pris le goût de son siècle pour règle et pour modèle, et il s'est formé l'idée de la souveraine perfection d'après la cour de Louis XIV. S'il tourne en ridicule les jardins d'Alcinoüs, c'est qu'ils ne ressemblent pas aux Tuileries. Étrange inconséquence de prendre pour règle exclusive le goût de son temps, quand on n'admet rien d'absolu dans le goût !

Enfin, Perrault place au nombre des beautés éternelles de l'éloquence les raisons solides et convaincantes, les déductions exactes et suivies, l'enchaînement régulier des idées, en un mot, tout ce qui regarde le vrai, et il relègue parmi les beautés accidentelles et arbitraires tout ce qui regarde le beau. Avec plus de réflexion il aurait vu qu'en vertu de son principe il devait assigner le caractère de mobilité bien plus à ce qui dépend du vrai qu'à ce qui relève du beau. En effet, grâce aux perpétuelles acquisitions de l'esprit humain depuis l'antiquité, si nous l'emportons sur les anciens, c'est surtout par une possession plus ample de la science et de la vérité, c'est par notre manière de penser, bien plus encore que par notre manière de sentir. Quoique les sentiments humains se soient étendus depuis l'antiquité, le progrès de notre esprit a été plus grand que celui de notre âme. Il est difficile de contester à Perrault que les anciens avaient moins d'idées que nous. Mais qui oserait affirmer que nous avons plus de goût que les anciens? Les opinions littéraires du genre humain offrent moins de variété que ses opinions philosophiques. Les hommes diffèrent encore plus dans leur manière de comprendre le vrai que dans leur manière de sentir le beau. Blair, dans sa *Rhétorique*, fait une réflexion d'une grande justesse : « En matière de raisonnement, les hommes peuvent rester longtemps plongés dans l'erreur : des raisonnements plus solides les en feront sortir. Une proposition fondée sur une science, sur des connaissances ou sur des faits, peut être réfutée par une science plus étendue, des connaissances plus exactes, ou des faits mieux prouvés. Voilà pourquoi un système quelconque de philosophie ne reçoit aucune sanction de son antiquité ni du grand nombre de personnes qui l'ont embrassé. Il est naturel de penser que si le monde, en vieillissant, ne devient pas plus sage, il devient au moins plus instruit; et en supposant qu'il fût incertain lequel d'Aristote ou de Newton était un plus grand génie, il est du moins constant que la philosophie du second l'emporte sur celle du premier, parce que Newton profita de découvertes plus récentes qu'Aristote ne put connaître. Mais il en est tout autrement en matière de goût. Le goût n'est point lié au progrès des sciences ou à l'étendue des connaissances humaines : il est tout entier dans le sentiment. On voudrait vainement redresser les erreurs que les hommes commettent en fait de goût, comme celles qu'ils commettent en philosophie; car le sentiment universel est en même temps le sentiment naturel, et il est vrai, par cela seul qu'il est naturel. La réputation de l'*Iliade* et de l'*Énéide* est donc établie depuis la publication de ces poëmes; celle d'Aristote et de Platon remonte aussi haut, et cependant tout le monde est admis à combattre leur philosophie [1]. »

J'aurais bien d'autres objections à élever contre Perrault; nous les retrouverons sous la plume de ses adversaires. J'ai dû surtout réfuter, parmi ses idées, celles qui, malgré leur généralité et leur importance, ont été le moins combattues par ses contemporains, les partisans des anciens, comme si, dans la surprise de l'assaut, ils n'avaient pas aperçu d'abord les points les plus vulnérables de l'ennemi.

Le trouble des *anciens* et leur indignation furent profonds, en effet, quand parut le premier volume des *Paral-*

---

1. *Cours de littérature et de belles-lettres*, t. II, p. 304.

lèles : on s'en aperçoit à la préface du second. Perrault annonce qu'il change de plan; il avait dessein de montrer l'avantage que les modernes ont sur les anciens dans les sciences, et de réserver l'éloquence et la poésie pour le Dialogue suivant; mais on a fait courir le bruit qu'il reculait d'en venir là, se sentant plus faible sur cet article, et il veut prouver qu'il l'aborde aussi résolûment que les autres, en hâtant le moment de le traiter. Il espère ainsi calmer un peu la prévention en faveur des anciens qui a redoublé chez quelques personnes. Du reste, il ne s'étonne pas de ce redoublement. « Il y a des hommes payés et gagés pour faire entrer cette prévention dans l'esprit des jeunes gens qu'on a mis sous leur conduite, des hommes qui, revêtus de longues robes noires et le bonnet carré en tête, leur ont proposé les ouvrages des anciens, non-seulement comme les plus belles choses du monde, mais comme l'idée du beau, et cela avec des couronnes toutes prêtes, s'ils parvenaient à imiter ces divins modèles. » On voit qu'ici l'enseignement public est pris à partie. L'Université s'était scandalisée des opinions de Perrault; elle avait crié à l'ignorance et à la jalousie. Perrault criait au pédantisme. Il ne s'apercevait pas que la gloire des anciens ne repose pas sur l'autorité. Ce n'est pas parce qu'on les met dans les mains des jeunes gens qu'ils sont grands, c'est parce qu'ils sont grands qu'on les fait étudier dans les colléges. Virgile et Cicéron ne doivent pas leur gloire aux universités; ils sont classiques parce que de leur temps les meilleurs esprits les ont jugés des écrivains excellents, et que ce jugement s'est transmis à leurs successeurs. Du temps de Juvénal, ce n'étaient ni les robes noires ni les bonnets carrés qui prescrivaient le culte de Virgile et d'Horace. Il n'y avait pas à Rome d'université; les livres adoptés que les maîtres de la jeunesse mettaient entre ses mains, c'étaient ceux que leur désignait l'admiration publique, c'étaient Horace et

Virgile, dont les exemplaires enfumés, dit Juvénal, étaient dans toutes les mains :

> Quum totus decolor esset
> Flaccus, et hæreret nigro fuligo Maroni [1].

Perrault est plus heureux quand il répond au reproche d'envie : « Voilà, dit-il spirituellement, une espèce d'envie bien singulière. Jusques ici on avait cru que l'envie s'acharnait sur les vivants et épargnait les morts ; aujourd'hui l'on dit qu'elle fait tout le contraire. Cela n'est guère moins étonnant que d'avoir le cœur au côté droit ; et il faut que ces messieurs aient tout changé dans la morale, comme Molière disait que les médecins avaient tout changé dans l'anatomie. Je voudrais qu'on choisît un homme désintéressé et de bon sens, et qu'on lui dît que, parmi les gens de lettres qui sont à Paris, il y en a de deux espèces : les uns qui trouvent que les anciens auteurs, tout habiles qu'ils étaient, ont fait des fautes où les modernes ne sont pas tombés ; qui, dans cette persuasion, louent les ouvrages de leurs confrères et les proposent comme des modèles aussi beaux et presque toujours plus corrects que la plupart de ceux qui nous restent de l'antiquité ; les autres qui prétendent que les anciens sont inimitables et infiniment au-dessus des modernes, et qui, dans cette pensée, méprisent les ouvrages de leurs confrères, les déchirent en toute rencontre et par leurs discours et par leurs écrits. Je voudrais, dis-je, qu'on demandât à cet homme désintéressé et de bon sens quels sont les véritables envieux de ces deux espèces de gens de lettres ; je n'aurais pas de peine à me ranger à son avis. Ceux qui nous ont appelés envieux n'ont pas pensé à ce qu'ils disaient. On a commencé par nous déclarer nettement que nous étions des gens *sans goût et sans autorité*. On nous reproche aujourd'hui que nous

---

1. Sat. VII, vers 226.

sommes des envieux ; peut-être nous dira-t-on demain que nous sommes des entêtés et des opiniâtres. » Perrault termine cette seconde préface, comme la première, par un quatrain qui atteint Boileau :

> L'agréable dispute où nous nous amusons
> Passera sans finir jusqu'aux races futures :
> Nous dirons toujours des raisons,
> Ils diront toujours des injures.

Enfin on avait adressé de toutes parts à Perrault une objection qu'il juge sérieuse, car il essaye de la réfuter longuement dans son troisième dialogue. « Les modernes, avait-on dit, ne savent ni le grec ni le latin ; ils jugent des auteurs par les traductions ; ils sont condamnés à juger mal. » Perrault répond d'abord en insinuant qu'il n'ignore ni le latin ni le grec. « Vous savez parfaitement le grec et le latin, » dit le Président à l'Abbé, et l'on se souvient que l'Abbé c'est Perrault. Il y a là quelque prétention. Perrault ne sait que très-peu de grec ; quant au latin, il en possède ce qu'en a pu retenir un homme du monde qui a l'esprit curieux, qui a fait des études satisfaisantes et qui, « s'étant trouvé capable d'emplois considérables, y a occupé les plus belles années de sa vie, ce qui l'a empêché d'apprendre parfaitement les langues anciennes, partage ordinaire de ceux qui ne peuvent rien faire de mieux. » C'est Perrault qui dit cela, toujours à l'adresse des robes noires [1]. Qu'importe d'ailleurs ? Non-seulement, selon l'Abbé, il est permis de juger, mais on juge mieux les auteurs dans une traduction que dans le texte. Cette thèse singulière, Perrault l'appuie sur des raisons plus ingénieuses que persuasives. La première, c'est que l'on comprend toujours moins bien un auteur que le traducteur qui s'est appliqué et a réussi à le bien traduire ; la seconde, c'est que le traducteur vous expose, sinon le style, au moins les sentiments et les pen-

---

1. Tome II, p. 114.

sées de l'original aussi distinctement que l'original lui-même. Longin, ajoute Perrault avec une bonne grâce habile, n'a rien perdu en passant par les mains de M. Despréaux. La troisième raison, c'est que nous prononçons fort mal le latin et le grec, que nous leur ôtons par là leur douceur et leur harmonie, et que nous privons ainsi les auteurs originaux de leurs beautés naturelles. Il vaut donc mieux les lire dans des traductions qui, par la mélodie du français, nous donnent une idée de celle du latin et du grec. Si, malgré ces arguments, on persiste à soutenir la nécessité de lire les auteurs dans l'original pour les bien juger, c'est pure vanité ou pure politique : pour ne pas perdre le privilége de savant dont on se targue, et pour conserver le droit de récuser le témoignage de bon nombre de gens d'esprit. A ces raisonnements de l'Abbé, très-amplement étalés, le Président, défenseur des anciens, a la bonhomie de ne rien répliquer. Cet adversaire trop discret ne répond même pas que l'Abbé se fait la partie trop belle en prétendant qu'on a le droit de juger un auteur par une traduction, bien que la traduction ne puisse donner une idée de son style. Qu'est-ce que le style aux yeux de Perrault ? Nous l'avons vu plus haut : une beauté arbitraire et fugitive, à peine une beauté. Qu'importe donc que la traduction ne puisse reproduire le style ? elle retrace les sentiments et les idées de l'auteur, cela suffit. Comme si le style n'était pas l'homme même, la moitié de l'orateur, presque tout le poëte ! Le raisonnement de Perrault est de la dernière faiblesse. Il y insiste cependant. Il abandonne complétement la question de la forme, ce qui le met à son aise et le dispense de tenir compte des conditions de climat, de civilisation, de religion, de politique, qui exercent une si grande influence sur le goût et sur l'imagination des peuples. Il ne s'occupe que du fond des sentiments et des pensées. Dans ce champ restreint il

rencontre des idées justes et fines qui ont échappé à
Desmarets. Il indique, avec une précision élevée, le progrès
qu'ont fait, pour le fond des sentiments, l'éloquence et la
poésie. C'est une des meilleures pages de ses *Parallèlles*.

« Le cœur de l'homme, qu'il faut connaître pour le per-
suader et pour lui plaire, est-il plus aisé à pénétrer que
les secrets de la nature, et n'a-t-il pas été de tout temps
regardé comme le plus creux de tous les abîmes où l'on
découvre tous les jours quelque chose de nouveau, et dont
il n'y a que Dieu seul qui puisse sonder toute la profondeur ? Comme les anciens connaissaient en gros, aussi
bien que nous, les sept planètes et les étoiles les plus re-
marquables, mais non pas les satellites des planètes et un
grand nombre de petits astres que nous avons découverts,
de même ils connaissaient en gros, aussi bien que nous,
les passions de l'âme, mais non pas une infinité de petites
affections et de petites circonstances qui les accompagnent,
et qui en sont comme les satellites ; ce n'a été que dans
ces derniers temps que l'on a fait et dans l'astronomie et
dans la morale, ainsi qu'en mille autres choses, ces belles
et curieuses découvertes. En un mot, comme l'anatomie a
trouvé dans le cœur des conduits, des valvules, des fibres,
des mouvements et des symptômes qui ont échappé à la
connaissance des anciens, la morale y a trouvé des inclinations, des aversions, des désirs et des dégoûts que les
mêmes anciens n'ont jamais connus. Je pourrais vous faire
voir ce que j'avance en réunissant toutes les passions l'une
après l'autre, et vous convaincre qu'il y a mille sentiments
délicats sur chacune d'elles dans les ouvrages de nos auteurs, dans leurs traités de morale, dans leurs tragédies,
dans leurs romans et dans leurs pièces d'éloquence, qui
ne se rencontrent point chez les anciens. »

L'idée est juste, et incomplète cependant, car Perrault,
plus philosophe que Desmarets, n'insiste pas assez sur les

découvertes du christianisme dans l'âme humaine. Il oublie aussi que, tout en disposant d'instruments moins parfaits, on peut être un plus grand artiste, et que les anciens, précisément parce qu'ils avaient moins de ressources que nous, et connaissaient moins bien l'âme humaine, méritent d'autant plus de louange pour l'avoir si bien dépeinte.

Perrault, dans ses raisonnements, pèche souvent par omission. C'est un esprit qui perce droit devant lui; mais, tandis qu'il pousse en avant, il n'aperçoit pas autour de lui bien des idées qui modifieraient son argumentation. Il a plus de pénétration que d'étendue. Pour démontrer dans son troisième *Dialogue* que l'éloquence des modernes est supérieure à celle des anciens, il commence par établir qu'il y a plusieurs manières d'être éloquent, et que l'éloquence n'a pas besoin, pour plaire, d'être vêtue à la grecque, comme Démosthène, ou à la romaine, comme Cicéron. Tandis qu'il déduit son raisonnement, n'ayant en vue que la conclusion qu'il médite, à savoir qu'il peut y avoir autant d'excellents orateurs qu'il y a de manières d'être éloquent, il oublie une considération capitale dans un tel sujet : c'est que l'éloquence a besoin, pour se produire dans tout son éclat, d'une tribune qui en est le théâtre, d'événements qui en sont le sujet, d'une liberté publique qui en est la condition. Ce n'est que longtemps après, en parlant du *Dialogue des orateurs*, qu'il avisa que le Forum, chez un peuple libre, était un lieu plus favorable à l'éloquence qu'une salle d'audience devant des juges. Mais, en revanche, « les prédicateurs chrétiens, dit-il, sont dans des conditions oratoires plus belles que les orateurs anciens; parce qu'il est plus beau et plus difficile de décider le pécheur à combattre ses vices, que le peuple à faire la guerre à l'ennemi. » De plus on a, au XVIIe siècle, en France, bien plus de ressources pour étudier l'éloquence qu'autrefois à Rome ou à Athènes. Les anciens voyageaient au loin : ils allaient s'asseoir dans l'école de quelques rhéteurs et de quelques philosophes dont la science était bornée. Les modernes, sans se déranger, s'établissent dans une bibliothèque, où les philosophes et les orateurs de tous les temps et de tous les pays sont à leur commandement. « Les anciens orateurs sont des gentilshommes de campagne qui, ayant à régaler une grande compagnie de leurs amis, ne peuvent leur donner que ce qu'ils ont dans leur basse-cour, le gibier de leur chasse et les fruits de leur jardin ; les orateurs modernes sont des grands seigneurs qui ont à leur disposition tous les jardins de Paris pour traiter magnifiquement leurs convives. » Quel malheur pour Cicéron et pour Démosthène de n'avoir pas été les contemporains de Perrault !

Le quatrième *Dialogue* roule sur la poésie. Perrault se promet de triompher encore mieux des anciens sur ce terrain que sur celui de l'éloquence. Il commence par définir la poésie : une peinture agréable qui donne un corps, une âme, du sentiment et de la vie aux choses qui n'en ont point. Il distingue deux sortes d'ornements à l'aide desquels la poésie anime et embellit toutes choses : les uns naturels et communs à toutes les nations du monde, comme le sentiment, les passions, la parole, le raisonnement qu'on attribue aux choses qui n'en ont point ; les autres artificiels et qui n'ont d'usage qu'en de certains pays, comme les divinités que les anciens ont introduites dans leur poésie, comme les anges et les démons qu'on mêle dans les poëmes chrétiens. Les ornements de cette espèce font une grande beauté dans un ouvrage, mais ils ne sont pas de l'essence de la poésie, qui peut s'en passer sans cesser d'être poésie. Perrault cite, à l'appui de cette assertion, la poésie des psaumes de David, une des plus belles qui aient jamais été, et où le poëte ne se sert d'aucune de ces images tirées de la religion. Il en conclut que les anciens ne peuvent pas se prévaloir de leur mythologie pour prétendre à la supériorité, puisque les divinités païennes peuvent être remplacées dans les vers par les anges du ciel chrétien, et que d'ailleurs la poésie se passe des uns et des autres. Elle peut également les admettre, ajoute Perrault avec impartialité : l'usage de la fable est agréable, l'usage des anges et des démons est légitime. Et comme le Président allègue ici, d'après Boileau, que c'est une irrévérence de mêler aux jeux de la poésie la majesté de ces personnages chrétiens, l'Abbé répond au Président, c'est-à-dire à Boileau : « La poésie est un jeu d'esprit quand on s'en sert pour se jouer ; mais dans un poëme sur des matières importantes, la poésie n'est pas plus un jeu d'esprit que la grande éloquence dans des harangues, dans des panégyriques et dans des sermons. On ne peut pas dire que les poésies de David et de Salomon soient un pur jeu d'esprit, et vous ne voudriez pas, cher Président, l'avoir dit de l'*Iliade* ou de l'*Énéide*. Il est donc vrai qu'il y a des ouvrages de poésie très-sérieux, et où, par conséquent, l'entremise des anges et des démons n'a aucune indécence. Comme nous sommes très-persuadés que ces esprits se mêlent par l'ordre de Dieu dans les actions des hommes, soit pour les tenter, soit pour les secourir, et pour des raisons qui nous sont, la plupart, inconnues, le poëte ne peut-il pas nous les rendre visibles et leur donner des corps, suivant le privilége de la poésie ? C'est par ce principe qu'Homère a introduit toutes les divinités païennes, et qu'on voit Minerve accompagner presque toujours Ulysse. Ce qui a tant plu, lorsqu'il était faux, doit-il ne plaire plus, lorsque la vérité s'y rencontre ? C'est-à-dire, a-t-on dû être charmé de voir Minerve aux côtés d'Ulysse pour le préserver des traits de ses ennemis, quoique, effectivement, il n'y ait jamais eu de Minerve auprès d'Ulysse ? Et doit-on n'avoir plus que du dégoût quand des anges secourent un héros combattant pour la foi, lorsque la même foi nous assure que les anges combattaient avec lui ? »

Ces vues de Perrault sur la poésie ne manquent pas de justesse. Mais bientôt il passe à la critique de détail, et j'ai déjà remarqué que ses jugements ne valent pas ses idées. Tout à l'heure, il attaquait Démosthène et Cicéron. C'est maintenant le tour d'Homère et de Virgile. « Il y a, dit Perrault, des savants qui ne croient pas à l'existence d'Homère et qui disent que l'*Iliade* et l'*Odyssée* ne sont qu'un amas de plusieurs petits poëmes de divers auteurs, qu'on a joints ensemble. Pour ce qui est du nom d'Homère, qui signifie *aveugle*, plusieurs de ces poëtes étaient de pauvres gens, et la plupart aveugles, qui allaient de maison en maison réciter leurs poëmes pour de l'argent, et à cause de cela, ces sortes de petits poëmes s'appelaient communément les chansons de l'aveugle. » Et comme le Président se récrie, l'Abbé ajoute : « C'est l'avis de très-habiles gens. L'abbé d'Aubignac n'en doutait pas, il avait des mémoires tout écrits. On dit, d'ailleurs, qu'on travaille sur le sujet en Allemagne, où ces mémoires ont peut-être passé. » Nous retrouverons plus loin ce que Perrault appelle les mémoires de l'abbé d'Aubignac.

Après ce beau début, Perrault démontre à sa manière que la fable de l'*Iliade* est puérile ; la composition du poëme, défectueuse ; les caractères, mal dessinés ; les mœurs des héros, grossières ; celles des dieux, pires encore ; et quant au style, Perrault laisse au Chevalier le soin de le juger :

« Nous nous avisâmes l'année dernière de nous réjouir à la campagne avec ces sortes de comparaisons à longues queues, à l'imitation du divin Homère. L'un disait : « Le teint de ma bergère ressemble aux fleurs d'une prairie où paissent des vaches bien grasses qui donnent du lait blanc, et dont on fait d'excellents fromages. » L'autre disait : « Les yeux de ma bergère ressemblent au soleil qui darde ses rayons sur les montagnes couvertes de forêts, où les nymphes de Diane chassent des sangliers dont la dent est fort dangereuse. » Et un autre disait : « Les yeux de ma bergère sont plus brillants que les étoiles qui parent les voûtes du firmament pendant la nuit, où tous les chats sont gris. »

Cette anecdote du Chevalier n'est peut-être pas une fiction. Il me semble assister à une conversation joviale des frères Perrault, à la campagne, pendant l'après-souper. Les irrévérents, qui dès leur jeunesse travestissaient Virgile, sont bien capables de parodier Homère. Perrault n'épargne ni la reine Pénélope avec ses amants, ni la princesse Nausicaa lavant son linge à la rivière, ni le roi Laërte « et sa vieille servante qui lui apprête son dîner pendant qu'il se promène dans ses vignes. » Quand il passe à Virgile, il n'est pas plus doux pour Énée, ni pour Didon, ni pour Vénus, « une horrible impudente, qui prie Vulcain, son mari, de lui forger des armes pour son bâtard ! » Horace ne manque pas de génie ; mais sa versification est quelquefois bizarre :

> Jove non probante, u —
> xorius amnis....

Quel singulier trait d'union ! Que penserait-on de cette strophe française en vers coupés comme le latin :

> L'autre jour, dans nos bois, le berger Tircis, qui
> Endure de Philis les rigueurs inhumaines,
> Lui faisait une longue ky-
> rielle de ses peines.

Ovide est un homme d'esprit ; mais il n'a pas parlé de l'amour avec l'art délicat et fin des Voiture, des Sarrasin, des Benserade. Les tragiques anciens ne soutiennent pas la comparaison avec Corneille ; leurs tragédies n'ont pas d'intrigue « et ne peuvent occuper le quart de l'attention des spectateurs. » Et leurs comédies ! Une personne d'un mérite extraordinaire, Mme Dacier, vient de traduire Aristophane. Qui a pu le lire, sinon les savants de profession ? Ce ne sont que de méchants mots et de fades plaisanteries !

Les comédies latines valent mieux ; mais Plaute a trop envie de faire rire, et Térence n'y songe pas assez. Plaute est trop chaud, Térence est trop froid. Restent les satires. « Le meilleur satirique que nous ayons aujourd'hui, a imité Horace en plusieurs endroits. Mais il n'est point vrai qu'il n'ait fait que cela. Il y a dans ses satires une infinité de choses de son invention très-excellentes et beaucoup meilleures que celles qu'il a tirées d'Horace. C'est même dommage que la vénération trop grande qu'il a eue pour cet auteur, lui ait fait croire que par là il enrichit ses ouvrages ; je trouve que cette imitation trop grande diminue quelque chose de leur beauté, mais il n'est pas moins vrai que les ouvrages du satirique moderne ne le cèdent point à ceux des anciens. »

C'est ainsi que Perrault, fidèle à sa politesse et à sa tactique d'impartialité envers ses adversaires, met le public de son parti, en ne montrant ni passion ni colère, et en répondant par des louanges aux sarcasmes de Boileau. Une fois cette attitude prise, il adresse à Boileau, sans le nommer, quelques reproches habilement choisis, qui doivent rallier autour de Perrault toutes les victimes de son adversaire. Il se plaint que les satiriques modernes nomment les gens dans leurs vers, au lieu de prendre des noms en l'air, comme Jean et Martin. Il prend la défense de Quinault, de Chapelain, qui avait encore des partisans ; de Cotin, dont il vante la science dans les langues anciennes et dans les langues orientales ; de Cassagne, de Saint-Amant, l'auteur de la *Solitude*, « un homme du plus grand mérite, qu'on a eu grand tort de traiter de fou, sur ce qu'on suppose qu'il a mis des poissons aux fenêtres. » Enfin, Perrault bat le rappel et enrôle tous les ennemis de Boileau. Tel est le dessein de son quatrième *Dialogue*, le plus faible de tous pour le fond des idées, le plus curieux par la politique qu'il révèle, et par la confiance qu'il suppose dans l'approbation du public. Perrault se félicite de l'avoir obtenue, et son assurance est celle d'un homme qui se sent écouté et souvent applaudi.

Ni le succès de Perrault, ni les éloges calculés qu'il accordait aux *anciens*, n'étaient propres à les désarmer. « D'excellents hommes, dit-il, que j'ai loués et dont j'ai cité les ouvrages comme des preuves incontestables de la supériorité de notre siècle, ont mieux aimé se fâcher de l'injustice qu'ils prétendent que j'ai faite aux anciens, que de me savoir gré de la justice que je leur ai rendue. » Mais, dans l'intervalle du quatrième au dernier *Dialogue*, des amis communs de Perrault et de Boileau réussirent à les réconcilier, et Perrault renonça au dessein, qu'il avait annoncé, d'établir un parallèle entre les plus beaux endroits des poëtes anciens et ceux des poëtes modernes, quoique les matériaux fussent prêts. « J'ai mieux aimé, dit-il, me priver du plaisir de prouver la bonté de ma cause, que d'être brouillé plus longtemps avec des hommes d'un aussi grand mérite que ceux que j'avais pour adversaires, et dont l'amitié ne saurait s'acheter trop cher. » Déclaration loyale qui fait honneur à Perrault, et qui prouve que, si ses théories valent mieux que ses jugements, ses sentiments sont supérieurs à ses idées. En lui le philosophe l'emporte sur le critique, et l'homme sur l'écrivain.

J'entrerai plus loin dans le détail de cette réconciliation et des autres épisodes de la guerre. Je les ai écartés jusqu'ici, pour ne pas interrompre l'analyse des *Parallèles*, que je vais achever.

Perrault, comme je l'ai dit, renonça bien à comparer les beaux endroits des poëtes anciens et modernes, mais non pas à terminer son ouvrage. Son dernier *Dialogue*, publié en 1697, forme le quatrième volume des *Parallèles*. L'auteur y examine les titres des anciens et des modernes dans les sciences, en médecine, en philosophie, en musique, etc.

C'est la partie de son livre qu'il recommande le plus, parce qu'il a été secouru par messieurs de l'Académie royale des sciences, « qui ont bien voulu lui donner des mémoires sur les choses dont chacun d'eux fait une profession particulière. » Je passerai rapidement sur ce *Dialogue,* qui ne renferme pas de vues générales, et dont le sujet s'éloigne de mes études. Je dois remarquer seulement que la réconciliation a porté ses fruits. Perrault montre plus de respect à l'égard des anciens. Le dédain qu'il leur témoignait fait place à une compassion bienveillante, assez piquante quelquefois. Il s'apitoie sur le sort de tous ces grands personnages de l'antiquité, qui, dès l'âge de quarante à cinquante ans, devenaient inutiles au public, à leur famille et à eux-mêmes, parce que leur vue s'affaiblissait, et qu'ils n'avaient pas le bonheur de porter des lunettes. Il parle de l'astrologie en homme affranchi des préjugés que le XVIIe siècle conservait encore. Il exprime, sur l'art de découvrir les caractères dans les physionomies, des idées justes et fines, qui sont comme des pressentiments de celles de Lavater. Il paraît connaître tous les instruments nouveaux de la mécanique, de la médecine, de l'industrie ; il explique la fabrication des bas de soie et des rubans, et il indique comment on pourrait faire des cornets pour les sourds. Enfin il prête aux idées scientifiques, dont il a besoin pour soutenir sa thèse, une langue comparable à celle de Fontenelle pour la clarté et la simplicité. En ce qui touche la morale, un sentiment honorable de piété et une mauvaise habitude de logique le rendent injuste pour les anciens. La morale, selon Perrault, est de toutes les parties de la philosophie celle que les anciens ont le plus ignorée, parce que le fondement de la morale est de se bien connaître, et que pour se bien connaître il faut apprendre de la religion chrétienne la corruption du cœur humain et le désordre causé par le péché originel. L'âme de la philosophie ancienne, c'est l'orgueil. Les païens n'ont pu être vertueux par aucun principe, n'étant pas chrétiens, et le *paraître* a été leur seul but. Nous connaissons cette thèse sur les fausses vertus des païens. Du moins Perrault ne l'a pas poussée si loin que certains écrivains de nos jours ; car il avoue que les anciens philosophes « ont dit de très-belles, de très-bonnes choses, de très-propres même à nous confondre, si l'on songe qu'ils n'étaient aidés que par les seules lumières naturelles. » Il ajoute avec finesse, en songeant aux stoïciens : « Il n'y a qu'à rapporter à Dieu les mêmes actions dont ils se constituaient l'unique fin, et les faire avec humilité, au lieu qu'ils les faisaient avec orgueil. » Arrivant à la philosophie moderne, il se plaint, par le même sentiment de foi chrétienne, que Descartes ait dit que pour bien philosopher, il faut commencer par douter de toutes choses, et par regarder comme fausses toutes celles dont on peut douter. « Sait-on bien, dit-il spirituellement, où l'on s'expose à tomber, quand on fait le saut périlleux du doute méthodique ? » Perrault craint que le doute ne finisse par passer des connaissances naturelles aux connaissances surnaturelles, et que la méthode de Descartes, qui a pour but de restaurer la philosophie, n'ait pour effet d'ébranler la religion. Néanmoins il met Descartes bien au-dessus de tous les anciens, et surtout de Socrate, dont il ne peut souffrir l'air moqueur et ironique. « Je sauterais volontiers aux yeux d'un homme qui en userait de la sorte avec moi. » La discussion continue quelque temps encore entre l'Abbé, le Président et le Chevalier. Enfin celui-ci la clôt en ces termes : « Il faut que je vous dise, avant de nous séparer, mon avis sur toute notre dispute ; je l'ai mis ce matin en vers, n'ayant pu me rendormir après mon premier sommeil :

> Quand le dieu des saisons aura moins de lumière
> Au milieu de son cours qu'en ouvrant sa carrière ;

> Qu'un chêne qui n'a vu que deux ou trois printemps,
> Aura plus de rameaux qu'un chêne de trente ans;
> Qu'un fleuve roulera plus de flots à sa source
> Qu'il n'en porte à la mer en achevant sa course;
> Que le rustique gland des antiques forêts
> Vaudra mieux que le blé des modernes guérets;
> Quand, pour trop manier ou le marbre ou l'argile,
> On verra qu'un sculpteur en devient moins habile;
> Qu'un pilote, en voguant, perd l'art de naviguer;
> Qu'un Cyclope, en forgeant, désapprend à forger;
> Je croirai qu'en nos jours il n'est rien qui réponde
> Aux plus faibles essais de l'enfance du monde. »

Le Chevalier aurait aussi bien fait de se rendormir. Sa longue période martelée ne vaut pas les trois vers de Voltaire :

> La nature est inépuisable,
> Et le travail infatigable
> Est un dieu qui la rajeunit.

« Mais, continue Perrault, M. le Président ne put s'empêcher d'applaudir aux vers de M. le Chevalier, et de marquer par là qu'il n'avait plus tant de mépris pour les modernes. On vint, dans ce moment, les avertir que leur équipage était prêt, de sorte qu'après avoir fait encore un tour de promenade sur le grand parterre, ils quittèrent ce séjour admirable pour s'en retourner à Paris, avec la ferme résolution de revenir incessamment en admirer encore les beautés qu'ils avaient vues avec tant de plaisir [1]. »

On peut juger maintenant l'ensemble des *Parallèles*. C'est l'œuvre d'un esprit libre, dégagé des opinions préconçues, aventureux, entreprenant, sinon original. Ce n'est pas à Perrault qu'appartient l'idée première du débat; ce n'est pas lui qui porte les premiers coups : il doit une partie de

---

[1]. Perrault, t. IV, p. 293.

ses idées à Desmarets, à Fontenelle, à Pierre Perrault. Il n'a pas mieux posé qu'eux la question; il a confondu comme eux les sciences qui ont besoin du temps pour se perfectionner, et les arts qui, pour être parfaits, peuvent se passer du temps. Mais ce débat commencé assez obscurément par un poëte médiocre, à demi visionnaire, et continué, comme en passant et par distraction, par un bel esprit circonspect, c'est Perrault qui l'a porté dans le sein de l'Académie, en un jour solennel, et lui a donné l'importance et l'éclat d'un manifeste littéraire. Il a fait un livre complet, une thèse *ex professo*, du pamphlet de Desmarets et de la *Digression* de Fontenelle; il a repris hardiment et de front le sujet que l'auteur du discours sur l'Églogue avait effleuré discrètement et comme pour se distraire. Il a attiré sur lui tout l'effort du combat que Fontenelle avait évité, en restant sur le bord du champ de bataille; il a été le centre de la mêlée, il a reçu les atteintes des mains les plus illustres. La *Digression* sur les anciens n'est qu'un épisode de la vie littéraire de Fontenelle; les *Parallèles* sont l'ouvrage capital et le monument de Perrault. Enfin, il a su, par l'insistance et l'art spécieux de son argumentation, par le tour aisé et piquant de son style, remettre en lumière et accréditer les idées noyées dans le fatras de Desmarets, perdues dans la préface de la traduction du *Seau enlevé*, et trop resserrées dans la *Digression* concise de Fontenelle. C'est lui qui a montré jusqu'ici le plus de confiance dans le génie moderne. C'est lui qui a rompu le plus hardiment avec la tradition littéraire et proclamé le libre examen en littérature, et même l'indépendance absolue des goûts. Enfin c'est lui qui, en agitant le plus fortement l'opinion par la vivacité de ses attaques contre l'antiquité, a porté au respect qu'on avait pour les anciens, et, par suite, aux études, une atteinte dont l'effet ne se fit sentir que plus tard en France, mais qu'on dénonça de bonne heure en Allemagne. Voilà pourquoi c'est Perrault qui a gardé devant la postérité la plus grande part d'importance et de notoriété dans le débat dont il n'a pas été le promoteur; c'est à lui que s'est attachée cette espèce de renommée équivoque de révolte contre les anciens, qui a été longtemps un ridicule, et qui semble être devenue aujourd'hui un honneur. C'est son nom qu'on a invoqué dans nos dernières insurrections littéraires, comme celui d'un ancêtre. Il arrive souvent, en littérature, que la responsabilité d'une idée s'attache, non à celui qui la découvre le premier, mais à celui qui l'adopte et la produit en son nom, non aux pères, mais aux parrains. Aujourd'hui que Perrault a repris faveur et qu'on lui a pardonné les erreurs de son goût en l'honneur des idées justes qu'il a propagées, il ne déclinerait certes pas cette responsabilité devenue presque une gloire ; et de son temps même, alors qu'elle le désignait aux coups des partisans des anciens, il n'aurait pas été bien venu à s'effacer derrière Desmarets et Fontenelle; il avait fait lui-même, dans son livre, une trop petite part à l'invention et une trop grande au perfectionnement, pour n'être pas puni par où il avait péché, et pour ne pas subir la peine du paradoxe d'autrui qu'il avait perfectionné, tout en l'aggravant. Du reste, il n'était pas homme à reculer ; il prit son parti des attaques qu'il avait provoquées ; il se comporta bravement sur le champ de bataille. Il eut la bonne fortune de n'être pas toujours bien attaqué; et, même lorsqu'il eut visiblement tort pour le fond des idées, il sut presque toujours se donner raison dans la forme et se concilier la faveur du public par la politesse recherchée de ses répliques à des adversaires trop vifs et trop mécontents pour l'imiter.

En résumé, des vues ingénieuses, des arguments spécieux à l'appui d'idées fausses, des jugements plus que téméraires, une critique superficielle en littérature, une connaissance très-imparfaite des originaux, une instruction légère, même dans les sciences et dans les arts, de l'imagination, de l'esprit, de l'urbanité, un style agréable et naturel, voilà le livre de Perrault, livre destiné à produire un effet assuré sur le public français, en lui plaisant et en lui persuadant que la querelle des anciens et des modernes était la guerre des gens du monde contre les pédants. En France, le penchant naturel est de soupçonner de pédanterie quiconque professe le respect pour les anciens, pour l'autorité de la tradition, et pour les grands modèles. Mais tous les pédants ne sont pas en *us*. Il y a le pédantisme de l'ignorance légère et dédaigneuse, comme il y a le pédantisme de la science pesante et refrognée. Le pédantisme est une affectation et pour ainsi dire une grimace de l'esprit. Il y a des grimaces de toutes sortes : celle qui contrefait l'air aimable et mondain, comme celle qui contrefait l'air sévère et profond ; et même de toutes les affectations, la plus pédante, sans contredit, est celle de l'ignorance. C'est la plus commune chez nous ; ceux qui savent le mieux n'ont pas toujours le courage de leur savoir ; ils ont peur du ridicule. De deux personnes, dont l'une ignore et décrie les anciens, et dont l'autre les connaît et les vante, demandez au premier venu quel est le pédant : il vous répondra que c'est le dernier, et justement c'est l'autre. Voilà pourquoi le livre de Perrault, par ses défauts comme par ses qualités, ne pouvait manquer son effet sur le public français. Il aurait fallu qu'il trouvât un adversaire qui ne dédaignât pas de lui répondre sérieusement, qui n'eût pas peur de paraître savoir, qui relevât toutes les erreurs de Perrault, mais qui discutât aussi toutes ses idées, en un mot, qui lui répondît en humaniste et en philosophe. Cet adversaire, Perrault l'attendit longtemps, ou plutôt il ne le trouva pas.

CHAPITRE XIII.

Des défenseurs des anciens : Dacier, Ménage, Francius, Longepierre, de Callières, Huet.

Les premiers qui prirent feu pour les anciens furent les érudits. Ils se crurent les victimes de l'Abbé, et commirent l'imprudence de se reconnaître dans le portrait qu'il avait tracé d'eux. Le plus offensé de tous, ce fut Dacier, traducteur zélé, « estimé de tous ceux qui aiment les humanités, comme dit Basnage de Beauval, surtout depuis qu'il a joint ses connaissances à celles du traducteur d'Anacréon, Mlle Le Fèvre, et que le latin a épousé le grec [1]. » Dans une préface irritée que Dacier mit à la tête du sixième volume de sa traduction d'Horace, il déclara « que les barbares qui avaient ravagé la Grèce et l'Italie, et travaillé avec tant de fureur à détruire ce qu'elles avaient de plus beau, n'avaient jamais rien fait de plus horrible que ces auteurs d'aujourd'hui qui veulent arracher aux anciens leurs couronnes. » Dacier ne se contenait pas plus dans son admiration pour

---

1. Basnage, *Ouvrages des savants*, octobre 1687. Cizeron-Rival a cité une épigramme assez plaisante qu'on fit courir sur Dacier, à propos de cette polémique où l'on disait que Mme Dacier avait mis la main. Boileau, dans une lettre à Brossette (135), attribue l'épigramme à l'abbé Tallemant :

> Quand Dacier et sa femme engendrent de leurs corps,
> Et que de ce beau couple il naît enfants, alors
>   Madame Dacier est la mère.
> Mais quand ils engendrent d'esprit
>   Et font des enfants par écrit,
>   Madame Dacier est le père.

les anciens que dans sa colère contre les partisans des modernes. L'enthousiasme est permis quand il s'agit d'Horace ; mais son traducteur avait une façon de le vanter qui atténuait les torts de Perrault. Selon lui, Horace n'ignorait rien ; il avait lu les livres de Moïse et suivi la méthode de Salomon dans ses *Proverbes*, pour inspirer l'horreur de l'adultère. « C'est, ajoute naïvement Dacier, ce que personne encore n'avait découvert jusqu'à présent[1]. » Dacier se trompe. Il y avait avant lui un personnage, fictif, il est vrai, qui honorait les anciens d'une égale idolâtrie, et découvrait chez eux de semblables merveilles : c'est le *Barbon* de Balzac, « qui portait sur sa robe de la graisse du dernier siècle, et de la crotte du règne de François Ier. »

On a dit que ce *Barbon* est le portrait de Ménage. Ménage, en effet, était un des amants de l'antiquité, et, malgré ses dénégations, il passe pour l'auteur d'une épigramme en vers latins contre le poëme de Perrault (le *Siècle de Louis le Grand*). En voici la traduction :

> Cher Sabellus, ton bon ami Perrault
> A fait des vers que le *Siècle* il appelle,
> Où le bonhomme assure et dit tout haut
> Que nos Le Bruns en savent plus qu'Apelle,
> Que nos brailleurs font mieux que Cicéron,
> Que nos rimeurs l'emportent sur Maron.
> O *Siècle* fade et de peu de cervelle[2] !

Cette traduction, moins élégante que le texte, est de Per-

---

1. Dacier, *traduction d'Horace*, t. VI, p. 52.
2.
> Cui *Sæcli* titulum dedit, Sabelle,
> Perraldus tuus edidit poema,
> Quo vir non malus asserit putatque
> Nostris cedere Bruniis Apellem,
> Nostris cedere Tullium patronis,
> Nostris cedere vatibus Maronem.
> O *Sæclum* insipiens et inficetum !

Tasnage attribue cette épigramme à Ménage (*Ouv. des sav.*, septembre

rault lui-même, qui, piqué de l'application faite par Ménage d'un vers de Catulle, lui écrivit une lettre spirituelle : « Je demeure d'accord, disait-il, que l'épigramme est belle pour une épigramme latine de ce temps-ci, car, quoiqu'elle ne soit fondée que sur l'équivoque du mot *siècle*, cependant comme le plus grand mérite de la plupart des ouvrages latins d'aujourd'hui n'est point d'avoir du sens et de la raison, choses trop communes et trop triviales, mais de faire allusion à quelque endroit d'un auteur classique, je comprends que cette épigramme a, pour certaines gens, une beauté qui les charme et qui les enlève. » Néanmoins Perrault feint de ne vouloir pas l'imputer à Ménage, puisque celui-ci la désavoue. « Un de mes amis, continue-t-il, ayant vu l'M qui est au bas de cette épigramme, a cru qu'elle était de quelque nouveau Montmaur, parent du célèbre parasite que nos Muses ont chassé si agréablement du haut du Parnasse à coups de fourche. » Du reste, Perrault s'accoutume à ces aménités latines, en prose et en vers. Il avait été fort maltraité naguère dans une harangue prononcée à Amsterdam, par le professeur Francius, et il en envoie un extrait à Ménage, avec la traduction, pour lui montrer qu'à l'étranger, comme en France, les *anciens* ne l'épargnent pas :

« Un écrivain français s'est porté naguère à cet excès d'audace, de n'avoir pas douté d'assurer que si Cicéron vivait aujourd'hui, il ne pourrait pas être mis au second ni au troisième rang des orateurs, et qu'à peine il aurait place parmi les médiocres avocats du parlement de Paris.

Voilà le cœur de Zénodote, voilà le foie de Cratès!

« Il est vrai que M. Ménage, par de très-beaux vers, et

1687). Voir aussi *Huetiana*, chap. XII. Il courut dans le monde lettré d'alors une foule d'épigrammes pour faire suite à celle-ci. Bayle en cite plusieurs dans ses *Nouvelles de la république des lettres*, septembre 1687.

M. Dacier, dans sa dernière préface sur Horace, et plusieurs autres encore, ont réprimé l'insolence de ce très-impertinent homme, car ceux d'entre les Français qui ont le nez le plus pointu [1], et qui sont versés dans la lecture des anciens, n'ont pu souffrir cette violence, même dans un homme de leur nation. Cependant ces choses se répandent dans le public; les jeunes gens les lisent, les journaux en parlent, et ceux qui connaissent peu ces grands héros de l'antiquité en conçoivent une mauvaise opinion. »

« Ce sont là, poursuit Perrault, des injures en forme, qui excèdent toutes les libertés permises entre les gens de lettres, et dire en public qu'un homme est *très-impertinent*, c'est, assurément, lui faire un véritable outrage. Cependant, comme je sais que les injures n'ont pas la même force en latin qu'elles auraient en français, je les pardonne de bon cœur à M. Francius, en faveur des priviléges de la langue latine, pourvu qu'il fasse réflexion combien peu délicate est cette langue, combien peu délicat sont été la plupart de ceux qui l'ont parlée, et combien peu le sont encore la plupart de ceux qui la parlent, puisque, pour les mêmes choses où l'on ne daigne pas faire attention quand elles sont dites en latin, on se couperait la gorge si elles étaient dites en français. »

A cette leçon dédaigneuse et polie donnée à Ménage, dans la personne de Francius, Ménage ne réplique pas. Jusqu'ici les érudits n'avaient pas le dessus; ils n'apportaient dans le débat que des épigrammes, comme Ménage, ou des invectives, comme Dacier et Francius, et la prédiction de Perrault semblait se vérifier :

> Nous dirons toujours des raisons,
> Ils diront toujours des injures.

---

1. C'est une élégance latine dont quelques gens se servent pour dire « qui ont le plus de discernement. » (*Note de Perrault.*)

Un écrivain, homme du monde, qui savait assez de grec, un gentilhomme poëte, le baron de Longepierre, entreprit de dire des raisons et de les dire avec urbanité. Mais comme il est plus facile de parler civilement que de bien raisonner, le seul mérite du *Discours* de Longepierre [1], c'est la politesse de son langage : mérite d'autant plus louable que son admiration pour les anciens n'admet pas de limites. Un mot résume son livre : les anciens n'ont pas fait de fautes, ou leurs fautes sont belles. Il loue Homère d'avoir servi de règle aux jurisconsultes et apaisé les révolutions. Un de ses vers, dit-il, a disposé d'un État, et donné un frein à la licence d'un peuple mutiné. En célébrant la gloire d'Eschyle, il affirme, d'un air de triomphe assez plaisant, qu'il faisait accoucher les femmes sur la scène et mourir les enfants de frayeur. Quand il défend l'antiquité contre Perrault, son style s'élève à un degré de pompe et de gravité qui touche au ridicule. Joad, interdisant l'accès du temple à l'impie Athalie, n'est pas plus solennel.

Il était temps de changer de ton : la cause de l'antiquité était compromise par le sérieux tragi-comique de ses défenseurs. Aussi le public accueillit-il avec faveur un petit livre demi-sérieux, demi-badin, qui venait de paraître, et qui déjà courait dans toutes les ruelles. Je ne m'arrêterais pas à cet ouvrage d'un écrivain oublié, s'il n'était à peu près inconnu aujourd'hui, et surtout s'il n'avait pas donné à Swift l'idée d'une œuvre charmante : la *Bataille des livres*. L'*Histoire poétique*[2] est, comme la *Nouvelle allégorique* de Furetière, comme le *Parnasse réformé* de Guérët, une de ces satires littéraires sous la forme dramatique, dont Lucien a donné les modèles. L'auteur raconte que dans l'assemblée de l'Académie, au Louvre, Perrault vient de lire le *Siècle*

---

1. *Discours sur les anciens*. Paris, 1687.
2. *Histoire poétique de la guerre des anciens et des modernes*, par M. de Callières, 1688.

de Louis le Grand, qui partage l'Académie en deux camps opposés. Aussitôt la Renommée sème l'alarme jusque sur le Parnasse, et les plus illustres des anciens et des modernes qui habitent la montagne sacrée se divisent comme l'Académie. La guerre est résolue. Homère prend le commandement des poëtes grecs, Virgile celui des poëtes latins. Démosthène est élu général des orateurs grecs, malgré la concurrence d'Eschine ; Cicéron, des orateurs latins, malgré celle d'Hortensius. Corneille est à la tête des Français ; le Tasse, des Italiens ; Cervantes, des Espagnols. La bataille s'engage. En voici un épisode :

« Lucain vit alors s'avancer de son côté deux corps d'armée commandés par deux des plus grands poëtes d'entre les vivants. Ils étaient tous deux armés moitié à la grecque, moitié à la romaine, quoique Français de nation. L'un était à la tête d'environ vingt mille vers partagés en dix poëmes dramatiques, dont il y avait neuf tragiques et un comique, et l'autre était suivi d'un *Art poétique* en quatre chants, d'un poëme héroï-comique en six chants, de neuf satires, de neuf épîtres et d'un discours en vers. Toutes ces troupes étaient bien lestes, bien armées, et marchaient dans un très-bel ordre. Lucain, à la tête des dix livres de sa *Pharsale*, s'avance avec une contenance fière vers l'un de ces deux chefs, et lui adressant la parole : « C'est donc
« toi, téméraire mortel, lui dit-il, qui as osé railler le plus
« grand poëte de ta nation, parce qu'il me préférait à Vir-
« gile, et du soin qu'il avait de profiter de mes belles pen-
« sées pour en enrichir ses ouvrages[1] ? — C'est donc toi, lui ré-
« plique le poëte moderne avec la même fierté, qui as été assez
« présomptueux pour prétendre que l'enflure de tes vers les

---

1. Tel excelle à rimer qui juge sottement.
Tel s'est fait par ses vers distinguer dans la ville,
Qui jamais de Lucain n'a distingué Virgile.
(*Art poétique*, chant IV.)

« devrait égaler à la solide grandeur des vers de Virgile,
« qui as cru éblouir la postérité par le faux brillant de quel-
« ques vers sentencieux et de quelques maximes souvent peu
« justes et mal placées ? C'est toi qui as été assez lâche pour
« louer si excessivement Néron, l'abominable Néron !.... »
Et Boileau continue ses invectives, en signalant tous les
défauts de la *Pharsale*, qui lui cachent toutes ses beautés.
« Alors Lucain, pensant intimider le poëte moderne, fit
avancer tous les horribles serpents d'Afrique, dont il a
fait la description dans son poëme, et la magicienne Éri-
chto, avec ses herbes humectées de l'écume de la lune.
Mais le poëte moderne la mit en fuite avec tous ses atti-
rails, attaqua toute l'ordonnance de la *Pharsale*, et ramena
Lucain tout battant jusqu'au pied du mont Parnasse [1]. »

On souhaiterait dans ce récit plus de légèreté, de malice
et de grâce. Mais cette imitation de l'épopée homérique,
ces généraux qui s'entre-haranguent avant le combat, cette
personnification guerrière de leurs ouvrages, cette critique allégorique de leurs défauts littéraires, paraissaient
aux contemporains des inventions agréables. Dans le vif
de la lutte, quand des combattants illustres étaient en
scène, sous les yeux du public attentif à juger les coups,
on accueillit avec empressement cette allégorie mythologique, sous laquelle se cachaient quelques vues pénétran-
tes et des intentions équitables de conciliation. Elle était
d'ailleurs signée d'un nom distingué dans la politique et
dans la littérature. L'auteur, M. de Callières, était un
conseiller du roi, un futur ministre plénipotentiaire à
Ryswick, et pendant ses loisirs il avait composé quelques ouvrages dignes de sa réputation d'homme d'esprit [2].
Dans la conclusion de son *Histoire poétique*, M. de Callières

---

1. *Histoire poétique*, p. 121.
2. Il est l'auteur des *Mots à la mode* (1695), un petit livre curieux pour l'histoire de la langue française.

emploie ses talents diplomatiques à négocier la paix entre les parties belligérantes. L'arrêt qu'il prête au souverain du Parnasse, Apollon, est le plus conciliant des arbitrages : Apollon ordonne l'oubli des injures mutuelles, il confirme Homère dans la possession du titre de Prince des poëtes ; Corneille et Racine seront désormais appelés le Sophocle et l'Euripide de la France ; Sophocle et Euripide, le Corneille et le Racine de la Grèce ; Boileau sera l'Horace des Français, et Horace le Boileau des Latins ; Molière aura le pas sur Plaute, et marchera de pair avec Ménandre, Aristophane, et Térence ; Balzac sera loué « pour avoir servi de degré aux bons écrivains qui ont porté la langue française à un plus haut point de perfection, qui consiste en un style moins guindé, moins étudié, et plus naturel que le sien. » (Le jugement est excellent.) Cicéron tiendra le second rang entre les orateurs, et Démosthène le premier. Enfin, le poëme du *Siècle de Louis le Grand* conservera à perpétuité le nom de *poëme de discorde*, « pour punition de l'esprit de révolte qui y règne contre les plus grands des anciens. » Mais le poëte moderne qui en est l'auteur recevra les louanges du Parnasse pour le style de ses vers, qu'Apollon a trouvés beaux.

Apollon, comme on le voit, n'est pas très-difficile ; mais il est pacifique ; son arrêt ne donne tort à personne, pas même à Perrault, qui sur quelques points triomphe, et que le dieu renvoie du tribunal avec une couronne de laurier. Et cependant Perrault fut le seul à qui déplut la sentence ; il la prit pour une condamnation[1]. Mais, rare bonne fortune pour un médiateur, le livre de M. de Callières fut applaudi dans les deux camps, et décida la réception de

---

1. « L'auteur de l'*Histoire poétique* est presque partout d'un sentiment contraire au mien. » (*Parallèles*, t. I, préface.)

son auteur à l'Académie française l'année suivante, à la place de Quinault. C'était la première fois que les anciens étaient défendus comme ils étaient attaqués, avec enjouement. Jusque-là, dans la querelle, le savoir avait été d'un côté, l'esprit de l'autre. M. de Callières n'est pas un savant, mais il a du goût ; il est ingénieux et sensé, et sauf dans quelques jugements, témoignages curieux des erreurs de la critique contemporaine [1], il unit presque toujours la raison à l'agrément. Cependant l'*Histoire poétique* était plutôt un jeu d'esprit aimable qu'une réponse sérieuse aux écrits de Perrault et de Fontenelle, et les anciens cherchaient encore un défenseur qui, au talent du style, joignît la force du raisonnement et la solidité du savoir. Lorsque l'évêque d'Avranches, Huet, prit la parole, on put croire qu'ils l'avaient trouvé.

Perrault avait envoyé ses *Parallèles* à Huet, en le priant, selon l'usage, de les juger franchement et sans prévention. Huet les lut et les annota pendant un voyage qu'il fit en Normandie ; de retour à l'abbaye d'Aulnay, dans cette petite chambre si bien disposée pour l'étude, que ses *Mémoires* nous font connaître, il rassembla ses notes, et composa pour Perrault une longue lettre de remercîment et de critique, le suppliant de bien accueillir « ce qu'il aurait su se réserver à lui seul, si Perrault n'avait désiré qu'il lui en fît part[2]. »

Après les premiers compliments sur le mérite des *Parallèles*, Huet aborde avec une franchise d'abord très-polie la réfutation des opinions de Perrault. Il lui reproche de

---

1. Apollon déclare le style de La Calprenède véritablement héroïque, noble et élevé, tel qu'il le faut pour les romans, qui sont des espèces de poëmes en prose, et il met les romans de cet auteur au premier rang des romans sérieux et héroïques.
2. Cette lettre, datée du 10 octobre 1692, se trouve dans le tome Ier du *Recueil de dissertations* de l'abbé Tilladet.

ne pas expliquer assez nettement s'il compare les ouvrages
ou les ouvriers. « Tantôt, lui dit-il, vous donnez l'avantage
à votre siècle dans les uns et dans les autres, tantôt vous
abandonnez à l'antiquité la supériorité de l'esprit.... et il
semble que vous avez affecté cette incertitude pour vous
faire des retraites quand vous seriez pressé. » A mesure
que Huet avance dans son examen, il s'échauffe, il élève
la voix, et la civilité de son langage se tourne en sévérité et
en rudesse : « Vous n'exposez pas assez fidèlement le sentiment de vos adversaires, qui parlent dans la personne de
votre Président; quand vous lui ferez dire des sottises que
personne n'a jamais dites, pour avoir lieu de le combattre
et de vous égayer, la gloire n'en sera pas bien grande, et
vous n'avancerez pas beaucoup votre victoire. » Suit un
long relevé de toutes les fautes de Perrault, et une longue
défense d'Homère, où le savant évêque continue à rudoyer
son correspondant. « Vous trouvez mauvais qu'Homère ait
mis du fumier à la porte du palais de Laërte. Pourquoi ?
parce qu'il n'y a pas de fumier à la porte du Louvre ni au
palais de Versailles. Et ne nous reste-t-il pas une infinité
d'actes faits par nos rois, et datés *a corte domini nostri regis*,
où le mot *corte*, d'où est venu celui de cour, signifie un
pailler avec cour de village, où l'on nourrit de la volaille?
D'ailleurs, avez-vous fait réflexion qu'Homère représente
Laërte comme un vieux seigneur las du monde et des affaires, retiré à la campagne pour passer sa vieillesse dans
les plaisirs innocents de l'agriculture? Et l'agriculture
s'exerce-t-elle sans fumer les terres? Et peut-on fumer les
terres commodément sans avoir le fumier à portée et sous
la main du laboureur? »

Huet donne à son argument une forme singulière, mais
le fond en est juste. Il signifie que Perrault a tort de
mépriser les mœurs homériques, parce qu'elles n'avilissent pas l'*Iliade*. Le mérite d'un ouvrage ne dépend pas

des mœurs du siècle qu'il décrit. « Méprisez-vous, ajoute l'évêque d'Avranches, les tableaux des plus grands maîtres, parce qu'on n'y voit pas de brandebourgs, ni de barbes à la royale, ni d'audaces aux chapeaux, ni de falbalas aux jupes des dames? Mais alors vous prenez votre siècle et votre nature pour règles du bien et du bon, vous les faites juges, et, comme ils sont parties, ils ne peuvent pas être juges. »

Dans le reste de sa lettre, Huet redouble de rigueur contre Perrault. Celui-ci avait affirmé qu'on ne trouve ni dans les livres saints, ni chez les poëtes profanes, des comparaisons à longue queue, à la façon d'Homère. Huet le renvoie à l'Alcoran, aux poëmes des Arabes, des Perses, des Indiens, et surtout à la Bible, où il verra les cheveux de l'épouse comparés aux troupeaux qui descendent du mont Galaad, et ses dents à des brebis tondues qui sortent du bain. Perrault, se trompant sur le sens d'un vers de l'*Odyssée*, avait reproché à Homère d'avoir placé l'une des Cyclades sous les tropiques. Huet lui répond : « C'est comme si l'on reprochait à M. Chapelain d'avoir ignoré la situation de Bourges ou de Bordeaux.... Les termes d'Homère[1] ne signifient nullement ce que vous prétendez.... Jugez par tout ceci, monsieur, de quelle sorte votre critique sera traitée par les critiques; les erreurs où l'on tombe par la démangeaison de reprendre sont bien moins pardonnables que celles qui viennent de l'inadvertance. »

Ainsi parle l'évêque d'Avranches. Perrault ne lui répondit pas, et Huet triompha de son silence. Dans le cinquième livre de ses *Mémoires*, récemment réimprimés et

---

1. *Odyssée*, liv. XV, v. 403 :

Νῆσός τις Συρίη κικλήσκεται, εἴπου ἀκούεις,
Ὀρτυγίης καθύπερθεν, ὅθι τροπαὶ ἠελίοιο.

Mme Dacier traduit assez obscurément : « C'est dans cette île que se voient les conversions du soleil. »

traduits[1], il raconte ainsi l'effet supposé de sa lettre à Perrault : « Comme il me demandait ce que je pensais de sa thèse, je lui en démontrai si parfaitement la sottise, qu'il parut depuis revenir à des sentiments plus raisonnables, car il ne répondit point à une dissertation assez longue que je lui adressai à ce sujet, et il ne s'opiniâtra point à soutenir par de nouveaux écrits son système insensé; il cacha d'ailleurs avec tant de soin ma dissertation, qu'on ne la trouva par hasard dans ses papiers qu'après sa mort. »

Huet, qui ne manque pas d'amour-propre, se fait illusion. Perrault n'était jamais embarrassé pour répondre, et même pour répondre spirituellement, surtout à une lettre dont le ton incivil et pédant donnait prise à la raillerie. Il lui était aisé de demander à Huet pourquoi l'auteur du traité sur la *Faiblesse de l'esprit humain* avait laissé de côté dans la thèse de Perrault tout ce qui regarde le progrès des connaissances humaines, et avait remplacé la discussion des idées par l'énumération mesquine des erreurs de détail et des contre-sens; en un mot pourquoi au lieu d'une dissertation il n'avait fait qu'un erratum, comme un maître qui morigène un écolier. Le silence de Perrault n'est ni la preuve de l'impuissance ni le symptôme d'une conversion. Il se tut, comme devait se taire un homme bien élevé devant une attaque trop vive, partie de la main d'un évêque. Mais il ne fut pas converti, et n'abandonna aucune de ses idées, Boileau nous l'apprend dans la lettre de réconciliation qu'il écrivit à Perrault. Quant au reproche assez vaniteux adressé par Huet à Perrault, d'avoir si bien caché dans ses papiers l'épître de l'évêque d'Avranches, j'ai peine à le croire fondé. Perrault devait présumer que Huet en avait tiré des copies, qu'il ne cacherait pas, et qui

---

1. Par M. Charles Nisard. Paris, 1853.

rendraient inutile la suppression de l'original. En effet, Huet en communiqua plusieurs à ses amis, et, quoi qu'il dise, sa lettre n'eut pas besoin, pour jouir de la publicité, d'attendre la mort de Perrault.

La lettre de Huet à Perrault n'est pas la seule trace qui nous reste de son intervention dans la querelle des anciens et des modernes. Le *Huetiana* nous offre à ce sujet quelques détails intéressants. Le paradoxe de Perrault sur le droit de juger les originaux d'après les traductions y est réfuté par des raisons solides, tirées de la connaissance exacte des langues anciennes. Huet y dénonce encore la confusion commise par Perrault entre le génie et le savoir, et il s'attache à définir le génie dans un passage que je vais citer, pour qu'on juge le tort que les partisans des anciens faisaient à leurs meilleures idées, par leur manière de les présenter, et par les conclusions qu'ils en tiraient :

« Le génie dépend de la constitution et de la disposition des corps. La constitution des corps suit d'ordinaire celle du territoire, de l'air et des eaux. Les Athéniens, dont le territoire était sec et pierreux, et l'air subtil, et les eaux légères, étaient ingénieux. Les Thébains étaient grossiers et lourds, parce que leur terroir était gras, leur air et leur eau épaisse. *Vervecum in patria crassoque sub aere nati.* Quand Homère veut faire connaître la stupidité de Thersite, il lui donne un corps contrefait et une tête difforme. Il y a une nation en Amérique, dont toutes les têtes sont pointues et pyramidales, et dont tous les hommes sont fous. De plus, il faut demeurer d'accord que les terres nouvellement cultivées sont beaucoup plus vigoureuses et beaucoup plus fécondes que des terres lassées et épuisées par une longue culture. On ne voit plus de ces grappes énormes que rapportèrent les espions de Moïse de la terre de Chanaan. On ne voit plus de ces platanes qui cachaient une armée sous leur ombre. On a vu des raves et des melons au Pérou qui faisaient la charge d'une charrette. On voit dans ces contrées des arbres d'une grandeur démesurée. Le bois du Canada est imprégné d'une si grande quantité de sel, que les lessives brûlent et usent tous les linges. Les terres vierges rapportent au centuple. Les corps des hommes répondaient à la nature de leur terre. On sait ce que l'Écriture dit de ces géants de la Palestine, dont quelques-uns avaient six doigts à chaque main et à chaque pied, et ce que rapportent les anciennes histoires de ces géants de Sicile, et de ceux de la Thessalie, et celles du Nouveau-Monde de ces géants de la terre de Feu. La force de ces hommes répondait à leur taille, et la longueur de leur vie répondait à leur force. Les hommes que les Espagnols trouvèrent dans l'Amérique vivaient communément deux ou trois cents ans; cela a été diminué et affaibli par le temps. Les Allemands ne sont plus si grands qu'ils étaient autrefois; et la taille des Gaulois n'excède pas tant celle des Romains que du temps de César. Tout cela supposé, n'est-il pas aisé de comprendre que, dans les premiers temps que la Grèce et l'Italie furent défrichées, ces terres toutes neuves, qui avaient encore tout leur sel, toute leur séve et toute leur vigueur, couvertes d'un air pur, entier et sans mélange, produisaient des hommes d'une nature plus forte, des corps plus robustes, mieux composés, mieux tempérés, plus animés, plus pleins d'esprit, des têtes mieux disposées, mieux proportionnées, pleines de cerveaux d'une meilleure trempe, composés de fibres plus subtiles, plus nombreuses et mieux tendues? Mais le temps a changé ces heureux tempéraments. Les trésors de la nature ne sont plus dans cette première abondance. Les corps humains se sentent de cet épuisement. On en peut juger par leur diminution et par la brièveté de leur vie. Le suc vital et végétal s'épuise de jour en jour. On remarque, dit Pline (liv. vii, chap. xvi), que la taille des hommes diminue de jour en jour et que peu d'enfants surpassent la hauteur de leurs pères, la fertilité des semences se consumant et se brûlant. Les proportions mêmes sont différentes de ce qu'elles étaient. La longueur du pied de l'homme n'est plus la sixième partie de sa hauteur, comme elle était du temps de Vitruve ; à peine en est-elle présentement la septième partie. Peut-on douter que la nature des esprits n'ait suivi celle des corps? Cela paraîtra si croyable à quiconque raisonnera conséquemment, qu'on s'étonnera que l'opinion contraire ait trouvé des partisans. Il faut donc nécessairement conclure que les génies de cet heureux temps, qui était la jeunesse du monde, étaient supérieurs aux nôtres[1]. »

Quelle érudition! quelle crédulité! quelle logique! Huet, comme la plupart des partisans des anciens, ne garde pas de mesure. Emporté par la contradiction, il prend le contre-pied des opinions de Perrault, admire ce qu'il blâme, blâme ce qu'il admire, et punit les modernes de tous les torts de Perrault contre les anciens. Perrault s'était moqué de la prosodie grecque et latine. Huet attaque les rimes de la poésie française « jeu badin et puéril, invention grossière des Arabes, nation brutale et féroce[2]. » Un vieux fabliau raconte l'histoire de ce mari et de cette femme qui préféraient chacun un de leurs enfants, le mari la petite fille, et la femme le petit garçon. Quand le mari donnait un soufflet au petit garçon, la femme en donnait deux à la petite fille. C'est l'histoire de Huet et de Perrault, et en général, de leurs deux partis au XVIIe siècle. Quand Perrault frappe sur un ancien, Huet se venge sur un moderne, qui paye avec usure pour l'antiquité. Ce n'est pas là de la justice; ce n'est pas non plus de la bonne politique. La défense ne doit pas avoir le même caractère que l'attaque : il

---

1. *Huetiana*, chap. XII. — 2. *Ibid.*

lui sied mal d'être agressive. Le public, qui voyait les partisans des anciens ne répondre aux *modernes* que par des épigrammes qui ne prouvaient rien, par des dissertations qui voulaient trop prouver, par de petites chicanes et par de grosses injures, était tenté de croire que les modernes avaient raison.

CHAPITRE XIV.

Les journaux français et étrangers: *Journal des savants*. — *Mercure galant*. — *Mémoires de Trévoux*. — Basnage de Beauval: *Histoire des ouvrages des savants*. — Bayle, *Dictionnaire*. — La société polie. — La satire X de Boileau. — L'*Apologie des femmes*, par Ch. Perrault.

Au XVIIe siècle, les journaux, sans avoir l'importance qu'ils ont de nos jours, ne manquaient cependant ni de lecteurs ni de crédit. En France, où l'on aime à apprendre vite et à parler de tout, il y a toujours eu un public pressé de recueillir et de répandre les nouvelles et les opinions. Les journaux du XVIIe siècle, malgré la rareté de leur périodicité, la petitesse de leur format, la laideur de leur typographie, et la pauvreté de leurs informations, s'étaient formé une clientèle, et Boursault, dans une comédie spirituelle, nous apprend quelle était déjà la vogue du *Mercure galant*. Dans un débat comme celui de Perrault avec les *anciens*, les journaux devaient être pour la plupart du parti de Perrault. Les journaux, leur nom l'indique, sont surtout les organes de la nouveauté; et puis, dans tous les temps, il y a deux littératures, une grande et une petite : la petite se compose de tous les écrivains d'un ordre inférieur, naturellement ennemis de l'ordre supérieur. Les écrivains de la grande littérature, au xviie siècle en France, n'étaient pas journalistes. Ils ne le sont devenus qu'au siècle suivant, et les journaux étaient pour la plupart abandonnés aux représentants de la petite. La grande littérature était dans les livres, et il est vrai de dire que les livres, beaucoup plus lus qu'aujourd'hui, même les plus sérieux, exerçaient une plus grande influence que les journaux sur les esprits cultivés, sur les salons et sur la cour. On m'excusera cependant de ne pas demander seulement aux livres, et de chercher rapidement dans quelques journaux les symptômes de l'opinion publique sur la querelle que je raconte. Interroger uniquement les grands écrivains de cette époque, comme on fait souvent pour constater l'état du goût, ce serait m'exposer à l'erreur ; car l'œuvre des grands écrivains du xviie siècle a été justement de réformer le goût de leur temps, et en le jugeant d'après eux, je risquerais de lui prêter une perfection qu'il n'avait pas. Le mérite des écrivains inférieurs, c'est d'être, par leurs défauts mêmes, des images plus fidèles du goût contemporain : quand on ouvre une enquête sur la santé publique, on passe en revue les malades, et non pas les médecins.

De tous les journaux du xviie siècle, celui que son caractère et ses traditions désignaient le premier pour défendre les anciens, c'était le *Journal des savants*, qui, sous la direction de son fondateur, M. de Sallo, accordait une place à la discussion des idées et à la critique des livres. Mais quand on eut retiré à M. de Sallo son privilége, pour donner satisfaction aux auteurs critiqués et au nonce du pape (le *Journal des savants* était gallican[1]), les nouveaux directeurs

---

1. Camuzat, *Histoire critique des journaux*, t. Ier, p. 19.

se montrèrent circonspectissimes, comme disait Balzac de Chapelain ; ils supprimèrent dans leur feuille la discussion et la critique, et n'y laissèrent que l'analyse. En 1687, le président Cousin, prenant le gouvernement du journal, annonça dans un avertissement aux lecteurs « que les rédacteurs ne loueraient pas les ouvrages qu'ils analyseraient, et qu'ils entreprendraient encore moins de les critiquer, voulant se tenir dans les bornes d'un compte rendu. » Ne cherchons donc dans le *Journal des savants* ni une adhésion ni une opposition marquée aux idées de Perrault. Il se maintient dans une neutralité inexpugnable, et il analyse avec une égale tranquillité de rédaction les paradoxes des *Parallèles* et les *Réflexions sur Longin*[1].

Le *Mercure galant*, né en 1672, était dirigé par un écrivain d'un esprit facile et entreprenant, sans instruction, sans principes littéraires, sans goût et sans style, par le sieur de Vizé. Il avait débuté par attaquer la *Sophonisbe* de Corneille : « La témérité appartient aux jeunes gens, et ceux-là qui n'en ont pas, loin de s'acquérir de l'estime, devraient être blâmés de tout le monde. » Tel avait été le manifeste du journaliste. Il paraît que l'inconséquence et la contradiction étaient aussi à ses yeux deux priviléges de la jeunesse, car l'abbé d'Aubignac ayant à son tour critiqué *Sophonisbe*, de Vizé la défendit, sans s'inquiéter de se mettre d'accord avec sa première attaque. Je ne veux pas dire qu'il était né journaliste ; mais enfin, il communiquait au journalisme naissant cette flexibilité d'esprit et cette mobilité d'opinions qu'on a souvent reprochées au journalisme adulte, et même parvenu à sa maturité. Cette volte-face le réconcilia avec Thomas Corneille, qui devint un des rédacteurs du journal. Le premier jour de

---

[1]. Voy. dans l'année 1687 les articles sur le *Discours* de Longepierre (p. 82) et sur l'*Histoire poétique* de M. de Callières (p. 121) ; en 1689, p. 9, et 1693, p. 1, les articles sur les *Parallèles*.

chaque mois, paraissait un volume du *Mercure galant*, qui renfermait un peu moins de matière qu'un numéro de nos feuilles quotidiennes, et qu'on vendait trente sous relié en veau, vingt-cinq sous couvert en parchemin. Rien de comparable à ces petits livres pour le désordre et pour la bigarrure : entre une mort, un mariage, un accouchement et une énigme, de Vizé enregistre les nouvelles de la littérature ; il accueille tous les petits vers que lui envoient les jeunes gens, ravis de se voir imprimés ; il rédige la chronique des académies de province ; il signale à ses abonnés les noms des OEdipes qui devinent ses énigmes ; il informe le public des changements survenus dans le personnel des filles d'honneur ; il note les voyages et les retours, les maladies et la guérison des grands seigneurs avec la ponctualité d'une gazette anglaise ; il raconte les procès scandaleux, les assassinats et les vols, comme la *Gazette des tribunaux* ; il enregistre les nominations officielles, comme le *Moniteur* ; il analyse les thèses soutenues en Sorbonne, comme le *Journal de l'instruction publique*. Le *Mercure galant* est universel, et Boursault dit vrai quand il prête ces vers à un personnage de sa comédie, Merlin, le factotum du journal :

> Tant que dure le jour, j'ai la plume à la main,
> Je sers de secrétaire à tout le genre humain.
> Fable, histoire, aventure, énigme, idylle, églogue,
> Épigramme, sonnet, madrigal, dialogue,
> Noces, concerts, cadeaux, fêtes, bals, enjouements,
> Soupirs, larmes, clameurs, trépas, enterrements,
> Enfin quoi que ce soit que l'on nomme nouvelle,
> Vous m'en faites garder la mémoire fidèle.

Quelquefois même, ce rôle d'écho ne suffit pas à l'ambition du *Mercure*. Il aspire à diriger l'esprit public ; il attire l'attention de ses lecteurs sur des questions délicates de littérature ou de morale, de sentiment ou d'hygiène, leur propose des problèmes à résoudre, et promet de publier les meilleures réponses : « Est-il possible d'aimer fortement sans être aimé ? — L'absence est-elle incapable d'augmenter l'amour ? — Faut-il dormir, ou non, après le repas ? — Vaut-il mieux qu'un père de famille soit grand buveur ou grand joueur ? » Ses jours de fête sont ceux où il reçoit la communication de quelque œuvre nouvelle, par un écrivain à la mode. Il l'imprime aussitôt, en se faisant auprès de ses abonnés un honneur de leur présenter ces prémices. Il publie au plus vite les vers de Mlle Deshoulières sur le soin que le roi prend de l'éducation de la noblesse, vers admirables, dit-il, qui ont obtenu le prix de poésie à l'Académie française. Il obtient de Fontenelle son *Discours sur la patience*, que l'Académie vient aussi de couronner. Son amitié pour le neveu de Thomas Corneille le rend l'ennemi de La Bruyère, dont il attaque vivement le discours de réception, et son inimitié contre Boileau le décide à prendre parti pour Cotin contre Molière. Mais quand Perrault lit à l'Académie son *Épître sur le génie*, dédiée à Fontenelle, le *Mercure* la porte aux nues. Si le *Mercure* n'avait pas été brouillé avec Molière, il aurait pu lui emprunter pour épigraphe le vers des *Femmes savantes* :

Nul n'aura de l'esprit hors nous et nos amis.

En décembre 1691, le jour de la réception de Pavillon à la place de Benserade, l'abbé de Lavau, un *moderne*, lut devant les *quarante* le commencement d'un poëme de Perrault, intitulé : *Adam, ou la Création du monde*. De Vizé répand aussitôt cette grande nouvelle, et chante la gloire de Perrault : « On trouve dans ses vers des descriptions très-vives, et tout le monde demeure d'accord que son auteur est né poëte. » J'ai voulu savoir si l'admiration du journaliste pouvait être sincère, et pour qu'on en juge, j'ai détaché du chant Ier de la *Création*, celui que l'abbé de Lavau lut à l'Académie, le passage suivant ; c'est la naissance d'Ève, l'un des plus beaux épisodes du chef-d'œuvre dont l'Angleterre commençait à s'enorgueillir. C'est du reste sans le savoir que Perrault était le rival de Milton.

Pendant le sommeil de l'homme, Dieu s'approche, et

> A l'endroit où le cœur, par de vivants ressorts,
> Donne le mouvement à la masse du corps,
> Le puissant créateur prend et lève une côte,
> Et de la même chair remplace ce qu'il ôte :
> De cet os si fatal au bonheur des humains,
> La femme se forma dans ses divines mains.
> ....
> Enfin l'homme sortit des liens du sommeil,
> Et Dieu lui présenta la femme à son réveil.
> Adam, qui s'était vu sur le prochain rivage,
> Crut qu'un miroir flatteur lui montrait son image.
> A l'aspect des beautés de cet objet charmant.
> Il est comblé de joie et devient son amant :
> « C'est la chair de ma chair, c'est un autre moi-même,
> Dit-il en rendant grâce à la bonté suprême ;
> Pour elle désormais, pour posséder son cœur,
> L'homme se privera de tout autre bonheur,
> Sans peine il quittera la maison de son père,
> Sans peine il oubliera les bontés de sa mère ;
> Ce sera sa moitié, tout leur sera commun,
> Et dans la même chair les deux ne feront qu'un. »

Voilà les vives descriptions qui, selon de Vizé, arrachaient à tous les hommes de goût l'aveu que Perrault était né poëte ! L'excuse du journaliste, c'est que l'Académie, comme il l'affirme, applaudissait réellement ces platitudes rimées, et que le public s'y laissait prendre comme l'Académie. Elle et lui (Boileau n'a pas tout à fait tort), étaient un peu topinambous. Pour épancher son humeur, Despréaux décocha une épigramme contre le *Mercure*, et parodia la première ode de Pindare à la louange de Perrault[1].

Mais Boileau avait d'autres adversaires encore, plus redoutables que de Vizé et le *Mercure galant*; c'étaient les rédacteurs des *Mémoires de Trévoux*, dont le duc du Maine était le patron. Ce journal curieux et trop peu connu aujourd'hui était dirigé par les jésuites, qui, ne fût-ce qu'à titre d'humanistes, auraient dû se porter défenseurs des anciens. Mais l'une des forces de cette compagnie dans tous les temps, c'est qu'elle a été de son parti avant tout, et que l'esprit de corps a dominé chez elle tous les autres intérêts. Il est permis de penser que, si l'antiquité avait été défendue par un de leurs amis, les journalistes de Trévoux se seraient décidés pour lui et pour elle. Mais les plus illustres des *anciens* étaient Boileau et Racine, deux amis de Port-Royal, Boileau surtout, qui vantait partout et à tout propos l'auteur des *Provinciales*, principalement devant les jésuites. « Un jour, dit Louis Racine, le P. Bouhours, s'entretenant avec Despréaux sur les difficultés de bien écrire en français, lui nommait ceux de nos écrivains qu'il regardait comme des modèles pour la pureté de la langue; Boileau rejetait tous ceux qu'il nommait comme de mauvais modèles. — Quel est donc, selon vous, lui dit le P. Bouhours, l'écrivain

---

1. L'épigramme contre le *Mercure* est celle qui commence par ces mots :

Le bruit court que Bacchus, etc.

L'ode se termine par cette strophe :

Si du parfait ennuyeux
Tu veux trouver le modèle,
Ne cherche point dans les cieux
D'astre au soleil préférable,
Ni, dans la foule innombrable
De tant d'écrivains divers
Chez Coignard rongés des vers,
Un poëte comparable
A l'auteur inimitable
De *Peau-d'Ane* mis en vers.

parfait? Que lirons-nous? — Mon père, reprit Boileau, lisons les *Lettres provinciales*, et, croyez-moi, ne lisons pas d'autres livres[1]. » Les jésuites donc, regardant Boileau comme un de leurs adversaires, étendirent à l'antiquité le ressentiment que leur inspirait son défenseur, et se firent *modernes*, contre leur vraie nature et contre la tradition de leur compagnie. C'est ainsi que les passions les plus étrangères à la littérature décident quelquefois des opinions littéraires, et que l'esprit de parti devient l'arbitre du goût. Le journal de Trévoux se mit à flageller Boileau à petits coups, périodiquement, avec une opiniâtre douceur. La correspondance du satirique est pleine de détails piquants sur cette petite guerre; les jésuites avaient semé le bruit

---

1. Œuvre de L. Racine, *Mémoires sur la vie de Jean Racine*, p. 126. Boileau, même au plus fort de sa querelle avec les jésuites, resta l'ami du P. Bouhours. Qu'on me permette de transcrire ici une lettre qu'il lui adressa au sujet de cette querelle, lettre charmante qu'on ne trouve ni dans l'édition de Boileau par Saint-Marc, ni dans celles de Saint-Surin, de Daunou et de Berryat Saint-Prix. Je n'affirmerai pas qu'elle soit inédite, mais elle est certainement très-peu connue. Je la copie sur l'autographe même de Boileau, qui fait partie de la belle collection de M. Gilbert :

« Comme il me paraît, mon révérend père, par les paroles que le révérend père Tarteron a dites à mon frère le docteur de Sorbonne, et par d'autres choses qu'on m'a rapportées, qu'il y a un dessein formé dans votre illustre compagnie de se déclarer contre moi, et qu'on a même déjà défendu de lire mes ouvrages dans votre collége, je souhaiterais de vous voir et de vous embrasser, afin qu'au moins avant le combat nous nous pardonnions notre mort. Car, quoi qu'il puisse arriver, je puis vous assurer que je vous estimerai et vous aimerai toujours chèrement, aussi bien que le révérend père de La Chaise, que j'honore et que je respecte comme l'homme du monde à qui j'ai la plus sensible obligation. J'aurais été vous dire tout cela chez vous s'il y faisait sûr pour moi, et si je vous y pouvais parler auprès du feu et sans courir risque d'être entendu. Mais cela ne se pouvant point, voyez si vous serez assez hasardeux pour venir dîner demain avec moi. Supposez que vous avez assez d'audace pour cela, mandez-moi ce soir, ou demain au matin, à quelle heure vous voulez que je vous envoie mon carrosse. Adieu, mon très-illustre adversaire; je vous réponds, quoi qu'en veuille dire le P. Tarteron, que je suis très-sincère, et surtout quand je vous dis que je suis votre très-humble et très-obéissant serviteur,

« DESPRÉAUX. »

qu'il était l'auteur d'une épître injurieuse contre eux, terminée par ces vers, que Despréaux s'adressait, disait-on :

Combats Mariana, peut-on le trop combattre?
La France saigne encor du meurtre d'Henri Quatre.
Suspends pour un moment ton glorieux emploi,
Venge Dieu, venge Arnauld, ton roi, l'Église et toi[1].

Boileau se défendit énergiquement contre cette imputation, dans une lettre au P. Thoulier, jésuite, et depuis abbé d'Olivet. Averti du péril, il prit désormais ses précautions, et avant de publier l'épître sur l'*amour de Dieu*, il eut soin de la lire au P. de La Chaise. Dans une lettre à Racine, il raconte avec complaisance les caresses que lui fit le révérend. Encouragé par le succès, il récita son épître à l'archevêque de Paris, à Bossuet, à Bourdaloue, et au P. Gaillard, recteur des jésuites de Paris, recueillant d'illustres suffrages, qui d'avance intimideraient le journal de Trévoux. Il alla même, pour le mieux désarmer, jusqu'à déclarer qu'il n'était pas janséniste, mais tout au plus molino-janséniste, distinction un peu subtile, et moins digne de Boileau que de ses adversaires[2]. Il compta sur la paix, s'imaginant avoir divisé la compagnie, et ne voulant pas croire « que les jésuites fussent un corps homogène, et que qui remue une des parties de ce corps remue toutes les autres[3]. » Vain espoir! Le journal de Trévoux continua la guerre : en 1701, parut à Amsterdam une édition de Boileau, où l'on citait au bas des pages les passages des originaux imités par le poëte. Les journalistes de Trévoux rendirent compte de cette édition dans un article mordant et spirituel[4] :

---

1. Pièce publiée par Cizeron-Rival et par M. de Saint-Surin. (Voy. éd. Berryat Saint-Prix, t. III, p. 133.)
2. Lettre 120 à Brossette.— 3. *Ibid.* — 4. Septembre 1703, art. 149, p. 1532.

« Elle fait honneur, disaient-ils, à M. Despréaux. Elle justifie hautement le parti qu'il a soutenu en faveur des anciens, qu'il a toujours regardés comme les plus excellents modèles. En effet, en parcourant le volume, on trouve que les pages sont plus ou moins chargées de vers latins imités, selon que certaines pièces de M. Despréaux ont été communément plus ou moins estimées. Dans son *Art poétique*, par exemple, qui lui a fait tant honneur, on trouve ici imprimé un grand quart de l'*Art poétique* d'Horace. J'ai vu néanmoins une préface des éditions de M. Despréaux, où il assurait qu'il n'avait pris que quarante vers d'Horace. Mais c'est qu'à force de goûter les autres, par une ancienne habitude, ils étaient devenus insensiblement ses propres pensées, et sans qu'il s'en aperçût lui-même.... On ne trouve point de vers latins imités dans la dixième satire contre les femmes; on n'en trouve que deux ou trois dans son épître sur l'*amour de Dieu*.... » L'article se terminait par ces mots : « Le livre de M. Despréaux contient encore une lettre que le célèbre M. Arnauld a écrite à M. Perrault, où il fait l'apologie de la dixième satire, contre les femmes. M. Despréaux ne doute pas que le *présent* qu'il fait de cette lettre ne soit très-agréable au public. Il est vrai que c'est un vrai présent et une pure libéralité, car le public ne pouvait pas exiger que l'auteur donnât une lettre qui ne lui était point écrite. » Les jésuites se rangeaient ouvertement du côté de Perrault contre son adversaire.

Boileau était vieux et malade :

Aujourd'hui, vieux lion, je suis doux et traitable[1].

Il répondit mollement, par une épigramme longue et peu acérée[2]. Il appelait les jésuites « ses confrères en satire. » Les pères acceptèrent gaiement le rôle, et lui rendirent

---

1. Épître v, vers 18. — 2. Épigr. 35 (1703).

flèche pour flèche. Ils se moquaient des vers de son épître sur l'*amour de Dieu*, qui, disaient-ils, n'avait pas eu de modèle :

> Et pour l'amour de vous, ils voudraient bien qu'Horace
> Eût traité de l'amour de Dieu.

Mieux inspiré cette fois, Boileau leur renvoya le trait :

> Non, pour montrer que Dieu veut être aimé de nous,
> Je n'ai rien emprunté de Perse ni d'Horace,
> Et je n'ai point suivi Juvénal à la trace.
> Car bien qu'en leurs écrits ces auteurs, mieux que vous,
> Attaquent les erreurs dont nos âmes sont ivres,
> La nécessité d'aimer Dieu
> Ne s'y trouve jamais prêchée en aucun lieu,
> Mes pères, non plus qu'en vos livres [1].

La mort seule de Boileau mit fin à sa querelle avec les jésuites. Il se réconcilia avec Perrault, mais non pas avec eux; la compagnie lui tint rigueur. Malgré ses avances, il n'obtint pas la paix. Les mésintelligences individuelles s'apaisent; les inimitiés collectives sont irréconciliables.

Telles étaient les dispositions des journaux français à l'égard des partisans de l'antiquité. Ils se trouvaient prévenus par des rancunes de corps ou de personnes contre les plus célèbres d'entre eux, et unis à leurs adversaires par des liaisons d'amitié ou de parti. Les journaux étrangers n'étaient guère plus favorables. Basnage de Beauval et Bayle sont placés dans toutes les conditions désirables d'impartialité. Tous deux écrivent en Hollande. L'un est lié avec Fontenelle, mais il n'a aucun sujet de ressentiment contre Boileau ; l'autre aime Boileau, parce qu'il sait que Boileau aime son *Dictionnaire*, et dans une de ses lettres il se félicite d'avoir obtenu le suffrage de cet excellent

---

1. Epigr. 36 (1703).

juge [1]. Mais les journalistes de Hollande, esprits libres et
hardis, portaient dans la littérature l'indépendance qu'ils
avaient conservée dans leur foi, au prix de l'exil, et les
idées de Fontenelle et de Perrault, parce qu'elles s'écartaient de la tradition, et ressemblaient à une révolte
contre l'opinion officielle, leur plaisaient comme une ressemblance avec eux-mêmes. De plus ils devaient peut-être
à leur exil une supériorité de point de vue, et, pour ainsi
dire, un plus large horizon. Les écrivains français qui
vivent en France au XVIIe siècle s'abandonnent tout entiers
au spectacle de la littérature française, et sont comme absorbés dans la contemplation de sa beauté. Ceux-là seuls
que l'exil a jetés hors de la France ne sont pas captivés
uniquement par l'esprit français, comme de Beauval,
Basnage, Bernard, Étienne Luzac et quelques autres, à qui
un long séjour à l'étranger fait connaître d'autres écrivains, d'autres idées, une autre vie littéraire. La Hollande,
au XVIIe siècle, est pour les Français exilés une espèce
d'observatoire d'où ils suivent le mouvement des lettres,
non-seulement dans leur patrie, mais dans leur pays
d'adoption, et chez les autres peuples. Il ne paraît pas un
ouvrage nouveau dans les Provinces-Unies ou en Angleterre, que Basnage et ses confrères n'en rendent compte
immédiatement avec autant d'empressement et d'exactitude que des livres français. Ils sont au courant de toutes
les idées qui circulent dans l'Europe littéraire, et, dans le
cercle plus vaste de leur critique, ils embrassent non-seulement une plus grande étendue de pays, mais une
plus grande variété d'objets : la théologie, la philosophie,
l'histoire, l'éloquence, la poésie, la morale, la médecine,
les mathématiques, rien ne leur est étranger ; ils devancent la curiosité et l'aptitude universelles de la critique

---

1. Bayle, lettre 217, citée par L. Racine, *Mémoires*, p. 163.

du xviii siècle, et leurs journaux, chers aux écrivains philosophes du siècle suivant, sont les vrais précurseurs de l'*Encyclopédie* [1].

On trouve à chaque instant, dans l'*Histoire des ouvrages des savants* [2] de Basnage, les marques de sa prédilection pour les modernes. C'est un écrivain consciencieux, exact, impartial, du moins en littérature, et précieux à consulter aujourd'hui, parce qu'il rend compte avec détail d'un grand nombre d'ouvrages. Ses analyses sont un peu lourdes, mais faites avec intelligence : il a soin de n'omettre aucun des points principaux. Dans un temps où la publicité était nécessairement restreinte et les communications difficiles entre les divers pays, ces recueils où un esprit judicieux et sans passion s'appliquait à condenser la substance de toutes les publications contemporaines, et à former ainsi en abrégé une bibliothèque des nouveautés littéraires, offraient la plus grande utilité. Aujourd'hui même, où des journaux si nombreux et si vastes enveloppent l'univers, et font connaître à l'extrémité du monde des livres que, malgré leur bon marché et la rapidité des échanges, tous les lecteurs ne peuvent acheter, un recueil comme celui de Basnage, où l'on se bornerait à des analyses exactes, impartiales et bien faites, des ouvrages importants, sans y joindre de jugement personnel, ne serait pas à dédaigner. Mais il y a dans la critique plus de juges que d'analystes, et le plus souvent les idées personnelles du critique prennent la place du compte rendu. C'est le contraire dans le journal de Basnage : il ne se substitue

---

1. Voy. sur cette partie si intéressante de l'histoire de la littérature française, le livre excellent de M. Sayous : *Histoire de la littérature française à l'étranger*.

2. Commencée en septembre 1687, elle finit en juin 1709 et comprend 24 vol. in-12. Basnage l'a écrite en Hollande, où il s'était réfugié après avoir donné sa démission d'avocat au parlement, lors de la révocation. Il mourut en 1710, à 54 ans.

jamais à l'auteur qu'il analyse ; c'est à peine si en quelques mots, toujours pleins de réserve, il indique sa propre pensée ; on lui reprocherait volontiers son extrême discrétion, et, notamment dans la querelle des *anciens* et des *modernes*, on voudrait qu'il se prononçât. Néanmoins sa préférence est pour les *modernes*. Il analyse le *Discours sur l'Églogue* de Fontenelle avec une approbation visible ; il consacre trois articles aux *Parallèles* de Perrault, et il se raille comme lui des savants qui, au lieu de juger de sang-froid cette question, « prennent la chose aussi à cœur que s'ils étaient descendus d'Homère et de Virgile en ligne directe [1]. » Il se moque de Dacier et de Longepierre, à qui il rappelle qu'il faut prendre garde de paraître admirer les anciens par jalousie contre les modernes [2]. Enfin, avec toute sorte de ménagement et de réserve, Basnage est du parti de Perrault.

Bayle, qu'on peut considérer aussi comme un journaliste, n'a pas traité la question *ex professo* ; ce n'est pas son habitude. Il n'a pas consigné son opinion sur ce sujet dans un article spécial ; mais il a répandu çà et là dans le texte, et surtout dans les notes de son *Dictionnaire*, un certain nombre de réflexions qui, recueillies et rapprochées, peuvent éclaircir sa pensée. Dans son article sur Homère, Bayle se permet contre le grand poëte des rigueurs dont plus tard La Motte s'est autorisé [3], comme d'un précédent à sa décharge. A propos des regrets qu'Achille donne à Briséis, il répète, après Sarrazin, que ce héros ressemble à un enfant qui pleure sa poupée : il lui reproche d'être trop grand parleur et trop naïf. Enfin, « j'ose avancer, dit-il, qu'il ne faut que lire le discours de Phénix au neuvième livre de l'*Iliade* pour admirer ceux qui admirent

---

1. *Histoire des ouvrages des savants*, avril 1693, article VI. — 2. *Id.*, novembre 1687. — 3. La Motte, *Réflexions sur la critique*, deuxième partie, p. 102.

encore le poëme. » C'est là la plus grande témérité de Bayle ; d'ordinaire il se ménage plus, il n'affiche pas à ce point son sentiment, il le glisse en passant, au moment où l'on s'y attend le moins, comme dans le passage suivant de l'article *Origène :* « Saurin a dit : « La charité que l'on a « pour ceux qui sont morts depuis plusieurs siècles ne « coûte guère, parce que leur mérite n'excite pas notre « jalousie et notre envie, et que nous ne les regardons pas « comme nos concurrents. » Et Bayle laisse tomber cette remarque avec une indifférence piquante : « On s'est servi plusieurs fois de cette pensée pour donner raison de la conduite de ceux qui ont soutenu que Sophocle, Euripide, Aristophane, etc., ont surpassé de beaucoup Corneille, Racine, Molière, Descartes. »

A la fin d'une note sur l'article *Virgile :* « Je ne puis, dit-il, finir sans observer que, lorsque Pline fait l'éloge de Verginius Romanus, il nous apprend que la maladie que nous voyons ici dans les esprits se voyait à Rome : car il déclare qu'il n'est point de ceux qui méprisent le temps présent, et qui n'admirent que les anciens. » Et Bayle cite le passage de Pline que j'ai reproduit dans un chapitre précédent[1].

Souvent, à propos d'un écrivain moderne, Bayle amène le nom d'un ancien qui peut lui être comparé, et il donne volontiers la préférence au moderne. J'ai rencontré deux articles où le sentiment de Bayle se montre avec plus de vivacité : le premier est l'article *Corbinelli*. Jean Corbinelli était un des amis de Mme de Sévigné, un épicurien aimable, spirituel, d'une conversation charmante, un véritable ancêtre de l'abbé Galiani. Il avait fait un livre intitulé : *Extrait de tous les beaux endroits des ouvrages les plus célèbres de ce temps,* dont la préface avait été composée

---

1. Chap. I.

par le P. Bouhours, qui, avec le soin qu'il eut toujours de se ménager entre les opinions extrêmes, y disait : « Les connaisseurs prendront plaisir à voir qu'une infinité de pensées et de maximes dont les modernes se parent ont été dérobées aux anciens, et cela seul pourra faire ouvrir les yeux sur le mérite de ces grands hommes, et guérir peut-être quelques esprits prévenus qui n'ont pas pour l'antiquité tout le respect et toute l'admiration qu'elle mérite. » Bayle cite d'abord avec éloge l'opinion de Bouhours, et a l'air de lui donner raison : « Je ne doute pas, dit-il, que si l'on compare par pensées détachées les anciens et les modernes, on ne se convainque facilement que l'avantage n'est pas pour ceux-ci ; car je ne crois pas que l'on ait pensé dans ce siècle même rien de grand et de délicat que l'on ne voie dans les livres des anciens. » Puis il s'achemine tout doucement à l'opinion contraire : « Les plus sublimes conceptions de métaphysique et de morale que nous admirons dans quelques modernes se rencontrent dans les livres des anciens philosophes. Aussi, pour que notre siècle puisse prétendre à la supériorité, il faut comparer un ouvrage à un ouvrage ; car qui peut douter qu'un ouvrage qui, en ce qu'il a de beau, ne cède pas à d'autres, considérés selon ce qu'ils ont de beau, ne leur cède, si ses endroits faibles sont et plus nombreux et plus grossiers que les endroits faibles des autres ? Qui peut douter que quand même M. Descartes aurait trouvé dans les livres des anciens toutes les parties de son système, il ne mérite plus d'admiration qu'eux, puisqu'il a su ajuster ensemble tant de parties dispersées, et former un système méthodique d'une matière qui était sans liaison ? »

Telle est la méthode de Bayle ; il semble abonder dans l'opinion qu'il veut contredire, et il passe, par une transition habile et imperceptible, de l'assentiment à la contradiction. Rien de plus amusant que ces surprises de sa dialectique. Quand il commence par dire oui, on peut être presque sûr qu'il finira par conclure non. Dans le second article que je veux citer, sur *Poquelin*, il débute encore par un détour : « M. Perrault s'est attiré beaucoup d'adversaires pour s'être opposé fort vivement à ceux qui disent qu'il n'y a point aujourd'hui d'auteur que l'on puisse comparer aux Homère et aux Virgile, aux Démosthène et aux Cicéron, aux Aristophane et aux Térence, aux Sophocle et aux Euripide. Cette dispute a fait naître, de part et d'autre, plusieurs ouvrages où l'on peut apprendre de très-bonnes choses. Mais on attend encore la réponse aux *Parallèles* de M. Perrault, et l'on ne sait quand elle viendra. Je crois pouvoir dire qu'en fait d'ouvrages de plume, il n'y a guère de choses où tant de gens aient reconnu la supériorité de ce siècle que dans ces pièces comiques.... Peut-être cela vient-il de ce que les grâces et les finesses d'Aristophane ne sont pas à la portée de tous ceux qui peuvent sentir le sel et les agréments de Molière; car il faut demeurer d'accord que, pour bien juger des comiques grecs, il faudrait connaître à fond les défauts des Athéniens. Il y a un ridicule commun à tous les temps et à tous les peuples, et un ridicule particulier à certains siècles et à certaines nations. Il y a des scènes d'Aristophane qui nous paraissent insipides, qui charmaient peut-être les Athéniens, parce qu'ils connaissaient le défaut qu'il tournait en ridicule. C'était un défaut que peut-être nous ne savons pas; c'était le ridicule ou de quelque fait particulier ou de quelque goût passager et connu en ce temps-là, mais qui nous est inconnu.... Voilà des obstacles qui ne nous permettent point d'admirer le poëte selon son mérite, ni en grec ni en latin, ni dans les versions françaises les plus fidèles et les plus polies qu'on nous en puisse donner. Molière n'est pas sujet à ce contre-temps : nous savons à qui il en veut, et nous sentons facilement s'il peint bien le ridicule de notre siècle; rien ne nous échappe de tout ce qui lui réussit. » Après ce long préambule, Bayle se décide et fait un pas en avant : « Il semble même qu'à l'égard de ces pensées et de ces fines railleries, à quoi tous les siècles et tous les peuples polis sont sensibles, Molière soit plus fécond qu'Aristophane et que Cicéron. C'est une prérogative de grand poids : car enfin on ne peut accuser le siècle de manquer de goût pour les endroits relevés des poëtes latins. Montrez aux dames d'esprit certaines pensées d'Homère, d'Ovide, de Juvénal, etc.; montrez-les-leur en vieux gaulois; faites-en la traduction la plus plate qu'il vous plaira, pourvu qu'elle soit fidèle, vous verrez que les dames conviendront que ces pensées sont belles, délicates, fines. »

Bayle en vient donc à retirer aux *anciens* la ressource qu'il leur offrait d'abord, de récuser les traductions. Il semblait combattre l'idée de Perrault, il finit par l'adopter. Malgré l'effort de Bayle pour faire passer ses opinions presque incognito, il fut manifeste à tous les yeux qu'il penchait pour les *modernes*. On commenta même cette phrase : « On attend encore la réponse aux *Parallèles* de M. Perrault, et l'on ne sait quand elle viendra. » Et comme les *Réflexions sur Longin* avaient déjà paru, les adversaires de Boileau se prévalurent du mot de Bayle, affirmant que, dans l'opinion de ce savant homme, l'ouvrage de Boileau n'était pas une réponse. Desmaiseaux, dans sa *Vie de Bayle*, s'est mépris également sur le sens de cette phrase, et en a conclu que l'auteur du *Dictionnaire* jugeait à peu près nulles les réponses faites à Perrault. Mais une lettre de Bayle prouve que les adversaires de Boileau et Desmaiseaux lui-même se trompaient. Bayle ne parle pas des *Réflexions sur Longin*, qu'il n'avait pas encore lues, ni de Boileau, mais de Périzonius, qui avait promis de réfuter Perrault : « Je n'ai rien changé à l'article de *Molière* en le faisant réimprimer, et cela non-seulement parce que je n'avais point vu les remarques de l'illustre M. Despréaux en faveur des anciens, mais encore parce que les raisons qui m'avaient fait dire, dans ma première édition, que l'on ne savait encore quand viendrait la réponse aux *Parallèles* de M. Perrault, sont encore aujourd'hui dans le même état. J'avais en vue un ouvrage qu'un de nos plus savants humanistes faisaites pérer depuis longtemps. Il ne vit pas plutôt l'ouvrage de M. Charpentier sur l'excellence de la langue française, qu'il témoigna être résolu à le réfuter. Il témoigna la même chose à l'égard du Parallèle de M. Perrault. Cependant tous ces desseins sont encore en herbe [1]. »

Il n'en est pas moins vrai que Bayle partage les opinions de Perrault sur les anciens et les modernes. On en trouve dans ses lettres des preuves plus explicites. Dans son *Dictionnaire* il accumule les réserves, il dispose adroitement les échappatoires, il voile son idée sous mille replis. Dans ses lettres, il parle plus librement, et voici un extrait de l'une d'elles, adressé à M. Pinson, avocat, qui ne laisse subsister aucun doute : « Je suis tout à fait du sentiment de M. Perrault, et je remarque que ses adversaires ne se défendent jamais par des raisons : ils ne font que déclamer et ne viennent jamais au fait. Ses *Parallèles* ont été réimprimés à Amsterdam depuis quelques mois, et plaisent beaucoup à nos curieux. Sa lettre à M. Boileau est tout à fait judicieuse et polie, et je ne vois pas ce qu'on y pourrait répondre. J'en ai fait part à M. de Beauval, qui, quoique grand ami de M. de Fontenelle, ne veut pas se trop ouvertement déclarer pour aucun parti [2]. »

Cette lettre décisive fut communiquée à Perrault, qui inséra, dans sa réponse à Boileau, le fragment que je viens de citer. Opposer à Despréaux le témoignage d'un écrivain

---

1. Lettre 221, citée par l'abbé Joly (*Remarques critiques sur le Dictionnaire de Bayle*, art. *Perrault*).
2. Lettre du 16 novembre 1693, *ibid.*

aussi savant que Bayle, et qui faisait profession de l'admirer si fort, c'était de bonne guerre, et Boileau fut très-sensible à cette citation imprévue.

Ainsi, de tous côtés, l'opinion se montrait favorable aux modernes. Ils trouvaient des partisans dans les journaux et dans la société polie. Huet reconnaît leur succès dans sa lettre à Perrault, et l'engage à se défier « des applaudissements d'une infinité de gens qui, ne connaissant pas l'antiquité, ont plus tôt fait de la mépriser que de l'étudier. » On voit, par une lettre de Racine à Boileau, que le fils du chancelier Pontchartrain avait demandé à Boileau la suppression d'une strophe de l'*Ode sur la prise de Namur*, dirigée contre Perrault et Fontenelle. Boileau se plaint sans cesse de la sottise du public, qui tend les bras aux *modernes*. Jusque chez ses meilleurs amis, Boileau rencontrait des *modernes* qui osaient lui tenir tête, et, lui présent, déclamer contre les anciens. Un jour qu'il dînait chez M. de Lamoignon avec deux évêques, Corbinelli, le P. Bourdaloue et l'un des amis de ce dernier, la conversation tomba sur les anciens et les modernes, et plusieurs des convives, notamment l'ami du P. Bourdaloue, poussèrent assez vivement Despréaux. Celui-ci, se préparant une revanche piquante, avoua qu'il y avait un moderne, un seul qui surpassait à son goût et les vieux et les nouveaux. « Le compagnon du P. Bourdaloue, qui faisait l'entendu, raconte Mme de Sévigné, lui demanda quel était donc ce livre si distingué dans son esprit. Il ne voulut pas le nommer. Corbinelli lui dit : « Monsieur, je vous « conjure de me le dire, afin que je le lise toute la nuit. » Despréaux lui répondit en riant : « Ah! monsieur, vous l'avez « lu plus d'une fois, j'en suis assuré. » Le jésuite reprend, et presse Despréaux de nommer cet auteur si merveilleux, avec un air dédaigneux, un *cotal riso amaro*. Despréaux lui dit : « Mon Père, ne me pressez point. » Le Père continue. Enfin, Despréaux le prend par le bras, et, le serrant bien

fort, lui dit : « Mon père, vous le voulez? Eh bien! c'est
« Pascal, morbleu! — Pascal! dit le père tout étonné; Pascal
« est beau autant que le faux le peut être. — Le faux, dit
« Despréaux, le faux! Sachez qu'il est aussi vrai qu'il est
« inimitable : on vient de le traduire en trois langues. » Le
père répond : « Il n'en est pas plus vrai pour cela. » Despréaux entame une autre dispute; le père s'échauffe de son
côté; et, après quelques discours fort vifs de part et d'autre,
Despréaux prend Corbinelli par le bras, s'enfuit au bout de
la chambre; puis, revenant et courant comme un forcené,
il ne voulut jamais se rapprocher du père, et alla rejoindre
la compagnie [1]. » « J'ignore, dit Louis Racine, en rapportant cette anecdote, si Mme Sévigné n'a point orné son
récit [2]. » Je crois Mme de Sévigné très-véridique. Cette
malice de Boileau, ce dénoûment évasif et spirituel de la
discussion, ce jugement très-sincère et très-sérieux qui a
la forme d'une boutade, ces retards calculés à prononcer le
nom de Pascal, cette explosion, cette vivacité de pantomime, et cette course loin du jésuite ébahi, tout cela c'est
Boileau lui-même, Boileau dans le monde, en présence
d'un *moderne*, et pour ainsi dire devant l'ennemi. Mme de
Sévigné l'a peint au naturel, en racontant cette petite comédie.

Il ne manque rien à son récit charmant, sinon l'opinion
de Mme de Sévigné elle-même. Sans doute son esprit, son
goût délicat, son instruction et ses amitiés l'inclinaient du
côté des anciens. Mais Mme de Sévigné et quelques autres
femmes illustres, comme l'abbesse de Fontevrault, pour qui
Racine traduisait le *Banquet*, Mme de Longueville et la
princesse de Conti, qu'Arnauld cite parmi les appuis de
Boileau, étaient des exceptions dans la société française. La
plupart des femmes, même distinguées, étaient du parti de

---

1. Lettre du 15 janvier 1690. — 2. *Mémoires*, p. 125.

Perrault. Les femmes sont nées *modernes*. Ne sachant ni le grec ni le latin, elles lisaient peu les anciens, même au XVIIe siècle, ou ne les lisaient que dans des traductions insuffisantes, et ne les comprenaient guère mieux que la présidente Morinet, quand son mari lui traduisait Pindare. Les plus sensées se récusaient à l'égard de l'antiquité, et répondaient comme Henriette :

> Excusez-moi, monsieur, je ne sais pas le grec.

Quelques-unes d'entre elles pouvaient se laisser toucher par l'idée religieuse qui avait inspiré Desmarets, et préférer le XVIIe siècle au paganisme de l'antiquité, à titre de femmes chrétiennes. Mais, sans demander à leur foi la règle de leur goût, la plupart confondaient tout simplement la cause de l'antiquité et celle de la pédanterie, et les défenseurs des anciens ne cherchaient pas assez à prévenir cette confusion. L'idée d'un progrès et d'un rajeunissement perpétuel de la nature humaine, présentée avec agrément par les *modernes*, et appuyée sur des arguments ingénieux, leur plaisait mieux que celle de la décadence du monde sur le retour. Elles aimaient à entendre revendiquer pour l'humanité l'éternel printemps de l'esprit, doctrine plus riante que celle de ces austères admirateurs du passé, qui, transportant pour ainsi dire dans la littérature l'idée de la déchéance originelle, attribuaient aux anciens un privilége de perfection idéale, dont leurs successeurs avaient été, on ne sait pour quelle faute, dépossédés pour toujours. Cette impopularité des *anciens* parmi les femmes, Boileau la dénonce lui-même dans sa dixième satire, et nous en trouvons un témoignage bien significatif dans ces vers :

> Au mauvais goût public la belle fait la guerre,
> Plaint Pradon opprimé des sifflets du parterre,
> Rit des vains amateurs du grec et du latin,
> Dans sa balance met Aristote et Cotin ;

> Puis, d'une main encor plus fière et plus habile,
> Pèse sans passion Chapelain et Virgile,
> Remarque en ce dernier beaucoup de pauvretés,
> Mais confesse pourtant qu'il a quelques beautés;
> Ne trouve en Chapelain, quoi qu'ait dit la satire,
> Autre défaut, sinon qu'on ne saurait le lire,
> Et, pour faire goûter son livre à l'univers,
> Croit qu'il faudrait en prose y mettre tous les vers.

Dans les trois éditions de 1694, 95 et 98, au lieu de ces deux derniers vers, on lisait la tirade suivante, plus concluante encore, que Boileau supprima, dit Brossette, après sa réconciliation avec Perrault :

> Et croit qu'on pourra même enfin le lire un jour,
> Quand la langue vieillie ayant changé de tour,
> On ne sentira plus la barbare structure
> De ses expressions mises à la torture;
> S'étonne cependant d'où vient que chez Coignard
> Le *Saint-Paulin*, écrit avec un si grand art,
> Et d'une plume douce, aisée et naturelle,
> Pourrit, vingt fois encor moins lu que la *Pucelle*.
> Elle en accuse alors notre siècle infecté
> Du pédantesque goût qu'ont pour l'antiquité,
> Magistrats, princes, ducs et même fils de France,
> Qui lisent sans rougir et Virgile et Térence,
> Et toujours pour P.... plein d'un dégoût malin,
> Ne savent pas s'il est au monde un *Saint-Paulin*.

Boileau a médit fort spirituellement des femmes, mais il ne les connaissait pour ainsi dire que littérairement et de seconde main, d'après Juvénal. Il ignorait qu'on ne les corrige guère qu'en les flattant, et qu'un madrigal a plus de prise qu'une satire sur ces esprits délicats, dont le goût est incertain, l'humeur ombrageuse, et qu'il faut apprivoiser par la douceur. La dixième satire accrut l'impopularité des *anciens*, en décidant la disgrâce de leur chef. « Elle fut prodigieusement vendue et critiquée, dit Louis Racine, et tandis que le libraire était content, l'auteur se désespérait. » Boileau, déchiré par les femmes, comme Orphée par les bacchantes, allait montrer ses blessures à Racine, et Racine lui rendait les consolations qu'il avait reçues lui-même de Boileau pendant la disgrâce de Phèdre : « Rassurez-vous, lui disait-il; vous avez attaqué un corps très-nombreux et qui n'est que langue; l'orage passera[1]. » L'orage dura longtemps, et cependant, ajoute Louis Racine avec étonnement, Boileau avait mis de son côté Mme de Maintenon, par ce vers :

J'en sais une chérie et du monde et de Dieu.

Admirable naïveté du poëte janséniste, qui ne devine pas que cette exception éclatante devait irriter davantage, et non pas apaiser le sexe féminin.

Aussi les femmes se vengèrent de Boileau, même au sein de l'Académie. On trouve dans ses lettres le détail amusant de leurs intrigues académiques contre un candidat que Boileau voulait faire élire, M. de Mimeure. Il avait la promesse de beaucoup d'académiciens, mais en arrivant à l'assemblée, « je les ai, dit-il, trouvés tout changés en faveur d'un M. de Saint-Aulaire, homme d'une grande réputation, assurait-on, mais dont le nom pourtant, avant cette affaire, n'était pas venu jusqu'à moi[2]. » C'étaient des femmes en crédit, qui poussaient M. de Saint-Aulaire au fauteuil. Boileau se fâcha. Une lettre de M. Le Verrier, son ami, au duc de Noailles, nous fait assister à cette scène : « M. Despréaux a représenté à l'Académie, avec beaucoup de chaleur, que tout était perdu, puisqu'il n'y avait plus que la brigue des femmes qui mît des académiciens à la place de ceux qui mouraient. Enfin, il a lu tout haut les vers de

---

1. *Mémoires* de L. Racine, p. 148.
2. Lettre de Boileau au marquis de Mimeure, t. IV, p. 124; éd. Berryat Saint-Prix.

M. de Saint-Aulaire.... Ainsi, M. Despréaux, à la vue de tout le monde, donna une boule noire à M. de Saint-Aulaire, et nomma lui seul M. de Mimeure. Voilà, monseigneur, des témoignages qu'il y a encore des Romains sur la terre, et à l'avenir, vous prendrez la peine de ne plus appeler M. Despréaux votre cher poëte, mais votre cher Caton [1]. » Voilà comme les femmes se vengeaient.

Perrault, je l'ai déjà remarqué, plus politique que Boileau, avait toujours eu soin, dans ses *Parallèles*, de ménager les femmes, et de témoigner les plus grands égards pour leur goût. Perrault était un homme du monde ; il sentait qu'un corps très-nombreux, « qui est tout langue, » et qui sait user de ses dons, a beaucoup d'influence dans un siècle de politesse et de galanterie. Perrault, témoin de la rupture des femmes avec Boileau, fit un coup de maître : pour achever de les rallier à sa cause, il se déclara leur champion, et, en réponse à la dixième satire, il publia leur apologie. L'*Apologie des femmes*, qui parut en 1694, est précédée d'une préface en prose, où leur avocat juge au nom de la morale et du goût la satire de leur adversaire. Selon Perrault, c'est l'un des plus faibles ouvrages du poëte, et l'un des plus dangereux. Quoi de plus contraire aux bonnes mœurs, que de prétendre « qu'il n'y a que trois femmes de bien dans une ville où il y en a plus de deux cent mille ? » — Perrault a pris à la lettre l'hyperbole purement littéraire de Boileau ; il dénonce ses expressions les plus innocentes, ou du moins les plus vénielles, avec un accent de pudeur outragée qui tourne au ridicule : « Est-ce que des *héros à voix luxurieuse, des morales lubriques, des rendez-vous chez la Cornu*, peuvent se présenter à l'esprit sans y faire des images dont la pudeur est offensée ? » Arnauld répondra plus tard avec une raison invincible à cette

---

1. Lettre citée dans l'éd. de Boileau par B. Saint-Prix, t. IV, p. 126.

déclamation de Perrault, qui repose tout entière sur un contre-sens, puisqu'au lieu de chercher dans la satire une satire, c'est-à-dire un genre qui a ses immunités, Perrault la combat comme une thèse de philosophie dogmatique, ce que la satire n'est pas.

Au point de vue littéraire, sa critique est curieuse. Il traite Boileau comme un novateur ; il se moque de ces vers, « durs, secs, coupés par morceaux, pleins de transpositions et de mauvaises césures, et enjambant les uns sur les autres. » On ne parlait pas autrement, en 1825, au nom de Boileau, des enjambements romantiques. Quelques-unes des remarques de Perrault touchèrent le poëte, qui, dans les éditions suivantes de son ouvrage, corrigea les passages critiqués[1]. Mais la partie de l'opuscule de Perrault la plus digne de notre attention, c'est la défense des femmes, en vers alexandrins. Perrault ne vise pas aux beaux vers ; il se propose principalement de flatter ses clientes, persuadé qu'on excusera la faiblesse des rimes, les mauvaises césures, et la platitude des tours, si la louange est douce et parfumée. Pour faire oublier la pauvreté du vase, il compte sur la force de l'encens. Il suppose qu'un père, nommé Timandre, avait un fils

> Qui, mortel ennemi de tout le genre humain,
> D'une maligne dent déchirait le prochain,
> Et sur le sexe même, emporté par sa bile,
> Exerçait sans pitié l'âcreté de son style.

Timandre, qui souhaitait

> Qu'une suite d'enfants
> Pût transmettre son nom dans les siècles suivants,

entreprend de marier son fils, et, pour le décider au ma-

---

[1]. Les corrections sont indiquées dans l'édition de Boileau par Berryat Saint-Prix, t. Ier.

riage, il vous lui fait un beau sermon, comme dit La Fontaine. Et d'abord, allant droit au point délicat :

> Il est, j'en suis d'accord, des femmes infidèles,
> Et dignes du mépris que ton cœur a pour elles.
> Mais si *de deux ou trois* le crime est avéré,
> Faut-il que tout le sexe en soit déshonoré ?

C'est la réplique aux trois femmes de bien qu'avait ironiquement exceptées la satire. Mais pourquoi Boileau ne croit-il pas à la vertu des femmes ?

> Chacun, en quelque endroit que le hasard le porte,
> Ne rencontre et ne voit que des gens de sa sorte....
> Faut-il donc s'étonner si des *hommes perdus*,
> Jugeant du sexe entier par celles qu'ils ont vues,
> Assurent qu'il n'est plus que des femmes perdues ?

Pauvre Boileau ! c'était bien la peine de se déclarer « très-peu voluptueux, » mérite impopulaire en France, pour s'entendre accuser d'être un vert galant ! Mais ce n'est pas tout : Perrault oppose au portrait de la coquette, tracé par Boileau, celui de la sœur de charité et de la femme bienfaisante, qui

> Descend dans les caveaux, monte dans les greniers,
> Où des pauvres obscurs fourmillent à milliers.

Il peint la bonne mère qui soigne ses enfants, la bonne épouse qui donne une potion salutaire à l'époux alité, la bonne fille qui travaille le soir au coin du foyer, et il célèbre avec attendrissement les délices de l'amour conjugal, tandis que le célibataire, mourant sur son grabat,

> Voit, l'œil à demi clos, son valet qui le vole.

Enfin les femmes ne font pas seulement le bonheur du genre humain : ce sont elles qui ont donné au monde la civilité et les talents. A la faveur de cette idée, Perrault introduit dans son *Apologie* le portrait de Boileau, qui n'est pas flatté :

> Peux-tu ne pas savoir que la civilité
> Chez les femmes naquit avec l'honnêteté ?
> Que chez elles se prend la fine politesse,
> Le bon air, le bon goût et la délicatesse?
> Regarde un peu de près celui qui, loup-garou,
> Loin du sexe a vécu renfermé dans son trou :
> Tu le verras crasseux, maladroit et sauvage,
> Farouche dans ses mœurs, rude dans son langage,
> Ne pouvoir rien penser de fin, d'ingénieux,
> Ne dire jamais rien que de dur ou de vieux.
> S'il joint à ces talents l'amour de l'antiquaille,
> S'il trouve qu'en nos jours on ne fait rien qui vaille,
> Et qu'à tout bon moderne il donne un coup de dent,
> De ces dons rassemblés se forme le pédant,
> Le plus fastidieux comme le plus immonde
> De tous les animaux qui rampent dans le monde.

Boileau eut la bonté de se reconnaître dans ces vers, et nous verrons dans les *Réflexions sur Longin* par quel coup de dent, comme dit Perrault, il répondit au *moderne*. Les femmes, naturellement reconnaissantes, surent gré à Perrault d'avoir fait de si mauvais vers avec de si bonnes intentions, et l'*Apologie* obtint un succès plus grand que son mérite. Décidément Perrault avait conquis à sa cause le public féminin, et les anciens souffraient cruellement de l'impopularité de Boileau. Les amis du satirique l'exhortaient depuis longtemps à frapper un grand coup. Il résistait, et croyait qu'il devait suffire à l'honneur des anciens d'avoir pour eux l'élite de l'Académie française, les membres les plus illustres de la magistrature et du clergé, l'Université, et quelques grands seigneurs, amis de la belle littérature[1].

---

1. Boileau, dans sa lettre à Perrault, cite parmi ses partisans : M. de Lamoignon, le prince de Conti, M. d'Aguesseau et M. de Troisville.

Il arrive quelquefois, dans les jours d'émeute populaire, que l'autorité croit avoir facilement raison des mutins en faisant avancer quelques soldats ; puis, quand l'émeute gagne du terrain et se tourne en révolution, on est réduit à lui livrer bataille. Boileau, qui en littérature représentait l'autorité, pensa d'abord qu'il mettrait l'émeute en déroute, en alignant cinq ou six épigrammes ; celles-ci n'ayant intimidé personne, il lança contre Perrault les strophes un peu lourdes *sur la prise de Namur*, pour dégager Pindare, compromis et maltraité. Mais les escarmouches ne décidaient rien, et Perrault avançait toujours. Boileau recevait de ses partisans message sur message. De toutes parts on accusait le consul de sommeiller ; on lui criait : *Expergiscere aliquando*, et le prince de Conti le menaçait d'aller à l'Académie écrire sur son fauteuil : *Tu dors, Brutus*.... « Boileau se réveilla enfin, dit Louis Racine, et il composa les *Réflexions sur Longin*[1]. » Il était temps. Boileau a lui-même écrit à Perrault : « Vous aviez si bien réussi, avec l'esprit que vous avez et que les autres n'ont point, à déconcerter vos faibles antagonistes, que si je ne me fusse mis de la partie, le champ de bataille vous demeurait[2]. »

---

[1]. *Mémoires* de L. Racine, p. 148.
[2]. Œuvres de Boileau, t. IV, p 90, éd. Berryat Saint-Prix.

CHAPITRE XV.

Réflexions critiques sur Longin.

A proprement parler, les *Réflexions sur Longin* sont un répertoire des bévues de Perrault. Boileau n'y aborde aucune question, n'y soutient aucune doctrine ; il y relève les contre-sens, les fautes de style, et même les fautes d'orthographe. Quelquefois, emporté par la réfutation, il s'avance trop loin : il traite son adversaire d'extravagant pour avoir insinué qu'Homère pourrait bien n'être pas l'auteur de l'*Iliade*, et annoncé qu'on préparait en Allemagne des mémoires sur ce sujet[1]. Mais le plus souvent ses critiques sont justes. Il prouve à Perrault qu'il a lu Élien dans une traduction, sans vérifier le texte, qu'il lui a fait dire le contraire de ce qu'il dit, et que le chien qui reconnaît Ulysse peut avoir vécu vingt ans, puisque celui de Louis XIV en a vécu vingt-deux. Il analyse et commente avec goût le début de la première *Olympique* de Pindare, parodiée par Perrault. Il substitue aux versions platement infidèles de son adversaire des traductions exactes et élégantes, qui font ressortir ses erreurs et son injustice. Enfin, dans la meilleure page des *Réflexions*, il lui apprend avec beaucoup d'esprit que les véritables pédants ne sont pas les *anciens* qui défendent l'antiquité parce qu'ils la connaissent, mais les *modernes* qui l'attaquent parce qu'ils l'ignorent : « Monsieur P..., dit-il après avoir

---

1. *Réflexions*, VIII.

tracé le portrait du pédant, me répondra peut-être que ce n'est point là le véritable caractère d'un pédant. Il faut pourtant lui montrer que c'est le portrait qu'en fait le célèbre Régnier, c'est-à-dire le poëte français qui, du consentement de tout le monde, a le mieux connu, avant Molière, les mœurs et le caractère des hommes. C'est dans sa dixième satire, où décrivant cet énorme pédant, qui

> Faisait par son savoir, comme il faisait entendre,
> La figue sur le nez au pédant d'Alexandre;

il lui donne ensuite ces sentiments :

> Qu'il a, pour enseigner, une belle manière;
> Qu'en son globe il a vu la matière première;
> Qu'Épicure est ivrogne, Hippocrate un bourreau;
> Que Barthole et Jason ignorent le barreau;
> Que Virgile est passable, encor qu'en quelques pages
> Il méritât au Louvre être sifflé des pages;
> Que Pline est inégal, Térence un peu joli;
> Mais surtout il estime un langage poli.
> Ainsi sur chaque auteur il trouve de quoi mordre;
> L'un n'a pas de raison, et l'autre n'a point d'ordre;
> L'un avorte avant temps des œuvres qu'il conçoit;
> Souvent il prend Macrobe et lui donne le fouet, etc.

« Je laisse à Monsieur P.... le soin de faire l'application de cette peinture, et de juger qui Régnier a décrit par ces vers : ou un homme de l'Université, qui a un sincère respect pour tous les grands écrivains de l'antiquité, et qui en inspire, autant qu'il peut, l'estime à la jeunesse qu'il instruit; ou un auteur présomptueux, qui traite tous les anciens d'ignorants, de grossiers, de visionnaires, d'insensés, et qui, étant déjà avancé en âge, emploie le reste de ses jours et s'occupe uniquement à contredire le sentiment de tous les hommes. »

Boileau se souvenait du portrait que Perrault avait tracé

de lui dans l'*Apologie des femmes*; en manière de pendant, il a fait à son tour celui de Perrault.

On regrette de ne pas trouver dans les *Réflexions sur Longin* une défense d'Homère, sur qui les *modernes*, à l'exemple de Desmarets, commençaient à concentrer l'effort de leur attaque. C'était le droit d'Homère et comme le privilége reconnu de son génie, de recevoir les premiers coups. C'était aussi la conséquence naturelle de l'esprit du XVIIe siècle. Le XVIIe siècle a mieux compris la littérature latine que la littérature grecque, parce que celle-ci est plus près de la nature; il a mieux compris Virgile qu'Homère, et Cicéron que Démosthène; on s'en aperçoit aux précautions que prend Fénelon, dans sa *Lettre à l'Académie*, pour faire accepter sa préférence en faveur de Démosthène. Cette société polie du XVIIe siècle avait peine à se détacher d'elle-même, et à ne pas aimer mieux son élégance que la rudesse des mœurs primitives dont Homère lui offrait le tableau. Elle se reconnaissait mieux dans Virgile et dans le siècle d'Auguste. Boileau lui-même, qui savait le grec et qui aimait Homère, ne comprenait pas toute sa simplicité. Il le justifiait contre Perrault en disant qu'il n'avait jamais employé qu'un seul mot bas; et Boileau ne voyait pas qu'il agissait à l'égard d'Homère comme ces grands seigneurs qui, recevant chez eux un bourgeois, l'ennoblissent, sans y faire attention, et lui prêtent par habitude une particule nobiliaire à laquelle il n'a pas droit. Racine est obligé d'avertir Boileau de changer sa phrase et de ne pas dire que le mot *âne* est très-noble en grec[1]. Racine est peut-être, avec Fénelon et Mme Dacier, le seul écrivain du siècle de Louis XIV qui, sachant échapper en esprit à la civilisation de son temps, ait goûté la peinture des mœurs primitives et compris la vraie beauté d'Homère. Pendant le

---

1. Lettre XLV à Boileau (1693).

séjour qu'il fit dans le midi de la France chez son oncle le chanoine, il employait à lire l'*Odyssée* les instants de liberté que lui laissait son admiration juvénile pour les belles dames d'Uzès[1]. Nous avons les remarques qu'il écrivait sur Homère. Jamais on n'a mieux senti les beautés naïves de l'*Odyssée*. Il les analyse, il les commente avec un goût infini ; il cite les vers qui le frappent, et ce sont toujours les plus simples. Au livre premier, il admire Ulysse, « qui ne souhaite autre chose que de voir la fumée de son pays. » Il loue Homère de nommer tout uniment par leurs noms les instruments dont son héros se sert pour conduire un vaisseau. « Le grec, dit-il, exprime tout. » Les descriptions de festins, la rusticité et la précision de ces détails de ménage le charment. Mais son épisode favori, c'est celui de Nausicaa, tant raillé par Perrault. Pourquoi Boileau n'a-t-il pas cité cette page exquise de son ami, pour réfuter Perrault[2] ? Personne, au XVIIe siècle, excepté Fénelon peut-être, n'eut cette fleur de sensibilité littéraire. Mais ne reprochons pas au goût de Boileau de n'être pas, sur ce point délicat, plus avancé que celui de son siècle. Le siècle de La Motte n'a pas été plus homérique que celui de Perrault. On n'a compris Homère, en France, que lorsque Rousseau eut découvert la nature sur les bords du lac de Genève. L'Ile de France de Bernardin de Saint-Pierre, l'Amérique de Chateaubriand, l'Écosse de Walter Scott, nous ont expliqué la Grèce d'Homère. Le meilleur interprète du génie, c'est toujours le génie.

On a critiqué le style de Boileau dans les *Réflexions sur Longin*. Il est lourd, a-t-on dit, grand défaut dans la polémique. Ce n'est pas la pesanteur que j'y reprendrai : même quand l'expression de Boileau manque de légèreté, sa

---

1. Lettre de Racine à La Fontaine (1661).
2. *Remarques sur le livre* VI *de l'Odyssée*.

pensée est assez vive pour aiguillonner l'attention. Ce qui m'y paraît regrettable, c'est l'accent dédaigneux, c'est la dureté des termes, *bévue*, *ignorance*, *ineptie*, *ridicule*, que Boileau prodigue en parlant de Perrault. Dans la cinquième *Réflexion*, Boileau cite un portrait de Zoïle par Élien, et en applique à Perrault les traits les plus désagréables, par une allusion trop claire et trop directe. Ailleurs Boileau rapporte ce passage de Vitruve : « Les uns disent que Ptolémée le fit mettre en croix, d'autres qu'il fut lapidé, et d'autres qu'il fut brûlé tout vif à Smyrne. Mais de quelque façon que cela soit, il est certain qu'il a bien mérité cette punition, puisqu'on ne la peut mériter par un crime plus odieux qu'est celui de reprendre un écrivain qui n'est pas en état de rendre raison de ce qu'il a écrit. » D'Alembert accuse Boileau d'avoir, en citant sans réflexion cette phrase de Vitruve, demandé implicitement la tête de Perrault. Boileau était le plus vif des critiques, mais le meilleur des hommes, et ne souhaitait pas la mort du pécheur. Il cite Vitruve, mais il ne veut ni brûler ni crucifier Perrault. Il se contente de le frapper de sa férule. Seulement il le frappe quelquefois trop fort, en grondant, comme un maître d'école, et il fait, sans le savoir, les affaires de l'écolier, qu'on plaint involontairement d'être si rudement battu.

Mais ce que je regrette le plus, c'est que Boileau se soit borné à démontrer et à châtier l'injustice des critiques de Perrault, et n'ait pas daigné discuter ses idées. Ce n'est pas, assurément, qu'il n'ait vu la portée de quelques-unes. C'est une impertinence de prétendre, comme on l'a fait de nos jours, que Boileau n'était pas de taille à comprendre Perrault. Boileau n'était ni si étroit ni si attardé qu'on affecte de le croire aujourd'hui. Dans la querelle qui nous occupe, on est surpris de découvrir que le moins exclusif et le plus tolérant, en matière de goût, de Perrault et de Boileau, ce n'est pas Perrault, c'est Boileau. On a rattaché avec raison à l'insurrection de Perrault l'origine de la révolution romantique, et M. Pierre Leroux a montré le premier le lien des *Parallèles* avec la préface de *Cromwell*[1]. En effet, au point de vue philosophique, il existe une certaine conformité entre les idées de Perrault et celles de l'école romantique sur l'indépendance de l'esprit humain et sur l'émancipation du goût; mais, au point de vue littéraire, aucune ressemblance. Un des principaux dogmes de la jeune école, c'était qu'il faut appeler les choses par leur nom, et par conséquent bannir la périphrase, renoncer au culte des mots généraux, les seuls nobles, selon Buffon, et revenir à l'usage des mots propres, des mots roturiers, les seuls précis, expressifs et pittoresques, selon la poétique nouvelle. C'est une des meilleures idées du romantisme, qui a rendu par là au style français le nerf et la couleur. Mais le goût du mot propre, qui le montre au plus haut degré, de Perrault, qu'Homère dégoûte parce qu'il parle des ânes, des porcs, des porchers et du boudin, ou de Boileau, qui soutient qu'un terme, pour être technique, ne cesse pas de convenir à la poésie, et que les porchers, avec leurs troupeaux, font très-bonne figure dans Homère? Évidemment ici Perrault est l'arriéré, et c'est Boileau qui est le romantique.

Il est donc puéril de prétendre que si Boileau, au lieu de discuter les idées des *Parallèles*, s'est contenté d'en récapituler les bévues, c'est faute d'en avoir pu comprendre le mérite. Boileau comprenait, admirait et aimait des philosophes d'une portée plus grande que Perrault, Descartes et Pascal, par exemple. Pour entendre les idées de Per-

---

[1] Voir l'article intitulé : *De la loi de continuité qui unit le* XVIIIe *siècle au* XVIIe, *Revue encyclopédique*, 1832.

rault, il lui aurait suffi d'un effort, non d'esprit, mais de sang-froid et d'impartialité, et c'est celui qu'il avait le plus de peine à faire. La vérité, c'est que les fautes de Perrault effacèrent momentanément aux yeux de Boileau les mérites incontestables des *Parallèles*, qu'il reconnut plus tard de bonne grâce. Il était dans le feu de la polémique; il y portait sa passion pour le sens commun, l'âpreté d'Alceste, et, pour tout dire, l'humeur d'un vieillard depuis longtemps malade, et le ton hautain d'un homme supérieur. Despréaux s'irrita de ce qu'un écrivain français, un académicien, décriait les anciens sans les connaître, et les calomniait par ses traductions, avant de les déshonorer par ses jugements. Au lieu de réfuter Perrault, il voulut montrer que Perrault n'était pas digne d'une réfutation. Les *Réflexions sur Longin* ne se proposent qu'un but, c'est de convaincre Perrault d'ignorance, au préalable, et de faire mettre les anciens hors de cause. Voilà l'explication de l'ouvrage de Boileau. Voilà pourquoi, au lieu d'attaquer directement les *Parallèles*, comme il aurait fait sans doute s'il les avait moins dédaignés, Boileau ne les aborde que de biais, pour ainsi dire, en accostant Perrault à propos de Longin, avec un appareil de transitions quelquefois piquantes, mais artificielles, et en rattachant, après vingt ans[1], les *Parallèles* au *Traité du Sublime*, par une liaison rétrospective qui manquait d'opportunité.

Malgré toutes ses faiblesses, l'ouvrage de Perrault ne méritait pas ce dédain. D'ailleurs, les fautes qu'il avait commises en défendant sa cause ne changeaient en rien le fond de la cause elle-même, qui reste debout tout entière, même après les *Réflexions sur Longin*. Qu'importaient à la question de progrès de l'esprit humain les contre-sens

---

1. La traduction de Longin est de 1674; les *Réflexions*, de 1694.

de Perrault et ses fautes d'orthographe? En se bornant à montrer le ridicule des critiques de Perrault, Boileau s'est donné la tâche la plus courte et la plus facile ; il n'a considéré que la moindre moitié du livre de son adversaire, celle qui n'a plus d'intérêt pour nous, et il a négligé l'autre, c'est-à-dire la partie théorique, qui ayant seule gardé son importance aujourd'hui, n'aurait pas dû paraître en manquer aux yeux d'un grand esprit comme Boileau. Combien il est à regretter que Despréaux ne se soit pas expliqué sur ces questions élevées! il nous aurait laissé des pages bien sensées et bien fortes, s'il en faut juger par sa lettre à Perrault, après l'intervention du grand Arnauld, qui amena la réconciliation des deux adversaires. Boileau, en effet, apaisé par l'admirable lettre d'Arnauld, dont je vais parler, revint aisément à sa justice et à sa bonté naturelles; en écrivant à Perrault pour se réconcilier avec lui, il témoigna qu'il trouvait dans les *Parallèles* quelque chose de mieux qu'une matière à corrections grammaticales, et il honora son ancien adversaire de louanges que n'auraient pu faire attendre les *Réflexions sur Longin*. C'est cette réconciliation que je dois maintenant raconter.

CHAPITRE XVI.

Lettre d'Arnauld. — Réconciliation de Boileau et de Perrault. — Mort de Perrault. — Réception à l'Académie française du coadjuteur de Strasbourg. — Discours de M. de Tourreil.

Du fond de son exil, à Bruxelles, le grand Arnauld, âgé de quatre-vingts ans, tenait les yeux fixés sur la France et sur les discussions religieuses et littéraires qui s'y agitaient, toujours prêt à s'y mêler au besoin, car il n'avait rien perdu de sa vigueur d'esprit ni de cet amour de la lutte qui enflamma sa vie, sans l'abréger. Jusqu'au dernier moment, pareil au vieil athlète de Virgile, il mania le ceste de la polémique; mais il ne dit jamais comme Entelle :

Cæstus artemque repono.

Toutefois la vieillesse, la solitude et le chagrin, qui n'avaient pu fléchir cette âme vigoureuse, et qui avaient laissé debout en elle la force et l'ardeur indomptée, avaient agrandi la place qu'y tenaient les sentiments chrétiens. Au terme de sa vieillesse, Arnauld disputait encore, mais avec un accent de conciliation qui, sous sa plume ardente, n'avait pas été toujours aussi doux. Il combattait toujours avec vaillance, mais en vue de la paix; et sa réponse à Perrault, qui lui avait envoyé son *Apologie des femmes*, est un mélange piquant et touchant, tout ensemble de dialectique et de charité, qui représente merveilleusement les dispositions morales du grand Arnauld, cette persistance étonnante en lui des forces du raisonnement avec cette douceur nouvelle de l'onction chrétienne, dans les dernières années de sa vie.

Après avoir remercié Perrault de son envoi, et loué ses vers en l'honneur du mariage, Arnauld se détermine à lui marquer les points où il diffère d'opinion avec lui, « dans l'espérance qu'il ne trouvera pas mauvais qu'il agisse à son égard avec cette naïve et cordiale sincérité que les chrétiens doivent pratiquer envers leurs amis. » Alors, entrant dans la discussion, il démontre l'innocence de la satire de Boileau, qui n'a ni attaqué le mariage ni outragé l'honneur des femmes. Il prouve que les passages blâmés par Perrault sont les plus beaux de la satire; il justifie Boileau du reproche d'obscénité, et il traite à ce propos, avec un bon sens admirable, la question de la décence dans le style, question délicate et souvent mal entendue. Ce qui blesse la pudeur, selon lui, ce ne sont pas les termes employés évidemment sans intention de la blesser, mais bien plutôt la fausse délicatesse des personnes qui, à force de creuser une pensée, parviennent à s'en former une image impure, que les chrétiens d'un esprit simple n'auraient pas soupçonnée. « Cela me fait souvenir, dit Arnauld, de la scrupuleuse pudeur du P. Bouhours, qui s'est avisé de condamner tous les traducteurs du Nouveau Testament, pour avoir traduit *Abraham genuit Isaac*, *Abraham engendra Isaac*, parce que ce mot *engendra* salit l'imagination. Les personnes sages et modestes ne font pas de ces sortes de réflexions. »

Cette leçon, un peu sévère, était adoucie par ces paroles affectueuses et éloquentes : « Il y a d'autres choses, dans votre préface, que je voudrais que vous n'eussiez pas écrites; mais celles-là suffisent pour m'acquitter de la promesse que je vous ai faite d'abord, de vous parler avec la sincérité d'un ami chrétien, qui est sensiblement touché de voir cette division entre deux personnes qui font toutes deux profession de l'aimer. Que ne donnerais-je pas pour être en état de travailler à leur réconciliation plus heureusement que les gens d'honneur que vous m'apprenez n'y avoir pas réussi! Mais mon éloignement ne m'en laisse guère le moyen. Tout ce que je puis faire, monsieur, est de demander à Dieu qu'il vous donne à l'un et à l'autre cet esprit de charité et de paix qui est la marque la plus assurée des vrais chrétiens. Il est bien difficile que dans ces contestations on ne commette, de part et d'autre, des fautes dont on est obligé de demander pardon à Dieu. Mais le moyen le plus efficace que nous avons de l'obtenir, c'est de pratiquer ce que l'Apôtre nous recommande : « de nous sup-« porter les uns les autres, chacun remettant à son frère le « sujet de plainte qu'il pouvait avoir contre lui, et nous entre-« pardonnant, comme le Seigneur nous a pardonné. » On ne trouve point d'obstacle à entrer dans les sentiments d'union et de paix lorsqu'on est dans cette disposition ; car l'amour-propre ne règne point où règne la charité, et il n'y a que l'amour-propre qui nous rende pénible la connaissance de nos fautes, quand la raison nous les fait apercevoir. Que chacun de vous s'applique cela à soi-même, et vous serez bientôt bons amis. J'en prie Dieu de tout mon cœur. »

Telle était l'admirable lettre dictée par un vieillard de quatre-vingt-deux ans[1], qui travaillait à réfuter l'un des deux adversaires pour le réconcilier avec l'autre. Voltaire a dit d'Arnauld : « Personne n'était né avec un esprit plus philosophique. » En lisant cette lettre, son dernier ouvrage, on ajoute aux paroles de Voltaire : « Et avec un cœur plus chrétien. » Cependant la cabale excitée par la satire contre

---

1. « Il est surprenant, écrit Boileau à Maucroix (29 avril 1695), qu'un homme, dans l'extrême vieillesse, ait conservé toute cette vigueur d'esprit et de mémoire qui paroît dans cet écrit qu'il n'a fait que dicter, la foiblesse de sa vue ne lui permettant plus d'écrire lui-même. » La lettre d'Arnauld est du 5 mai 1694.

les femmes était si forte, que les amis d'Arnauld, craignant qu'il ne se compromît en la défendant, le prièrent de retirer sa lettre à Perrault. Arnauld persista à la maintenir, et consentit seulement à la soumettre au jugement de Bossuet, dont il se savait estimé. Arnauld ne put connaître la sentence du grand évêque. Il mourut le 8 août 1694, et c'est seulement le 6 que le médecin Dodart lui avait écrit que Bossuet regardait la satire en général comme incompatible avec la religion chrétienne, et la satire X comme contraire aux bonnes mœurs. Bossuet confirma plus tard ce premier jugement dans son *Traité de la concupiscence*. « Celui-là, disait-il en désignant Boileau, s'est mis dans l'esprit de blâmer les femmes. Il ne se met point en peine s'il condamne le mariage et s'il en éloigne ceux à qui il a été donné comme un remède. Pourvu qu'avec de beaux vers il sacrifie la pudeur des femmes à son humeur satirique, et qu'il fasse de belles peintures d'actions souvent très-laides, il est content[1]. »

On pourra trouver rigoureux cet arrêt de Bossuet. Mais Bossuet est dans la vérité de son caractère : il juge en évêque. Perrault avait le tort de se montrer aussi rigide, en n'étant qu'un mondain. La lettre d'Arnauld rendit Boileau si fier et si heureux, il éprouva une telle joie de pouvoir dire à tout le monde :

Arnauld, le grand Arnauld fit mon apologie;

il fut si touché de cet appel à la concorde, que sa colère contre Perrault ne tint pas contre les sentiments dont la lettre d'Arnauld avait rempli son cœur. « A peine en ai-je eu fait la lecture, écrit-il à Arnauld, que, frappé des salutaires leçons que vous nous y faites à l'un et à l'autre, j'ai envoyé dire à M. Perrault qu'il ne tiendrait qu'à lui que nous

---

1. *Traité de la Concupiscence*, chap. XVIII.

ne fussions bons amis. » C'est Racine et l'abbé Tallemant que Boileau chargea de la négociation. Il paraît que Perrault n'accepta pas les conditions de paix proposées : Boileau affirme qu'avant tout, il exigea pour ses ouvrages une estime et une admiration qu'on ne pouvait en conscience lui accorder. Ce n'est là sans doute qu'une malice de Boileau, qui, de son côté, comme première clause du traité, demandait la publication de la lettre d'Arnauld, « afin de n'être pas privé du plus grand honneur qu'il eût reçu en sa vie[1]. » Il avait raison de tenir à cet avantage; mais plus il était grand, plus on comprend que Perrault ait hésité à le lui accorder. Ce fut probablement le refus de l'écrivain condamné par une autorité si haute, de laisser publier sa condamnation, qui retarda la conclusion de la paix. Toutefois, en annonçant à Arnauld la rupture des négociations, Boileau avait soin de tenir une porte ouverte à un arrangement futur : « En quelque lieu que vous soyez, je vous déclare, monsieur, que vous n'avez qu'à me mander ce que vous souhaitez que je fasse pour parvenir à un accord, et je l'exécuterai ponctuellement, sachant bien que vous ne me prescrirez rien que de juste et de raisonnable.... Obtenez de vous et de lui que votre lettre verra le jour, et je lui donne sur tout le reste carte blanche.... Faut-il me dédire de tout ce que j'ai écrit contre M. Perrault? Faut-il lire tout *Saint-Paulin?* Vous n'avez qu'à dire ; rien ne me sera difficile[2]. »

Quel honorable exemple que la conduite de ces grands esprits du XVIIe siècle! Quelles bonnes dispositions à effacer leurs torts, quand une voix impartiale s'interpose et les convie à la concorde! Quels vrais grands hommes qu'un Arnauld, qui plaide tour à tour auprès de Boileau pour la mémoire de Claude Perrault[3], auprès de Charles Perrault pour

---

1. Lettre XI, Remercîment à M. Arnauld (juin 1694). — 2. *Ibid.*
3. Louis Racine cite, dans ses *Mémoires*, une lettre d'Arnauld, où se

la réputation de Boileau, et qu'un Boileau, qui défère avec tant de bienséance et de dignité au vœu d'Arnauld! C'est ainsi que nous voyons Racine promettre à Despréaux de ne pas laisser paraître cette seconde lettre contre Port-Royal, qui devait, lui disait son ami, faire tant honneur à son esprit, mais qui attaquait « le plus doux des hommes, M. Nicole! » Quelles leçons de grandeur d'âme pour les écrivains! et quels droits à l'admiration n'ont pas conquis ces illustres honnêtes gens, par ces belles actions plus difficiles à faire que leurs chefs-d'œuvre, car c'étaient des victoires remportées sur eux-mêmes et sur leurs passions!

Perrault, qui était digne aussi de s'associer à tous les sentiments honorables, finit par consentir à la publication de la lettre d'Arnauld, et la réconciliation entre les deux adversaires s'accomplit quatre jours avant la mort de leur

---

trouve ce passage : « Je n'eus pas plus tôt reçu les *OEuvres diverses*, que je me mis à lire ce qu'il y a de nouveau. J'en ai été merveilleusement satisfait, et je doute que le bon Homère ait jamais eu un plus exact et plus judicieux apologiste que M. Despréaux, dans ses *Réflexions sur Longin*. C'est tout le remercîment que je vous supplie de faire de ma part à l'auteur, et d'y ajouter seulement que j'estime trop notre amitié pour la mettre au nombre de ces amitiés vulgaires qui ont besoin de compliments pour s'entretenir. Je passe encore plus loin, et j'ose assurer qu'il ne trouvera pas mauvais que je lui remarque ce que j'ai trouvé dans ses *Réflexions critiques*, que je souhaiterais qui n'y fût pas, et ce qui n'aurait pas dû y être, s'il avait fait plus d'attention à cette belle règle qu'il a donnée dans sa dixième épître : « Rien n'est beau que le vrai. » Ce que je souhaiterais qui ne fût pas dans les *Réflexions*, est ce que j'y ai trouvé de M. Perrault, le médecin. On dit, sur la foi d'un célèbre architecte, que la façade du Louvre n'est pas de lui, mais du sieur Le Vau.... Cela ne me paraît avoir aucune vraisemblance, bien loin d'être vrai.... Je ne crois pas qu'il soit permis d'ôter à un homme de mérite, sur un ouï-dire, l'honneur d'avoir fait cet ouvrage.... Je souhaiterais aussi qu'il fût disposé à déclarer que ce qu'il a dit du médecin de Florence n'est qu'une exagération poétique que les poëtes ont accoutumé d'employer contre tous les médecins, qu'ils savent bien qu'on ne prendra pas pour leur vrai sentiment; et qu'après tout, il reconnaît que M. Perrault le médecin a passé, parmi ses confrères, pour un médecin habile. »

conciliateur, le 4 août 1694[1]. Ils se rencontrèrent et se tendirent la main. Pour mieux marquer la sincérité de son retour, Boileau annonça au public la conclusion de la paix dans une épigramme où Pradon payait les frais de la guerre[2]. Quelque temps après, Perrault demanda à Boileau, de vive voix d'abord, et ensuite par écrit, d'adoucir, dans la prochaine édition de ses ouvrages, ce qui regardait leur différend. Boileau répondit que leur raccommodement s'était fait sans condition; que, du reste, il avait eu la pensée, non de retrancher quelque chose à ses ouvrages, ce qui serait inutile à cause des éditions précédentes qu'on ne manquerait pas de rechercher, mais d'écrire à Perrault « quelque lettre agréable où il badinerait sur la querelle, et ferait voir qu'il a de l'estime pour lui[3]. »

En effet, en 1700, Boileau écrivit à Perrault cette « lettre agréable, » qui fut publiée, pour la première fois, dans l'édition de 1701. Le retour à la concorde porta bonheur au grand écrivain. Cette lettre à Perrault, bien supérieure aux *Réflexions sur Longin*, n'est pas seulement, si l'on en retranche quelques mots un peu vifs qui semblent un der-

---

1. *Lettres d'Arnauld* (VII, 618). — *Boileau*, t. IV, p. 377, éd. Berryat Saint-Prix.

2.
>Tout le trouble poétique
>A Paris s'en va cesser.
>Perrault l'antipindarique
>Et Despréaux l'homérique
>Consentent à s'embrasser.
>Quelque aigreur qui les anime,
>Quand, malgré l'emportement,
>Comme eux l'un l'autre on s'estime,
>L'accord se fait aisément.
>Mon embarras est comment
>On pourra finir la guerre
>De Pradon et du parterre.   (1694.)

3. Cette réponse inédite de Boileau se trouve dans les papiers de Brossette, dit Berryat Saint-Prix, *OEuvres de Boileau*, t. IV, p. 377.

nier écho de la polémique, un modèle de convenance et d'urbanité ; c'est une discussion littéraire, incomplète sans doute, mais judicieuse, spirituelle, neuve même en quelques parties, comme lorsque Boileau, par une vue juste et profonde[1], fait honneur à Corneille d'avoir inventé une nouvelle sorte de tragédie dont le fond est l'admiration. Le début de la lettre est charmant : « Puisque le public a été instruit de notre démêlé, il est bon de lui apprendre aussi notre réconciliation, et de ne lui pas laisser ignorer qu'il en a été de notre querelle sur le Parnasse comme de ces duels d'autrefois, que la prudence du roi a si sagement réprimés, où, après s'être battu à outrance, et s'être quelquefois cruellement blessé l'un l'autre, on s'embrassait et on devenait sincèrement amis. Notre duel grammatical s'est même terminé encore plus noblement ; et je puis dire, si j'ose vous citer Homère, que nous avons fait comme Ajax et Hector dans l'*Iliade*, qui, aussitôt après leur long combat en présence des Grecs et des Troyens, se comblent d'honnêtetés et se font des présents. En effet, monsieur, notre dispute n'était pas encore finie, que vous m'aviez fait l'honneur de m'envoyer vos ouvrages, et que j'ai eu soin qu'on vous portât les miens. Nous avons d'autant mieux imité ces deux héros du poëme qui vous plaît si peu, qu'en nous faisant ces civilités, nous sommes demeurés comme eux, chacun dans notre même parti et dans nos mêmes sentiments, c'est-à-dire vous toujours bien résolu de ne point trop estimer Homère ni Virgile, et moi toujours leur passionné admirateur. »

Est-il vrai cependant que chacun des deux héros de la querelle, après cet échange homérique de civilités, soit demeuré si fermement dans ses sentiments et dans son parti ?

---

[1]. M. Guizot a donné de beaux développements à cette idée dans sa Vie de Corneille. (*Vies des poëtes français du siècle de Louis XIV*, p. 253 et suivantes.)

Aucun d'eux n'a-t-il fait un pas? Boileau a pu le croire : on se persuade aisément qu'on reste dans ses idées, à l'instant même où l'on en sort. Les changements qui s'opèrent dans notre esprit sont quelquefois aussi insensibles que ceux de notre corps. Le même homme, disait Héraclite, ne se baigne pas deux fois dans la même rivière : ainsi nos idées se succèdent et notre esprit se transforme à notre insu. Ce n'est pas tout à fait le même homme qui écrit les *Réflexions sur Longin* et la lettre à Perrault, et Boileau pourtant ne croyait pas avoir changé de l'un à l'autre ouvrage. Quand il n'aurait pas mis une sorte d'amour-propre à ne paraître consentir aucun sacrifice d'opinion, il se serait démontré en toute sincérité qu'il n'en avait pas fait, et que son dissentiment avec Perrault, ne reposant que sur un malentendu, n'avait pas besoin de concession pour être effacé. Mais Boileau ne se rend pas assez justice. Ce que j'admire en lui, ce n'est pas seulement qu'à la voix d'Arnauld il ait fait le premier pas vers son adversaire, c'est aussi qu'une fois le calme rentré dans son esprit, il ait vu bien plus clairement la question, indiqué à Perrault la meilleure manière de la poser, et donné franchement une solution qui pouvait le faire accuser de tiédeur, sinon d'apostasie, par le parti des anciens. Laissant de côté les chicanes de détail pour ne toucher qu'aux points intéressants de la discussion, il se rapprocha naturellement de Perrault, et il adopta quelques-unes de ses idées, dès qu'il se fut efforcé de les entendre ; leçon salutaire pour la critique, qui souvent commence par combattre ce qu'elle admet ensuite après l'avoir compris. Au sortir des *Réflexions sur Longin*, on n'attendrait pas qu'à ce contempteur du passé, à ce Zoïle entêté de la gloire des modernes, Boileau dût écrire bientôt : « Je ne sais si j'ai bien pris votre pensée, mais la voici, ce me semble : Votre dessein est de montrer que, pour la connaissance surtout des beaux-arts et pour le mérite des belles-lettres, notre siècle, ou, pour mieux parler, le siècle de Louis le Grand, est non-seulement comparable, mais supérieur à tous les plus fameux siècles de l'antiquité, et même au siècle d'Auguste. Vous allez donc être bien étonné, quand je vous dirai que je suis sur cela entièrement de votre avis, et que même, si mes infirmités et mes emplois m'en laissaient le loisir, je m'offrirais volontiers de prouver, comme vous, cette proposition la plume à la main. A la vérité, j'emploierais beaucoup d'autres raisons que les vôtres, car chacun a sa manière de raisonner; et je prendrais des précautions et des mesures que vous n'avez point prises. Je n'opposerais donc pas, comme vous avez fait, notre nation et notre siècle seuls à toutes les autres nations et à tous les autres siècles joints ensemble : l'entreprise, à mon sens, n'est pas soutenable. J'examinerais chaque nation et chaque siècle l'un après l'autre; et, après avoir mûrement pesé en quoi ils sont au-dessus de nous, et en quoi nous les surpassons, je suis fort trompé si je ne prouvais invinciblement que l'avantage est de notre côté. »

Ce plan qu'il vient d'indiquer, Boileau le remplit rapidement dans sa lettre, en se rapprochant de plus en plus de Perrault. Il prend pour terme de comparaison avec le siècle de Louis XIV celui d'Auguste, dont il reconnaît la supériorité dans le poëme héroïque, l'éloquence, la satire et l'élégie ; mais pour la tragédie, le roman, la philosophie, Rome lui paraît inférieure à la France. Boileau va jusqu'à dire que nos lyriques réunis « peuvent faire dans la balance un poids de mérite non moins considérable que celui d'Horace. » Les lyriques du XVIIe siècle ! L'Abbé des dialogues de Perrault doit être satisfait.

« Je prouverais, continue Boileau, que pour le grand savoir et la multiplicité de connaissances, les Varron et les Pline paraîtraient de médiocres savants devant nos Bignon, nos Scaliger, nos Saumaise, nos P. Sirmond et nos P. Petau. Je triompherais avec vous du peu d'étendue des lumières des anciens sur l'astronomie, sur la géographie et sur la navigation; je les défierais de me citer, à l'exception du seul Vitruve, qui est même plutôt un bon docteur d'architecture qu'un excellent architecte, je les défierais, dis-je, de me nommer un seul habile architecte, un seul habile sculpteur, un seul habile peintre latin, ceux qui ont fait du bruit à Rome dans tous les arts étant des Grecs d'Europe et d'Asie qui venaient pratiquer chez les Latins des arts que les Latins, pour ainsi dire, ne connaissaient point; au lieu que toute la terre aujourd'hui est pleine de la réputation et des ouvrages de nos Poussin, de nos Lebrun, de nos Girardon et de nos Mansard. »

Boileau conclut ainsi : « Par tout ce que je viens de dire, vous voyez, monsieur, qu'à proprement parler, nous ne sommes point d'avis différent sur l'estime qu'on doit faire de notre nation et de notre siècle, mais que nous sommes différemment du même avis. Aussi n'est-ce point votre sentiment que j'attaque dans vos *Parallèles*, mais la manière hautaine et méprisante dont votre Abbé et votre Chevalier y traitent des écrivains pour qui, même en les blâmant, on ne saurait, à mon avis, marquer trop d'estime, de respect et d'admiration. Il ne reste donc plus maintenant, pour assurer notre accord et pour étouffer en nous toute semence de dispute, que de nous guérir l'un et l'autre : vous d'un penchant un peu trop fort à rabaisser les bons écrivains de l'antiquité; et moi d'une inclination un peu trop violente à blâmer les méchants et même les médiocres auteurs de notre siècle. C'est à quoi nous devons sérieusement nous appliquer.... »

Il semble que Perrault aurait eu mauvaise grâce à ne pas signer un pareil accord. Pourtant Boileau écrit à Brossette, après la mort de Perrault : « Il n'avait pas trop bien reçu ma lettre, et je doute qu'il en fût content[1]. » Peut-être quelques expressions un peu vives de cette lettre diminuèrent-elles la satisfaction qu'elle devait causer à Perrault; mais pour le fond, il est impossible que Perrault n'en fût pas content, et je me persuade que Boileau ne croit à son déplaisir que pour se mieux flatter de n'avoir pas fait de concessions. Il en avait fait de grandes cependant. D'abord il ne contestait plus absolument à Perrault le fond de sa thèse; il ne faisait que la limiter, et restreignait à un certain nombre de genres la supériorité des modernes et le progrès de l'esprit humain. Boileau réduisait sa critique des *Parallèles* à prendre le siècle d'Auguste, au lieu de l'antiquité tout entière, pour terme de comparaison avec le siècle de Louis XIV. On pourrait se montrer plus sévère que Boileau lui-même, devenu trop indulgent pour le livre de Perrault. Nous avons vu combien d'autres objections sérieuses soulèvent les *Parallèles*, dès qu'on aborde les questions générales. Heureusement pour Perrault et malheureusement pour le public, Boileau ne les aborda pas. Cette lacune déjà regrettable dans les *Réflexions sur Longin*, plus regrettable encore dans la lettre à Perrault, où Boileau dessine le plan que Perrault aurait dû suivre, fut peut-être favorable à la bonne intelligence des deux adversaires. Pour s'accorder après une discussion, il n'est pas bon de trop se prouver l'un à l'autre son erreur ou son tort ; et puis, Perrault pouvait se croire définitivement approuvé par Boileau sur tous les points où Boileau ne le reprenait pas. En ce sens, les omissions de celui-ci étaient autant d'avances, pour ainsi dire, autant de marques de courtoisie. La paix ne fut donc pas troublée ; elle était sincère de part et d'autre; Perrault était honnête homme, et quant à Boileau, on pouvait

---

1. Lettre CXVII, à Brossette.

compter sur lui quand il consentait à se réconcilier. Il resta l'ami fidèle de Boursault et de Quinault, dont il avait été l'ennemi, et un jour qu'il parlait d'eux à Racine : « Voilà bien des gens, lui dit Racine, à qui vous avez pardonné. Il me semble que vous avancez furieusement dans le chemin de la perfection [1]. » Boileau ne devint pas l'ami de Perrault ; tous deux vivaient dans la retraite, Boileau presque toujours souffrant, Perrault occupé à écrire l'histoire des *Hommes illustres* de la France et les contes charmants qu'il avait racontés en famille : la *Belle au bois dormant*, le *petit Chaperon rouge*, le *Chat botté*, et la *Barbe bleue*, le Figaro et l'Othello des enfants [2]. Mais si leur réconciliation n'alla jamais jusqu'à l'amitié, ils restèrent dans les termes d'une mutuelle estime, et se donnèrent des marques de bonne volonté. Boileau, quoiqu'il eût fait la paix sans accepter de conditions, adoucit quelques passages de ses œuvres, à l'intention de Perrault, supprima celui de la *Satire des femmes* que j'ai cité plus haut. Perrault fut sensible à ces témoignages de bienveillance, et en mourant, il chargea son fils de « faire de grandes honnêtetés à Boileau, et de l'assurer qu'il mourrait son serviteur [3]. » Boileau était trop sincère pour affecter plus de regrets qu'il n'en sentit. Il ne s'exposa pas, par une ostentation de chagrin, à ce qu'on lui appliquât les vers de Corneille :

O soupirs! ô regrets! Oh! qu'il est doux de plaindre
Le sort d'un ennemi quand il n'est plus à craindre!

Interrogé par Brossette sur les sentiments que cette mort lui avait fait éprouver, il lui témoigna franchement qu'il n'y avait pris d'autre intérêt que celui que l'on prend à la mort

---

1. Lettres de Racine à Boileau, LIII. — 2. Les *Contes* sont de 1697 ; le premier volume des *Hommes illustres*, de 1696, et le second de 1700. — 3. Lettre CXVII, de Boileau à Brossette.

l'honneur de le connaître, écrit Despréaux à Brossette, mais c'est un prince de beaucoup de réputation, et qui a déjà brillé dans la Sorbonne, dont il est docteur. J'espère qu'il tempérera si bien ses paroles en faisant l'éloge de M. Perrault, que les amateurs des bons livres n'auront point sujet de s'écrier : *O sæclum insipiens et infacetum*[1]! » L'espoir de Boileau ne fut pas trompé. Le coadjuteur de Strasbourg, proposé le 30 juin, élu définitivement le 5 juillet 1703, fit son compliment le 31 janvier 1704, compliment modeste et convenable qui ne pouvait offenser ni les morts ni les vivants. L'abbé Paul Tallemant lut ensuite un autre discours en l'honneur de Perrault[2], aussi médiocre que la plupart de ses harangues académiques, quoique de Boze ait fait de lui ce singulier éloge : « La manière ingénieuse dont il décrivait nos pertes a fait souvent souhaiter qu'elles fussent plus fréquentes[3]. » Mais les honneurs de la séance furent pour le directeur de l'Académie, M. de Tourreil. Il y eut un double mérite dans l'impartialité et dans l'élégance de son discours : traducteur, il était grand ami des anciens; écrivain, il manquait de goût. Il visait à la distinction et tombait dans la manière. C'est lui que Racine appelait « ce bourreau de Tourreil, » parce qu'il donnait de l'esprit à Démosthène. C'est lui qui, appliquant aux sujets les plus sérieux le jargon des précieuses, s'était avisé, dans ses *Essais de jurisprudence*, de nommer un huissier un *M. Loyal*, un notaire un *confident public*, un exploit un *compliment timbré*. Ce jour-là, les difficultés de la situation l'élevèrent au-dessus de lui-même. Il s'efforça de concilier sa prédilection pour les anciens avec les égards qu'il devait à la mémoire de leur ennemi, en expliquant les opinions de Perrault comme les admirateurs de Pline

---

1. Lettre à Brossette (3 juillet 1703). — 2. Voy. *Mémoires de Trévoux* (février 1704). — 3. *Biographie universelle*, art. *Tallemant*, par Daunou.

de tous les honnêtes gens[1]. Il y avait un intérêt cependant, auquel Boileau n'était pas insensible, l'intérêt académique, mis en jeu par la mort de Perrault, qui laissait un fauteuil vacant. On devait bientôt disposer de l'héritage, et Boileau se trouvait intéressé au nouveau choix, car le successeur de Perrault aurait à faire son éloge, et la querelle de Perrault avec Despréaux avait eu tant d'éclat, qu'on ne pouvait parler de l'un sans faire penser à l'autre. Aussi Boileau s'inquiète-t-il de l'élection du nouvel académicien. L'Académie avait d'abord choisi, le 18 juin 1703, un ami de Boileau, M. de Lamoignon, qui avait passé d'emblée au scrutin de proposition. Mais voilà que M. de Lamoignon supplie le roi de le dispenser de l'accepter, et que le roi lui accorde la dispense. Grand mystère, que cet éloignement de Lamoignon pour le fauteuil académique ! L'Académie le comprenait d'autant moins que ce n'était pas à elle seulement, mais au roi lui-même que s'adressait le refus ; car c'était le roi qui, pour écarter de l'Académie Chaulieu, favori trop dissipé du duc de Vendôme, avait ordonné au directeur de la Compagnie, M. de Tourreil, de lui opposer un autre candidat. Boileau a écrit à deux reprises que le vrai motif du refus de Lamoignon (il le tient, dit-il, de Lamoignon lui-même), c'est la frayeur d'avoir à louer l'ennemi de Cicéron et de Virgile[2]. Peut-être ce propos n'était-il qu'un badinage de Lamoignon, que Boileau se plut à croire sérieux. Quoi qu'il en soit, sur le refus de Lamoignon, le roi donna l'ordre au coadjuteur de Strasbourg, depuis cardinal de Rohan, de se présenter à l'Académie pour succéder à Perrault. L'Académie, piquée du refus de Lamoignon, tâcha de rhabiller sa gloire, comme dit Boileau[3], en nommant le candidat du roi. « Je n'ai pas

---

1. Lettre CXVII, de Boileau à Brossette. — 2. Lettre à Brosette (3 juillet 1703). — 3. Lettre à Lamoignon (1ᵉʳ juillet 1703).

le Jeune ont expliqué le *Panégyrique de Trajan*, par l'intention secrète de donner allégoriquement des encouragements et des conseils. « M. Perrault rabaissait artificieusement les meilleurs modèles, afin qu'on ne désespérât pas d'y pouvoir atteindre.... il ne nous chargea d'une préférence glorieuse que pour nous mieux inspirer l'ardeur de la mériter. » Rien de plus académique, sinon de plus vrai, qu'une telle interprétation. A la fin de son discours, Tourreil, une branche d'olivier à la main, scellait par un équitable partage de louanges entre le présent et le passé la réconciliation des partis :

« Quant à la question présente, que mon sujet me contraint d'approfondir, quelque envie que j'eusse de l'éluder, un juste estimateur qui, comme vous, monsieur, sent l'iniquité des louanges excessives, n'est point partial ; il se tient neutre entre les modernes et les anciens. Tous, quoi que l'on puisse dire, ont un état certain, et une réputation indépendante des caprices et des hyperboles. Malherbe et ses disciples, pour avoir ceint leurs têtes de lauriers immortels, n'ont pas flétri les lauriers de Pindare. Nous avons pour le comique l'équivalent d'Aristophane, de Plaute et de Térence en un seul homme, toujours inimitable, lors même qu'il s'abaisse à l'imitation. Deux de nos plus renommés collègues ont régné sur la scène française, comme les Sophocle et les Euripide régnaient sur le théâtre grec. On a vu au milieu de nous le Phèdre moderne, ce nom le désigne assez, manier la fable avec la dextérité de l'ancien, l'un et l'autre d'une joie élégante, d'un badinage instructif et moral ; naïvetés, grâces égales, quoique différentes. L'Horace de nos jours, on ne le peut méconnaître, et nous ne cessons de ressentir les infirmités qui le dispensent d'un service assidu, a glané dans les champs qu'avait moissonnés son prédécesseur, et n'a pas laissé de recueillir des épis aussi abondants que la première moisson.

Combien d'académiciens avons-nous perdus, combien nous en reste-t-il que, soit pour l'étendue de la doctrine, la solidité de la critique, la curiosité des recherches, la science des langues, la facilité de l'expression, ou l'élégance du style, soit pour l'enjouement des dialogues, ou le pathétique des éloges funèbres, nous pouvons opposer aux ornements des siècles passés? Le nôtre, fécond en merveilles, a produit aussi pour la gloire du Parnasse plus d'une Sapho, plus d'une Corinne, qui devraient nous avoir appris que le genre de mérite dont nous avons fait notre principal apanage est de tout sexe, et que les plus beaux talents peuvent tomber en quenouille. Ces rares génies ont successivement illustré leur patrie et paré le monde. Ils n'ont jamais eu ensemble rien à démêler; on s'avise aujourd'hui d'en faire des rivaux de profession; et, sans trop examiner l'incompétence, on s'établit juge de leurs différends. C'est une maladie que de vouloir absolument juger; c'est une injustice que de condamner sans entendre; et ce n'est pas entendre que d'entendre inégalement les deux partis. Or, quel est l'homme qui possède les langues savantes comme sa langue naturelle?...

« D'autre part, s'obstinera-t-on à rejeter comme profane tout ce que la mort n'a pas consacré? Laissera-t-on croire que le mérite, à proportion qu'il s'éloigne de nous, trouve grâce devant nos yeux, et qu'il les blesse dès qu'il est à portée de nous joindre et nous mesurer? *La noble jalousie,* dit un poëte grec, *est utile aux mortels.* Celle-là, loin de souffler la discorde et d'allumer la haine entre les concurrents, les remplit de cette ardeur magnanime qu'elle répandait dans les plus célèbres jeux de la Grèce, où les vaincus, contents d'avoir disputé le prix, dépouillaient à la fin tout sentiment de rivalité pour le vainqueur, et s'empressaient à l'envi de le couronner. On doit écouter les conseils mâles de l'émulation, mais non les lâches suggestions de l'envie, passion basse qui fait acheter trop cher un plaisir que l'on a honte de s'avouer à soi-même. Ce plaisir malin, que la politique devrait nous interdire au défaut de la morale, désunit, décrédite, détruit, perd les gens de lettres, et leur ôte ce que pourrait leur valoir, s'ils agissaient de concert, le privilége d'être les seuls qui passent à la postérité, les seuls qu'elle place dans le temple de Mémoire; nous ne pouvons donc trop tarir la source d'une division si pernicieuse; nous ne pouvons trop affermir la base de l'union, si nécessaire à des gens faits pour se communiquer leurs lumières, pour s'entr'aider de leurs avis, et pour continuer généreusement un genre de commerce où le plus riche ne peut gagner que la gloire d'être le plus libéral[1]. »

Cette exhortation à la concorde, si bien placée, à la suite d'une longue guerre, dans l'oraison funèbre de l'un des combattants, clôt heureusement la première période de la querelle des anciens et des modernes. Quelques champions attardés de l'un et de l'autre parti se montrèrent encore, mais leur voix resta sans écho. Le livre plus que médiocre de M. de La Bizardière, *Les caractères des auteurs anciens et modernes*, passa presque inaperçu[2]. Le

---

1. *OEuvres de Tourreil*, t. I, p. 31, in-4°; Paris, 1704.
2. Dans cette fiction, imitée de M. de Callières, l'auteur suppose qu'Apollon a convoqué à Delphes, en assemblée générale, les écrivains de tous les pays et de tous les temps, pour mettre la paix entre eux. A mesure que M. de La Bizardière fait paraître un écrivain, il essaye de le caractériser en quelques lignes, et ses esquisses n'ont presque jamais rien de saillant. Quoiqu'il se prononce en faveur des anciens, il est impartial envers les modernes. Voici un passage de son livre qui permet de juger sa manière et son opinion : « Bouhours et Perrault se présentèrent : le premier avait fait une comparaison des ouvrages des anciens avec ceux des modernes; son cahier fut lu et examiné; on loua sa modestie, parce qu'il ne se déclarait pas ouvertement ni pour les uns ni pour les autres. Perrault alla plus loin, et crut décider la question que Bouhours avait proposée. Ce déclamateur apporta beaucoup de raisons. Démosthène et Cicéron voulurent les réfuter. Le dieu qui présidait leur fit signe de garder le

public en resta sur le discours de Tourreil, dont les intentions étaient excellentes et les réflexions très-sages. Tourreil a raison de détourner les écrivains de ce penchant éternel à opposer les grands hommes entre eux pour les diviser les uns par les autres, et de réclamer pour des génies différents, mais égaux, une égale admiration ; mais ce judicieux discours n'est ni une solution de la question ni même un jugement sur l'histoire de cette période de la discussion. Avant d'en étudier les autres phases en Angleterre et en France, je voudrais, en quelques mots, résumer l'idée qu'on peut se former de la première. Comme je l'ai montré plus haut, la question n'a été jusqu'ici bien posée par personne, ni par les *modernes*, ni par les *anciens*, et, de part et d'autre, on s'est jeté dans la lutte sans en circonscrire le champ et sans dresser le plan de la campagne. La critique du XVIIe siècle, que nous venons d'étudier successivement dans les érudits, dans les hommes du monde, dans les journalistes et dans un grand écrivain, se complaît aux détails et laisse de côté les idées générales, qui pourraient le mieux éclairer le sujet et conduire à la vérité. Les idées générales ne se sont guère trouvées, et encore bien insuffisantes, que chez les novateurs. Ce sont eux qui, les premiers, ont considéré l'ensemble des connaissances humaines et le lien commun de tous les arts. Perrault, amené par son sujet à embrasser non-seulement la littérature, mais toutes les applications de l'esprit, n'a jeté sans doute qu'un regard superficiel sur ce domaine immense, et sa théorie fautive du beau ne lui a pas permis de tirer parti d'une vue féconde qui ramenait tous les arts à un même principe ; mais, en étendant à toutes les formes de la pensée la règle jusque-là réservée

---

silence, et, sur le plaidoyer de leur partie, il rendit cet arrêt : « Vu le « parallèle rapporté par Bouhours, ouï les raisons alléguées par Perrault en « faveur des modernes, la cour a prononcé en faveur des anciens. » (P. 55.)

aux productions littéraires, il a ouvert une voie nouvelle où s'avancera le siècle suivant. A côté de l'école qu'on peut appeler l'école de Boileau, celle de la critique de détail judicieuse et fine, que La Harpe représente avec autorité et à laquelle se rattache La Motte, malgré ses paradoxes et ses erreurs, il y aura, au xviiie siècle, une école plus curieuse, plus accessible à toutes les idées, plus philosophique en un mot, dont Perrault est le précurseur, celle de Diderot et de Grimm. La critique, qui, au xviie siècle, se cantonne dans la littérature, s'enhardira bientôt, franchira cette limite artificielle imposée par la timidité du goût, dictera ses lois à la peinture, à la statuaire, à la musique, et, comme un progrès en amène un autre, l'esprit français, autrefois sédentaire, ne tardera pas à sortir de chez lui et à voyager en pays étranger. Voltaire donnera l'exemple d'étudier les œuvres de l'Europe. On fondera un journal « destiné à faire connaître en France les beautés des littératures italienne, espagnole, anglaise et allemande[1]. » A propos de *l'Orphelin de la Chine*, on réimprimera une pièce chinoise qu'on analysera avec admiration. Qu'un voyageur arrive des pays lointains, on le questionnera, on l'écoutera avec une ardeur infatigable, et Diderot transmettra à Sophie Voland, dans des lettres où se révèle ce besoin nouveau de tout savoir, les récits de M. Hoop chez le baron d'Holbach. « Nous avons perdu de vue, dit Voltaire, le clocher de notre village : » le domaine de l'esprit français, c'est l'univers.

Je suis loin d'attribuer aux *modernes* du xviie siècle l'honneur de cette révolution : le xviiie l'a seul accomplie. Mais ils l'ont de loin préparée, en essayant d'agrandir le champ de la critique, en portant un regard curieux sur d'autres objets de l'esprit humain que la

---

[1]. Grimm, *Mémoires*, t. I, p. 169, mai 1754.

littérature, en comprenant mieux la parenté de tous les beaux-arts, en appliquant une règle commune à tous les ouvrages qui relèvent du goût, et en montrant ainsi plus distinctement les rapports des facultés de l'esprit humain dont ils affirmaient le progrès.

DEUXIÈME PARTIE.

PÉRIODE ANGLAISE DE LA QUERELLE DES ANCIENS ET DES MODERNES.

CHAPITRE PREMIER.

Saint-Évremond.

La première période de la querelle des anciens et des modernes vient de s'achever en France : nous allons voir maintenant le débat passer en Angleterre.

Ce serait une intéressante histoire que celle dont un écrivain investigateur vient de tracer l'esquisse[1], l'histoire des rapports littéraires de l'Angleterre et de la France depuis la conquête de la Grande-Bretagne par Guillaume de Normandie. Il y a toujours eu entre les deux peuples, même quand ils se combattaient, un commerce d'idées, où l'Angleterre, selon son habitude en toutes choses, nous a pris un peu plus qu'elle ne nous a donné. Les historiens anglais se sont moqués, non sans raison, des courtisans de Louis XIII, qui se jetaient avec avidité sur les perles tom-

---

1. *Des relations sociales et intellectuelles entre la France et l'Angleterre*, par M. Rathery. Paris, 1856.

bées des habits de Buckingham ; mais que de fois l'Angleterre, prenant son bien où elle le trouvait, s'est emparée, pour en enrichir son génie, des idées échappées à la France! Même quand la Bretagne, conquise par les Normands, cessa d'emprunter notre langue, dont elle vécut si longtemps, et se créa un idiome original, qui garde toujours une empreinte si profonde du français ; même quand, au lieu d'écouter nos trouvères, qui lui traduisaient dans des poëmes anglo-normands ses anciennes légendes de la Table Ronde et du Roi Arthur, elle essaya elle-même de chanter et de se faire une poésie nationale, par la voix du vieux Chaucer, l'ascendant de l'esprit français se marque dans ses premières ébauches, où l'expression et l'idée sont souvent dérobées à la France. Dès le xiiie siècle, non-seulement les jeunes Anglais passent la Manche et font leur tour de France pour compléter leur éducation et pour corriger leur accent normand[1]; mais, comme il y a peu d'écoles en Angleterre, ils viennent en France étudier dans notre Université, et forment une de ses nations[2]. Les longues guerres de la France et de l'Angleterre rendirent les communications des deux peuples plus fréquentes et malheureusement plus intimes encore. La France battue, envahie, à demi subjuguée par les Anglais, conservait sur eux, malgré ses malheurs, la suprématie du génie littéraire, et la faveur de Froissart à la cour d'Édouard III et du prince Noir atteste l'attrait souverain que, même en ce triste siècle, l'esprit français exerçait sur nos vainqueurs. Froissart est le premier de ces esprits nomades qui se succédèrent sans interruption jusqu'à la fin du xviiie siècle, et qui portèrent d'un rivage de

---

1. D'Israëli, *Amenities of literature*, vol. I, p. 99. — *Origin of the English language :* « Our youth sent into France to polish their nasal Norman. »

2. D'Israëli (*ibid.*, p. 108) cite Richard de Bury, évêque de Durham, qui se plaint de l'absence d'écoles, dans le *Philobiblon, sive de amore librorum et institutione bibliothecæ.*

la Manche à l'autre les idées de l'un et de l'autre pays ; succession illustre de diplomates, d'écrivains, de voyageurs et d'exilés qui ont resserré les relations des deux peuples. L'Angleterre nous envoya Surrey, Thomas Morus; Buchanan, qui étudia au collège de Montaigu ; Barclay, qui professa à Poitiers; Philippe Sidney, qui enchanta de son esprit la cour de Charles IX[1]; Walter Raleigh et le comte d'Essex, qui combattirent en France comme volontaires, et qui purent, dit Chateaubriand, conter au foyer de Shakspeare ce qu'ils savaient de nos calamités et de nos champs de bataille; Wycherley, élevé parmi nous sous le protectorat de Cromwell; Cowley, qui fut à Paris l'agent de Charles II, et tant d'autres qui partagèrent l'exil d'Henriette et de Jacques II. Les Français voyagèrent toujours moins en Angleterre que les Anglais en France. Cependant, au XVIe siècle, Bodin suivit le duc d'Anjou chez nos voisins, et Peiresc, l'ami de Malherbe, qui passa plusieurs années parmi eux, y laissa la réputation d'un modèle accompli de l'homme de lettres[2]. Vers le même temps, Hurault de Maisse s'acquitte, chez les Anglais, d'une ambassade récemment racontée par un brillant historien[3], et plus tard, Bassompierre avec le poëte Malleville, et les écrivains vagabonds Boisrobert et Saint-Amant, et la petite cour de la duchesse de Mazarin, dont Saint-Évremond était la merveille, et les gentilshommes exilés, comme M. de Grammont, et les ambassadeurs lettrés de Louis XIV, Barillon et Bonrepaus, et les réfugiés protestants, après la révocation, entretiennent en Angleterre le goût de l'esprit français, jusqu'à ce que Voltaire et Montesquieu aillent y puiser, pour le rapporter en France, l'amour des idées anglaises, qui date chez nous du XVIIIe siècle. Auparavant, un petit nombre d'ouvrages anglais tra-

---

1. D'Israëli, *Amenities*, vol. II, p. 67 ; Sidney. — 2. *Ibid.*, vol. I, p. 401. — 3. *Élisabeth et Henri IV*, par M. Prévost-Paradol, professeur de littérature française à la faculté d'Aix, 1855.

duits dans notre langue, comme l'*Arcadie* de Sidney[1], suffisaient à l'élite des esprits cultivés qu'intéressait la littérature de l'Angleterre, tandis que l'Angleterre n'avait pas cessé d'étudier et d'imiter la nôtre. Parmi les plus anciens écrivains anglais, Mandeville, le premier voyageur de l'Angleterre, a écrit ses voyages en français, avant de les traduire dans la langue de son pays. Chaucer introduit sans cesse dans son anglais des expressions françaises; Gower compose en vers français la première partie de son poëme polyglotte : *Speculum meditantis*[2]. Longtemps après, Spenser, entre la *Reine des Fées* et les *Larmes des Muses*, traduit les sonnets de du Bellay. La critique contemporaine a retrouvé dans les œuvres en apparence les plus neuves du génie le plus original de l'Angleterre, Shakspeare, la trace de Montaigne[3] et de Camus, l'évêque romancier de Belley, et dans les plus beaux vers de Milton, l'imitation du pompeux du Bartas. Aussi, de même que nous nous sommes souvent accusés d'anglomanie, les Anglais ont dénoncé, comme une folie de leur nation, cet amour de l'esprit français. A l'époque où les passions religieuses aggravaient les dissentiments politiques de la France et de l'Angleterre, et où le puritanisme réforma si rudement les mœurs anglaises, il ne manqua pas de prédicateurs populaires pour tonner contre l'imitation littéraire de la France, double attentat, selon eux, au génie national et à la religion. L'insurrection que j'ai signalée chez Desmarets, contre la littérature classique et l'antiquité, au nom de la foi chrétienne, éclata de même de l'autre côté du détroit, où l'esprit protestant de la vieille Angleterre se révolta, comme l'esprit catholique en France, contre le paganisme littéraire, et en

---

1. Traduit par Baudouin sous le nom de *l'Arcadie de la comtesse de Pembroke.* Voy. Pélisson, *Histoire de l'Académie française*, art. *Baudoin.*
2. Villemain, *Littérature du moyen âge*, XIXe leçon. — 3. Voy. M. Phil. Chasles, *Études sur l'Angleterre. Du Génie de Shakspeare.*

même temps contre les lettres françaises, qui servaient d'intermédiaires à l'antiquité et d'interprètes à la renaissance. L'auteur du travail que j'ai cité plus haut, M. Rathery, a rapporté un passage bien remarquable d'un traité de pédagogie de Roger Ascham, précepteur d'Élisabeth : « Je vous le dis, ces traductions de livres étrangers, qui s'étalent dans toutes les boutiques de Londres, avec des titres perfides, ne sont bonnes qu'à pervertir les mœurs anglaises.... Ces compositions badines de la France et de l'Italie font plus de papistes que les traités sérieux de Louvain.... Nos Anglais italianisés font plus d'état des *Triomphes de Pétrarque* que de la *Genèse* de Moïse. Ils estiment plus les *Offices* de Cicéron que les *Écritures de saint Paul*, et les *Contes de Boccace* que les *Histoires* de la *Bible*[1]. » L'antiquité, la France, l'Italie, le puritanisme anglais confond tout dans le même anathème, et dénonce indistinctement dans Cicéron, Pétrarque et Boccace, des papistes déguisés. L'esprit de secte est l'ennemi naturel de la pensée et des livres. Ascham suivait l'exemple de Luther, qui, au début de la réforme, n'admettait de livre que la Bible, et Luther imitait Omar, qui n'admettait que le Coran. Le cardinal Wolsey, en commençant par la destruction des presses du monastère de Saint-Albans sa guerre contre les livres, a exprimé d'un mot l'éternelle pensée des pouvoirs religieux ou politiques, qui ne veulent souffrir ni limite ni contradiction : « Il faut supprimer les livres, si l'on ne veut être supprimé par eux. »

Il régna donc de bonne heure en Angleterre contre l'antiquité et contre la littérature française, son interprète, une défiance dont la source était dans les deux sentiments les plus profonds des cœurs anglais, l'orgueil patriotique et la ferveur protestante. En même temps, l'ascendant de la

---

1. *Des relations sociales*, etc., p. 26.

France et des lettres classiques se maintint dans la société polie, plus émancipée de la foi, plus docile à la mode et à l'exemple de la cour. Il s'étendit et se fortifia, à mesure que l'empire du puritanisme s'affaiblit, et il triompha quand l'incrédulité, née des guerres religieuses qui avaient ruiné la foi, monta sur le trône avec Charles II, quand la liberté de conscience gouverna l'Angleterre, avec Guillaume III. Le public philosophe de Buckingham et de Locke, qui venait de publier son *Essai sur l'entendement humain*, suivit avec intérêt la querelle de Mabillon et de Rancé. Il applaudissait Mabillon, et se mettait avec lui du côté de la science, contre l'ignorance systématique. Mais il trouvait que Rancé interprétait exactement la règle de Saint-Benoît, et il tournait en argument contre le catholicisme cette obligation d'ignorance imposée aux communautés religieuses. Le protestantisme, bien corrigé, depuis le XVIe siècle, de l'intolérance d'Ascham, triomphait de cette sévérité monastique de Rancé, et oubliait qu'il n'avait pas été lui-même plus clément pour les études. Si l'ardeur de son zèle n'avait pas été déjà si refroidie, il aurait trouvé dans la querelle des anciens et des modernes l'occasion toute naturelle de déclamer contre l'antiquité : mais il n'en usa pas. Dans la période anglaise de la discussion, nous ne retrouverons nulle part, excepté chez un seul écrivain, le mélange de la question littéraire et de la question religieuse que nous avons remarqué chez Desmarets. La plupart des champions qui s'y rencontrèrent étaient ou de purs lettrés comme Boyle, ou des chrétiens sincères, mais éclairés et tolérants, comme Bentley, qui n'engageaient pas la foi dans une controverse de littérature, ou des mondains comme Temple, Swift et Pope, c'est-à-dire des libres penseurs de l'église de Saint-Évremond.

Saint-Évremond, exilé en Angleterre en 1661, n'avait jamais cessé de mieux aimer sa vraie patrie que sa patrie adoptive, dont il fréquentait les beaux esprits, mais dont il n'étudiait ni la langue ni la littérature. Comme a dit M. Villemain, il y vivait en émigré, les yeux tournés vers son pays. Il était l'intermédiaire naturel des idées françaises, qu'il propageait dans le monde par sa conversation et par ses écrits ; il correspondait avec les amis qui lui restaient fidèles, il lisait tous les livres nouveaux qu'on lui envoyait de Paris, il écoutait de loin le bruit de ces débats littéraires dont ses lettres de France lui rapportaient l'écho, et c'est lui qui fit connaître aux beaux esprits de l'Angleterre la querelle des anciens et des modernes. Devenu vieux et, s'il faut le croire, devenu sage, il ne fuyait pas encore la conversation des femmes ; mais, depuis que le jeu de la bassette avait détrôné chez Mme de Mazarin la conversation et la lecture, Saint-Évremond regrettait, comme il l'écrivait en vers à son amie, l'heureux temps

> Où la raison, d'accord avec vos plus doux vœux,
> Et les discours sensés de la philosophie
> Partageaient les plaisirs de votre belle vie[1].

Ces amitiés d'écrivains célèbres pour des femmes longtemps jeunes et belles ressemblent à l'amour, sinon par la flamme, au moins par la jalousie. Ils ne permettent pas qu'on préfère quelque chose à l'esprit, parce que l'esprit c'est eux-mêmes, et ils souffrent dans leur bonheur quand le salon, dont leur parole a été longtemps la seule fête, s'ouvre à d'autres plaisirs. Saint-Évremond, dépossédé de sa royauté par un jeu de hasard, allait chercher dans la société des hommes et dans leurs réunions littéraires quelques distractions à ses regrets. On le voyait quelquefois s'acheminer vers un de ces établissements nouvellement fondés en Angleterre, où se réunissaient les grands sei-

---

1. Voy. la *Vie de Saint-Évremond*, par Desmaiseaux, p. 178.

gneurs, les gens de lettres, les traducteurs et les faiseurs d'*Index*, en vieux habits de toile, les ecclésiastiques en soutane et en rabat, les pétulants écoliers du Temple, et les timides étudiants des Universités. Quand il arrivait, entre Covent-Garden et Bow-Street, au café de Will, appuyé sur sa longue canne, la tête couverte de sa calotte noire, sous laquelle passaient ses cheveux blancs, et suivi de ses chiens dont il ne se séparait guère, parce que les vieillards, disait-il, ont besoin de quelque chose de vif autour d'eux, les causeurs s'arrêtaient : ils ouvraient avec respect leurs rangs pressés, et Saint-Évremond parvenait jusqu'au fauteuil où siégeait près du feu en hiver, et sur le balcon en été, un personnage en habit marron et en perruque bouclée, le glorieux John Dryden. C'était un privilége de saluer l'illustre poëte, et d'écouter à ses côtés ses opinions sur la dernière tragédie de Racine, ou sur le *Traité du poëme épique* du P. Le Bossu[1]. Une prise de tabac, offerte par Dryden, était un honneur capable de tourner la tête d'un jeune homme, nous a raconté M. Macaulay. Saint-Évremond s'asseyait à côté du grand poëte, et la conversation commençait sur la poésie, sur les trois unités dramatiques ou sur la question à la mode, celle des anciens et des modernes. Il y avait dans le café de Will un parti pour Perrault et les modernes, et un parti pour Boileau et les anciens[2]. Le chevalier Temple se moquait avec grâce de Perrault ; Wotton répliquait au chevalier Temple et appelait à son aide son redoutable ami le docteur Bentley, qui, se précipitant dans la discussion comme un hoplite, mettait en déroute les arguments ennemis. Swift accourait au secours de Temple,

---

1. W. Scott, *Vie de Dryden*. — 2. *Nowhere was the smoking more constant than at Will's. That celebrated house, situated between Covent-Garden and Bow-Street, was sacred to polite letters.... There was a faction for Perrault and the moderns, a faction for Boileau and the ancients.* Macaulay, vol. I, p. 363. (*State of England*, in 1685.)

et jetait dans la mêlée, comme un escadron de cavalerie
légère, ses épigrammes spirituelles, qui tombaient sur tout
le monde, et surtout sur son cousin Dryden. Saint-Évremond souriait à la vue du combat, et, quand le feu de la
controverse s'était un peu calmé, il prenait doucement la
parole, il ramenait à une juste mesure les opinions excessives, et donnait, par sa modération, à la cause des *modernes* un air de justesse qui lui avait manqué souvent chez
Desmarets et chez Perrault. Saint-Évremond savait mieux
que personne dégager la partie de vérité contenue dans un
paradoxe, et la fortifier par de nouveaux arguments, inventés avec art et présentés avec grâce. « Nous oublions
trop souvent, messieurs, dit-il un jour d'une voix faible,
mais entendue d'un bout à l'autre du café de Will, à force
d'être écoutée, nous oublions, quand nous jugeons les anciens, que nous les jugeons sur des traductions. Pour moi,
qui ai fait mes humanités au collége de Clermont, et ma
rhétorique sous le P. Canaye, dont le respect pour l'autorité était plus grand que la science, je ne sais qu'un peu de
latin, et pas de grec, et je fais grand cas des traductions; mais après tout, ce ne sont que des traductions.
En voulant juger les anciens, nous ne jugeons souvent que
les modernes, dont nous imputons ainsi les fautes à l'antiquité. Vous voyez, par là, que personne n'a plus d'admiration que moi pour elle. Est-ce à dire que nous devions
l'imiter en toutes choses? Le changement de la religion, du
gouvernement, des mœurs et des manières, en a fait un si
grand dans le monde, qu'il nous faut comme un nouvel art
pour entrer dans le goût et dans le génie du siècle où nous
sommes. Si l'on donne des caractères tout opposés lorsque
l'on parle du Dieu des batailles et du Dieu des chrétiens,
quoique ce soit la même Divinité; si l'on parle tout autrement du Dieu des batailles, de ce Dieu terrible qui commandait d'exterminer jusqu'au dernier des ennemis, que

de ce Dieu patient, doux, charitable, qui ordonne qu'on les aime ; si la création du monde est décrite avec un génie, la rédemption des hommes avec un autre ; si l'on a besoin d'un genre d'éloquence pour prêcher la grandeur du Père qui a tout fait, et d'un autre pour exprimer l'amour du Fils qui a voulu tout souffrir, comment ne faudrait-il pas un nouvel art et un nouvel esprit pour passer des faux dieux au véritable, pour passer de Jupiter, de Cybèle, de Mercure, de Mars, d'Apollon à Jésus-Christ, à la Vierge, à nos anges et à nos saints[1] ? »

Ici développant quelques idées de Saint-Sorlin, mais avec bien plus de mesure et de sagacité, Saint-Évremond ajoutait : « Otez ses dieux à l'antiquité, vous lui ôtez tous ses poëmes ; la constitution de la poésie est en désordre, l'économie en est renversée. Sans la prière de Thétis à Jupiter, et le songe que Jupiter envoie à Agamemnon, il n'y a point d'*Iliade*; sans Minerve, point d'*Odyssée*; sans la protection de Jupiter et l'assistance de Vénus, point d'*Énéide*. Les dieux assemblés au ciel délibéraient de ce qui devait se faire sur la terre : c'étaient eux qui prenaient les résolutions, et qui n'étaient pas moins nécessaires pour les exécuter que pour les prendre. Ces chefs immortels du parti des hommes bravaient tout, animaient tout, inspiraient la force et le courage, combattaient eux-mêmes, et, à la réserve d'Ajax, qui ne demandait que la lumière, il n'y avait pas un combattant considérable qui n'eût son dieu sur son chariot aussi bien que son écuyer, le dieu pour conduire son javelot, l'écuyer pour la conduite de ses chevaux. Les hommes étaient de pures machines, que de secrets ressorts faisaient mouvoir. La Divinité que nous servons est plus favorable à la liberté des hommes. Nous sommes entre ses mains, comme le reste de l'univers, par

---

1. *OEuvres de Saint-Évremond*, t. IV, p. 289, *Sur les poëmes anciens*.

la dépendance; nous sommes entre les nôtres pour délibérer et pour agir. Que les fausses divinités soient mêlées à toute sorte de fictions, ce sont fables elles-mêmes, vains effets de l'imagination des poëtes. Pour les chrétiens, ils ne donneront que des vérités à celui qui est la vérité pure, et ils accommoderont tous leurs discours à sa sagesse et à sa bonté[1]. » Dryden lui-même, le traducteur de Virgile, de Perse et de Juvénal, applaudissait à cette vue si mesurée et cependant si étendue, dont la conclusion n'était autre que celle de Desmarets : la nécessité d'un art nouveau pour une société nouvelle.

« Ce grand changement, continuait Saint-Évremond, encouragé par l'approbation des auditeurs, est suivi de celui des mœurs, qui, pour être aujourd'hui civilisées et adoucies, ne peuvent souffrir ce qu'elles avaient de farouche et de sauvage en ce temps-là. Cependant les vices des héros d'Homère ne retomberont pas sur le poëte. Homère a plus songé à peindre la nature telle qu'il la voyait, qu'à faire des héros accomplis. Il les a dépeints avec plus de passions que de vertus : la passion étant du fond de la nature, et les vertus n'étant purement établies en nous que par les lumières d'une raison instruite et enseignée. Un autre changement est celui de la politique : chez les anciens, elle n'avait pas encore lié les hommes par les nœuds d'une société raisonnable; leur bonnes qualités n'étaient pas assez nettement dégagées des mauvaises. Achille était vaillant et féroce, et M. Bentley, qui aime tant Horace et qui nous en promet une édition, avouera cependant qu'Horace[2] n'a pas tracé fidèlement, d'après Homère, le carac-

---

1. *OEuvres de Saint-Évremond*, t. IV, p. 290 et 291.
2. Ailleurs Saint-Évremond a dit des œuvres lyriques d'Horace : « Je m'expliquerais volontiers sur les odes d'Horace, si les grandes beautés de quelques-unes ne m'obligeaient à garder un silence respectueux pour beaucoup d'autres. » (T. VI, p. 149 : *Sur la vraie et la fausse beauté des ouvrages d'esprit.*)

tère inflexible d'Achille, car Achille se relâche quelquefois à des puérilités fort grandes! Sa nature incertaine et mal réglée produisait des mœurs tantôt farouches, tantôt puériles ; tantôt il traînait le corps d'Hector en barbare, tantôt il priait la déesse sa mère de chasser les mouches de celui de Patrocle, son cher ami. Les manières ne sont pas moins différentes que les mœurs. Des héros animés pour le combat ne s'amuseraient point aujourd'hui à se conter leur généalogie. Enfin, pour le style, il y a aussi un changement : la discrétion nous fera moins faire de comparaisons; nous choisirons d'autres images. La vérité n'était pas du goût des premiers siècles; ils aimaient les métaphores, les allégories et les paraboles. Nous aimons mieux les pensées. Dire qu'une femme est aussi belle que Mme de Mazarin, n'est-ce pas la louer mieux que si on la comparait au soleil [1]? En un mot, nous envisageons la nature autrement que les anciens ne l'ont regardée. Les cieux, cette demeure éternelle du père des divinités, ne sont plus qu'un espace immense et fluide. Le même soleil nous luit encore, mais nous lui donnons un autre cours; au lieu de s'aller coucher dans la mer, il va éclairer un autre monde. La terre, immobile autrefois, dans l'opinion des hommes, tourne aujourd'hui, dans la nôtre, et rien n'est égal à la rapidité de son mouvement. Tout est changé : les dieux, la nature, la politique, les mœurs, le goût, les manières. Tant de changements n'en produiront-ils point dans nos ouvrages ? Si Homère vivait présentement, il ferait des poëmes admirables, accommodés au siècle où il écrirait. Nos poëtes en font de mauvais, ajustés à ceux des anciens, et conduits par des règles qui sont tombées avec des choses que le temps a fait tomber. Je sais qu'il y a de certaines règles éternelles, pour être fondées sur une raison ferme

---

1. Saint-Évremond, t. IV, p. 296.

et solide qui subsistera toujours ; mais il en est peu qui
portent le caractère de cette raison incorruptible. Celles
qui regardaient les mœurs, les affaires, les coutumes des
vieux Grecs, ne touchent guère aujourd'hui. On en peut
dire ce qu'a dit Horace des mots : elles ont leur âge et
leur durée. Les unes meurent de vieillesse : *Ita verborum
vetus interit ætas*; les autres périssent avec leur nation,
aussi bien que les maximes du gouvernement, lesquelles ne
subsistent pas après l'empire. Il n'y en a donc que bien
peu qui aient droit de diriger nos esprits dans tous les
temps ; et il serait ridicule de vouloir toujours régler des
ouvrages nouveaux par des lois éteintes. La poésie aurait
tort d'exiger de nous ce que la religion et la justice n'ob-
tiennent pas. Concluons, dit en terminant Saint-Évremond,
que les poëmes d'Homère seront toujours des chefs-
d'œuvre ; non pas en tout des modèles. Ils formeront
notre jugement, et ce jugement réglera la disposition des
choses présentes [1]. »

Le langage modéré de ce sage *moderne*, qui résumait
dans cet entretien toutes les idées justes éparses dans Saint-
Sorlin et dans Perrault, et les rendait plus justes encore par
le choix des termes et la finesse des nuances, avait calmé les
passions des deux partis. On goûtait des deux côtés ce bon
sens équitable, qui savait distinguer entre les anciens auteurs et leur siècle, admirer leur génie sans leur reprocher
les défauts de leurs contemporains, et proclamer leur
gloire sans y asservir les modernes. Le chevalier Temple
rompit le silence qui avait suivi les paroles de Saint-
Évremond : il voulait en tirer des applications aux écrivains
de France, connaître l'opinion du spirituel vieillard sur les
hommes célèbres de son temps, et voir s'il était aussi
impartial dans ses jugements sur les hommes que dans ses

---

1. Saint-Évremond, t. IV, p. 299.

idées littéraires. « Vous avez dû, lui dit-il, estimer M. de Saint-Sorlin, car j'ai reconnu dans vos paroles quelques-unes de ses pensées ? — Je n'admire pas beaucoup de nos poëtes, répondit Saint-Évremond en souriant : les uns n'ont pas eu la force de quitter les anciens dieux; les autres n'ont pas eu l'adresse de bien employer ce que notre religion pouvait leur fournir. Attachés au joug de l'antiquité, et nécessités à nos sentiments, ils donnent l'air de Mercure à nos anges, et celui des merveilles fabuleuses des anciens à nos miracles. Ce mélange de l'antique et du moderne leur a fort mal réussi, et l'on peut dire qu'ils n'ont su tirer aucun avantage de leurs fictions, ni faire un bon usage de nos vérités[1] ! Je parle ici des poëtes épiques, car dans les autres genres nous en avons de très-grands. Je ne croirai point flatter Corneille en donnant l'avantage à beaucoup de ses tragédies sur celles de l'antiquité[2]. Racine est admirable[3]. Pour la comédie, ce genre d'ouvrage aurait pu avoir dans l'antiquité un air plus noble et je ne sais quoi de plus galant; aujourd'hui la plupart de nos poëtes savent aussi peu ce qui est des mœurs qu'on savait en ces temps-là ce qui est de la galanterie[4]. Molière a pris les anciens pour modèles; inimitable à ceux qu'il a imités, s'ils vivaient encore. Il n'y a point d'auteur qui fasse plus d'honneur à notre siècle que Despréaux; en faire un éloge plus étendu, ce serait entreprendre sur ses ouvrages, qui le font eux-mêmes. La Fontaine embellit les fables des anciens. Les anciens auraient gâté les contes de La Fontaine. Perrault a mieux trouvé les défauts des anciens qu'il n'a prouvé l'avantage des modernes. A tout prendre, son livre me semble très-bon, curieux, utile, capable de nous guérir de beaucoup d'erreurs. J'aurais

---

1. Saint-Évremond, t. IV, p. 299. — 2. *Id.*, t. III, p. 172 : *Sur les tragédies.* — 3. *Id.*, t. VII, p. 149. — 4. *Id.*, t. III, p. 178.

souhaité que le Chevalier eût fait moins de contes, que le Président eût un peu plus étendu ses raisons, et l'Abbé resserré les siennes [1]. Maintenant j'ai tout dit. Êtes-vous contents, messieurs ?

— Pas encore, » répondit Wotton, en *moderne* décidé qui voulait pousser à bout l'impartialité persistante de Saint-Évremond, et qui savait le flatter en lui parlant de ses vers. Saint-Évremond, si bon écrivain en prose, faisait avec esprit des vers peu poétiques : c'est le devancier de La Motte dans ce genre de poésie ingénieuse et prosaïque qui, au XVIII° siècle, paraissait à Fontenelle le dernier degré de la perfection, et à Voltaire le comble du ridicule. Comme presque tous les hommes, qui aiment mieux être loués dans leurs prétentions que dans leurs vrais mérites, Saint-Évremond était particulièrement sensible aux louanges qu'on lui faisait de ses vers ; aussi déguisa-t-il mal le plaisir qu'il éprouva quand Wotton lui dit : « On assure, monsieur de Saint-Évremond, que vous avez composé dernièrement une fort belle pièce sur la dispute des *anciens* et des *modernes*, et que vous y tenez la balance beaucoup moins égale entre les deux partis. C'est en vers que les poëtes disent leur vraie pensée. Ne voulez-vous pas que nous sachions la vôtre ? » Saint-Évremond ne résista pas, et il récita au milieu d'un grand silence une ode assez longue et assez faible dont voici les deux meilleures strophes [2] :

> Pourquoi révérer comme antique
> Ce que les Grecs dans leur Attique
> Aimaient comme des nouveautés ?
> Serons-nous donc plus maltraités,
> Pour avoir le bonheur de vivre,
> Que ceux qui vivaient autrefois,
> Et ne sont plus que dans ce livre

---

1. Saint-Évremond, t. V, p. 248. — 2. *Id.*, *ibid.*, p. 249.

Où, morts présomptueux, ils nous donnent des lois?
Modernes, reprenez courage;
Vous remporterez l'avantage.
Le partisan outré de tous les anciens[1]
Nous fait abandonner leurs écrits pour les siens.
Il a fait aux Grecs plus d'injure
Par ses vers si rares, si beaux,
Qu'il n'en fera par sa censure
Aux Fontenelles, aux Perraults.
Quand il paraît aux modernes contraire,
Aux anciens il doit être odieux;
Tout ce qu'il fait est fait pour leur déplaire :
Si bien écrire est écrire contre eux.
. . . .

« Voilà qui est parlé ! » s'écria Wotton. Les *modernes* applaudissaient, les *anciens* applaudissaient aussi, Dryden à leur tête, par déférence pour le vieillard, qui par sa modération en prose avait corrigé d'avance l'hyperbole de ses vers. Saint-Évremond se leva, content de son succès, et sortit avec Dryden. Il était tard; les nuages de fumée, ordinairement si épais dans la taverne, s'étaient éclaircis depuis longtemps. Chacun regagna son logis, et la maison de Will rentra dans le silence de la nuit. Les *anciens* s'avouèrent que, dégagée de l'alliance des idées fausses, et réduite à cette sage mesure par un esprit net, sagace et modéré, l'opinion des *modernes* avait quelque justesse; les *modernes*, en voyant tant d'impartialité dans les jugements de Saint-Évremond, se promirent d'apporter plus de modération dans le débat, et, comme il est naturel, oublièrent plus tard leur parole. Nous allons voir de plus près quelques-uns de ces personnages.

1. Saint-Évremond désigne Boileau.

CHAPITRE II.

William Temple : *Essai sur le savoir des anciens et des modernes.*—
Wotton : *Réflexions sur le savoir des anciens et des modernes.*

Temple a joué, au XVIIe siècle, un rôle politique qui lui a valu, avec l'estime publique, les reproches rigoureux de quelques écrivains. C'était, s'il faut croire M. Macaulay, un de ces hommes qui aiment leur pays, mais se préfèrent à lui, et dont le scrupule à ne commettre aucune faute ressemble au calcul de l'égoïsme. Habile à porter l'épicuréisme jusque dans la politique, Temple choisissait, dit-on, pour se montrer aux affaires, quelques-uns de ces rares moments où les opinions des partis, les desseins de la cour, les passions du peuple et l'intérêt de l'État, forment un passager concert; puis au premier désaccord, à la plus lointaine menace de l'impopularité, il s'évadait adroitement du pouvoir, et se retirait dans sa bibliothèque ou dans son jardin, pour écrire ses mémoires ou pour cueillir ses abricots. Il osait préférer sa réputation, ses plaisirs d'esprit, ses loisirs de grand seigneur et ses délassements d'écrivain, aux fatigues glorieuses de la vie publique. Il se contentait de petits succès, pourvu qu'ils ne lui coûtassent pas de grandes peines, et dans ce jeu, moitié d'adresse et moitié de hasard, qu'on appelle la vie, il aimait mieux recueillir un bénéfice modeste que d'en chercher un plus grand en doublant son enjeu. Voilà en raccourci le portrait que Macaulay trace de Temple, dans un *Essai* fort spirituel, mais un peu dédaigneux [1]. Temple ne fut pas un grand homme d'État; il craignait les orages de la vie politique dans un État libre, et, quand Guillaume III vint le visiter dans son grand verger, pour le ramener du jardinage au ministère, Temple lui montra, comme Dioclétien, ses fleurs, ses légumes et les abricots dont se moque M. Macaulay. Il se souvint qu'Horace, son chef d'école, avait refusé d'être le secrétaire d'Auguste, et il repoussa le portefeuille, se contentant, comme le dit très-bien Basnage, d'en avoir paru digne [2]. Temple n'est pas un héros, c'est un sage, et, comme l'héroïsme est rare, on peut se rabattre sur la sagesse, quand on la rencontre, et n'être pas mécontent. Le désintéressement de Temple n'est pas d'un exemple dangereux. Les hommes seront toujours plus tentés par l'éclat des grandes places que par les douceurs du repos. Dans la sévérité de M. Macaulay contre cet épicurien qui veut être jardinier, je reconnais la vaillance d'un homme politique accoutumé aux épreuves des gouvernements représentatifs, et tout prêt à soutenir le fardeau des affaires. Dans la tiédeur de Temple pour les grands emplois, je respecte la sagesse d'un homme qui connaît le monde et la vie, pour avoir traversé, non sans honneur, la diplomatie et les affaires. Car Temple ne fut pas, comme le dit trop lestement M. Macaulay, un de ces politiques de parade, semblables aux officiers d'escorte qui accompagnent la reine à la portière de sa voiture quand elle se rend à la Chambre des lords, et qui déposent leur uniforme quand la guerre commence. Temple a vu le feu, diplomatiquement, et il a eu son jour de victoire. Le traité de la Triple Alliance fit sa réputation en Europe. Sans doute il ne compte pas dans sa carrière beaucoup d'exploits comme

---

1. Macaulay, *Critical and historical Essays*, t. III, p. 147.
2. *Histoire des ouvrages des savants*, février 1692.

celui-là. Mais, alors même que ses services jetèrent moins d'éclat, ils furent toujours habiles et honorables. Ce n'est pas un grand politique. C'est surtout un homme de lettres, qui, ayant appris à se connaître lui-même, et sachant que dans l'art de conduire les hommes il entre encore plus de volonté que d'esprit, s'éloigna sagement des affaires, où il apportait plus d'esprit que de volonté. Pour moi, loin de blâmer Temple d'avoir laissé tomber dans son verger le portefeuille que le roi avait mis en ses mains, je lui sais un gré infini d'avoir si bien compris la vocation de sa vieillesse, et, sa dette une fois payée à sa patrie, d'avoir fermé sur lui la porte de sa bibliothèque. Il n'est pas certain que cette sobriété d'ambition ait privé l'Angleterre d'un grand ministre, et il est sûr qu'elle lui a donné un excellent écrivain.

Temple, ce grand ami de l'antiquité, avait fait de médiocres études au collége Emmanuel, à Cambridge. C'était pendant la guerre civile. Les universités anglaises souffraient beaucoup des troubles politiques, et Temple perdit à Cambridge le peu de grec qu'il avait appris à Bishop-Stortford. En revanche il étudia de bonne heure la littérature française, et dans les lettres de cette charmante jeune fille royaliste, Dorothée Osborne, qu'il aima et qui devint sa femme, on voit, par les lectures qu'il lui conseille, qu'il se tenait au courant des ouvrages nouveaux publiés en France[1]. Il avait voyagé en Hollande dès l'âge de dix-neuf ans, y avait rencontré Saint-Évremond et, dès son retour en Angleterre, il s'était lié avec Mme de Mazarin : il a toujours eu un pied dans la société française. A l'époque où nous le voyons se mêler à la querelle des *anciens* et des *modernes*, il vivait retiré dans son domaine de Moor, qu'il ne

---

1. *Memoirs of the life, works and correspondance of sir William Temple*, by Thomas Peregrine Courtenay. London, 1836.

quittait guère que pour venir à Londres. Un gentilhomme suisse, qui voyageait en Angleterre à la fin du xviie siècle, et qui avant Voltaire publia des *Lettres sur les Anglais*, M. de Muralt, alla visiter le chevalier Temple dans son domaine de Moor. « Ce fut chez lui, dit-il, que je vis le modèle d'une agréable retraite, assez éloignée de la ville pour se mettre à l'abri des visites ; l'air sain, le terroir bon, la vue bornée, mais belle ; un petit ruisseau qui coule près de là, et qui fait le seul bruit qu'on y entend ; la maison petite, commode, et proprement meublée ; le jardin proportionné à la maison, et cultivé par le maître lui-même ; lui, sans affaires, et, selon toutes les apparences, sans desseins ; peu de domestiques, et quelques personnes raisonnables pour lui tenir compagnie[1]. »

Parmi ces personnes raisonnables se trouvait Jonathan Swift, son secrétaire et son protégé. Temple s'occupait à lui dicter ses mémoires, quand le bruit de la querelle de Perrault et de Boileau parvint jusqu'à lui. A la recommandation de Saint-Évremond, il avait lu les pages de Fontenelle sur la poésie et sur l'églogue, et il s'en était ému. Temple regardait la poésie, non comme la raison mise en vers, mais comme un don particulier qui n'est nullement la combinaison de la versification et du sens commun. Dans un fragment spirituel, il avait rappelé aux versificateurs prosaïques qu'en plaçant la poésie sous l'invocation du dieu de la lumière, les anciens nous enseignent que « le génie poétique a besoin d'une chaleur divine du cerveau, et comme d'un soleil intérieur qui fait éclore mille images de la nature, et produit les mines d'or de l'invention[2]. » La sèche théorie de Fontenelle le déconcerta ; ses jugements sur les poëtes anciens l'offensèrent. Les souvenirs de ses clas-

---

1. *Lettres sur les Anglais*, lettre vi, p. 98. — 2. *Temple's Works*, vol. III, p. 401.

siques anciens, qu'il avait perdus de vue depuis qu'il avait
quitté le collége Emmanuel, lui revinrent en esprit, avec
cet attendrissement qu'apportent aux vieillards les réminiscences de la jeunesse, et il entreprit d'illustrer ses derniers
jours par une défense en règle de la docte antiquité. Il s'y
livra tout entier, et bientôt il offrit à l'Université de Cambridge un petit ouvrage orné de cette dédicace modeste,
écrite dans la langue classique de l'érudition : *Almæ matri Academiæ Cantabrigiensi, has qualescumque nugas, at rei
literariæ non alienas, d. dq. alumnus olim et semper observantissimus W. Temple.* « A sa bonne mère l'Université de Cambridge, son ancien nourrisson et son serviteur toujours
dévoué, W. Temple présente une offrande bien légère, mais
non pas étrangère à la littérature. »

Cette offrande légère (et Temple ne savait peut-être pas
la si bien définir), c'était l'*Essai sur le savoir des anciens et
des modernes*[1]. « Je n'aime pas, dit Temple au commencement de son opuscule, à voir les nains se croire plus grands
que les géants, parce qu'ils sont montés sur leurs épaules, »
et il ramène à deux arguments tous les raisonnements des
nains. Le premier, c'est que les modernes, ajoutant leurs
connaissances propres à celles des anciens dont ils ont
hérité, sont nécessairement plus riches; le second, c'est que
la nature, qui produit toujours d'aussi bons fruits et d'aussi
belles fleurs, doit produire d'aussi beaux génies. C'est
dans ces limites que se renferme la réfutation de W. Temple. Son point de vue n'est ni plus élevé ni plus étendu
que celui des écrivains français. Sa seule manière de rajeunir la louange des anciens, c'est d'exagérer à tel point
l'admiration, et de pousser si loin le culte du passé, que
son argumentation semble se réduire à ces termes : Les

---

1. *Essay upon the ancient and modern learning*, avec cette épigraphe :
Juvat antiquos accedere fontes.

élèves ne valent pas les maîtres ; nous sommes les élèves des anciens, qui eux-mêmes étaient ceux de plus anciens qu'eux ; donc c'est en reculant qu'on s'approche de la perfection. En face de la théorie du progrès, il pose celle de la décadence. Tout l'effort de la première partie de son livre, c'est de faire remonter jusqu'à la Chine l'origine des connaissances humaines. Il veut absolument que la transmigration des âmes et les vertus cardinales soient des conceptions chinoises, et que Pythagore, Lycurgue, Épicure, aient emprunté aux Indiens leurs préceptes et leurs lois. De là cette vénération étrange qu'il affiche pour les brahmanes, dont il parle en disciple et en ami. Quand il combat l'idée française de la permanence des forces de la nature, il rencontre quelques vues fines et vraies, celle-ci, par exemple, dont j'ai profité plus haut : c'est qu'il est plus difficile aux modernes d'être originaux qu'aux anciens, et que le poids des connaissances que nous ont léguées nos devanciers étouffe en nous la force de l'invention. Mais le tort de son raisonnement, c'est qu'au lieu de conclure seulement, à l'honneur des modernes, qu'ils ont plus de peine à créer et que leurs créations sont d'autant plus admirables, il conclut qu'ils sont stériles et ne méritent aucune admiration. La Bruyère, lui aussi, a commencé son livre par ce mot : « Tout est dit ; » mais il a eu, malgré ce premier mot, le bon esprit de finir les *Caractères*, et ce livre est aussi original que celui de Théophraste. C'est que jamais tout n'est dit, et qu'il est plus vrai d'affirmer que tout est toujours à dire. Si les formes de la pensée se corrompent et s'épuisent chez les peuples, si, à mesure qu'ils vieillissent, le travail du style devient plus laborieux et plus recherché, parce qu'on veut innover, et qu'on innove presque toujours aux dépens du goût, il n'en est pas de même de la matière du style, c'est-à-dire de la pensée, car elle a pour objet Dieu, la nature et l'homme, et participe de leur éternité.

A le considérer donc en philosophe, le livre de Temple n'a rien de supérieur pour les idées aux ouvrages qu'enfanta la discussion en France. Pour la science, Temple ne l'emporte pas sur Perrault; il sait un peu plus de latin que lui, quoique M. Thackeray ait pu dire spirituellement que Temple se pare de latin par mode, comme les gentilshommes de son temps de perruques et de manchettes[1]; mais il ne sait pas plus de grec. Malgré son âge et son expérience, Temple s'est compromis avec une témérité de jeune homme en parlant de ce qu'il ne savait pas; et il serait facile de triompher de ses erreurs et de sa crédulité. Rien de plus aisé que de se moquer d'un écrivain qui paraît croire sérieusement qu'Arion a été sauvé par un dauphin, qu'Orphée apprivoisait les tigres et qu'Amphion bâtissait des murailles aux accents de sa lyre. M. Macaulay ne lui a pas épargné les railleries, pour avoir affirmé que les sages de la Grèce prédisaient les éclipses et les tremblements de terre, que les anciens bramines vivaient deux cents ans, et que l'aventure d'Orphée s'est passée quelque temps après la fondation des jeux olympiques, un peu avant la bataille d'Arbèles. On peut s'étonner à meilleur droit encore que Temple méconnaisse la grandeur des découvertes modernes et qu'il ose écrire : « Qu'y a-t-il de nouveau en astronomie depuis l'antiquité? Rien, sinon le système de Copernic. Qu'y a-t-il de nouveau en médecine? Rien, sinon la circulation du sang[2]. » Mais ce n'est ni en philosophe ni en savant qu'il faut lire le livre de Temple, c'est en historien de la littérature, c'est en homme du monde, et alors, malgré les ignorances dont il est rempli, on y découvre avec plaisir

---

1. *English humourists*, Swift, p. 17.
2. *There is nothing new in astronomy to vie with the ancients, unless it be the copernical system; nor in physic, unless Harvey's circulation of the blood.* (*Of ancient and modern learning*, Temple's Works, vol. III, p. 454.)

des indices intéressants du goût de Temple et de son temps, des idées de détail ingénieuses, des réflexions morales où se révèlent la connaissance des hommes et l'expérience de la vie, un tour d'esprit délicat, agréable et, jusqu'à un certain point, français, un style élégant, orné, harmonieux. Temple est un prosateur de premier ordre. Johnson lui attribue l'honneur que Voltaire accorde à Balzac, d'avoir introduit le premier dans la langue de son pays le nombre et la cadence[1]. Blair vante sa douceur et son aménité[2], et M. Macaulay, qui ne le gâte pas, admire « ce style simple et coulant, clair et mélodieux, qui s'élève quelquefois jusqu'à la magnificence de Cicéron[3]. » Parmi les causes qui ont contribué à la décadence de l'esprit chez les modernes, Temple assigne le premier rang à la pédanterie; il en trace le portrait suivant, où se montre, avec beaucoup d'esprit, le dédain de l'homme du monde, longtemps mêlé aux grandes affaires, pour la science de cabinet. Les érudits de son temps ne le lui pardonnèrent pas. « La pédanterie est une maladie qui s'empare des *scholars* légers, superficiels et suffisants, qui ont plus de prétention que de mérite, qui s'estiment plus que de raison, et qui, en vivant toujours en eux-mêmes ou dans leurs cellules, se sont rendus impropres à tout ce qui n'est pas la science, et ridicules dans tous les entretiens dont elle n'est pas le sujet. Ce fléau a commencé par atteindre les enfants et les personnes d'une constitution faible; puis s'étendant par degrés, il a bientôt envahi les esprits les plus sains et les plus vigoureux. Le voisinage s'est effrayé, et a fui indistinctement tous les savants, ceux qui se portaient bien comme ceux qui étaient malades; et les étrangers, apprenant qu'il régnait une épidémie, ont évité tout commerce même avec les tempéra-

---

1. Boswell, *Life of Johnson*, vol. III. — 2. Blair, *Lectures*, xix. — 3. Macaulay, *Critical and historical Essays*, vol. III, p. 191.

ments les plus sains. On a commencé par avoir peur de la science, on a fini par la haïr, et les savants même qui n'étaient pas pédants ont craint d'être moqués comme les pédants qui n'étaient pas savants : les pigeons ont eu peur de passer pour des geais, parce qu'ils étaient dans leur compagnie. Un Espagnol spirituel a dit que le livre de don Quichotte avait perdu la monarchie espagnole, en rendant ridicules les sentiments chevaleresques.... La pédanterie a ruiné la république des lettres en rendant ridicule le savoir ; et plaise à Dieu qu'elle n'ait pas des effets pires encore !... ».

Telle est la manière spirituelle et dégagée que Temple porte dans les sujets littéraires. Comment un écrivain d'un esprit si fin, et d'un goût le plus souvent si délicat, a-t-il pu laisser échapper des jugements qui donnent aujourd'hui de l'intérêt à son livre comme des symptômes curieux du goût de l'époque, mais qui prouvent qu'il ne connaissait et ne jugeait guère mieux les littératures modernes, même celle de son pays, que celle de l'antiquité ? Pour prouver combien les modernes sont inférieurs aux anciens, il dresse le recensement des grands écrivains modernes chez les quatre peuples les plus lettrés, et voici les hommes de génie qu'il inscrit sur sa liste : en Italie, Boccace, Machiavel, Fra-Paolo Sarpi ; en Angleterre, Philippe Sidney, Bacon, Selden ; en Espagne, Cervantes et Guevara ; en France, Rabelais, Voiture, La Rochefoucauld, Bussy-Rabutin[1]. Voilà tout son Panthéon : il n'y admet ni Shakspeare, ni Milton, ni Dryden, ni Descartes, ni Pascal, ni Corneille, ni Racine, ni Boileau, ni La Fontaine, ni Dante, ni le Tasse, ni Lope de Vega, ni Calderon ! Combien de pareils jugements, émanés d'un écrivain supérieur, ne donnent-ils pas à réfléchir sur la vanité des jugements contemporains et sur la sagesse

---

1. *Temple's Works*, vol. III, p. 464.

des anciens, qui voulaient qu'un siècle au moins eût passé sur la mémoire des grands hommes avant que la postérité décidât de leur gloire!

Temple termine son livre en rappelant le mot d'Alphonse le Sage, roi d'Aragon : Parmi les choses que possèdent ou souhaitent les hommes, il y en a quatre désirables avant tout le reste : du vieux bois pour brûler, du vieux vin pour boire, de vieux amis pour causer, de vieux livres pour lire. C'était l'*hoc erat in votis* de sa vieillesse paisible et riante. Il jouit jusqu'à la fin de sa vie de tous ses biens, et il goûta le plaisir de voir son dernier ouvrage applaudi en France comme en Angleterre. « Le succès, dit spirituellement M. Macaulay, en était infaillible : comme les champions des modernes étaient aussi ignorants que Temple lui-même, les *anciens* pouvaient seuls relever ses erreurs, et ils n'étaient pas assez sots pour tirer sur leur allié. » Son triomphe ne fut troublé que par l'apparition des *Réflexions* de Wotton *sur le savoir des anciens et des modernes*. Mais il avait été lu et approuvé, il nous l'apprend lui-même, par Boileau et par Racine. Il ajoute même gratuitement (c'est une illusion de vieillard) qu'il avait contraint Perrault à une rétractation[1]. Ses succès réels comme ses succès imaginaires l'aguerrirent contre les attaques de Wotton. Aussi répondit-il aux *Réflexions* de son adversaire d'un ton allègre et léger, dans des *Pensées sur les anciens et les modernes*, qui ne parurent qu'après sa mort. Il appliquait aux ennemis des anciens en Angleterre les épigrammes de Boileau contre Perrault, et raillait l'orgueil du génie moderne dans une des plus agréables pages qu'il ait laissées après lui : « Les merveilles produites pour le plaisir ou l'utilité du genre humain par les creuses rêveries des hommes qu'on a regardés comme les pionniers de la science pendant les cin-

---

1. *Temple's Works*, vol. III, p. 437.

quante dernières années, je les cherche en vain, je l'avoue, et je m'estimerais heureux de les découvrir. J'ai entendu parler de prétentions et de visions extraordinaires chez des esprits convaincus du progrès qu'ont fait les sciences dans notre siècle, ou qu'elles feront infailliblement dans le siècle prochain. On découvrira, m'assure-t-on, la panacée universelle qui doit guérir tous ceux qui la possèdent, la pierre philosophale qui sera trouvée par quelques sages dédaigneux de la richesse; la transfusion d'un jeune sang dans les veines des vieillards, qui deviendront plus folâtres que l'agneau qu'on aura saigné pour les rajeunir; une langue universelle, qui pourra servir à toutes les personnes qui ont oublié la leur; la communication immédiate de la pensée, sans l'importune traduction du langage; l'art de voler, jusqu'à ce qu'on tombe et qu'on se casse la jambe; la découverte des nouveaux mondes dans les planètes; les voyages dans la lune, qui deviendront aussi communs que celui de York à Londres, etc. Les pauvres gens comme moi trouvent toutes ces folies aussi extravagantes, mais deux fois moins spirituelles et moins instructives que celles de l'Arioste. Espérons que ces sages *modernes* finiront par retrouver leur bon sens conservé dans quelque fiole céleste avec celui de Roland[1]. »

Longtemps après, quand l'ancien secrétaire de Temple, Jonathan Swift, prit la défense de son protecteur contre Wotton et Bentley, il s'inspira de cette jolie page dans sa description des recherches expérimentales de l'académie de Laputa. Mais Temple n'était plus. Il avait assez vécu pour lire la réponse de la société de *Christ-Church* à Richard Bentley; et, par un dernier bonheur, cet homme heureux sut mourir assez tôt pour ne pas connaître la réplique foudroyante du docteur de Cambridge. Il s'en-

---

[1]. *Temple's Works*, vol. III, p. 499.

dormit au bruit des applaudissements qui avaient accueilli son ouvrage et celui de ses défenseurs, dans la sécurité du triomphe et dans les douceurs de la popularité.

Wotton, son adversaire, prêtre et chapelain du comte de Nottingham, avait été dans ses jeunes années un miracle vivant. A cinq ans, il lisait le latin, le grec et l'hébreu ; à treize, ayant ajouté à ses connaissances celles de l'arabe, du syriaque, du chaldéen, de la géographie, de la logique, de la philosophie, de la chronologie et des mathématiques, il prit ses degrés de bachelier ès arts, et l'université, en lui conférant ce grade, nota sur ses registres que nul ne l'avait encore obtenu si jeune ni avec autant de succès[1]. Plus heureux que la plupart des jeunes prodiges, Wotton tint la promesse de son enfance, et devint un homme de sens, d'esprit et de savoir, après avoir commencé par être une encyclopédie. La querelle des *anciens* et des *modernes* offrait à un écrivain qui avait porté son étude sur presque tous les objets des connaissances humaines, et qui savait s'orienter dans sa vaste science, l'occasion d'un brillant début littéraire. Wotton ne la laissa pas échapper. Il répondit à l'*Essai* agréable et partial de M. Temple par un livre savant, judicieux, équitable, que l'Angleterre admire encore aujourd'hui comme un modèle de la dialectique appliquée à l'érudition. Je n'ai pas le dessein d'analyser les trente chapitres qui forment l'espèce d'enquête ouverte par Wotton sur l'état des connaissances des anciens et des modernes, et d'énumérer les divers objets dont il composa son inventaire. Il ne laisse de côté aucun art, aucune science, même parmi les moins scientifiques : à l'intention de Temple, qui aimait beaucoup les fleurs et avait composé un *Essai sur les jardins d'Épicure*, Wotton examine dans un chapitre spécial l'état du jardinage chez les an-

---

1. Monk, *Life of Bentley*, p. 8.

ciens, et prouve par des textes authentiques l'imperfection relative des vergers, des parterres et des potagers antiques. Après l'avoir lu, on est tenté de plaindre le roi Alcinoüs, dont Homère nous a tant vanté les petits jardins. Comme le livre de Wotton est une comparaison des anciens et des modernes sur tous les points des connaissances humaines, son plan offre une telle ressemblance avec celui de Perrault, qu'il a cru nécessaire d'aller au-devant du soupçon de plagiat. C'est un excès de précaution et de modestie. La ressemblance qui inquiétait Wotton n'existe que dans le sujet de l'ouvrage et dans son plan, qui naissait du sujet. Mais Wotton y déploie une telle supériorité de savoir, qu'il est impossible d'accuser d'emprunt un écrivain si riche de son propre fonds. La seule différence de point de vue qui sépare les *Réflexions* des *Parallèles* de Perrault, met hors de cause l'originalité de l'auteur anglais. L'idée qui domine le livre de Wotton est précisément celle que nous avons en vain cherchée dans Perrault et dans Fontenelle : c'est la distinction si longtemps attendue entre les sciences qui ont besoin, pour se perfectionner, de la lente succession des âges, et les arts qui dès leur premier pas s'élancent à la perfection. Dans toutes les sciences expérimentales, Wotton le démontre sans réplique, nous sommes et nous devons être nécessairement supérieurs aux anciens par le seul progrès du temps, qui a multiplié les expériences, et qui a permis au raisonnement d'en tirer les conclusions. Dans les sciences spéculatives, en métaphysique, par exemple, la même supériorité nous appartient : non que Platon et Aristote ne soient d'admirables philosophes; mais la métaphysique, c'est-à-dire la connaissance des lois de l'esprit humain, se perfectionne à mesure que l'esprit humain s'étudie et se connaît plus complétement lui-même. Sans être de plus grands philosophes qu'Aristote et Platon, Descartes, Malebranche et Locke, ayant ajouté leurs propres lumières à celles de leurs devanciers, ont pénétré encore plus avant dans la science de l'esprit. Mais, pour l'éloquence et la poésie, pouvons-nous disputer le premier rang aux Grecs et aux Romains? L'éloquence et la poésie n'ont pas besoin, pour se développer, du progrès des années. Que demandent-elles pour arriver à la perfection? Des sentiments, des passions, des idées, c'est-à-dire des âmes capables de sentir et de penser fortement, des langues prêtes à fournir le mot, l'image et l'harmonie, des institutions politiques qui encouragent la parole, des mœurs favorables à la poésie. Les anciens ont joui de tous ces priviléges, et ils ont produit les plus grands orateurs et les plus grands poëtes. Leur supériorité dans ces deux arts, ils la doivent au bonheur des circonstances, et non pas à une prééminence naturelle de génie. Qu'on nous suppose à leur place : nous aurions fait d'aussi beaux discours et d'aussi beaux vers. Qu'on les suppose à la nôtre : si au lieu de chanter sous le beau ciel de la Grèce, dans cette langue souple, riche, harmonieuse, à une époque si propice pour la poésie, Homère avait été un Polonais ou un Allemand du XVIIe siècle, aurait-il fait l'*Iliade* ou l'*Odyssée?*

Depuis le commencement de la querelle, c'est la première fois qu'apparaît dans la polémique cette distinction si juste qui aurait dû se produire dès le premier moment. C'est après plus de trente ans, quand la discussion a émigré d'un pays dans un autre, qu'on voit éclater, comme une illumination soudaine, une idée qui n'est, après tout, que la réflexion la plus naturelle du plus simple bon sens. Bon sens, chose rare et tardive, plus tardive et plus infirme dans sa marche sur la terre, que les prières dont parle Homère, dans leur ascension boiteuse vers le trône de Jupiter!

Un autre mérite de Wotton, c'est qu'au delà de la question littéraire, il aperçoit la question religieuse, et la résout avec plus de sagesse que Saint-Sorlin, et que tous ceux qui ont cru servir le christianisme, en lui prêtant une aversion irréconciliable contre l'antiquité. Wotton, bien supérieur à une si fausse vue, croit le christianisme intéressé au progrès des études profanes, et veut approfondir la science de l'antiquité pour vérifier sur quels titres repose la supériorité des anciens, ce qui touche, dit-il, aux intérêts les plus chers de la religion chrétienne. « En effet, parmi les hypothèses dirigées contre la foi, il n'en est pas de plus grave que celle de l'éternité du monde. Les histoires fabuleuses qu'on a faites des Égyptiens, des Chaldéens et des Chinois (on se souvient de l'admiration de Temple pour ces derniers), tendent à fortifier cette supposition. On essaye de résoudre les objections qui s'élèvent contre elle, en disant que des déluges, des invasions des barbares et des guerres ont détruit tous les monuments de l'ancien monde, jusqu'aux cinq ou six premiers milliers d'années. Cette réponse trop facile donnerait à penser que la révélation n'est qu'un vain mot. Or, peut-on mieux réfuter cette hypothèse de l'éternité du genre humain, qu'en démontrant que le monde a fait des progrès d'âge en âge, et qu'aujourd'hui l'humanité est plus avancée qu'autrefois? »

Tel est le raisonnement de Wotton, raisonnement élevé, original, qui lie la cause du christianisme à la cause du progrès. Wotton a signalé avec une grande sagacité le côté antireligieux de l'idée de W. Temple. Rien n'est moins chrétien qu'une hypothèse qui, prenant pour point de départ la supériorité des hommes à mesure qu'ils sont plus anciens, conduit nécessairement, si on la pousse à d'extrêmes conséquences, jusqu'à la négation du péché originel. L'idée de Wotton, au contraire, se concilie avec le dogme fondamental du christianisme : car Wotton, en s'autorisant de la rédemption pour admettre le progrès de l'humanité, ne le confond pas avec cette perfectibilité sans fin qui annulerait l'effet de la chute originelle. C'est donc à lui qu'appartient l'honneur d'avoir aperçu le côté véritable par où la querelle des anciens et des modernes intéresse le christianisme ; et il avait le droit d'écrire ces graves paroles de sa préface : « Quoique les études profanes auxquelles je m'attache dans ce livre puissent paraître éloignées de ma sainte profession, c'est au nom de cette profession même, et dans l'intérêt de la religion chrétienne, que je m'y suis livré. » Admirable leçon pour les esprits ardents qui prêchent au nom du christianisme l'abandon de ces nobles études, où le christianisme lui-même doit chercher, selon Wotton, le témoignage éclatant de sa divine vérité !

Ce que j'admire dans Wotton, ce n'est pas seulement l'élévation et la sagacité de son esprit, c'est sa modération et son impartialité. Il n'est réellement ni *ancien* ni *moderne*. Ce n'est pas un avocat, c'est un arbitre qui entreprend de concilier les parties, et qui reconnaît à chacune d'elles son mérite et ses droits. Il distingue très-bien, comme je l'ai montré, les points où la supériorité des modernes est, pour ainsi dire, une nécessité de date, de ceux où la supériorité des anciens était le privilége de leur climat, de leurs mœurs et de leurs institutions. En un mot, Wotton a indiqué la vraie manière de poser la question et de la résoudre. Ce n'est qu'une indication, il est vrai : il ne faut pas chercher dans son livre une théorie philosophique comme dans Turgot, Condorcet ou Mme de Staël ; on regrette même que, dans le cours de son ouvrage, il ne revienne pas plus souvent, pour la développer avec méthode, sur cette vue du progrès de l'esprit humain qu'il a jetée trop rapidement dans sa préface ; mais ce n'est pas un motif pour méconnaître le prix d'un tel ouvrage. Wotton, en remettant la question dans la bonne voie, lui a fait faire un pas si grand, que tous ses contemporains resteront en arrière, dans le voisinage de Fontenelle et de Perrault, et qu'il faudra bien des années à la polémique pour rejoindre les *Réflexions*.

Cette avance que Wotton avait prise sur le public nuisit au succès de son livre. Un petit nombre seulement d'esprits distingués l'admirèrent. Évelyn écrivait en juillet 1694, à son ami Pépys, président de la Société royale de Londres : « J'ai lu avec délices les *Réflexions* de M. Wotton ; c'est l'œuvre d'un esprit extraordinaire dont je vous ai parlé déjà, d'un des miracles de notre temps[1]. » Le public, un peu rebuté par l'abondante érudition et par le style sévère de l'écrivain, fut moins transporté qu'Évelyn : il estima l'ouvrage sur la parole de quelques lecteurs, il en parla et ne le lut guère. Il fallait, pour lui plaire, l'ignorance aimable du gentilhomme Temple, ou l'âpre véhémence et l'énergie incisive de l'érudit Bentley.

CHAPITRE III.

Dryden : *Préface* de sa traduction de l'*Énéide*. — Boyle : *Lettres de Phalaris*. — Bentley : *Dissertation sur les Épîtres de Phalaris*. — Boyle contre Bentley. — Bentley contre Boyle.

La fin du règne de Guillaume III et les douze années du règne de sa belle-sœur sont une des plus brillantes époques de la littérature anglaise. Les Anglais l'ont nommée

---

1. Monk, *Life of Bentley*, p. 47.

longtemps leur siècle d'Auguste[1]; mais leur admiration patriotique s'est un peu attiédie, et il n'est pas rare de trouver aujourd'hui parmi eux des écrivains qui regardent ce temps, à leur avis trop vanté, comme une ère d'imitation et de servilité littéraires, où la correction tenait lieu d'originalité, et le goût de génie. C'est un dédain excessif, après une excessive admiration. « C'était un temps de belle et riche littérature, que celui où Temple, Arbuthnot, Walsh, discutaient les poésies du jour d'après la France et l'antiquité; où le vieux Dryden, survivant à la restauration, improvisait son ode à *sainte Cécile;* où Congrève composait des comédies spirituelles en s'aidant de Molière; où Prior, Parnell, Thomson, Young, revêtaient de poésie quelques-uns des problèmes philosophiques de leur temps; où Addison écrivait ses pages élégantes et traçait les caractères originaux du *Spectateur;* où Swift était le premier des satiriques philosophes, et donnait aux pamphlets politiques la durée d'une œuvre de génie; où Pope, si correct, si précis, quelquefois si grand poëte, interprétait tour à tour en beaux vers la passion d'Héloïse et les systèmes de Leibnitz[2]. »

Ce tableau d'un règne illustre, tracé par la main d'un maître, est à la fois brillant et fidèle. Toutefois, ce règne si fécond en œuvres ingénieuses, spirituelles, éloquentes, ne vit naître aucune de ces merveilles d'originalité où se révèle un génie créateur. La littérature, dans ses genres les plus divers, se para d'une élégance uniforme, dont se devait fatiguer tôt ou tard un peuple accoutumé à mettre au premier rang dans son estime l'inspiration personnelle de l'écrivain, et à préférer le bizarre au convenu. L'un des caractères de cette époque, c'est la popularité des lettres, et, si

---

1. W. Scott, préface de sa *Biographie de Swift.*
2. M. Villemain, *Tableau de la littérature au* xviiie *siècle,* v[e] leçon.

je puis dire, leur prospérité temporelle. La reine Anne les protégeait sans les aimer; superbe et fastueuse comme Louis XIV, elle prétendait, comme le roi de France, attacher son nom à l'un de ces règnes à grand spectacle dont la littérature est un décor. Un autre caractère du temps, c'est le goût de la société polie pour l'antiquité classique et pour la littérature française, goût dont la vivacité sans bornes s'accorde peu avec l'indépendance du génie anglais, et qui dut se restreindre plus tard dans une plus sage mesure. Les universités s'étaient guéries des blessures que leur avait faites la guerre civile[1]. Sous le règne de Guillaume III, les études s'étaient relevées de leur long déclin. Les travaux philosophiques de Stanley, de Pearson, de Gale, de Price, d'Hudson, de Baxter, et surtout de Richard Bentley, ont illustré les quarante dernières années du XVII° siècle[2]. Les plus grands poëtes de l'Angleterre traduisaient les anciens. On peut lire dans la vie de Swift, écrite par John Barrett, vice-prévôt au collége de la Trinité à Dublin, le programme des études d'alors : la part qu'on y accorde au latin et au grec, les soins de prédilection qu'on donne à la poésie latine, pourraient rendre jaloux les plus prospères de nos lycées. Le futur doyen de Saint-Patrick, Swift, brillant et indocile écolier, était, comme Pope, un poëte latin illustre parmi ses camarades, et son premier ouvrage fut la traduction en vers d'une ode d'Horace. Rochester imitait Horace et Lucilius. Il traduisait aussi Boileau, la littérature française partageant avec l'antiquité la faveur de cette époque ultra-classique. Dryden, le premier poëte de l'Angleterre sous trois règnes, l'écrivain qui, selon Johnson, jeta les fondements de la critique anglaise, avait donné l'exemple d'un respect presque illimité pour les an-

---

1. Monk, *Life of Bentley*, p. 110. — 2. Hallam, *Histoire de la littérature en Europe pendant les* XV°, XVI° *et* XVII° *siècles*, t. IV, p. 78.

ciens, et d'une admiration profonde pour la littérature française. S'attachant, dans cette double inclination de son génie, à des œuvres d'un genre divers et d'une inégale beauté, il avait traduit successivement l'épopée de Virgile, l'*Amphitryon* de Molière et l'*Histoire des hérésies* de Varillas. Le monument le plus curieux de son idolâtrie pour les anciens, et du goût presque français qui régnait alors en Angleterre, c'est la préface qu'il mit à la tête de sa traduction de l'*Énéide*.

Dryden s'y préoccupe surtout d'une question de préséance agitée déjà par Aristote, et reprise en France par Dacier et le P. Le Bossu, celle de la prééminence du poëme épique sur la tragédie. Il s'autorise de l'exemple de Corneille pour discuter l'opinion d'Aristote; il cite Le Bossu, Dacier, Le Fèvre, Scudéri, le P. Lemoine, Chapelain, Balzac, le P. Goulu, le P. La Rue, Ronsard, et surtout Segrais, dont il traduit complaisamment les réflexions sur l'*Énéide*. Dryden donne aux idées françaises le tour de l'esprit anglais; mais on les reconnaît aisément sous leur nouveau costume. Le P. Le Bossu avait posé ce principe, que la tragédie est la peinture des passions, et l'épopée celle des mœurs. Nous le retrouvons exactement dans le critique anglais, sous les ornements bizarres dont Dryden l'a entouré : « Les passions sont violentes, et les maladies aiguës demandent des remèdes énergiques; mais les mauvaises habitudes de l'âme, les mœurs, sont comme des maladies chroniques : il faut les corriger par degrés, et varier les remèdes. Quoique les purgations y soient bonnes, la diète, le bon air, un exercice modéré forment la plus grande part du traitement. Une fois ces vérités établies, chacun de ces deux genres de poésie, l'épopée et la tragédie, doivent évidemment tendre à leur fin. La tragédie est plus active; le poëme épique, actif aussi quand il faut, opère davantage à loisir. La tragédie chasse vivement le mal, comme le quinquina, et nous remet pour un temps ; l'épopée mine l'indisposition et nous donne l'habitude de la santé¹. » Dryden a pris à la lettre le mot de Corneille : « La tragédie purge les passions, » et il lui a donné tout le développement de métaphores médicales qu'il pouvait comporter.

Plus loin, sans nommer Desmarets et Perrault, Dryden répond à leurs critiques de Virgile et d'Homère par une apologie passionnée. Il soutient qu'Énée est le vivant portrait d'Auguste ; il l'admire d'être si pieux, de verser tant de larmes, et même jusqu'à un certain point d'abandonner Didon. Il prend la défense des comparaisons à longue queue attaquées dans les *Parallèles* par l'Abbé et le Chevalier ; il compte scrupuleusement les vers des plus longues comparaisons de l'*Énéide* ; et, comme il veut être équitable, il convient qu'il y en a une de quatorze vers que Virgile aurait certainement ramenée à douze, si une mort prématurée ne l'avait pas ravi. Mais, excepté ces deux vers surabondants, tout lui paraît admirable dans l'*Énéide*. Il croirait manquer de respect à Virgile, s'il admettait qu'il eût pu faire une seule faute. Il est encore plus *ancien* que les *anciens* de France ; il dépasse Boileau ; il est plus dévoué que lui à la tradition, à la discipline, à la règle, et il a écrit dans sa préface de l'*Énéide* cette phrase prodigieuse qui le peint tout entier : « Il n'a manqué à Spenser, pour être un poëte épique, que d'avoir lu le traité du P. Le Bossu². »

Au théâtre, mêmes efforts, même ardeur pour imiter la France. On traduisait, ou plutôt on travestissait de toutes parts Corneille, Racine et Molière. « Dès qu'une pièce dramatique réussit en France, a écrit l'abbé du Bos, qui

---

1. *Dedication of the Eneis*, p. 93.
2. « Spenser wanted only to have read the rules of Bossu. » (*Dedic.*, p. 176.)

connaissait bien la littérature anglaise, elle est sûre d'être traduite en anglais. Je ne crois pas que les Anglais aient trois traductions différentes des églogues de Virgile, et cependant ils ont trois traductions différentes des *Horaces* de Corneille [1]. » Du Bos a cité, pour montrer le caractère de ces imitations britanniques, plusieurs scènes de la *Mère en détresse*, traduction de l'*Andromaque* de Racine, par Philips. Du moins Philips, en accommodant Racine au goût de son pays, ne dissimulait pas l'origine française de la *Mère en détresse*. Mais combien d'autres, sans excepter Dryden, dit encore du Bos, « copiaient les auteurs français dans les ouvrages qu'ils donnaient pour être de leur invention [2]! » D'autres proclamaient franchement leur supériorité sur les originaux français qu'ils daignaient imiter. Le gentilhomme suisse dont j'ai parlé, M. de Muralt, vit représenter à Londres une pièce de Shadwell, imitée de l'*Avare* de Molière. Il l'acheta, et il lut dans la préface la déclaration suivante : « Le fondement de ma pièce est pris de l'*Avare* de Molière; mais comme il y a trop peu de personnages et d'action pour un théâtre anglais, j'ai ajouté à l'un et à l'autre assez pour pouvoir réclamer plus de la moitié de la pièce. Je crois pouvoir dire sans vanité que Molière n'a rien perdu entre mes mains. Aussi jamais pièce française n'a été maniée par un de nos poëtes, quelque méchant qu'il fût, qu'elle n'ait été rendue meilleure. Ce n'est ni faute d'invention, ni faute d'esprit que nous empruntons des Français, mais c'est par paresse : aussi est-ce par paresse que je me suis servi de

---

1. Du Bos cite celle de Louver, imprimée en 1656; celle de Cottot, imprimée en 1671; celle de Mme Philips, achevée par le chevalier Denham et imprimée en 1678. (*Réflexions critiques sur la poésie et sur la peinture*, t. II, p. 462.)

2. *Réflexions critiques sur la poésie et sur la peinture*, t. II, p. 463. Du Bos s'appuie sur l'autorité de Langbaine, *Histoire des poëtes dramatiques*, p. 131.

l'Avare de Molière. » — « Ces nouveaux personnages dont parle Shadwell, ajoute M. de Muralt, jouent une espèce de farce entre eux qui se passe à enivrer un jeune homme, à le filouter et à lui faire épouser une fille de joie. C'est la moitié de la pièce que l'auteur réclame si modestement, et que jamais personne ne confondra, je crois, avec l'autre moitié[1]. »

Une société instruite et polie, qui s'intéressait si vivement à la littérature française, et applaudissait jusqu'aux plus pauvres contrefaçons de ses chefs-d'œuvre, devait se montrer attentive à la querelle des anciens et des modernes. Né récemment en France, où l'intervention des plus grands écrivains l'avait illustré, le débat venait d'être transporté en Angleterre par W. Temple, le plus populaire des auteurs contemporains, qui consacrait à la défense de l'antiquité le dernier effort de sa vieillesse. Les écrivains anglais les plus distingués furent les acteurs ou les témoins attentifs de cette discussion, et les gens du monde s'y mêlèrent comme les universités et les érudits.

Parmi les ouvrages des anciens que Temple vantait dans son *Essai*, il en plaçait deux au premier rang, les *Fables d'Ésope* et les *Lettres de Phalaris*, « deux des plus anciens ouvrages de la Grèce, disait-il, ce qui prouve que les plus vieux livres sont les meilleurs. » « Je connais, ajoutait dédaigneusement l'ancien élève du collége Emmanuel, je connais des savants, ou du moins des gens qui passent pour tels, qui ne croient pas à l'authenticité des *Lettres de Phalaris*. Politien et quelques autres les attribuent à Lucien ; mais, à mon sens, il n'est pas besoin d'une grande connaissance en peinture pour reconnaître que c'est là un tableau original, et non pas une copie. Une telle diversité de passions, tant de liberté dans la pensée, tant de har-

---

1. *Lettres sur les Anglais*, p. 26.

diesse dans l'expression, tant d'affection pour ses amis, tant de dédain pour ses ennemis, une si haute estime du savoir et du bien, une telle expérience de la vie, un si grand mépris de la mort, cette fierté de caractère, cette cruauté de représailles, voilà des traits de vérité qui attestent que le peintre a senti lui-même ce qu'il a retracé, et j'estime que Lucien était aussi peu capable d'écrire ces *Lettres* que de faire ce qu'a fait Phalaris. Dans tous les écrits de Lucien on retrouve le *scholar* et le sophiste; dans les *Lettres de Phalaris*, on ne voit partout que le souverain absolu, le tyran [1]. »

Ce magnifique et téméraire éloge attira l'attention publique sur le prétendu chef-d'œuvre épistolaire du tyran de Sicile. Une société de professeurs et de jeunes étudiants de grande famille, qui travaillaient en commun dans le collége de *Christ-Church*, à Oxford, en préparèrent une nouvelle édition. Aldrich, doyen du collége, et passionné pour l'honneur de sa maison, présidait aux travaux de cette société, qui comptait des écrivains habiles et des jeunes gens d'un esprit distingué et d'une haute naissance, tout entiers à l'étude des anciens. De temps en temps la société de *Christ-Church* publiait un chef-d'œuvre antique, dont on donnait un exemplaire à chacun des élèves du collége, en cadeau de nouvelle année. On inscrivait sur l'édition le nom du doyen Aldrich, qui publia ainsi des ouvrages de Xénophon, de Théophraste, de Lucien et de Platon, ou le nom de quelque jeune étudiant de grande famille et de brillante espérance, dont on préparait ainsi la réputation future. Plus tard, parvenu à de hautes fonctions, il payait par un utile patronage la gloire précoce dont le collége l'avait investi. La société de *Christ-Church*, puissante par ses talents, ses amitiés et sa cama-

---

1. *Temple's Works*, vol. III, p. 463.

raderie, était désignée dans le public sous le nom de *faction des esprits*, nom renouvelé du vieux temps, car il y avait déjà un *parti des esprits* à l'époque de Davenant. Les élèves du doyen Aldrich s'étaient eux-mêmes surnommés les *Abeilles* (*the Bees*), par allusion sans doute au miel qu'ils produisaient. Leurs nombreux ennemis (toute coterie a les siens) leur conservaient ce nom, mais en y attachant une allusion moins flatteuse, l'allusion au dard et au bourdonnement de ces insectes bruyants et vindicatifs. La jalousie que la société de *Christ-Church* avait excitée fut, selon d'Israëli, une des causes de l'intérêt éveillé dans le public par la querelle de Boyle et de Bentley. Les plus fortes têtes du collége, John Freind, King, et surtout le spirituel Atterbury, l'un des premiers admirateurs de Milton en Angleterre [1], avaient travaillé à l'édition des *Lettres de Phalaris*. Mais il fut convenu qu'elle serait signée du nom de Boyle, nom déjà illustré par un savant, un philosophe, un philanthrope, Robert Boyle, qui avait fondé, sous le nom de *Lectures*, un prix annuel pour l'apologie la plus éloquente du christianisme. On choisissait chaque année le lecteur, et, par une coïncidence piquante, le premier lecteur désigné fut précisément l'écrivain qui devait, plus tard, démontrer l'ignorance collective dissimulée sous l'unité mensongère du nom de Boyle : ce fut Richard Bentley.

Vers le commencement de l'année 1695, on vit paraître sous le nom de Charles Boyle, second fils du comte d'Orrery, un livre intitulé : *Lettres de Phalaris, tyran d'Agrigente*, revues d'après les manuscrits, avec une interprétation, des notes et une biographie de l'auteur, par Ch. Boyle, du collége du Christ [2]. A la tête du livre se trou-

---

[1]. Voyez sa lettre à Pope. Ce n'est qu'après Atterbury qu'Addison a plaidé la cause du *Paradis perdu*.
[2]. *Phalaridis Agrigentinorum tyranni epistolæ. Ex mss. recensuit, ver-*

vait une préface latine, et dans cette préface on lisait cette
phrase : « J'ai collationné mon édition sur un manuscrit
de la Bibliothèque royale, du moins jusqu'à la 40° lettre
seulement, le bibliothécaire, *par un effet de sa civilité toute
particulière*, ayant refusé de me laisser le manuscrit plus
longtemps[1]. » Ces quatre mots latins : *pro singulari sua
humanitate*, soulevèrent une tempête. En voici l'explication : Boyle avait eu besoin, pour collationner le texte des
Lettres de Phalaris, de consulter un manuscrit de la Bibliothèque royale. Au lieu de s'adresser directement au bibliothécaire Bentley, qui n'aurait rien refusé au jeune parent
du fondateur des *Lectures*, il s'était servi de l'entremise du
libraire Bennet, le futur éditeur de *Phalaris*, personnage
assez négligent, qui ne se hâta pas de s'acquitter de la
commission. Pressé par une lettre de Boyle, Bennet demanda communication du manuscrit à Bentley, et l'inter-
rogea, en éditeur prudent, sur le mérite des *Lettres* qu'il
allait publier. Bentley répondit qu'il ne croyait pas à l'authenticité des *Lettres de Phalaris*, et consentit à prêter le
manuscrit, mais pendant quelques jours seulement, alléguant qu'il devait s'absenter, et ne voulant pas laisser de
manuscrit hors de la Bibliothèque royale en son absence.
En effet, une semaine environ après avoir prêté le manuscrit, il le fit redemander à Bennet. Comme le copiste qui
collationnait le manuscrit n'avait pas terminé sa tâche dans
la semaine accordée, Bennet rejeta sur Bentley la faute dont
il était seul responsable. Dans sa réponse à Boyle, il se
plaignit que le bibliothécaire royal lui eût marchandé les
heures pour consulter le texte de Phalaris, et il dénonça

---

sione, *annotationibus et vita insuper auctoris ornavit Car. Boylus, ex
æde Christi.*

1. « Collatas etiam curavi usque ad epist. XL cum msto in bibliotheca
« regia, cujus mihi copiam ulteriorem bibliothecarius, pro singulari sua
« humanitate, negavit. »

Bentley au collége du Christ, comme ayant médit à la fois et de *Phalaris*, un apocryphe, et de Boyle, sa dupe, qui allait le publier. Boyle crut Bennet sur parole, et la phrase latine de sa préface fut sa vengeance. Telle est là cause de l'intervention de Bentley dans le débat, d'après le biographe de Bentley, le docteur Monk, évêque de Glocester, qui a compulsé laborieusement une longue série de pièces pour arriver à cette conclusion. J'incline à penser, avec d'Israëli, que la préface de Boyle fut seulement pour Bentley une occasion d'entrer en campagne[1]. Bentley, qui avait le savoir et les passions des grands érudits du xvi° siècle, ne cachait pas son dédain pour la littérature fashionable des jeunes hellénistes du collége du Christ. Quand avait paru l'*Essai* de Temple, il avait laissé publiquement échapper cette remarque : « M. Temple n'a pas la main heureuse. Pour montrer la supériorité des anciens sur les modernes, il pouvait invoquer Homère et Virgile. Par une singularité remarquable de goût, qui atteste une complexion littéraire assez rare, il cite les *Fables d'Ésope* et les *Lettres de Phalaris*, c'est-à-dire deux ouvrages apocryphes[2]. » Sollicité par Wotton, son ancien condisciple, qui travaillait à la réfutation de W. Temple, et qui se promettait un grand secours d'un allié comme Bentley, celui-ci avait promis de prouver par écrit la non-authenticité de ces deux ouvrages. Son aversion naturelle contre la faction des *Esprits*, et sa promesse à Wotton, suffisent pour expliquer l'intervention de Bentley, pour qui l'épigramme latine de Boyle ne fut qu'une occasion opportune. Je dois raconter cette discussion, quoiqu'elle ne soit qu'un épisode dans la querelle des anciens et des modernes. Mais elle a fait tant de bruit en Europe, elle a mis en scène des hommes si éminents, qu'il

1. D'Israëli, *Quarrels of authors.* Boyle and Bentley. (*Miscellanies of literature*, vol. II, p. 130.)
2. Bentley's *Dissertation upon the Epistles of Phalaris*, p. 7.

m'est impossible de n'en pas résumer l'histoire. En France l'opinion se prononça en faveur de Perrault; en Angleterre elle soutint vivement Temple et l'antiquité, quoique le goût anglais fût naturellement aussi libre au moins que celui de la France. Les partisans des anciens, chez les Anglais, auraient dû se ranger du côté de Bentley, qui connaissait mieux l'antiquité que tous ses adversaires, et qui la défendait en séparant sa cause de celle des écrivains apocryphes. Mais comme Bentley attaquait W. Temple, on crut qu'il attaquait les anciens, et le public se déclara contre lui, par un amour à contre-sens de l'antiquité classique. C'est la plus étrange des méprises. De plus, cette querelle de Boyle et de Bentley est instructive, précisément parce qu'elle est épisodique. Elle nous montre comment l'esprit humain, dans les controverses, abandonne volontiers le point capital du sujet, pour se jeter dans les détails et dans les accessoires. Lorsqu'on discute par écrit, on devrait, à ce qu'il semble, éviter le caprice de ces entretiens de salon, où les interlocuteurs, au lieu de suivre la ligne droite, s'égarent en mille détours et oublient d'où ils viennent et où ils vont. Les discussions écrites ressemblent cependant aux conversations. Dans la confusion de la lutte, on se laisse entraîner à la dérive, et l'on est emporté par le courant à une longue distance du rivage où l'on voulait aborder. Wotton avait défini le sujet de la controverse : il en avait marqué les points fondamentaux. Il était permis d'espérer que ses successeurs reprendraient la question où il l'avait laissée, et suivraient la voie qu'il avait ouverte. Mais non. Ils passeront tous à côté de la question principale, celle des *anciens* et des *modernes*, et s'attarderont à un détail secondaire d'érudition, l'authenticité des Lettres de Phalaris, à une querelle de personnes, celle de Boyle et de Bentley. Presque toujours, dans les discussions, les hommes finissent par prendre la place des idées, et voilà pourquoi les idées n'avancent pas vite : on les laisse en chemin. Je vais donc raconter cet épisode curieux pour l'histoire de la littérature, et dont la longueur intempestive est elle-même une leçon.

Les gens du monde, je l'ai déjà dit, ont un admirable penchant à tourner la science en ridicule, sous le nom de pédanterie. Quand on a dit d'un homme qui a vécu dans l'étude et le travail : « C'est un pédant, » voilà un homme jugé et condamné sans appel. Aussi la première précaution prise par Boyle et par ses amis, dans leur querelle avec Bentley, ce fut de répéter sur tous les tons qu'il était un *scholar*, un homme de classe, un homme-livre, descendu tout poudreux d'un rayon de bibliothèque, et de l'opposer à sir William Temple, un homme du monde, un bel esprit, un *gentleman* d'une grâce et d'une élégance accomplies. Ils réussirent par cette tactique à donner le change à l'opinion. Pendant plusieurs années, jusqu'au moment où parut la fameuse dissertation de Bentley contre Boyle, Bentley passa pour un pédant hérissé d'orgueil et de fausse science, pour un Vadius ou un Trissotin anglais, et l'on vit ameutés contre lui les grands, les moyens et les petits écrivains, la société polie, le public tout entier. Telle est la puissance d'un mot, et surtout d'un mot vague. Il peut discréditer un homme et tuer une cause ; et cependant l'homme était un grand homme, et sa cause celle du bon sens, du savoir et de la vérité.

Lorsqu'on a l'amour sincère des lettres et qu'on se croit personnellement l'obligé de ces érudits du XVIe et du XVIIe siècle, bienfaiteurs de la science, qui, par leurs travaux infatigables, nous ont rendu les textes des grands écrivains de l'antiquité, on ne peut se défendre d'une reconnaissance profonde pour Richard Bentley. Que nous importent, à nous ses héritiers, qui jouissons en paix des fruits de son esprit, les défauts de son caractère et son humeur altière et belliqueuse qui faisait dire à Boyle, son adversaire : « Il tient sa plume comme une épée ! » Que les contemporains se plaignent du caractère d'un grand homme, c'est justice, car ils en souffrent; mais c'est une pure ingratitude à la postérité de lui tenir si longtemps rigueur, puisqu'après sa mort nous n'avons plus affaire à son caractère, mais à son génie. Je comprends que les contemporains de Rousseau, qui souffraient de son humeur, lui aient été sévères; pour nous, qui n'avons rien à craindre de ce côté et qui jouissons de ses ouvrages, nous devons, en parlant de l'homme, sinon oublier ses torts, la vérité de l'histoire ne le permet pas, du moins les pardonner et mettre la pitié à la place de la colère. Si j'insiste sur cette idée, c'est que la critique de notre temps, en étudiant avec prédilection les hommes dans les écrivains, et en substituant la biographie à l'appréciation des œuvres, pèse trop souvent dans ses balances des défauts de caractère dont les écrivains ne sont justiciables que pendant leur vie. Je reconnais, avec les adversaires de Bentley, qu'il avait plus d'orgueil, d'âpreté, d'emportement qu'il ne convient à un chrétien, et qu'en lui l'homme d'Église et l'homme de plume ressemblaient trop à l'homme d'épée; mais ce n'est pas pour me faire l'écho, deux siècles après sa mort, des plaintes élevées pendant sa vie; c'est pour ne pas trahir la vérité par une réticence, ni dérober à la physionomie d'un grand homme quelques traits nécessaires à la ressemblance. En regardant son portrait peint par Thornill, je remarque, il le faut bien, cette narine gonflée et cette lèvre dédaigneuse; mais je contemple avec plaisir ce large front plein de savoir et cet œil étincelant : de même que dans cette esquisse que je cherche à tracer de son personnage littéraire, j'indique en passant les défauts de l'homme, et je m'attache de préférence aux mérites de l'écrivain. « Pour bien comprendre ce que l'érudition moderne doit à Bentley, rappelons-nous, dit le docteur Monk, que, lorsque Bentley parut, les savants n'avaient à leur disposition ni les guides ni les secours qui rendent faciles aujourd'hui les sentiers de la littérature. Les grammaires latines et grecques étaient remplies d'erreurs ; les savants, occupés de la critique des anciens textes, manquaient d'*index* suffisants, surtout pour les volumineux scoliastes, les grammairiens et les derniers écrivains de la Grèce. Bentley dut consumer dans cette étude une part de sa vie. Sans autres ressources que celles qu'il puisait en lui-même, il ouvrit à la critique une route nouvelle qui, éclairée par les lumières de son esprit pénétrant, le conduisit à de merveilleux succès. Il a lui-même avoué qu'il ne possédait qu'à un faible degré une faculté bien nécessaire dans de pareilles recherches, la mémoire. Aussi prenait-il soin de noter sur la marge de ses livres toutes les idées que lui suggéraient ses lectures. Cette habitude d'amasser peu à peu ses matériaux explique la rapidité avec laquelle il acheva ses plus difficiles travaux. »

La pénétration, telle est en effet la qualité dominante de Bentley. Il excelle dans la critique des textes, il en devine les altérations avec une sagacité admirable, il remplace les leçons fautives par des corrections ingénieuses et imprévues; mais, c'est le revers de son talent, il est plus touché des défauts que des beautés, il a le sens de la critique plus délicat, plus facile à émouvoir que celui de l'admiration, et, comme il croit à son infaillibilité, il s'enivre de ses conjectures et s'abandonne à tous les paradoxes de son goût. Combien de ses corrections d'Horace ne sont que de spirituelles hypothèses! Combien de ses variantes sur Milton ne sont que des fantaisies[1]! N'osa-t-il pas un jour soumet-

---

1. A l'admirable vers :

« No light, but rather darkness visible ! »

Bentley propose de substituer :

« No light, but rather a transpicuous gloom ! »

tre l'Écriture sainte à l'examen critique qu'il avait appliqué aux *Lettres de Phalaris?* Il faisait la cour à une jeune fille belle et pieuse qu'il devait épouser, et, parlant avec elle de la Bible, il entreprit, pour l'intéresser à l'entretien, de discuter doctement sous ses yeux l'authenticité du livre de *Daniel*. La piété de la jeune fille s'effaroucha d'un savoir qui ne reculait pas devant les livres saints, et le mariage manqua d'être rompu[1]. Mais que sont quelques erreurs auprès de tant de services rendus à la science? Quelle admirable vie pleine d'œuvres et de vertus! quelle puissance de travail! quelle variété de connaissances! Ce grammairien profond, cet éditeur inventif d'Horace, d'Aristophane, de Térence, de Phèdre, de Manilius; cet adversaire éloquent du matérialiste Collins, ce professeur incomparable qui élevait si haut les études du collége de la Trinité, vulgarisait le premier dans la chaire chrétienne les découvertes de Newton, et, tournant la science contre l'athéisme, mettait l'astronomie au service de Dieu. Si, dans un travail où je condamne l'excès des partisans des *anciens*, je ne craignais de manquer à mon tour de justice envers les modernes, je serais tenté de répéter, en parlant de Bentley, le mot du vieux Charron sur les grands hommes de l'antiquité : « La graine de ces gens-là est perdue. »

Du reste, il n'était pas besoin de la sagacité supérieure de Bentley pour démasquer l'imposture des *Lettres de Phalaris*. En lisant cet ouvrage médiocre d'un déclamateur, on s'étonne que des compilateurs grecs, comme Stobée et Suidas, aient pu l'attribuer au tyran de Sicile, et que l'école mondaine des hellénistes d'Oxford, sous la présidence du doyen Aldrich, lui ait consacré l'effort de sa jeune érudition. Je n'ai pas dessein d'en discuter ici l'authenticité; on

---

1. Monk, qui rapporte cette anecdote d'après un passage des *Mémoires* de Whiston, la révoque en doute, sans affirmer qu'elle n'est pas vraie : *Se non è vero....*

trouvera dans la *Bibliothèque* de Fabricius un ensemble de preuves qui démontrent que l'auteur de ces lettres n'est ni Phalaris ni Lucien, à qui on les a quelquefois imputées [1]. Cette correspondance, à la fois pédante et romanesque, sent l'école et le bel esprit. Nul sentiment naturel, nulle pensée venue de l'âme. Derrière le prétendu tyran de Sicile, on aperçoit le maître de rhétorique qui souffle à son élève les lieux communs de la classe. Les amplifications de Phalaris sur son mépris des hommes, sur son dégoût de la vie et l'impossibilité d'être heureux ont l'invraisemblance historique des discours de Sylla dans le dialogue de Montesquieu, sans en présenter l'intérêt oratoire. Une foule d'idées relativement modernes s'étalent dans les discours du tyran, avec une audace d'anachronisme qui scandalise les yeux les moins exercés. Enfin son style roide, gourmé, académique, est un style de pédant, et non de politique. Les souverains qui règnent n'ont pas le temps d'arrondir ainsi leurs périodes. Il n'appartient qu'à ces princes de rhétorique que les écoliers font parler, d'oublier à ce point leur trône au milieu des soucis de la phrase et du mot [2].

---

1. *Bibliothèque* de Fabricius, t. I, liv. II, chap. x.
2. Qu'on lise, par exemple, la lettre suivante, adressée à Pythagore : « Quel chagrin pour un monarque qui semble n'avoir rien à souhaiter, qui fait tout trembler, dont la gloire est égale à la fortune, et qui ne trouve rien dans la nature qui ne paraisse, pour ainsi dire, être formé pour ses plaisirs, quelle mortification pour un prince si puissant de se dire à soi-même : « Ces honneurs, ces grandeurs périront avec moi; j'ai eu le pou- « voir de me rendre maître de toute la terre, ma voix faisait frémir tous ses « habitants, et néanmoins ma fin n'est pas différente, et j'ai le même sort « que le plus simple berger. Mon élévation est un éclair, ma puissance est « un coup de tonnerre qui, en un instant, étonne toute la nature par son « impétuosité et par la force de ses coups, mais bientôt va s'éteindre au « sein de la terre d'où il était sorti. » Que ces tristes réflexions, sage Pythagore, sont capables de faire rentrer l'homme en lui-même, et de lui faire connaître quelle est sa folie lorsqu'il s'impose de tels efforts pour s'élever au-dessus de lui ! Qu'il pense à l'avenir et qu'il se dise qu'une vie obscure et rustique est la seule qui puisse rendre l'homme heureux, parce que, dans cet état de la simple nature, on ne vit que pour mourir.... » Cette

Bentley a bien raison d'appeler les *Lettres de Phalaris* « une fiction épistolaire, une élucubration de rhéteur, une spéculation de scribe affamé. »

Mais les arguments de Bentley contre l'authenticité des *Lettres de Phalaris*, étant fondés sur l'anachronisme des idées et des sentiments qu'elles renferment, n'auraient convaincu ni les gens du monde, comme Temple, ni les demi-savants du collége d'Oxford. Ces arguments, le goût seul peut les saisir, et ils échappent quelquefois aux meilleurs esprits, surtout quand il s'agit de l'antiquité. Jul. C. Scaliger prit pour un fragment d'une comédie antique quelques vers de Muret. Boxhornius écrivit un commentaire sur un petit poëme *De Lite* qu'il attribuait à un ancien, et dont l'auteur était le chancelier de France, Michel de L'Hôpital. En citant ces exemples des méprises de l'érudition, Bentley en conclut la nécessité d'invoquer des arguments plus décisifs, et il prouve, au nom de la philologie, que le dialecte attique dont se sert Phalaris n'était pas usité à la cour d'Agrigente, colonie dorienne; au nom de la chronologie, que Phalaris parle dans ses lettres d'événements et de personnes qui n'ont vécu que longtemps après sa mort. Il relève les plagiats de l'auteur inconnu des *Lettres*, qui emprunte sans façon les pensées d'écrivains célèbres, postérieurs à l'époque de Phalaris ; il signale les contradictions que présentent divers passages difficiles à concilier ; et dans cette argumentation savante, qui aurait le droit de se passer d'esprit, il déploie un art étonnant de polémique plaisante, il place heureusement l'anecdote et fait sortir l'épigramme de l'érudition, avec une aisance qui confondit un instant ses adversaires. A ceux qui se prévalent de ce qu'une foule de personnes

illusion d'un petit prince de Sicile qui se dit le maître de la terre, cette opposition entre l'éclair et le tonnerre, entre le trône et la chaumière, c'est de la rhétorique pure, et l'on ne comprend pas que Temple et tant d'autres aient pu s'y tromper.

distinguées, et notamment W. Temple, ont cru aux *Lettres de Phalaris*, il raconte le trait suivant : « Selon Pline l'Ancien, Licinius Mucianus rapporte que, lorsqu'il était gouverneur de Lycie, il avait vu et lu dans un temple du pays une *lettre sur papier* écrite de Troie par Sarpédon. « Cette lettre sur papier m'étonna beaucoup, dit Pline, car « au temps d'Homère, bien après Sarpédon, la partie de « l'Égypte qui seule produit le papier n'était encore qu'une « mer ; elle ne fut formée que postérieurement par le limon « du Nil. Ou bien, si le papier était connu du temps de « Sarpédon, comment Homère a-t-il pu dire qu'en Lycie ce « ne furent pas des lettres, mais des tablettes qui furent « portées par Bellérophon à Prætus : *In ipsa Lycia codicillos « datos, non epistolas.* » C'est ainsi que le savant naturaliste réfute l'authenticité de la prétendue lettre de Sarpédon. Avec beaucoup d'humilité, ne peut-on lui faire remarquer en passant que ces lettres n'ont pas été données à Bellérophon en Lycie, mais à Argos, pour être portées en Lycie ? Quoi qu'il en soit, la crédulité de Mucien est suffisamment confondue. Et cependant Mucien avait été gouverneur d'une grande province, général d'une grande armée, trois fois consul sous Claude et sous Vespasien, et de plus savant et curieux, ce qui ne l'empêcha pas d'être misérablement trompé par une fausse lettre de Sarpédon : preuve incontestable que le titre d'honorable, les plus hautes qualités de l'esprit et la plus grande expérience du monde ne sauraient préserver un honnête homme d'être la dupe d'un mensonge [1]. »

Bentley rencontre souvent de ces bonnes fortunes d'allusion. Les jeunes hellénistes du collége du Christ avaient

---

1. *A Dissertation upon the Epistles of Phalaris* (1697). Je ne pousserai pas plus loin l'analyse de cette dissertation, qui renferme encore l'examen des *Lettres de Thémistocle, d'Euripide, de Socrate* et des *Fables ésopiques :* cela m'éloignerait encore plus de mon sujet.

dit en apprenant que le docteur Richard préparait une dissertation contre eux : « Nous allons être assiégés par le bélier de l'érudition. » Quand ils se virent battus en brèche par l'artillerie de l'esprit, ils tinrent un conseil de guerre, et se résolurent à une défense désespérée. Ce qui les irrita surtout, ce fut la réponse au *pro singulari humanitate* que Bentley inséra dans sa dissertation. Il racontait brièvement quels avaient été ses rapports indirects avec Boyle, par l'intermédiaire du libraire Bennet, et réfutait l'accusation d'incivilité qu'on faisait peser sur lui : ce n'était pas sa faute s'il n'avait pu obliger, par un plus long prêt du manuscrit, le nouvel éditeur de Phalaris. « Je souhaite de tout mon cœur, ajoutait-il avec un ton de supériorité railleuse, d'être un jour utile à un jeune homme d'aussi grande espérance que celui dont le nom figure sur cette édition. Aujourd'hui, je ne puis lui rendre de plus notable service que d'effacer quelques taches du livre qu'il a signé, ce qu'il prendra, je l'espère, en bonne part, car mes corrections sont moins un désagrément pour lui, qu'un reproche à ses professeurs. » Et Bentley relevait une à une, avec une impitoyable clairvoyance, toutes les fautes de style et de goût, toutes les erreurs de texte, tous les contre-sens commis par Boyle et ses collaborateurs, et il affectait de répéter sans cesse ces périphrases significatives : *Le livre que ce jeune homme a signé, la nouvelle édition publiée sous son nom,* pour insinuer avec une discrétion indiscrète que le nom de Boyle était une unité fictive, destinée à couvrir toute une pluralité de collaborateurs. L'essaim des *abeilles* frémit, fondit sur Bentley, et s'attacha à ses flancs. Il est dangereux, le docteur Richard l'éprouva comme Boileau, de s'attaquer à des corps. Le club des *Esprits* jura, dit Monk, de tirer de son adversaire une punition éclatante. Il choisit dans son sein un comité de vengeurs, dont les principaux membres furent Atterbury, président, Smalridge, Robert

Freind et son frère John, Anthony Alsop, l'éditeur des *Fables* d'Ésope, personnellement intéressé dans la querelle, le docteur en droit civil, King, et Boyle, en un mot, la fleur des maîtres et des élèves d'Oxford, de leurs adhérents et de leurs amis. Le comité travailla longtemps : « J'ai mis six mois, écrivait Atterbury à Boyle, à composer la moitié de l'ouvrage, à revoir le reste, à transcrire le tout et à en surveiller l'impression. » Enfin, au commencement de 1698, parut la fameuse défense du club des *Esprits*, connue sous le nom de *Boyle contre Bentley*[1]; car Boyle continua d'être le titulaire des productions de la société d'Oxford. Le jeune gentilhomme y gagna la réputation d'un savant de beaucoup d'esprit, et le professeur Atterbury, un bon évêché et un excellent mariage avec la nièce du duc de Leeds, par la protection de la famille de Boyle.

C'est un livre singulier que cette réponse à la dissertation de Bentley. Il a toutes les qualités, mais aussi tous les défauts d'un ouvrage collectif : beaucoup de variété et peu de suite; beaucoup d'esprit, mais diverses sortes d'esprit; des vues ingénieuses et des incohérences, des saillies originales et peu de conclusions. Le fond de la question, c'est-à-dire l'authenticité des *Lettres de Phalaris*, est à peu près abandonné. Le comité du collége du Christ a compris que c'était une mauvaise position à défendre; chacun des combattants s'établit sur son terrain, et choisit une question de détail, un épisode particulier, un rempart, d'où il tire sur Bentley. Ce n'est pas une bataille rangée qu'on lui livre, c'est une série d'escarmouches; l'ennemi s'est di-

---

1. *Boyle against Bentley*. Le vrai titre est *Dr. Bentley's dissertation on the Epistles of Phalaris and the Fables of Æsop, examined by the honourable Ch. Boyle, esq.*, avec cette épigraphe menaçante :

Remember Milo's end,
Wedged in that timber which he strove to rend.

(Voy. Monk, chap. vi, et d'Israëli, p. 135.)

visé par pelotons et fait la guerre de partisans. Les allusions, les épigrammes, les personnalités pleuvent sur la tête de Bentley. On reprend tous les anciens griefs contre le bibliothécaire royal : c'est un pédant ; un jaloux, qui refuse de prêter au public les livres de la bibliothèque ; c'est un plagiaire qui a volé à de pauvres savants inattentifs ses arguments contre l'authenticité des *Lettres de Phalaris;* et comme on ne daigne pas réfuter des plagiats, la société d'Oxford se dispense de discuter sérieusement les arguments de Bentley. Elle finit par réduire l'analyse de sa dissertation à une table de matières *intitulée* : « *Analyse du docteur Bentley*, sous forme d'*Index* : Civilité du docteur Bentley, page...; esprit du docteur Bentley, en grec, en latin, en anglais, page.... etc. » Cet *Index* était une idée du docteur King ; Smalridge en fournit une autre, non moins piquante, à l'association : ce fut d'appliquer à la dissertation de Bentley la critique sceptique et sévère de Bentley sur les *Lettres de Phalaris*. On suppose donc qu'au bout de plusieurs siècles, un critique s'avise de contester à Bentley la paternité de sa dissertation ; on en cite plusieurs passages dont on discute chaque pensée, dont on pèse chaque mot, en parodiant avec gravité le style de Bentley dans son examen des *Lettres de Phalaris* ; on prouve qu'un style si pédantesque et de si mauvais ton ne peut être celui d'un bibliothécaire royal, on conclut à la non-authenticité de la dissertation de Bentley, dont quelque rhéteur aura dérobé le nom, et l'on renvoie le docteur du débat, avec un certificat d'innocence et d'irresponsabilité[1].

Ce pamphlet, précisément parce que ce n'était qu'un pamphlet, eut un succès populaire. Le public était trop peu compétent, dans un sujet de pure érudition, pour dé-

---

1. Monk, *Life of Bentley*, p. 80.

mander aux écrivains d'Oxford un compte rigoureux de leur argumentation. Il ne jugeait pas en *scholar*, mais en oisif, et s'inquiétait peu que les adversaires de Bentley n'eussent pas raison, pourvu qu'ils eussent tort avec esprit. Ils avaient d'ailleurs la faveur de la haute société, dont quelques-uns faisaient partie. Le nom de Temple les protégeait de sa popularité; enfin on se persuadait, comme je l'ai dit, que Bentley, l'allié de Wotton, était un *moderne*, et que les *Esprits*, défenseurs de Temple, étaient des *anciens*. En vain Bentley avait eu soin de déclarer au début de sa dissertation qu'il s'abstenait d'entrer dans la discussion générale, et qu'il opinait seulement dans la question particulière des *Lettres de Phalaris*; le public fermait l'oreille à cette distinction, et, comme la cause des *anciens* était la cause à la mode, Bentley, le prétendu *moderne*, fut assailli de toutes parts comme un ennemi public. « Philosophes, mathématiciens, poëtes, critiques, théologiens, médecins, barbes grises et jouvenceaux, gens d'Oxford et de Cambridge, formèrent, dit Monk, une ligue universelle contre l'adversaire de Temple et de Boyle [1]. » C'est une différence notable, qui sépare, au XVIIe siècle, la France de l'Angleterre. En France, comme je l'ai dit plus haut, la popularité est du côté des *modernes*. En Angleterre, elle est du côté des *anciens* ou de ceux qu'on prend pour tels; c'est par zèle pour l'antiquité qu'on applaudit la société d'Oxford, qui compromet l'antiquité en intronisant parmi ses chefs-d'œuvre un mensonge littéraire, et qu'on siffle Bentley, qui défend la cause des anciens en refusant de leur imputer une rapsodie. Tels sont les malentendus de l'opinion. Les *Esprits* triomphèrent donc, et aussitôt tous les écrivains timides, qui attendaient, pour se prononcer, que la victoire fût décidée, se lancèrent sur Bentley. Garth, le médecin-

---

1. Monk, *Life of Bentley*, p. 85.

poëte, l'auteur du poëme héroï-comique du *Dispensaire*, que l'abbé Du Resnel a osé comparer au *Lutrin* de Boileau, y inséra deux vers qui, répétés par toutes les bouches, devinrent bientôt proverbe : « La monture rehausse l'éclat du diamant ; Bentley fait briller Boyle[1]. » Je ne sais quel dessinateur de Cambridge représenta le malheureux critique enfermé dans le taureau d'airain de Phalaris, avec ce jeu de mots intraduisible, en forme d'inscription :

I had rather be roasted than Boyled[2].

Cependant Bentley supportait bravement l'orage. Enfermé dans sa bibliothèque, où se réunissaient, une ou deux fois par semaine, ses plus chers amis, Évelyn, Christophe Wren, l'architecte de Saint-Paul, Locke et Newton, il leur communiquait, en prenant leurs avis, les matériaux de sa défense. « Ne craignez rien, disait-il à Évelyn, mes ennemis triomphent aujourd'hui, mais demain leur victoire sera leur confusion[3]. » Au commencement de l'année 1699, il publia sa seconde dissertation, connue sous le nom de *Bentley contre Boyle*[4]. Ce livre est le chef-d'œuvre de la discussion littéraire au XVIIe siècle. L'Angleterre le compte comme un des plus beaux monuments qu'une controverse d'érudition ait jamais enfantés. Agrandissant le cadre de sa première dissertation, développant les arguments qu'il n'a-

---

1.   So diamonds take a lustre from their foil,
   And to Bentley't is we owe a Boyle.

2. Budgell's *Lives of the Boyles*, cité par Monk, p. 86.
3. Monk, *Life of Bentley*, p. 90.
4. *Bentley against Boyle*. Son vrai titre est : *A dissertation upon the Epistles of Phalaris, with an answer to the objections of the hon. Ch. Boyle.* Elle porte cette épigraphe :

Mordear opprobriis falsis, mutemve colores?
Falsus honor juvat, et mendax infamia terret
Quem, nisi mendacem et mendosum?

vait qu'indiqués, puisant avec une abondance inépuisable de nouvelles preuves dans sa science de l'antiquité, abordant avec une supériorité toujours égale toutes les questions d'histoire, de philologie, d'archéologie, de critique et de goût, tour à tour calme et persuasif, quand il raconte l'histoire de ses relations avec Boyle, agressif et moqueur, quand il dénonce l'ignorance de ses adversaires, il laisse tomber cette déclaration dédaigneuse : « Je me suis efforcé de suivre le conseil de M. Boyle, et d'éviter la plaisanterie où il a été possible de l'éviter. Si parfois son livre extraordinaire m'a inspiré quelque saillie peu grave, je m'estimerai heureux que le plus grand mérite de son ouvrage paraisse le plus grand défaut du mien. » Bentley est implacable contre ces dénonciateurs de prétendus plagiats, qui tiennent bourse commune d'esprits, et surtout contre ce jeune gentleman, qui, pour avoir l'honneur de signer un mauvais livre, s'est fait le prête-nom d'un club tout entier. « On a dit que la dissertation sur Phalaris n'est pas de moi. Si je répondais à mon tour que l'examen de cette dissertation n'est pas de M. Boyle ! si je prouvais, en comparant les styles, qu'ils ne se ressemblent pas ! si je relevais les contradictions innombrables du livre, et le contraste du ton qu'on affecte avec le nom d'*honorable* que prend M. Boyle ! Mais ce ne serait là qu'une frivole réponse ! » D'un souvenir d'Horace, il châtie l'inspirateur de l'*Index*, le docteur King :

Proscripti Regis Rupili pus atque venenum.

« The filth and venom of Rupilius King. »

« On m'a représenté brûlant dans le taureau de Phalaris, dit-il par allusion au dessin de Cambridge. Soit, je suis le patient ; et de même que le taureau du tyran était fabriqué de telle sorte, que les cris des victimes se changeaient en musique pour les oreilles de Phalaris, mes plaintes, à ce qu'il paraît, forment un concert qui charme l'ouïe de M. Boyle. Mais que *Phalaris junior* prenne garde, et qu'il se souvienne que Phalaris aîné a brûlé à son tour. » Quelquefois il se laisse entraîner à des jeux de mots que le goût anglais ne dédaigne pas, mais qui blessent le nôtre. D'Israëli cite avec admiration la réplique de Bentley à l'épigraphe du livre de Boyle : « On me compare à Milon de Crotone ! Ce Milon était un athlète qui, après plusieurs victoires aux jeux Olympiques, fut vaincu par un tronc d'arbre. Après m'être acquis une certaine réputation dans les lettres, il paraît que je vais me faire battre par des adversaires de bois. » J'aime mieux l'usage que Bentley fait de ses souvenirs. Il se rappelle, avec un à-propos charmant, un passage de Cicéron où l'orateur, parlant du caractère tyrannique de César, le définit, un *phalarisme*[1]. « Il y a, dit-il, un certain tempérament moral que Cicéron nomme le *phalarisme*. On imaginerait volontiers que cet esprit de Phalaris est descendu dans l'âme de ses traducteurs. Le gentilhomme qui l'a édité m'a prévenu plus d'une fois, dans le cours de son ouvrage, que si j'avançais d'un pas de plus contre Phalaris, j'aurais à soutenir un duel à mort : généreuses menaces contre un théologien qui n'a jamais porté d'épée. Voilà ce que j'appelle un *phalarisme*. »

Cette fois, dit Monk, la victoire de Bentley fut complète ; il resta maître du champ de bataille. Ses adversaires promirent toujours de lui répondre et ne tinrent pas leur promesse[2]. L'opinion se retourna du côté de Bentley avec autant de force qu'elle s'était prononcée contre lui, et l'on comprit enfin que c'était lui, et non ses adversaires, qui défendait l'antiquité. Mais combien le public fut long à ouvrir les yeux ! Que de savoir, d'esprit, d'éloquence, dépensés par un seul homme, pour vaincre l'illusion de son

---

1. *Cicero ad Atticum*, lib. VII, epist. XII. — 2. *Life of Bentley*, p. 105.

temps! Et, aujourd'hui, de cette polémique célèbre, que reste-t-il? un chef-d'œuvre de controverse, mais un de ces chefs-d'œuvre qu'on admire par tradition et qu'on ne lit guère, parce que l'intérêt du sujet n'est pas à la hauteur du talent qui s'y déploie. Toutefois, la discussion n'eut pas pour effet unique de démontrer que les *Lettres de Phalaris* sont une fiction littéraire; c'eût été un médiocre honneur pour la polémique de Bentley. Ses dissertations spirituelles et savantes apprivoisèrent à l'érudition la société polie, et lui firent goûter la critique appliquée aux ouvrages des anciens. Elles furent une leçon utile pour les écrivains qui parlaient de l'antiquité sans la connaître, un avertissement de ne pas admirer sur parole, d'étudier avant de se prononcer, et de remplacer l'enthousiasme banal de l'école par un examen personnel et réfléchi. Voilà le service rendu et à la littérature et aux gens du monde par ces admirables pédants dont les gens du monde se moquaient. Voilà pourquoi nous devons honorer la mémoire de Bentley, assez savant pour soumettre les œuvres des anciens à l'examen d'une critique pénétrante, et assez spirituel pour faire aimer ces sévères études au public lettré de son pays. Maintenant, je le reconnais volontiers, il est regrettable de voir un si grand esprit s'emprisonner dans un épisode de la question, au lieu d'entrer au cœur de la question même. Mais, je le répète, si l'on excepte le livre de Wotton, qui aborde le sujet, l'histoire de la querelle des anciens et des modernes en Angleterre n'est qu'une digression, c'est une mêlée hors du champ de bataille, à travers une poussière si épaisse, que les témoins du combat se trompent sur le drapeau des combattants. On y prend les anciens pour les modernes, et les modernes pour les anciens; c'est une confusion générale, et Swift aura le droit de se railler de tout le monde.

CHAPITRE IV.

Swift : *Le Conte du tonneau.* — *Histoire de Martinus Scriblerus.* — *L'Art de ramper en poésie.* — *La Bataille des livres.*

Le 27 janvier 1699, Swift écrivait sur le journal qu'il envoyait à son amie Stella : « Ce matin, à une heure, sir William Temple est mort, et avec lui tout ce qui était bon et aimable parmi les hommes. » Et plus loin : « C'était l'esprit le plus sage, le plus juste, le plus poli, le plus éloquent de son siècle et de sa nation, le plus sincère ami de son pays, l'homme qui a le mieux mérité de l'Angleterre par les éminents services qu'il lui a rendus. Il n'a pas moins mérité des lettres, car il était généralement réputé le meilleur écrivain de son temps [1]. »

Tels étaient les regrets que Swift donnait à son ancien bienfaiteur. Dans les dernières années de la vie de sir William, alors qu'il était attaqué par Wotton et par Bentley, Swift s'était jeté entre eux et lui, pour couvrir son protecteur, et il avait esquissé la *Bataille des livres*; la mort de sir William suspendit son travail. Mais lorsque Swift eut exécuté ses dernières volontés, et publié les œuvres que Temple lui avait léguées en mourant, il crut de son honneur de défendre son protecteur mort comme il l'aurait défendu vivant, et, reprenant l'ébauche commencée, il acheva en 1704 ce petit chef-d'œuvre d'imagination satirique, qui est

---

1. Walter Scott, *Vie de Swift.*

en même temps le témoignage d'un cœur affectueux. Jamais on ne mit plus d'esprit dans la reconnaissance.

L'invention dans la satire, voilà le trait caractéristique du talent de Swift, comme du génie de Voltaire. Comme Voltaire, Swift imagine, pour encadrer et animer la satire, des actions et des personnages d'une variété infinie. Quand la plaisanterie atteint jusqu'à cette puissance, ce n'est plus un ornement accidentel de la parole, c'est un genre littéraire, qui ne relève que de lui-même, qui a toute l'indépendance de la fantaisie, et qui revêt les idées les plus graves des formes du plus libre enjouement. Swift, s'emparant de ce genre si cher au goût de son temps[1], porta dans la raillerie la force d'un esprit créateur. Les écrivains satiriques qui ont le plus d'esprit manquent souvent d'imagination. Mais dans les œuvres satiriques de Swift circule une séve énergique d'originalité; ses plus étranges compositions cachent, sous la légèreté du style, un fond de sérieux et une force de pensée que n'a pas toujours l'épigramme badine de l'esprit français. Il est, avec Voltaire, le plus inventeur de tous les plaisants. Dans cette querelle littéraire des anciens et des modernes, qui ne fut pour Swift que la distraction d'un moment, si on la compare aux grandes discussions politiques qui consumèrent sa vie, c'est merveille de voir la fécondité des ressources qu'il déploie pour attaquer Bentley. Au moment où l'on s'y attend le moins, dans les sujets les plus étrangers à la discussion, une digression, une parenthèse, un mot réveille soudain en lui le souvenir de la querelle, il remet en scène à l'improviste Wotton et Bentley. Dans le *Conte du tonneau*, par exemple, cette satire contre l'Église ro-

---

1. Shaftesbury, dans son *Essai sur l'usage de la raillerie*, a dit : « Jamais le goût de la plaisanterie n'a été porté plus loin que de ce temps ; il a passé des gens de plaisir aux gens d'affaires, et les plus habiles diplomates sont les plaisants les plus renommés. » (Ire partie, p. 6.)

maine qui charmait les Encyclopédistes, après avoir raconté la naissance et l'éducation des trois frères, Pierre, Jean et Martin, Swift s'arrête, et, sous prétexte de réclamer pour son ouvrage la bienveillance de la critique, il trace de Bentley, sous le nom du vrai critique, un portrait plein de verve burlesque, où l'affectation calculée de l'érudition est une épigramme contre le savant qu'il veut peindre :

« Voici la définition la plus parfaite qu'on puisse donner du vrai critique : c'est un homme qui découvre et qui rassemble les fautes des écrivains.... Quelque sujet qu'il traite, le vrai critique est si pénétré des défauts des autres auteurs, que la quintessence des mauvais écrits se distille dans les siens, et que ses œuvres complètes ne paraissent qu'un extrait des fautes qu'il a colligées.... Si je démontre clairement que les plus anciens auteurs de l'antiquité ont défini le vrai critique comme je le définis moi-même, l'objection qu'on pourrait tirer contre ma définition du silence des anciens auteurs tombera d'elle-même. Or, premièrement, Pausanias est d'avis que la perfection de l'art d'écrire est due entièrement à l'institution des critiques ; car il est manifeste qu'il a en vue les vrais critiques dans la description suivante : « C'est une race d'hommes, « dit-il, qui se plaît à considérer les vétilles, les super- « fluités et les excroissances des livres ; ce que les savants « ayant observé à la fin, ils ont résolu spontanément de « retrancher de leurs ouvrages tous les rameaux pourris « et desséchés, et même toutes les folles branches. » Mais Pausanias a soin d'envelopper cette idée des voiles de l'allégorie : « Les Naupliens, dit-il, dans l'Argolide, avaient ap- « pris des ânes l'art de tailler les vignes, en remarquant que « lorsque ceux-ci en avaient brouté quelques branches, elles « prospéraient et portaient de meilleurs fruits. » Secondement, Hérodote, pour figurer l'ignorance et la méchanceté des vrais critiques, raconte allégoriquement que, dans les régions occidentales de la Libye, on trouve des ânes qui ont des cornes. Enfin Ctésias renchérit sur son témoignage, en parlant de certains ânes de l'Inde, qui diffèrent des autres ânes connus, en ce qu'ils ont une poche de fiel si abondante, qu'il n'est pas possible de manger de leur chair, à cause de son excessive amertume [1]. »

Dans une seconde digression sur les *modernes* (car les digressions du *Conte du tonneau* s'emboîtent les unes dans les autres, disait Swift, comme les peaux d'un oignon), l'auteur se moque à la fois des *modernes* qui ne voient pas les vraies beautés d'Homère, et des *anciens* qui découvrent en lui des beautés imaginaires. C'est une critique très-spirituelle de Wotton, à travers lequel Swift atteint Perrault, et des adversaires de Perrault, parmi lesquels Swift, sans le vouloir, frappe le chevalier Temple : « Je suis forcé de convenir que, malgré ma faiblesse, je me suis aventuré à entreprendre cet ouvrage encyclopédique, qui n'avait jamais été tenté par personne, si ce n'est par un nommé Homère, un personnage de quelque valeur, et qui, pour un ancien, a fait preuve d'un certain talent. Néanmoins j'ai découvert en lui de grosses erreurs qu'on ne peut pardonner à ses cendres, s'il en reste encore. Il avait, nous assure-t-on, le dessein de faire de son ouvrage un corps complet des sciences humaines, divines, politiques et mécaniques, et il est manifeste qu'il en a négligé quelques-unes et qu'il n'a fait qu'effleurer le reste. En premier lieu, tout savant cabaliste que ses disciples le représentent, son analyse du grand œuvre est tout ce qu'il y a de plus insuffisant et de plus pauvre; on dirait qu'il n'a lu que superficiellement Sendivogus, Behmen et l'*Anthroposophie Théomagique*. Il se trompe sur la sphère pyroplastique, d'une façon intolé-

---

1. *A Tale of a tub*, p. 57.

rable. Ses erreurs ne sont pas moins grossières dans les sciences mécaniques. J'ai lu ses ouvrages avec l'attention ordinaire aux modernes, et je n'y ai rien trouvé sur cet utile instrument qu'on appelle un brûle-tout. Sans le secours des modernes, nous serions sur ce point dans les ténèbres les plus épaisses. Mais j'ai à signaler un défaut bien plus grave encore : c'est l'ignorance de cet auteur sur la jurisprudence de ce royaume aussi bien que sur la doctrine et la discipline de l'Église anglicane; défaut impardonnable qui lui est commun avec tous les anciens, et qui est justement censuré par mon digne et ingénieux ami, M. Wotton, bachelier en théologie, dans son incomparable traité du savoir ancien et moderne, un livre inestimable. Pour moi, je ne saurais assez publiquement témoigner à l'auteur ma reconnaissance pour les secours que j'ai tirés de ce chef-d'œuvre. Outre les omissions d'Homère susmentionnées, le lecteur curieux en trouvera bien d'autres, dont Homère ne doit pas être responsable au même degré. En effet, chaque branche de connaissances humaines a reçu de notre temps, et notamment depuis trois années, un si prodigieux accroissement, qu'il a été vraiment impossible au génie d'Homère de pénétrer aussi avant dans les découvertes des modernes que ses défenseurs le prétendent. Nous reconnaissons franchement qu'il est l'inventeur du compas, de la poudre à canon, de la circulation du sang ; mais je porte à tous ses admirateurs le défi de me montrer dans tous ses écrits une définition complète du spleen. Nous a-t-il laissé un seul mot sur le charlatanisme politique? et y a-t-il quelque chose de plus défectueux que sa dissertation sur le thé ? »

Lorsque Swift frappe ainsi de son épée à double tranchant les partisans excessifs des anciens et des modernes, il est le vengeur, non de William Temple, mais du bon sens. C'est là ce que j'aime dans Swift. Il a l'air de battre la

campagne en riant, et il se trouve qu'il a remis dans le
chemin du vrai la discussion égarée. Dans ses fantaisies
les plus aventureuses, on recueille au passage quelques
idées justes et fines, dont on profite sans qu'on s'en doute,
et dont on reconnaît le prix à la réflexion. N'est-ce pas,
par exemple, une leçon utile, que ce jugement porté par
Swift tout à l'heure sur la critique vitupérative qui a l'œil
du lynx à l'endroit des défauts, et celui de la taupe à
l'endroit des beautés? Il ne disserte pas sur les devoirs de
la critique; mais il indique d'un mot le défaut de Bentley
et rappelle que le véritable goût littéraire, comme la vraie
vertu, se compose de l'amour du bien et de la haine du
mal. Dans une autre pièce satirique, dirigée contre Bentley
et improvisée en commun avec ses amis, Pope, Arbuthnot
et Gay, à la lueur d'un bol de punch pendant les joyeuses
soirées du club de *Martinus Scriblerus*, qu'il avait fondé,
Swift s'amuse à parodier le travail de Bentley sur Horace,
et cette parodie est la critique la plus sensée des témérités
de l'érudition[1]. Enfin ce sont aussi des vérités pleines d'à-

---

1. Swift avertit le lecteur que l'*Énéide* compte autant de fautes qu'elle a
de vers, et que pour l'honneur de la critique et de Virgile, il faut absolument les corriger sans retard. Aussi, procédant à la correction, il prend le
vers suivant :

    .... *Excutitur, pronusque magister*
  Volvitur in caput....

et le modifie comme il suit :

    Excutitur, pronusque magis, ter
  Volvitur in caput.

Plus loin il commente ainsi le vers :

  Instar montis equum, divina Palladis arte,
  Ædificant.

« Quod si *equam* vocabis, lector, minime pecces. Solæ enim femellæ
« utero gestant. *Uterumque armato milite complent; uteroque recusso in-*
« *sonuere cavæ*, etc. Vox *fœta* (fœta armis) non convenit maribus. Imo
« Palladem *virginem* equo *mari* fabricando invigilare decuisse quis putet?
« Incredibile prorsus.... »

propos, que Swift rappelle aux partisans de Fontenelle et aux admirateurs exclusifs de l'antiquité dans son traité *De la profondeur*[1], également composé avec Pope. Fontenelle avait réduit la poésie à la quintessence de l'abstraction philosophique. D'autre part, l'imitation, telle que la concevaient certains idolâtres des anciens, n'était plus qu'une reproduction matérielle des procédés de l'art antique. Swift, profitant de la renommée que les *Réflexions sur Longin* avaient obtenue en Angleterre, et de l'intérêt nouveau qu'elles avaient donné au *Traité du sublime*, composa, en manière de parodie didactique, le *Traité de la profondeur* ou l'*Art de ramper en poésie*. Voici comment il y tourne en ridicule les idées des *modernes* sur la poésie, et des *anciens* sur l'imitation. Fontenelle, qui spiritualisait la poésie, l'avait définie en philosophe. Swift, opposant un excès à un autre, la matérialise et la définit en médecin :

« La poésie peut être regardée comme une sécrétion ou purgation naturelle des humeurs peccantes. Aussi, de même que je ne voudrais pas tout à coup arrêter chez un voisin un rhume de cerveau.... je ne voudrais pas non plus l'empêcher d'écrire, parce que c'est chez lui un mal nécessaire, et qu'il faut que cette humeur peccante ait son cours. On peut affirmer que dans tout l'univers on trouverait à peine un seul homme hors de l'enfance qui n'ait eu, à un moment ou à un autre, quelque évacuation poétique, et il n'y a point de doute que cette évacuation n'ait produit des effets merveilleux pour sa santé, tant il est vrai que nous naissons poëtes, *nascimur poetæ!* Aussi l'envie d'écrire s'appelle proprement *pruritus* ou démangeaison, parce que c'est effectivement une titillation de la faculté génératrice du cerveau ; et en parlant de celui qui a cette envie, on dit qu'il *conçoit*, et celui qui *conçoit* doit naturellement enfanter[2]. »

1. Περὶ βάθους. — 2. Chap. III.

Quant aux partisans des anciens, ils ont, continue Swift, une idée excellente : c'est de croire qu'on ne peut rien faire de bon, si l'on n'imite l'antiquité. Il en résulte qu'en étudiant attentivement la composition des chefs-d'œuvre anciens, on peut en tirer un certain nombre de règles qui, fidèlement observées, produiront à leur tour de nouveaux chefs-d'œuvre dans les genres les plus relevés. Par exemple, tout le monde convient que le poëme épique est la plus sublime production dont l'esprit humain soit capable. Voulez-vous faire un poëme épique? « Je vais tâcher, dans l'intérêt du bien public et de mes illustres compatriotes, de démontrer clairement que l'on peut, sans génie et même sans érudition ni lecture, composer des poëmes épiques…. Molière a dit qu'il n'y a personne qui, avec de l'argent, ne puisse faire un bon dîner, et que, si un traiteur n'en peut pas faire un sans argent, son art est fort inutile. On peut dire la même chose de la composition d'un poëme. On en vient aisément à bout avec du génie ; mais l'habileté consiste à en faire un sans génie. C'est pour parvenir à ce but que je vais présenter à mes lecteurs une recette facile et infaillible, à l'aide de laquelle il n'y pas d'auteur qui ne puisse mener à bonne fin un si grand ouvrage. » Swift indique alors des procédés pour composer la fable, ajuster les épisodes, choisir les héros, tracer les caractères et les sous-caractères, et faire manœuvrer les machines poétiques. « Prenez autant de divinités mâles et femelles que vous en pourrez employer. Séparez-les en deux parties égales, et mettez Jupiter dans le milieu. Que Junon le fasse fermenter, et que Vénus le tempère et l'adoucisse. Surtout n'oubliez pas de vous servir en toute occasion de Mercure volatile. Si vous avez besoin de démons, vous pouvez les emprunter au paradis de Milton, et demander quelques *esprits* au Tasse. L'utilité de ces machines est évidente. Quand vous ne pouvez tirer votre héros de l'ornière par aucun moyen humain, invoquez le secours d'en haut, et les dieux feront votre affaire. Le précepte que je donne ici s'accorde avec celui d'Horace, qui dit formellement dans l'*Art poétique* :

Nec Deus intersit, nisi dignus vindice nodus.

c'est-à-dire : N'appelez les dieux à votre aide que lorsque vous êtes dans l'embarras. Pour les descriptions, vous avez d'autres machines. Si vous décrivez une tempête, par exemple, prenez l'Eurus, le Zéphyre, l'Auster et Borée, jetez-les tous ensemble dans un vers, ajoutez-y une dose suffisante de pluie, d'éclairs et du tonnerre le plus terrible que vous pourrez imaginer, mêlez bien ensemble vos vagues et vos nuées jusqu'à ce qu'elles écument, et jetez par-ci par-là du sable mouvant dans votre description pour l'épaissir[1]. »

Sous cette forme d'une bizarrerie piquante, quelle justesse dans l'idée de Swift! et comme il indique avec précision le défaut de certains classiques, qui, dans leur passion de l'antique, préfèrent l'imitation des anciens à l'imitation directe de la nature! C'est là presque toujours le terme où vient aboutir l'idolâtrie littéraire ; on s'éprend des œuvres inspirées par la nature au lieu de s'attacher à la nature même: comme dans l'idolâtrie religieuse, on adore la créature au lieu d'adorer le créateur. L'imitation féconde est celle que définit éloquemment Longin, quand il compare la contemplation des chefs-d'œuvre qui élève et enthousiasme le poëte, à l'ascension de la prêtresse sur le trépied qui la met hors d'elle-même, et fait éclater la parole prophétique. Les modèles de l'art ne doivent être pour nous que des termes de comparaison avec la nature, qui nous aident à la mieux comprendre, à la mieux sentir.

---

1. Chap. xv.

Nous devons étudier les œuvres des grands écrivains comme on étudie la traduction d'un auteur dont on ne sait pas encore parfaitement la langue; puis, quand nous la comprenons, nous devons les étudier encore, pour comparer notre interprétation à la leur, et la fortifier par leur autorité. Mais nous réduire aux livres où la nature est le mieux exprimée, sans communiquer avec la nature même, c'est consentir à ne jamais lire un chef-d'œuvre dans l'original, c'est nous résoudre à le juger par la traduction, c'est-à-dire à juger d'une belle personne par son portrait, quand nous pouvons contempler son visage. Les grands maîtres ne doivent être que des transitions pour arriver au maître suprême, la nature. Le mot célèbre de Molière est une leçon profonde sur le vrai caractère de l'imitation. « Je n'ai plus que faire, disait-il après le succès des *Précieuses*, d'étudier Plaute et Térence, ou d'éplucher les fragments de Ménandre; je n'ai qu'à étudier le monde[1]. » Molière enseignait ainsi que l'imitation n'est pas un but, mais une route ouverte par le génie au talent encore incertain de lui-même, pour le conduire sûrement jusqu'à la source éternelle de toute vérité et de toute beauté littéraire.

Mais l'œuvre capitale de Swift dans la querelle des anciens et des modernes, ce fut la *Bataille des livres*. D'une ébauche française ingénieuse, mais un peu longue et froide, l'*Histoire poétique des anciens et des modernes*, par M. de Callières[2], Swift a su former, en quelques pages char-

---

1. *Segraisiana*, partie I, p. 212.
2. Walter Scott attribue à tort l'*Histoire poétique* à un écrivain nommé Coutray. C'est une erreur de nom. (*Histoire de Swift*, t. I, p. 49.) — En remontant plus haut que le xviie siècle, on verrait que l'idée première de la *Bataille des livres* est empruntée peut-être à un vieux fabliau, où se trouve raconté un combat de ce genre entre l'Université de Paris et celle d'Orléans. (Voir le recueil de Barbazon et de Méon.) Ce qui est sûr, c'est que l'idée de Swift est d'origine française.

mantes, un modèle d'imagination, de plaisanterie et de bon sens. Essayons d'en donner l'idée.

Le bibliothécaire royal, champion décidé des modernes, renommé par sa politesse [1], fit un jour un coup d'État dans la bibliothèque de Saint-James. Il dérangea tous les livres, et logea les modernes dans les plus beaux appartements, occupés jusque-là par les anciens. La plus grande fermentation régna sur les rayons de la bibliothèque, quand Aristote se vit le voisin de Descartes, et Virgile celui de Dryden. Un ancien prit la parole pour démontrer que ses amis et lui avaient au moins le droit des premiers occupants : mais les modernes répliquèrent avec feu que, si l'on posait la question d'ancienneté, ils auraient gain de cause, puisque c'étaient eux qui étaient les vrais anciens, comme l'avaient démontré Perrault, Fontenelle et Wotton, tandis que leurs adversaires n'étaient que de faux anciens, les jeunes gens de l'univers, qui devaient poliment céder la place aux vieillards. Il n'y avait pas entre les deux partis de conciliation possible, et la guerre menaçait d'éclater. Bentley passa la revue des forces dont pouvaient disposer les modernes : ils comptaient environ mille hommes d'infanterie et de cavalerie légère, mal vêtus et mal armés. Temple, un moderne illustre, mais un moderne élevé dans le giron de l'antiquité, son favori et son champion, avertit les anciens du danger. Ceux-ci rassemblèrent leurs troupes et se préparèrent au combat. Pendant que les deux armées se rangeaient en bataille, voici ce qui se passait dans l'angle le plus élevé d'une des fenêtres de la bibliothèque : une araignée énorme y avait tendu sa toile, une vraie place forte, construite selon toutes les règles de l'art moderne, avec des meurtrières et des poternes où pendaient, comme au seuil de l'antre de Cacus, les membres sanglants des

---

1. On reconnaît l'allusion aux quatre mots latins de Boyle.

victimes égorgées. Soudain une commotion terrible ébranla la toile dans toute son étendue. L'araignée crut arrivé le jour suprême de la dissolution de la nature. C'était une abeille qui, prisonnière un instant dans la citadelle, en avait par une secousse vigoureuse brisé les portes, dont elle entraînait les débris sur ses ailes, comme Samson, lorsqu'il chargea sur ses épaules les portes des Philistins. Pendant que l'abeille, à quelque distance, dégageait ses ailes que les débris des fils gênaient encore, l'araignée, furieuse de la ruine de sa forteresse, mais trop faible pour attaquer l'abeille, se vengeait en l'insultant : « Misérable moucheron, s'écria-t-elle, bandit, bohémien sans feu ni lieu, qui promènes partout le bourdonnement de tes ailes vagabondes ! Ta vie est un vol perpétuel, une maraude sans fin à travers les jardins et les campagnes. Tu pilles indistinctement les chardons et les violettes, tandis que moi, personne domiciliée et rangée, je sais tout tirer de moi-même. Cette citadelle, monument, hélas ! brisé, de mon génie scientifique, je l'avais bâtie de mes mains, et j'en avais puisé les matériaux au fond de mes entrailles. — Il est vrai, répondit l'abeille, je n'ai que les ailes et la voix ; mais le ciel me les a données pour la plus noble fin. Je visite les fleurs des champs et des jardins, et je m'enrichis de leur miel, mais sans faire injure à leur éclat et à leur parfum. Je ne suis pas une savante comme vous, je n'excelle ni dans les mathématiques, ni dans l'architecture ; mais, malgré la perfection de vos plans et de votre art, vous avouerez, par l'épreuve que j'en ai faite, que vos bâtiments manquent de solidité. Vous vous vantez de ne rien devoir à personne et de tout tirer de votre propre fonds. Cela signifie, s'il faut juger de la liqueur par le vase qui la renferme, que vous possédez dans votre sein un réservoir de poison. Qui vaut mieux, je le demande, ou de vous qui, toujours en embuscade dans votre repaire, ne tirez de vous-même que du venin et des toiles perfides, ou de moi qui, voltigeant sur des plantes choisies, forme avec un art industrieux la cire et le miel ? » A ces mots, l'abeille s'alla poser sur un buisson de roses, jetant un regard dédaigneux sur l'araignée, qui, ramassée sur elle-même, s'apprêtait à éclater comme un orateur qui va faire explosion. Or, ce dialogue avait été entendu par celui des anciens qui savait le mieux interpréter le langage des animaux, l'illustre et malheureux Ésope, récemment dépouillé de ses fables par la *civilité* du bibliothécaire royal. Ésope, brusquement séparé des anciens par le docteur Bentley, était parvenu à les rejoindre, grâce à un heureux stratagème. Au rebours d'un de ses héros qui s'habillait de la peau d'un lion, il se revêtit de la peau d'un âne, et trompant ainsi la vigilance de Bentley, qui le prit pour un moderne, il arriva dans le camp des anciens, juste au moment où la mouche et l'araignée commençaient leur discussion. Élevant alors la voix et s'adressant aux deux armées : « Messieurs, dit-il, la dispute que nous venons d'entendre est exactement l'image de la nôtre. L'araignée et l'abeille représentent, à s'y méprendre, les modernes et nous. Qu'y a-t-il de plus semblable aux modernes que l'araignée, avec ses prétentions et ses paradoxes ? Elle se vante de tout tirer de son propre fonds, et de ne rien devoir à personne, comme vous vous vantez de vous suffire à vous mêmes et de ne dater que de vous ; elle affiche la même confiance dans ses forces que vous dans les vôtres, le même dédain des secours d'autrui, le même orgueil de ses connaissances dans les sciences, dans les arts mécaniques, dans l'architecture, etc. L'abeille, emblème de l'industrieuse activité, vous répond qu'il ne suffit pas d'élever des édifices avec méthode et selon les règles de l'art, mais que les matériaux en doivent être solides ; sinon les ouvrages le plus savamment conçus ont la fragilité des toiles d'araignée. Ce qui importe, ce n'est pas tant l'habileté de l'architecte que la bonté des pierres qu'il emploie. Les modernes sont peut-être de meilleurs architectes : mais les anciens n'avaient-ils pas de meilleurs matériaux? Pareils à l'araignée qui tire de ses entrailles un venin corrosif, dont elle renouvelle la source par la mort des insectes ailés, les modernes ont en eux-mêmes un réservoir de malice et de satire qu'ils répandent sur les insectes inoffensifs de la littérature. Les anciens, comme l'abeille, n'ont pour eux que leurs ailes et leur voix, c'est-à-dire leur inspiration et leur langage. Comme elle, avec une ardeur infatigable, et par un travail industrieux, ils ont exploré la nature et façonné dans leurs ruches les deux choses les plus précieuses pour l'humanité, le miel et la cire, la douceur des mœurs et les lumières de l'esprit. »

Le discours d'Ésope souleva un immense tumulte, et la guerre fut déclarée. Les modernes élurent leurs généraux : tous prétendaient d'abord au commandement en chef, depuis le Tasse et Milton jusqu'à Dryden. Après de longs débats, Despréaux et Cowley sont choisis pour commander la cavalerie légère. Descartes, Gassendi, Hobbes se mettent à la tête des archers ; un corps nombreux de mercenaires combat sous Guichardin, Davila, Mariana et Polydore Virgile. Le reste de l'armée forme une multitude confuse et mal disciplinée, sous les ordres de Bellarmin, de Duns Scot et de saint Thomas d'Aquin. Du côté des anciens, Pindare commande les chevau-légers, Euclide le génie, Platon et Aristote les archers, Hippocrate les fourrageurs, Hérodote et Tite-Live l'infanterie. Les troupes alliées marchent sous les drapeaux de Wotton et de Temple. On devine aisément les ressorts comiques dont Swift va se servir. C'est d'abord l'imitation plaisante des formes de l'épopée antique, appliquées aux scènes d'un combat fantastique, comme dans le *Lutrin*, dont Swift s'est évidemment souvenu ; c'est l'imprévu des épithètes homériques, s'adaptant à des personnages français ou anglais ; c'est la rencontre des dieux de la mythologie avec les héros modernes. Au moment où les deux armées vont en venir aux mains, Swift ne manque pas d'ouvrir le ciel et de montrer l'Olympe entier rangé autour de Jupiter pour assister au combat. De même que Virgile, après Homère, place Énée sous la tutelle de Vénus, Swift donne à Wotton pour mère et pour protectrice la déesse Critique, « un monstre aux griffes de chat, aux dents proéminentes, et dont les yeux sont tournés en dedans, comme si elle passait sa vie à se contempler. » Un autre mérite de Swift, c'est l'art avec lequel il tire d'une allégorie tout le parti qu'elle peut offrir à une imagination féconde ; nul ne sait la pousser plus loin que lui, et saisir dans l'idée générale de l'allégorie plus de rapports de détails, plus d'analogies expressives entre les idées. Nul ne sait mieux exprimer symboliquement, par les traits physiques dont il compose les portraits de ses personnages, les qualités ou les défauts de leur caractère et de leur esprit. Quelquefois les rapports sont assez subtils pour exiger du lecteur un effort d'esprit et même pour lui échapper. Il faut réfléchir un instant, par exemple, pour deviner que si l'auteur donne à Descartes, à Platon et à Aristote le commandement des archers, c'est que leurs flèches qui percent la nue sont l'emblème des hautes spéculations philosophiques qui s'élèvent jusqu'à l'étude de Dieu. La réflexion la plus attentive ne parvient pas à expliquer pourquoi Swift donne un grade à Boileau dans la cavalerie légère des modernes. Mais les méprises de ce genre sont rares dans la *Bataille des livres*. Le choix de l'emploi que Swift prête à ses héros, des adversaires qu'il leur oppose, et même des armes qu'il leur donne, est presque toujours une épigramme ou une louange spirituelle. Il se plaît à mettre aux prises soit un poëte ancien avec son traducteur, soit un ancien et un moderne qui se sont exercés dans le même genre ou sur les mêmes sujets, soit un grand écrivain de l'antiquité et ses détracteurs. Aristote transperce Bacon et pourfend Descartes; Homère, d'un seul coup, fait sauter la cervelle à Fontenelle et à Perrault. Swift, qui ménage ses amis, évite de se moquer de Boyle, l'allié de W. Temple; mais il ne voudrait pas avoir l'air de le croire l'auteur de l'édition de *Phalaris* et de la *Réponse à Bentley*. D'un mot il échappe au double inconvénient de paraître dupe et de blesser un ami; il représente le jeune Boyle arrivant au combat, couvert d'une armure magnifique : « Les pièces de cette armure, dit-il avec délicatesse en se souvenant d'Homère, lui avaient été données par les dieux. »

L'épisode où Boyle, armé par les dieux, décide la victoire par son combat contre Wotton et Bentley, est le morceau le plus développé de la satire. Swift appelle à son aide toutes les ressources de l'épopée; il fait intervenir les divinités, il prête aux combattants des discours dignes des héros antiques; il intercale dans son récit des incidents qui en accroissent l'intérêt: il prodigue les souvenirs de Virgile et d'Homère, et il déroule avec une solennité charmante ces longues similitudes que Perrault appelle les comparaisons à queue. Il représente Bentley sous une armure formée de pièces incohérentes, et dont le cliquetis, quand il marche, est pareil à celui que produit une feuille de fer-blanc en tombant du haut d'un toit. Sa main droite est armée d'un fléau; son front, d'un casque de fer avec une visière de bronze, que la respiration du guerrier a couverte de vert-de-gris. Suivi de son bien-aimé Wotton, il cherche s'il n'aperçoit pas quelque ennemi blessé ou désarmé, pour l'attaquer intrépidement sans péril. Comme deux chacals timides, mais poussés par la faim, se glissent pendant la nuit dans la bergerie d'un riche laboureur, Wotton et Bentley se coulaient à pas silencieux, à la faveur des rayons de la lune. Ils aperçoivent de loin deux armures étendues sous un chêne, et à côté d'elles deux guerriers ensevelis dans un profond sommeil; ils tirent au sort le nom de celui qui tentera l'aventure; et le sort désigne Bentley; celui-ci, s'approchant avec précaution, reconnaît deux des héros de l'armée des anciens, Ésope et Phalaris. Il voudrait les immoler tous deux, et déjà il s'apprête à décharger sur l'épaule de Phalaris son fléau pesant; mais la déesse de l'Épouvante enveloppe le héros dans ses froides ailes, et le préserve de la mort. Ésope et Phalaris, toujours assoupis, font un mouvement, comme un homme qui rêve; ils rêvent, en effet, tous deux : Phalaris, qu'insulté par un mauvais pamphlétaire, il le fait rôtir dans son taureau d'airain; Ésope, qu'un âne sauvage bondit sur sa poitrine et souille son visage. Bentley, effrayé de l'agitation des dormeurs, s'enfuit en leur volant leurs armures. Cependant Wotton s'est dirigé vers une fontaine chère aux dieux, et que, dans le langage des mortels, on appelle fontaine de l'Hélicon. Sur le bord se tenaient deux héros : l'un, le général des troupes alliées, W. Temple, échauffé par le combat, s'abreuvait à la source divine; l'autre, plus jeune, Boyle, brûlait de tourner contre l'ennemi ses armes données par les dieux. Wotton jure d'anéantir les deux adversaires les plus terribles des modernes. Il invoque la Critique, sa mère, et lance une javeline qui frappe le baudrier de W. Temple, et retombe impuissante sur le gazon. Boyle se précipite comme un jeune lionceau, qui, lancé dans les plaines libyennes ou les déserts de l'Arabie par le lion son père, pour exercer ses forces et ravir une proie, souhaite de rencontrer un tigre descendu de la montagne ou un sanglier furieux; si quelque âne sauvage se présente à lui et vient affronter sa colère, le généreux animal le châtie de son audace, pour soutenir l'honneur de la forêt. Déjà Wotton fuyait épouvanté, quand Bentley paraît tout à coup

avec les armures des héros, volées pendant leur sommeil.
Boyle, reconnaissant le casque de Phalaris qu'il avait récemment fourbi de ses mains, cesse de poursuivre Wotton
et se jette sur Bentley qui fuit à son tour. « Comme une
pauvre femme dans sa petite maison, où elle gagne péniblement sa vie par l'effort de sa quenouille, si par malheur
ses oies se sont dispersées sur les prés communaux, elle
court çà et là dans la plaine, chassant devant sa baguette
les vagabondes qui voltigent et poussent des cris perçants :
ainsi s'élance Boyle, ainsi volent les fugitifs ; mais à la fin
jugeant leur fuite inutile, ils s'arrêtent brusquement et se
forment tous les deux en phalange. Le premier, Bentley
lance avec force un javelot dont il espère traverser le flanc
de son ennemi : mais Pallas, invisible et présente, saisit le
trait au passage, en détache la pointe de fer et la remplace
par une feuille légère de plomb : le trait vient expirer sur
le bouclier de l'ennemi, et retombe émoussé sur le gazon.
Cependant Boyle, épiant l'occasion, brandit une javeline
aiguë d'une longueur formidable, et au moment où les deux
amis se tenaient serrés côte à côte, il la lance avec une
force prodigieuse. Bentley voit sa fin approcher, il couvre
son flanc de ses deux bras, pour préserver son corps, mais
la javeline traverse les bras et les côtes, et sans s'arrêter,
sans rien perdre de sa force, elle va percer le vaillant
Wotton, qui venait soutenir son ami mourant, et qui partage son trépas. Comme lorsqu'un adroit cuisinier veut
former une broche de coqs de bruyère, il perce d'une
pointe de fer leurs flancs délicats, auxquels il a lié étroitement leurs cuisses et leurs ailes : tel apparaît, transpercé
par la lance de Boyle, le couple des deux amis. Ils furent
unis dans la vie, ils tombent unis dans la mort, si unis que
Charon abusé prit les deux cadavres pour un seul, et ne
leur fit payer qu'une obole le passage du Styx. Adieu, couple bien-aimé ; on voit peu de vos pareils sur la terre ; vous

serez immortels, si mon esprit et mon éloquence vous peuvent donner l'immortalité. Et maintenant. . . . . . . »
Desunt cetera.

Finis.

Ainsi s'achève, par une imitation joyeuse d'un des épisodes les plus pathétiques de Virgile, cette épopée tragicomique, où il y a tant de raison, quoique le dénoûment, contraire à la vérité, soit une fiction volontaire de la partialité de Swift en faveur de ses amis. En effet, ce fut Bentley qu'après un long malentendu l'opinion publique proclama vainqueur, et les véritables vaincus furent Boyle et Temple, je ne dis pas les anciens, qui, on l'a vu, n'étaient pas réellement intéressés dans la querelle, puisque personne ne les avait attaqués, et que, dès le commencement du débat, la discussion s'était portée tout entière sur un point accessoire du débat. La question a donc été encore moins bien posée en Angleterre qu'en France, en ce sens que personne ne l'a directement abordée, excepté Wotton. Au lieu d'être un débat philosophique entre l'esprit ancien et l'esprit moderne, elle a perdu de vue son point de départ; elle s'est changée en une controverse d'érudition, en une lutte de partis littéraires, où l'esprit de coterie a pris une grande part, et où la méprise la plus étrange a régné, puisque ceux qui passaient pour les défenseurs des anciens étaient ceux qui les connaissaient le moins, et que ceux qui les avaient le mieux étudiés étaient réputés leurs ennemis.

En résumé, grâce à la faveur dont l'antiquité jouissait alors en Angleterre, les anciens y ont été beaucoup moins maltraités. Les Anglais, malgré la liberté de leur génie, n'ont pas eu de Fontenelle et de Perrault; dans la faveur que Wotton montre aux modernes, faveur pleine de modération et qui s'accorde avec un respect sincère pour les anciens, je retrouve l'impartialité de Saint-Évremond.

D'autre part, malgré la déviation du débat, dont j'ai dû suivre les détours, il est évident que la question a fait un pas. Wotton l'a éclaircie, en distinguant le premier avec la plus grande netteté les genres où l'esprit humain peut atteindre immédiatement à la perfection, et ceux dont le développement réclame le secours du temps ; il l'a élevée en y introduisant avec plus de force que Desmarets et Perrault le point de vue religieux, et en unissant à la cause du progrès celle du christianisme. Bentley, en apprenant aux lettrés de l'Angleterre à distinguer les vrais anciens des faux, et à les soumettre au contrôle d'une critique vigilante, a rendu l'antiquité d'autant plus vénérable qu'elle devenait mieux connue. Il a donné une leçon salutaire à cette famille d'esprits que Fontenelle et Perrault représentent en France, et que Temple représente en Angleterre, esprits ingénieux et légers, qui fondaient sur une connaissance trop superficielle des anciens, les uns leur dédain, les autres leur admiration arbitraire, plus dangereuse encore pour l'antiquité que le mépris. Swift sema dans la discussion un grand nombre d'idées justes et spirituelles sur l'obligation pour la vraie critique de savoir admirer les beautés ; sur la nature de la poésie, méconnue par Fontenelle ; sur l'imitation confondue avec la servilité par les copistes des anciens ; sur l'interprétation des textes antiques, où l'érudition hasardeuse de Bentley avait introduit des nouveautés téméraires. Enfin, s'expliquant en passant sur le fond du débat entre les *anciens* et les *modernes*, dans l'épisode charmant de l'abeille et de l'araignée, Swift a vengé du dédain de Perrault les premiers inventeurs, en revendiquant pour les anciens l'honneur inappréciable d'avoir les premiers éclairé et civilisé le monde. Il a rendu justice aux modernes, en les proclamant « des architectes plus habiles, » et aux anciens, en vantant « la supériorité de leurs matériaux, » c'est-à-dire en rappelant par une spirituelle allégorie que les anciens parlaient une langue plus jeune que les nôtres, et qu'ils peignaient les premiers, des plus fraîches couleurs d'une imagination dans sa fleur, ce que leurs successeurs ont retracé avec plus d'art, dans des langues moins flexibles, avec un génie plus savant, mais moins simple, moins gracieux, moins éclatant de jeunesse, de force et de beauté.

Tel est le rôle de Swift, de Wotton et de Bentley. Si donc la question des anciens et des modernes, en se dépaysant et en voyageant en Angleterre, n'a pas fait un progrès proportionné à son déplacement; si son excursion un peu vagabonde ressemble plutôt à l'une de ces promenades à l'étranger, dont profite surtout la curiosité de l'esprit, qu'à un de ces voyages utiles qui conduisent une affaire à bonne fin, ce n'est cependant pas là du temps perdu. Au milieu de ces digressions, la discussion a recueilli, chemin faisant, sous un ciel nouveau, quelques nouvelles idées : et quoique, en arrivant à la fin de cette première période de la querelle, nous ne puissions pas encore en prévoir le terme, la certitude d'avoir fait quelques pas doit nous donner quelque patience, et nous rendre plus indulgents pour les nouveaux écarts qui suivront le renouvellement prochain du débat.

TROISIÈME PARTIE.

SECONDE PÉRIODE DE LA QUERELLE DES ANCIENS
ET DES MODERNES EN FRANCE.

CHAPITRE PREMIER.

Guerre contre Homère. — L'abbé Regnier. — Mme Dacier :
Traduction de l'Iliade.

Avant d'aborder cette nouvelle phase de la querelle où Mme Dacier et La Motte seront les principaux acteurs, et réduiront à une dispute sur Homère une discussion qui intéresse toute l'antiquité, jetons un regard en arrière et cherchons dans le passé les commencements de cette guerre contre la plus invulnérable de toutes les gloires littéraires.

Au XVII⁰ siècle, l'expédition contre Homère n'est qu'un épisode de la croisade des *modernes* contre l'antiquité; et dès lors cependant nous rencontrons un livre où Homère est seul en cause avec Virgile. Ce livre a pour sujet une comparaison entre leurs deux poëmes. L'auteur, le P. Rapin, qui place l'*Énéide* au-dessus de l'*Iliade*, a soin de justifier de tout reproche son poëte préféré. « On a blâmé

Virgile, dit-il, d'avoir défiguré Didon en lui donnant tant de passion contre son véritable caractère, car l'histoire la fait femme de bien ; mais cela même est un artifice des plus délicats et des plus fins de Virgile, lequel, pour donner du mépris pour une nation qui devait être si odieuse un jour aux Romains, ne crut pas devoir souffrir de la vertu dans celle qui en fut la fondatrice, pensant qu'il pouvait en tout honneur la sacrifier pour flatter mieux ainsi son pays. » Virgile déshonorant Didon par patriotisme ! Voilà comme un docte et pieux jésuite du XVIIe siècle commentait politiquement les beautés de l'*Énéide!* Il est vrai que le P. Rapin ajoute d'une façon toute gracieuse, pour montrer comment dans Virgile le génie du poëte s'unit à l'art consommé du politique : « Il a eu l'adresse de faire jouer la machine pour sacrifier Didon de la meilleure grâce : Vénus et Cupidon s'en sont mêlés[1]. » La conclusion de Rapin, c'est que, si Homère a plus d'esprit que Virgile, Virgile a plus de discrétion et de jugement. « Si j'aimerais mieux, dit en finissant le critique, avoir été Homère que Virgile, j'aimerais mieux avoir fait l'*Énéide* que l'*Iliade* et l'*Odyssée*[2]. »

Mais, bien avant le XVIIe siècle, Homère avait été le point de mire de la critique, et le récit serait long des assauts qu'il a soufferts, même de l'antiquité, sans rien perdre de sa gloire. Ce récit, Boivin le jeune l'avait composé et lu en 1706 devant l'Académie des inscriptions. Il ne le fit pas imprimer ; mais les lecteurs curieux trouveront l'analyse de son mémoire dans le recueil de cette Académie, et y liront la liste des détracteurs de l'*Iliade* et des champions de l'*Énéide*.

Cette interminable guerre, faite à Homère sous les dra-

---

1. *Observations sur les poëmes d'Homère et de Virgile*, p. 145. (Barbin, 1669.) — 2. *Ibid.*, p. 189.

peaux de Virgile, nous paraît bien ridicule aujourd'hui. Il semble qu'on pourrait les admirer tous deux et les laisser chacun à leur place. Trublet raconte qu'un jour on demandait à M. Dacier, lequel est le plus beau d'Homère ou de Virgile. Un homme d'esprit, qui était présent, prévint M. Dacier, et dit : « Homère est plus beau de deux mille ans[1]. » Ce mot vaut bien des parallèles.

Mais de tous les adversaires d'Homère le plus ancien et le plus illustre, dont Boivin ne parle pas, c'est Platon. Presque toute l'antiquité a cru que le célèbre passage du IIIe livre de la *République* s'applique à l'auteur de l'*Iliade*[2]. Platon y couronne le poëte et répand des parfums sur sa tête ; mais il l'accuse d'exercer sur les jeunes gens une influence funeste en politique, en religion et en morale. C'est un réquisitoire complet, suivi d'une sentence de bannissement prononcée contre le poëte. Les couronnes et les parfums n'en diminuent pas la rigueur.

Beaucoup d'écrivains, dans l'antiquité, ont appelé du jugement de Platon[3] ; mais l'autorité d'un si grand nom a préservé de l'oubli ses accusations contre Homère. En France, depuis le XVIe siècle, dès qu'on veut louer ou attaquer Homère, on commence par attaquer Platon, ou par lui emprunter ses arguments. Aussi, au XVIe siècle, dix ans après l'apparition de la *Poétique* où J. C. Scaliger avait renouvelé les attaques de Platon[4], vers 1572, un bel esprit bourguignon, grand admirateur d'Homère, Guillaume Paquelin, traduisit Platon devant le parlement de Dijon, pour le convaincre judiciairement de calomnie, et faire cesser

---

1. Trublet, *Mémoires* sur Fontenelle et La Motte, p. 399.
2. Voy. les témoignages que M. J. V. Leclerc a rapprochés dans ses notes sur ses *Pensées de Platon*, p. 537-539.
3. Je me borne à citer, comme le plus significatif, le nom de saint Basile, qui a fait d'Homère le prédicateur de toutes les vertus. (*Homélie aux jeunes gens.*)
4. *Poétique*, p. 245, 293, 443, etc.

l'arrêt de bannissement prononcé contre le poëte : « Vous jugerez, s'il vous plaît, amplissime sénat, s'il doit être rédargué par Platon et chassé de la république par honteux ostracisme, pour avoir si doctement chanté, ou s'il y doit être retenu couronné de louanges immortelles, pour continuer de sa bouche divine tant inestimables chansons[1]. » On ne sait pas quel fut le jugement du parlement de Dijon. Plus de cent ans après, c'est chez Platon et chez Scaliger que Desmarets se pourvoit d'arguments antihomériques; et, à l'époque où nous sommes parvenus, c'est encore Platon et Scaliger qui défrayent la polémique de La Motte et de ses partisans. Rien de plus curieux, dans l'histoire de la littérature, que cette reproduction périodique des mêmes idées, après tant de siècles écoulés, à des époques si différentes, et lorsqu'une révolution philosophique s'est accomplie au nom du libre examen contre la tradition. Mais il est temps d'entrer dans le récit de ce nouvau débat.

Depuis la réconciliation de Perrault et de Boileau, la paix avait régné dans la littérature. Les deux adversaires s'étaient à peine tendu la main, que l'on ne songea plus aux *anciens* ni aux *modernes*. Le nom d'Homère ne souleva plus aucune tempête; on put même le défendre et harceler Perrault une dernière fois, sans que la bataille recommençât. L'abbé Regnier-Desmarais, homme d'esprit, mais naïf, arriva un peu tard quand, six ans après le dénoûment de la querelle, il vint dire son avis sur Homère et Perrault. Il trouva l'attention publique distraite et indifférente. Du reste, dans la dissertation dont il fit précéder sa traduction du premier chant de l'*Iliade*, la seule nouveauté qu'il introduisit, ce fut sa manière d'expliquer la mythologie et même les plus simples expressions du poëte. Plus

---

1. *Apologème pour le grand Homère contre la répréhension du divin Platon*, p. 26. (1572.)

hardi que Proclus et que Maxime de Tyr, qui font d'Homère le précurseur de Platon[1]; l'abbé Regnier, par ses interprétations imprévues, a frayé la route au fameux P. Hardouin, le modèle des commentateurs originaux. On a coutume d'entendre par cette épithète, *qui lance au loin les traits*, que les flèches d'Apollon, de vraies flèches, et non pas des flèches métaphoriques, allaient au loin toucher le but. Écoutez l'abbé Regnier : les flèches d'Apollon, ce sont les rayons du soleil. « C'est par le rapport qu'Apollon a avec le soleil, ou plutôt parce qu'il est pris pour le soleil lui-même, qu'il est appelé par Homère et par tous les Grecs *qui darde loin, qui opère loin*. C'est parce que la peste est souvent causée par l'excessive ardeur du soleil, que dans le commencement de l'*Iliade* ce sont les flèches d'Apollon qui mettent la peste dans le camp des Grecs ; et c'est parce qu'ordinairement le vent se lève avec le soleil, qu'Ulysse et les autres Grecs étant partis de Chryse au point du jour pour retourner dans le camp, Homère feint qu'Apollon, qu'il avait apaisé par un sacrifice solennel, leur envoie un vent favorable[2]. » — Rabelais était un homme d'un grand sens, qui disait : « Croyez-vous en votre foi qu'oncques Homère, écrivant *Iliade* et *Odyssée*, pensât ès allégories lesquelles de lui ont calefreté Plutarque, Héraclides Pontique, Eustatie, et ce que d'iceux Politien a dérobé ? Si ce croyez, vous n'approchez ne de pieds, ne de mains à mon opinion[3]. »

L'abbé Regnier fondait sur sa traduction les plus belles espérances. Il n'avait rien manqué à Homère, pensait-il, que d'être bien traduit, pour faire tomber les armes des mains

---

1. Voy. ce que Mme Dacier dit de l'ouvrage de Proclus sur les allégories d'Homère, et les dissertations 5 et 32 de Maxime de Tyr.
2. Voy. le Ier livre de l'*Iliade* en vers français, avec une dissertation sur quelques endroits d'Homère, p. 50. Paris, 1700.
3. *Gargantua*, prologue du Ier livre.

de ses ennemis. L'abbé venait s'offrir à Homère, et s'engageait à rendre, par un art de traduire encore inconnu, la divine simplicité de l'antique. Il peignait Apollon, « le clair fils de Latone, » qui descend de l'Olympe,

L'arc et la trousse au dos.... Son mouvement rapide
Fait craqueter ses traits dans sa trousse homicide.

Boileau lut les vers de l'abbé Regnier et il écrivit à Brossette : « Ne voilà-t-il pas Homère un joli garçon?... Cette traduction, je crois, va donner cause gagnée à M. Perrault. *Dii magni! horribilem et sacrum libellum*[1] ! » Boileau avait raison. La traduction de l'abbé Regnier aurait été un nouvel argument en faveur de Perrault, si l'on s'était encore occupé de Perrault. Et pourtant l'abbé était un homme instruit et dévoué à Homère. Mais il lui manquait à lui, un *ancien* déterminé, ce qui manqua souvent aux *modernes*, le goût.

Après les attaques, les apologies et les traductions dont l'*Iliade* avait été la victime, Homère avait besoin d'un interprète exact, discret, respectueux et affectueux, qui sût comprendre et chérir dans le grand poëte même ce que l'esprit du temps dédaignait, et qui eût non-seulement du goût, mais le courage de son goût. Cet interprète d'Homère si longtemps souhaité, ce fut une femme, que Voltaire appelle un des prodiges du siècle de Louis XIV, Mme Dacier. En elle la savante, j'allais dire le savant, car le genre de célébrité qui s'attache à sa mémoire ne diffère pas de celle dont jouit Turnèbe ou Casaubon, la savante nous a fait oublier la femme, et la femme ressemblait cependant, non pas à Philaminte, comme on le croit, mais à Henriette, si l'on excepte la grâce et la beauté. C'était une

---

1. Lettre à Brossette, juillet 1700.

femme simple, sensée, spirituelle, qui savait, tout en veillant sur Homère,

> Faire aller son ménage, avoir l'œil sur ses gens,
> Et régler la dépense avec économie,

élever sagement sa fille, et, l'aiguille à la main, travailler à son trousseau. Mais elle ne croyait pas que le fil et le dé dussent être tous ses livres, et elle employait à étudier les anciens, à les traduire, le temps que tant de femmes donnent aux lectures frivoles et au plaisir. Fénelon l'estimait, Fénelon, qui n'aime ni les pédantes ni les précieuses, mais qui n'aime pas non plus les ignorantes, et qui regarde l'instruction comme l'auxiliaire de la vertu des femmes. Sous la direction de son père, Mlle Le Fèvre avait commencé naturellement, sans préméditation, en assistant aux leçons de ses frères, cette éducation grecque qu'elle continua plus tard en partageant les travaux de M. Dacier. La poésie grecque fut quelque chose de plus pour elle qu'une passion de son esprit ; ce fut comme une amie d'enfance, qui lui devint doublement chère, quand elle lui fut commune avec son mari. Il y a quelque chose d'original et de touchant dans ce ménage d'érudits vivant ensemble en pleine antiquité, à Rome ou à Athènes, au milieu de Paris. Leurs deux réputations se soutenaient l'une par l'autre ; ils s'entr'aidaient de leur savoir, et leur mariage gréco-latin a contribué à la gloire de leur nom. A vingt et un ans, Mlle Le Fèvre avait publié son Callimaque. Quelques années plus tard, encouragée par le succès, elle s'était essayée à traduire : pour son début, sa candeur avait choisi Anacréon et Sapho, qu'elle avait dédiés à un grand seigneur peu anacréontique, le duc de Montausier. Aguerrie par ce commerce avec la poésie lyrique, elle s'était attaquée sans frayeur à Plaute et à Aristophane, et venait de traduire Térence (1687 et 1688), quand Perrault s'insurgea contre Homère, aux applaudissements du monde et de l'Académie. Mme Dacier conçut dès lors le projet « de donner à son siècle une traduction d'Homère qui, en conservant les principaux traits du grand poëte, pût faire revenir la plupart des gens du monde du préjugé que leur en avaient donné des copies difformes qu'on avait faites. » Son dessein fut approuvé par Boileau, qui depuis longtemps rendait les traducteurs responsables des infortunes d'Homère, et par le bon abbé Fraguier, dont les vers latins flatteurs et pressants échauffaient le zèle de son amie pour l'antiquité. Mme Dacier se mit à l'œuvre, et, après de longues années de travail, l'*Iliade* parut en 1699. Dans sa préface, Mme Dacier compare avec une modestie spirituelle sa traduction à la momie d'Hélène, qu'elle suppose embaumée avec l'art des Égyptiens, conservée jusqu'à nos jours et rapportée en France. « On ne verra plus en elle ces yeux pleins de feu, ce teint animé des couleurs les plus naturelles et les plus vives, cette grâce, ce charme qui faisait naître tant d'amour, et qui se faisait sentir aux glaces mêmes de la vieillesse ; mais on y reconnaîtra encore la jeunesse et la beauté de ses traits ; on y démêlera la grandeur de ses yeux, la petitesse de sa bouche, l'arc de ses beaux sourcils, et l'on y découvrira sa taille noble et majestueuse, et l'imagination, frappée de ces restes précieux, ira jusqu'à concevoir que celle qui conserve encore de la beauté dans les bras même de la mort, devait véritablement ressembler aux déesses immortelles pendant sa vie[1]. »

Mais non, la traduction de Mme Dacier n'est pas la momie d'Homère. Si elle n'a pas les couleurs de la vie, elle a le mouvement, que les momies n'ont pas. Dans la phrase de Mme Dacier, Homère respire encore. Comme elle aimait son poëte à la passion, sa parole diffuse, mais animée, a

---

1. Préface de l'*Iliade*, p. 45.

parfois cet accent de l'âme qui préserve les écrits de mourir. Mme Dacier applique quelque part à la diction d'Homère la louange qu'il a donnée aux trépieds de Vulcain d'être comme vivants et de courir tout seuls à l'assemblée des dieux. Sa diction, à elle, n'a pas cet élan rapide et merveilleux ; mais en ses meilleures pages, sans marcher sur les nues, elle porte dans sa démarche et sur son front un grand air d'aisance et de dignité. Qu'on ne cherche pas dans son style ce respect religieux pour le mot propre qui a succédé chez nous au culte de la périphrase, et qui remplace la fausse élégance des abstractions vagues par la hardiesse brutale et la trivialité. Mme Dacier fait porter par Bellérophon « des lettres bien cachetées. » Elle transige avec les épithètes homériques, et dépouille Apollon de ses flèches, quand il s'avise trop souvent de lancer au loin les traits. Chez elle, Achille n'a plus ses pieds légers, ni Junon ses bras d'ivoire, ni Minerve ses yeux bleus. Cependant elle n'est pas complice de cette pruderie de goût que nous reprochons à son siècle : elle ne vise pas à la fausse noblesse, elle ne cherche pas chez les héros d'Homère l'étiquette des sociétés polies ; elle ne charge pas le chambellan de Louis XIV de régler le cérémonial de la cour d'Agamemnon ; elle ne rougit pas de la nature. Est-ce elle ou Fénelon qui laisse échapper ces lignes aimables ? « J'aime à voir les héros d'Homère faire ce que faisaient les patriarches, plus grands que les rois et que les héros. J'aime à voir Junon s'ajuster elle-même, sans cet attirail de toilette, sans coiffeuse et sans dame d'atour. » Ce n'est pas un médiocre honneur pour Mme Dacier d'avoir compris dans Homère, à force de l'aimer, les beautés que le xviie siècle estimait le moins en lui. C'est l'amour d'Homère qui instruit Mme Dacier de ce que le goût ne lui révélerait pas. Qui avait plus de goût que Racine et Boileau ? et pourtant Boileau découvre dans Homère la *noblesse* qu'Homère n'a jamais cherchée[1], et Racine invente Arcas, un de ces gentilshommes, comme dit Mme Dacier, qu'Agamemnon n'a jamais eus. Après Fénelon, cette amante d'Homère est l'esprit le plus antique du siècle de Louis XIV.

De toutes les traductions de l'*Iliade*, celle de Mme Dacier est la mieux écrite et la plus fidèle; aussi devint-elle l'occasion d'une reprise de cette guerre contre Homère, plus longue que celle qu'il a chantée. Plus Homère traduit se ressemblait à lui-même, moins les beaux esprits d'alors devaient le bien accueillir, puisque son tort le plus grave était simplement d'être le vieil Homère, et de n'avoir pas attendu le XVIIe siècle, pour mûrir les fruits de son génie au soleil de Louis XIV. Aujourd'hui, Mme Dacier a reçu le prix de son dévouement au grand poëte. Longtemps délaissée, elle a repris faveur auprès de nos contemporains, qui retrouvent dans ses qualités et même dans ses défauts nos principes actuels de traduction et notre goût de l'exactitude, sinon notre idolâtrie de littéralité. Nous louons en elle ce qu'y blâmait La Motte, et il n'est pas jusqu'aux vulgarités accidentelles de son style qui ne chatouillent agréablement notre oreille, habituée depuis quelque temps à confondre le simple avec le commun. Peut-être même que l'on répare aujourd'hui par un engouement un peu vif les dédains injustes dont Mme Dacier a été longtemps victime, et qu'on admire à l'excès sa traduction, trop mésestimée par nos pères; mais pour les bons auteurs, trop avilis par leurs contemporains, c'est un dédommagement légitime d'être surfaits par la postérité.

La préface de la traduction de l'*Iliade* est un vrai plaidoyer pour Homère. Mme Dacier n'y prononce les noms ni de Desmarets ni de Perrault. Mais c'est à eux qu'elle s'adresse, tout en ne paraissant répondre qu'à Platon. Sa ré-

---

1. 9e *Réflexion sur Longin.*

ponse peut se ramener à deux points : la question d'art et la question de morale. Elle prouve, par des raisons bien choisies, qu'en peignant les anciens Grecs et leurs dieux tels qu'ils étaient, Homère n'a violé ni les règles de la morale ni celles de la poésie. Mais bientôt son ardeur l'emporte : à l'entendre célébrer la conformité de l'*Iliade* et de la Bible, on prendrait Homère pour un confident de Moïse[1]. Elle explique les combats des dieux et des héros par la lutte de Jacob avec l'ange, et celle des dieux entre eux par la guerre civile de l'ange Gabriel, qui protége la Grèce, avec l'ange Michel, qui protége les Juifs[2]. Loin de reprocher aux dieux païens « le sang des boucs et des génisses, » versé en leur honneur, elle justifie les sacrifices antiques par un précepte des *Paralipomènes*[3]. Accuse-t-on Homère d'avoir dit que Dieu est la cause de nos maux, elle lui donne pour avocats le prophète Michée et le prophète Amos. Les deux tonneaux qu'Homère place aux deux côtés du trône de Jupiter font pendant à la coupe de vin que David met dans la main du Seigneur. Jupiter, envoyant un songe trompeur à

---

1. Cette idée, qui devait plus tard inspirer à Herder des pages si belles et si vraies sur la ressemblance des poésies primitives, et à M. de Chateaubriand son parallèle didactique entre la Bible et Homère, n'était pas une idée nouvelle. Les Pères de l'Église, en citant souvent Homère et en faisant ressortir les leçons morales qu'on peut tirer de ses fables, avaient donné à quelques-unes de ses pensées une sorte de consécration chrétienne. Longin, en rapprochant quelques vers d'Homère d'un passage de l'Ecriture, avait provoqué la discussion fameuse entre Boileau, Huet et Leclerc. En 1658, parut à Oxford une comparaison en règle entre Homère et les écrivains sacrés : *Homerus ἑβραΐζων, sive comparatio Homeri cum scriptoribus sacris*, par Zacharie Bogan, qui compara plutôt le style et la langue d'Homère et de la Bible que leurs idées et leurs sentiments. Zacharie Bogan ne semble pas avoir connu un petit livre publié à Paris en 1604 et intitulé : *Discours en forme de comparaison sur les vies de Moïse et d'Homère*, livre anonyme et très-curieux dont l'auteur n'est indiqué ni par Barbier ni par de Manne. On y cite le rabbin Abra-Aben-Esra, qui avait établi une comparaison entre la mythologie païenne et les préceptes du décalogue (p. 163). Enfin Grotius, dans la préface de son *Commentaire* sur Ézéchiel, l'a comparé à Homère pour la magnificence des expressions.
2. Préface de la traduction de l'*Iliade*, p. 21. — 3. *Ibid.*, p. 25.

Agamemnon, imite le Dieu des Juifs, chargeant l'esprit de mensonge d'abuser l'impie Achab.

Après avoir lu la préface de Mme Dacier, il est difficile de ne pas voir dans Homère l'élève du roi Salomon. C'était aussi, on le sait, le faible de M. Dacier de retrouver dans les païens les vestiges de l'Écriture sainte. Aussi Mme Dacier cite-t-elle affectueusement, pour s'en appuyer, l'opinion de son mari, qui lui rend hommage pour hommage dans sa traduction d'Horace. Avant leur mariage, ils aimaient déjà à se citer l'un l'autre et, comme on a dit, à se faire la cour sous le couvert des anciens. Le mariage ne suspendit, on le voit, ni leur affection, ni leurs citations mutuelles.

Ce n'est pas tout : à entendre Mme Dacier vanter l'art exquis de l'*Iliade* au nom des règles de la poésie épique, on croirait qu'Homère a pris conseil d'Aristote ou du P. Le Bossu. Ce fut la singularité de cette longue discussion sur le poëme épique au XVIIe et au XVIIIe siècle, qu'on regarda toujours l'épopée comme un genre de littérature soumis à un code officiel de règles et de conventions, et Homère comme une espèce d'homme de lettres, qui avait composé l'*Iliade* et l'*Odyssée*, d'après les termes de ce règlement. Aux yeux de la critique moderne, le poëme épique est un ensemble de traditions, une œuvre populaire et collective à laquelle un grand poète, qui paraît à propos, vient donner l'unité, les belles formes et les proportions heureuses des ouvrages de génie. C'est le tableau complet des mœurs et de la vie d'un siècle et le résumé d'une civilisation tout entière; c'est le fruit spontané d'une de ces rares époques où l'imagination d'un peuple est assez jeune pour avoir foi au merveilleux, et sa langue assez mûre pour exprimer tous les sentiments et toutes les idées. Cela nous explique pourquoi les Français, qui ont eu la tête épique, n'en déplaise à M. de Malézieux, puisque la France a enfanté au moyen âge tant d'épopées dignes d'admiration, n'ont pas de poëte épique comparable non-seulement à Homère, mais à Dante. Par un malheur de notre fortune, notre imagination et notre langue n'ont pas été prêtes en même temps pour l'épopée. Quand notre imagination était épique, notre langue à peine formée ne l'était pas encore; et quand notre langue fut assez mûre, notre imagination avait perdu cette jeunesse et cette naïveté sans lesquelles l'épopée est impossible. Cette idée vraie du poëme épique, conçue par la critique moderne, l'antiquité l'avait entrevue et perdue[1], le xixe siècle l'a retrouvée après Vico. La critique française du xviie siècle explique Homère par Aristote, et Aristote par le P. Le Bossu, qu'admirent à l'envi les plus beaux esprits du temps; l'idée qui prédomine, c'est que l'épopée est un apologue et Homère un Ésope de génie[2]. Même au xviiie siècle, où se forme une opposition violente contre la théorie du P. Le Bossu, la critique, en pleine révolte, est d'une timidité d'ingénue. Marmontel, qui se croit novateur, forme d'un certain mélange du dramatique et de l'épique la recette infaillible de l'épopée. L'abbé Terrasson, un des plus violents contre l'autorité d'Aristote, définit l'épopée : « un poëme héroïque en forme de narration,

---

1. Le *Pseudo-Plutarque* représente Homère comme l'expression la plus exacte des sciences, des arts et même de la philosophie de son temps. Maxime de Tyr, dans sa *Dissertation* 32 sur la philosophie d'Homère, dit qu'Homère a retracé dans ses poëmes « les croyances, les idées politiques, les mœurs, les sentiments, les événements heureux et malheureux de son époque. » Je dois ajouter que Maxime de Tyr, en disant que la forme de l'épopée homérique est le récit des aventures, et que la morale en est le fond, se rapproche de la théorie d'Aristote.

2. « L'épopée, dit le P. Le Bossu, est une fable agréablement imitée sur une action importante, qui est racontée en vers d'une façon agréable et merveilleuse. » (Liv. I, chap. III.) Voy. aussi, au chap. IX, la comparaison de l'*Iliade* avec les *Fables* d'Ésope. Pour voir comment le P. Le Bossu a tiré son gros volume de quelques pages de la *Poétique* d'Aristote, consultez l'*Histoire de la critique chez les Grecs*, par M. Egger, chap. III, § 6.

dans lequel un héros, soutenu visiblement par le secours du ciel, exécute un grand et juste dessein[1]. » Définition très-fausse, lui crie de loin Voltaire, puisque les Anglais ont un poëme épique dont le héros, loin de venir à bout d'une grande entreprise par le secours céleste, est trompé par le diable et par sa femme, et chassé du paradis terrestre pour avoir désobéi à Dieu. Enfin Voltaire lui-même, qui se moque avec tant de bon sens de la définition de Terrasson et de toutes ces règles arbitraires, inventées pour obscurcir les connaissances les plus simples[2], Voltaire s'y conforme docilement dans son poëme. Comme le plus modeste écolier, il calque le plan de la *Henriade* sur celui de l'*Énéide* : « il a une tempête, un récit, une Gabrielle quittée comme Didon, une descente aux enfers, un Élysée, une vue anticipée des grandeurs et des maux de la patrie, et même un *Tu Marcellus eris* en l'honneur du dauphin[3]. » Voilà les hardiesses de la critique littéraire, au siècle de l'encyclopédie.

Ne cherchons donc, dans cette querelle de Mme Dacier et de La Motte, rien qui ressemble aux opinions de la critique moderne sur la nature de l'épopée. Dans leur controverse sur les dieux d'Homère, ne leur demandons rien qui nous fasse pressentir les beaux travaux des mythologues célèbres de la France et de l'Allemagne sur l'origine des dieux d'Homère et d'Hésiode. La Motte remarquera bien que les dieux d'Homère ressemblent à des hommes ; mais il ne tirera de cette remarque aucune vue sur l'anthropomorphisme, à l'aide duquel Homère popularisa ses dieux parmi les Hellènes[4]. La Motte jugera les dieux homériques, non pas en philosophe ou en érudit, mais sim-

---

1. *Dissertation sur Homère*, IIIe partie, section 1, chap. II, art. 2.
2. *Essai sur la poésie épique*.
3. M. Villemain, *Tableau de la littérature* du XVIIIe siècle, VIIIe leçon.
4. V. Creuzer, *Relig. de l'ant.*, t. II, p. 371, trad. de M. Guigniaut.

plement en homme de bonne compagnie, et c'est à une discussion de salon, piquante et superficielle, que nous allons assister.

Pendant plus de dix ans, Mme Dacier put croire que le grand procès de la gloire d'Homère était jugé, que les débats étaient clos, et qu'elle avait gagné sa cause. Son nom semblait attaché à celui du grand poëte. On disait : l'Homère de Mme Dacier. Elle était l'Antigone du poëte aveugle, et paraissait l'avoir conduit au port à travers tant d'ennemis. Mais Perrault n'était pas mort sans postérité. Un critique ingénieux et paradoxal, un médiocre poëte, voulut, lui aussi, avoir son Homère. Il lut l'*Iliade* dans la traduction de Mme Dacier, l'abrégea, la versifia, et Mme Dacier reçut un matin à son lever, l'*Iliade* de M. de La Motte, poëme en douze chants, précédé d'un *Discours sur Homère*. Ce petit volume donna naissance à la seconde période de la guerre des anciens et des modernes, qui, comme la première, dura plus longtemps que le siége de Troie. Elle précéda la mort de Louis XIV, elle n'était pas éteinte à la fin de la Régence.

CHAPITRE II.

Houdard de La Motte : *Discours sur la poésie*. — *Traduction en vers de l'Iliade*. — *Discours sur Homère*. — Réponse de Mme Dacier : *Des causes de la corruption du goût*. — Réplique de La Motte : *Réflexions sur la critique*.

Si l'on acceptait sans réserve le témoignage de Fontenelle, de Mme de Lambert et de l'abbé Trublet, on prendrait La Motte pour un des plus beaux génies qu'ait jamais produits la France en philosophie, en éloquence et même en poésie. Si l'on en croyait La Harpe, on le tiendrait pour un faiseur de paradoxes, pour « un esprit toujours faux dans les matières de goût. » La vérité se trouve entre ces deux jugements. La Motte n'est ni un philosophe, ni un orateur, ni surtout un poëte; c'est un esprit fin, varié, le plus souvent raisonnable, et qui ne cesse d'être juste que lorsqu'il veut excéder la justesse, en appliquant la rigueur de la logique à des objets qui ne la comportent pas. C'est, comme Fontenelle, un de ces poëtes-géomètres pour qui la poésie n'est que l'art de rimer des raisonnements et de cadencer la prose. On s'est étonné que La Motte, auteur d'opéras, de tragédies et d'odes qui lui avaient ouvert l'Académie, ait, en attaquant la poésie, travaillé lui-même à diminuer sa renommée. La Faye, dans une ode dont une strophe est restée célèbre, se plaint qu'il déserte l'Hélicon. Mais La Motte ne s'était jamais élevé bien haut sur l'illustre montagne, et il se retrouva tout naturellement, et presque de plain-pied, dans la plaine. En effet, si la poésie n'est que de la prose mise en vers, c'est un art plus pénible qu'important, plus puéril qu'ingénieux; et il y a toute facilité et tout profit à redescendre de la prose rimée à la prose sans rimes. La Motte avait un axiome : « La prose peut dire plus exactement tout ce que disent les vers, et les vers ne peuvent pas dire tout ce que dit la prose[1]. » Il le confirma par un exemple éclatant, en adressant au cardinal de Fleury une ode en prose qui devait, disait-il, s'élever sans effort aux beautés les plus sublimes de la poésie : « Fleury, respectable ministre, aussi louable par tes intentions que par tes lumières, aussi cher à ton roi qu'à son peuple, et précieux même à tous nos voisins; toi à qui les poëtes sont inutiles parce que l'histoire se charge de ton éloge.... » La Motte, le Pindare en prose de M. de Fleury ! Le hasard a bien de l'esprit, quand il assortit ainsi les poëtes aux ministres, et les ministres aux poëtes!

Il n'est pas surprenant que l'écrivain qui devait finir par nier la poésie, ait commencé par nier le plus grand des poëtes. Il fut l'athée d'Homère avant d'être celui d'Apollon. Si l'*Ode à M. de Fleury* avait précédé le *Discours sur l'Iliade*, Mme Dacier ne se serait pas indignée si fort d'entendre outrager le grand prêtre du temple par l'apostat du dieu. Mais, quand la Motte traduisit Homère, il croyait encore à la poésie; que dis-je? on le croyait poëte. En voyant de tels coups partis d'une telle main, Mme Dacier perdit toute mesure, et la vivacité de son langage fit un contraste remarquable avec le calme et l'urbanité de son adversaire. Dans cette seconde période de la querelle, comme dans la première, les partisans des modernes surent mettre de leur côté les bienséances de la discussion. Mme Dacier s'est comparée elle-même, dans son duel avec La Motte, aux héros d'Homère qui fondent impétueusement sur l'en-

---

1. Œuvres de La Motte, *Observations sur l'ode de M. de La Faye.*

nemi[1]. La Motte reçut le choc de Mme Dacier, et s'abstint de lui rendre violence pour violence. C'était un bel esprit, qui dédaignait trop la grossièreté des héros homériques, pour imiter Diomède et pour blesser une femme.

Depuis longtemps déjà, Mme Dacier était prévenue contre La Motte, malgré l'ode flatteuse et prosaïque où il avait célébré sa traduction d'Anacréon. Dans un *Discours sur la poésie*, La Motte, après avoir tracé une théorie de la poésie lyrique conçue d'après ses odes, avait affiché la prétention d'imiter Anacréon et Pindare. « J'ai tâché de ressembler à Anacréon, sans m'abandonner autant que lui. » Pour rendre la ressemblance plus sensible tout en respectant la décence, il s'était donné une maîtresse, mais une maîtresse fictive et purement poétique; « car, sans maîtresse, le moyen d'imiter Anacréon ? » Il se proposait aussi d'imiter Pindare et de reproduire les caractères de son génie, moins ses obscurités et ses digressions. En un mot, il prétendait surpasser les anciens en les imitant. Il pensait, comme Perrault, que l'esprit humain est aussi fécond aujourd'hui qu'autrefois, et que la nature peut aussi aisément produire de nouvelles pensées dans l'esprit des hommes que leur donner de nouveaux visages. Telle est l'idée de La Motte dans son *Discours sur la poésie*, et c'est peut-être le seul de ses ouvrages où il aborde directement le côté philosophique de la question des anciens et des modernes. Encore ne fait-il que l'effleurer en quelques lignes. Partout ailleurs, il perd de vue les idées générales du progrès et de la permanence des forces de l'esprit humain. Cet écrivain, que ses amis ont appelé un grand philosophe, est moins philosophe que Desmarets et que Perrault, et avec lui la discussion fait un pas en arrière: elle devient une dispute sur le mérite d'Homère. Ce serait inutilement fatiguer le lecteur que de

---

1. *Des causes de la corruption du goût*, p. 12.

lui infliger le récit détaillé de cette nouvelle controverse sur l'*Iliade*. Il ne suffit pas de nouveaux noms pour rajeunir de vieux arguments. Si la pièce est la même, qu'importe que les acteurs de la pièce, au lieu de s'appeler Perrault et Desmarets, Huet et Despréaux, s'appellent La Motte et Mme Dacier? La Motte joue précisément le rôle de Perrault, et, chose singulière, on dirait qu'il n'a pas lu ses devanciers, tant il a l'air de parler en son nom; il ne cite jamais Saint-Sorlin, et s'il nomme Perrault une ou deux fois, c'est en paraissant le connaître plutôt par la tradition que par ses lectures; il se croit évidemment l'inventeur de paradoxes imprimés depuis cinquante ans. Je résumerai seulement l'histoire de ce second débat sur Homère, en n'insistant que sur les incidents nouveaux.

A la fin de 1713, La Motte publia et dédia au roi Louis XIV, qui l'en récompensa solidement, une traduction en vers de l'*Iliade*, précédée d'un discours et d'une ode intitulée: l'*Ombre d'Homère*. Dans cette ode, il suppose qu'Homère quitte les champs Élysées, et monte sur la terre pour inviter La Motte à le traduire en vers français. Mais ce n'est pas seulement une invitation que lui fait Homère, c'est une confession:

> Mon siècle eut des dieux trop bizarres,
> Des héros d'orgueil infectés,
> Des rois indignement avares,
> Défauts autrefois respectés.

Homère en conclut humblement que son *Iliade* a besoin d'être amendée, et il prie La Motte, qui a le bonheur de vivre au XVIIIe siècle, d'en faire une édition française revue et corrigée. La Motte, par obéissance, compose une *Iliade* en douze chants, à la dernière mode de son temps, et se flatte d'embellir Homère, comme Dryden croyait embellir

Shakspeare et Milton en recommençant la *Tempête*, et en mettant en opéra le *Paradis perdu*.

Dans le *Discours sur Homère* qui précède sa traduction, La Motte revient sur les éloges que Mme Dacier avait donnés au poëte grec, et leur oppose les arguments de Desmarets et de Perrault, sur la grossièreté des dieux et des héros, la longueur des descriptions et des comparaisons, la monotonie des combats[1], etc. Il soutient qu'on a le droit de juger un poëte dont on ne sait pas la langue, et même de le traduire et de le corriger dans une traduction. C'est le procédé dont il use, il le déclare, à la grande indignation de l'ami de Mme Dacier, l'abbé Fraguier, qui prétendait n'avoir compris Homère qu'après l'avoir lu quatre fois de suite d'un bout à l'autre dans le texte, et qui, soulignant chaque fois ce qu'il trouvait beau, finit, à la quatrième lecture, par avoir souligné tous les vers[2]. La Motte, moins scrupuleux, s'explique avec la plus grande liberté sur sa méthode de traduction. A prendre sa doctrine à la rigueur, la vraie manière de traduire, c'est d'embellir ce qui est beau dans un auteur, et de supprimer ce qui ne l'est pas. « C'est par cette raison, dit-il, que j'ai réduit les vingt-quatre livres de l'*Iliade* en douze, qui même sont beaucoup plus courts que ceux d'Homère. Le bouclier d'Achille m'a paru défectueux par plus d'un endroit; j'ai donc imaginé un bouclier qui n'eût point ces défauts.... j'ai trouvé la mort d'Hector aussi défectueuse que le bouclier d'Achille, et j'ai changé toutes les circonstances de cette mort pour rétablir la gloire des deux héros de l'*Iliade*. Voilà ce que j'avais à dire de l'*Iliade* et de mon imitation. »

Si l'on veut juger ce que La Motte appelle son imitation,

---

1. Voir sur les *Combats de l'Iliade* une excellente réponse de La Harpe à La Motte. C'est un des meilleurs morceaux du *Lycée*, t. I, p. 53.
2. *Mémoires de l'Académie des inscriptions*, t. VII, p. 396. Éloge de Fraguier par de Boze.

qu'on cherche dans son *Iliade* la célèbre allégorie d'Homère, les *Prières*. Comme c'est là une de ces « longueurs ennuyeuses » qu'il convient de retrancher, La Motte a remplacé la belle peinture d'Homère par cette sentence toute sèche :

> On offense les dieux, mais par des sacrifices
> De ces dieux irrités on fait des dieux propices.

Mais peut-être que le poëte qui devait plus tard faire pleurer son siècle sur les infortunes d'Inès, aura mieux compris les beautés pathétiques de l'*Iliade*. Andromaque attend aux portes Scées Hector qui la cherche dans le palais ; elle est accompagnée d'une esclave, et porte dans ses bras son jeune fils, semblable à une étoile brillante.... Hector paraît et sourit, contemplant son fils en silence. Andromaque, près de lui, versait des larmes et, lui prenant la main, elle parlait ainsi : « Cher Hector, ton courage te perdra ; tu n'as pitié ni de ton fils ni de ta femme infortunée qui sera bientôt veuve, car bientôt les Grecs, fondant sur toi, t'arracheront la vie[1].... » Voici la réduction de ce tableau d'Homère dans l'*Iliade* de La Motte :

> Hector parle déjà de rejoindre l'armée :
> « Quoi ! s'écrie Andromaque, où veut courir Hector ?
> Tout blessé, tout mourant, va-t-il combattre encor ?
> Tant de fois en un jour faudra-t-il que je tremble
> D'un péril où je vois tous les malheurs ensemble ?
> Les Grecs vont sur toi seul réunir leur effort.
> Que je crains l'intérêt qu'ils ont tous à ta mort ! »

Supprimer cette double inquiétude d'Hector qui cherche Andromaque, et d'Andromaque qui attend l'arrivée d'Hector ; effacer l'image charmante de cet enfant, semblable à une étoile ; ôter à Hector ce sourire admirable d'amour et

---

1. *Iliade*, chant VI, v. 398.

d'orgueil paternel, pendant qu'il regarde silencieusement son fils, et, sous prétexte de noblesse, remplacer par des expressions froides et vulgaires, ce mot simple et touchant : « Bientôt je serai veuve; » c'est ce que La Motte appelle imiter et corriger Homère. Quel malheureux don que l'esprit, disait Voltaire, s'il a empêché La Motte de sentir et de respecter de pareilles beautés !

Avant d'avoir achevé sa traduction de l'*Iliade*, La Motte alla la montrer à Boileau. Sur la simple exposition de son entreprise, raconte La Motte dans ses *Réflexions sur la critique*, Boileau parut d'abord effrayé. « Je lus; dès les premiers vers, M. Despréaux se calma; il approuva bientôt; l'approbation devenait insensiblement éloge.... et il finit en m'assurant qu'il aimerait presque autant avoir traduit l'*Iliade* comme je la traduisais, que d'avoir fait l'*Iliade* même. Ce sont exactement ses propres termes.... » Ne voit-on pas d'ici le vieux Despréaux, valétudinaire et toujours de mauvaise humeur contre les ennemis des anciens, s'égayant aux dépens de ce *moderne*, qui, sur sa parole, se croit l'égal d'Homère ? La Motte est bien naïf de ne s'être pas aperçu, à l'hyperbole de la louange, que Boileau se moquait de lui. Nul n'est plus sot qu'un homme d'esprit, quand par accident il est sot.

Le *Discours sur Homère* se terminait en ces termes : « J'abandonne mon ouvrage au jugement du public.... Mais que diront certains savants ? On a écrit que je suis un téméraire.... on dira que je suis un ignorant. » La prédiction de La Motte ne tarda pas à s'accomplir. En 1714, Mme Dacier lui tint précisément ce langage, et d'un ton encore plus sévère, dans un gros volume intitulé : *Des causes de la corruption du goût*. Elle avait soixante-trois ans; mais son amour pour Homère n'avait pas vieilli, et les années, en émoussant en elle la délicatesse de la femme, semblaient avoir fortifié l'ardeur masculine de l'helléniste provoquée. Le titre de son livre est trompeur : il semble nous promettre une œuvre dogmatique qui nous ramènera enfin aux idées générales de la discussion; mais la partie dogmatique des *Causes de la corruption du goût*, c'est-à-dire l'analyse du *Dialogue des orateurs*, tient à peine quelques pages. Mme Dacier n'ajoute aux causes de décadence signalées par l'écrivain latin que deux causes nouvelles, particulières à la littérature française : l'une, les spectacles licencieux, et notamment l'opéra (ceci est à l'adresse de La Motte); l'autre, les romans, « où l'on métarmorphose les héros de l'antiquité en bourgeois damoiseaux, et où l'on accoutume tellement les jeunes gens à ces faux caractères, qu'ils ne peuvent plus souffrir les vrais héros s'ils ne ressemblent pas à ces personnages extravagants [1]. » Toute brève qu'elle est, cette partie du livre est la meilleure. On y trouve quelques idées ingénieuses et nouvelles alors sur l'influence des climats, et sur le bonheur de ces nations « que le soleil regarde si favorablement, qu'elles ont été capables d'inventer elles-mêmes et d'arriver à la perfection. » Mme Dacier aurait pu, sans effort, signaler d'autres causes de la corruption du goût que le roman et l'opéra, depuis longtemps dénoncés par les satires de Boileau. Ces causes, Voltaire les a indiquées à l'article *Goût* du *Dictionnaire philosophique*. Mais Mme Dacier n'a pas assez de force d'esprit ni de logique (du Marsais le lui a reproché [2]) pour établir les vrais principes de l'art, et ne connaît pas assez bien la littérature moderne ni la littérature française pour parler pertinemment des variations du goût. C'est une Romaine, c'est une Grecque, dont les vrais compatriotes sont Homère ou Térence. Elle ne connaît même pas les antécédents de la discussion où elle s'engage, et parlant de la *Comparaison* de Desmarets

---

1. *Des causes de la corruption du goût*, p. 28.
2. *Logique*, première partie.

entre la poésie française et la poésie grecque : « Ce n'est que par hasard, dit-elle, qu'un de mes amis l'a trouvée dans la poussière d'une bibliothèque, et qu'il a été en état de me la communiquer. Je l'ignorais entièrement[1]. »

Mme Dacier, dans la polémique qui remplit le reste de son livre, est sur son vrai terrain. Pendant plus de cinq cents pages, elle réfute La Motte ; elle attaque point par point son *Discours sur Homère* ; elle critique chant par chant son *Iliade* abrégée. Il serait fastidieux de nous enfoncer dans cette analyse. Çà et là, la justesse de la réfutation et de la critique, la vivacité de quelques saillies, et surtout la véhémence de l'argumentation, soutiennent l'attention du lecteur. On sent que Mme Dacier croit défendre une cause sainte. Elle n'a pas cette indifférence qui trouve bon qu'on dispute, parce qu'une douce dispute, comme disait La Motte, est l'âme de la conversation. Mme Dacier combat pour sa religion littéraire, pour la gloire d'Homère et pour le salut du goût des jeunes gens, c'est-à-dire, « pour ce qu'il y a de plus sacré dans un État[2]. » Cette chaleur d'orthodoxie homérique aurait dû lui suffire : il n'était pas nécessaire de faire intervenir la religion chrétienne dans une discussion purement littéraire. La Motte avait tourné en ridicule la simplicité de mœurs des héros d'Homère. « Il est scandaleux, lui répond Mme Dacier, qu'un chrétien loue le luxe, la mollesse et les délices de notre siècle, et qu'il les préfère à la sagesse des anciens temps. » Tel est le ton de Mme Dacier dans ses moments les plus doux. Quand elle s'échauffe, elle rappelle vertement à La Motte qu'un jour, « Alcibiade étant entré dans l'école d'un rhéteur, il lui demanda qu'il lui lût quelque partie d'Homère, et le rhéteur lui ayant répondu qu'il n'avait rien de ce poëte, Alcibiade lui donna un grand soufflet. Que ferait-il aujourd'hui à un

---

1. *Des causes de la corruption du goût*, p. 7. — 2. *Ibid.*, p. 9.

rhéteur qui lui lirait l'*Iliade* de M. de La Motte? » — « Heureusement, dit La Motte, dans ses *Réflexions sur la critique*, que, lorsque je récitai un de mes livres à Mme Dacier, elle ne se souvint pas de ce dernier trait. »

La Motte, qui manquait parfois de bon sens, quand l'amour-propre ou le paradoxe l'égarait, avait plusieurs sortes d'esprit, notamment l'esprit de conduite. Inférieur à Mme Dacier par la science et par le goût, dans un débat qui demandait l'un et l'autre, il sut profiter de toutes les fautes de polémique commises par l'ardente protectrice d'Homère, et il opposa aux emportements de sa plume une modération polie qui, aux yeux du monde, le dispensa d'avoir raison. Mme Dacier, à l'exemple de Boileau, avait déploré la faveur dont l'Académie semblait entourer les ennemis d'Homère ; elle lui avait reproché son silence comme une trahison de tous ses devoirs. « Par quelle fatalité, disait-elle, faut-il que ce soit de l'Académie française, de ce corps si célèbre qui doit être le rempart de la langue, des lettres et du bon goût, que sont sorties depuis cinquante ans toutes les méchantes critiques qu'on a faites contre Homère ? Jusqu'ici M. Despréaux et M. Dacier se sont élevés contre ces égarements de la raison, et en ont fait voir tout le ridicule ; de sorte que l'Académie a été assez bien justifiée à cet égard. Aujourd'hui, voici une témérité bien plus grande, et une licence qui va ouvrir la porte à des désordres plus dangereux pour les lettres et pour la poésie, et l'Académie se tait ![1] » On croit entendre Mirabeau : « L'ennemi est à vos portes, et vous délibérez ! » L'Académie, où La Motte, comme autrefois Perrault, avait beaucoup d'amis, fut blessé de se voir rappelée si directement à ses devoirs, et d'apprendre qu'elle avait eu besoin, pour paraître innocente, d'être justifiée par M. Da-

---

1. *Des causes de la corruption du goût*, p. 32.

cier. La Motte, en se faisant avec discrétion son défenseur, acheva spirituellement de l'indisposer contre Mme Dacier. Il invoqua, pour expliquer sa censure d'Homère et la tolérance de l'Académie, le droit qu'a tout écrivain de penser comme il lui plaît, et « la liberté académique, si nécessaire au progrès de la raison et du bon goût. » Puis, faisant sentir à Mme Dacier qu'il était malséant de croire l'Académie redevable de son innocence à Despréaux et à M. Dacier, et de ne mettre aucune distance entre M. Dacier et Despréaux, il ajoute : « M. Despréaux et M. Dacier ont justifié l'Académie ; je les respecte tous deux, comme je le dois, l'un pour son génie et ses talents, l'autre pour son érudition et son travail ; mais ne dirait-on pas que ce fussent des arbitres nommés exprès pour cette affaire, et que le corps leur eût remis son autorité pour la décision ? Ce n'est point cela. Ils ont seulement usé du droit commun à tous ses membres ; ils ont dit ce qu'ils pensaient, et c'est au public, juge de l'Académie elle-même, à prononcer[1]. »

Mais il y a plusieurs publics : il y a le public qui ne cherche dans les disputes des gens de lettres que le plaisir de voir des auteurs s'attaquer les uns les autres, et le public qui ne cherche dans les contestations littéraires que l'éclaircissement de la vérité. C'est à ce dernier public, c'est à l'Académie qui le représente, que La Motte s'adresse, et il prend l'engagement devant elle d'examiner les objections de Mme Dacier avec impartialité, de les combattre avec modération, de n'apporter dans le débat aucun préjugé, aucune passion, et de ne se déterminer que par la force de l'évidence. La Motte eut soin de lire cette profession de foi devant l'Académie, quelques jours avant la publication du livre de Mme Dacier, pour se concilier d'avance le suffrage de la compagnie qu'il déclarait prendre pour juge.

---

1. *Réflexions sur la critique*, p. 37.

Il choisissait ainsi son tribunal, qu'il intéressait à sa cause, par sa déférence pour l'autorité académique, et il mettait en même temps le public de son côté, en plaidant pour la liberté des opinions littéraires.

C'est surtout cette stratégie de la polémique qui nous intéresse aujourd'hui quand nous lisons le livre de La Motte, dont le titre, comme celui du livre de Mme Dacier, promet plus qu'il ne tient. Des *Réflexions sur la critique* auraient dû se proposer surtout l'exposition des règles nécessaires pour bien juger les ouvrages d'esprit ; mais en réalité, sauf l'introduction lue à l'Académie, la première partie des *Réflexions* de La Motte n'est qu'une réplique aux attaques de Mme Dacier, une amplification du *Discours sur Homère*, une critique nouvelle, et plus longue, de l'*Iliade*. La Motte ne trace pas les règles de la vraie critique ; il n'en avait pas le droit, car celle qu'il aurait été forcé d'énoncer la première, c'est qu'on ne doit parler que des choses qu'on entend, et qu'il n'est pas permis de juger un poëte sur une traduction. La Motte ne réfute pas Mme Dacier, quand elle lui prouve pertinemment qu'il ne comprend pas Homère ; il ne détruit pas ses arguments, mais il en raille agréablement la forme, et compense par l'enjouement de ses plaisanteries la faiblesse de sa discussion. Quelques critiques, difficiles en matière de courtoisie, refusent à La Motte cet agrément et cette urbanité dont jusqu'ici on lui a fait honneur. Quand on lit les *Réflexions sur la critique* sans avoir parcouru d'abord les *Causes de la corruption du goût*, on peut trouver que les traits de La Motte sont un peu vifs contre une femme. Mais on l'excuse, dès qu'on a vu de près à quel point est viril l'esprit de Mme Dacier. Ce que je reprocherais plutôt à La Motte, pour être tout à fait juste, c'est de ne pas savoir assez entrer dans les idées de son adversaire, et de se priver par là d'un des plus grands mérites et d'un des plus habiles procédés de discussion. En effet, dans une controverse il est toujours prudent de faire ressortir ce qu'il y a de juste dans l'argumentation de notre adversaire, parce que nous ne l'amènerons jamais à notre opinion par nos idées, mais par les siennes. Seulement, il faut pour cela que le premier désir de ceux qui disputent soit de se mettre d'accord et d'arriver à la vérité, et trop souvent leur seul but est de paraître avoir le plus de raison et le plus d'esprit.

La Motte montra moins de raison, mais plus d'esprit que Mme Dacier. Son livre est rempli de traits agréables qui ont fait sa fortune. « Les injures de Mme Dacier, disait-il, ont toute la simplicité des temps héroïques. *Ridicule, impertinence, témérité aveugle, bévues grossières, folie, ignorances entassées....* ces beaux mots sont semés dans son livre comme ces charmantes particules grecques qui ne signifient rien, mais qui ne laissent pas, à ce qu'on dit, de soutenir et d'orner les vers d'Homère[1]. » Mme Dacier lui avait reproché d'avoir composé des opéras et lu des romans. « J'ai là-dessus, répondait-il, une compensation à lui proposer. Qu'elle me passe les opéras que j'ai faits, pour la traduction qu'elle a faite de l'*Eunuque* et de l'*Amphitryon* et de quelques comédies grecques d'aussi mauvais exemple, et des *Odes* d'Anacréon, qui ne respirent qu'une volupté dont la nature n'est pas toujours d'accord.... A l'égard des romans qu'elle suppose que j'ai lus, mettons-les pour les deux cents fois qu'elle a lu avec plaisir quelques pièces du cynique Aristophane. Mes lectures frivoles ne montent pas à beaucoup près si haut ; mais je ne veux point chicaner, et je consens que l'on mette l'un pour l'autre. »

Les gens du monde, peu compétents sur le fond du

---

1. *Réflexions sur la critique*, p. 23.

débat, goûtèrent cette réponse courtoise de l'ignorance polie à la science qui manquait d'atticisme. Les esprits indépendants surent gré à La Motte de revendiquer avec force le droit inamissible de reviser le jugement des siècles sur les ouvrages d'esprit, quels que soient leur date et leur auteur, c'est-à-dire de porter dans la littérature le principe du libre examen et de continuer ainsi la tradition de Perrault, mais avec une admiration profonde pour les premiers inventeurs. « Nous serions encore dans la barbarie, disait La Motte avec une grande justesse, si nous n'avions retrouvé les anciens. Il nous eût fallu de nouveau défricher tout, passer par les commencements les plus faibles, acquérir, pour ainsi dire, les arts pièce à pièce, et perfectionner nos vues par l'expérience de nos propres fautes, au lieu que les anciens ont fait tout le chemin pour nous. Ils ont été nos guides et nos maîtres; il faut les estimer et les étudier, mais non pas comme des maîtres tyranniques, sur la parole de qui nous devions jurer toujours et qu'il ne soit jamais permis d'examiner. »

Le chapitre sur l'estime qu'on doit aux anciens[1] est le meilleur du livre de La Motte, le seul qui, de la polémique de détail, nous ramène aux idées générales de la question, le seul qui puisse offrir aujourd'hui un intérêt sérieux. Mais au XVIIIe siècle, la plupart des écrivains, et La Motte lui-même, perdirent de vue la question philosophique, c'est-à-dire le sujet capital du débat, et se plongèrent dans cette dispute sur Homère qui n'était qu'une digression. Je passerai rapidement en revue ceux qui sont restés, pour ainsi dire, au bord de la question véritable. Je ne m'arrêterai qu'à ceux qui l'ont, sinon résolue, au moins

---

1. *Réflexions sur la critique*, première partie. *OEuvres de La Motte*, t. I, p. 13.

aperçue et comprise, comme l'abbé Terrasson, ou qui, sans l'avoir tout à fait abordée, sont dignes par leur génie d'une attention respectueuse, comme Fénelon.

CHAPITRE III.

Fénelon : Le *Télémaque*. — *Lettres sur les occupations de l'Académie française*. — Correspondance de Fénelon et de La Motte.

Le défenseur le plus illustre des anciens, dans cette seconde période de la querelle, c'est l'auteur du *Télémaque*. Ce livre immortel, à la fois roman passionné, peinture savante des mœurs antiques, utopie politique, satire d'opposition, sermon insinuant de pédagogie[1], et chef-d'œuvre de style, avait divisé les esprits et obtenu en France, parmi les adversaires de la politique royale, un succès combattu par la rancune de la cour. Mais, au plus fort de la querelle de Boileau et de Perrault, il n'y avait eu qu'une voix en Europe pour admirer le *Télémaque*, comme la réparation la plus glorieuse offerte par un beau génie à l'antiquité classique outragée. En composant des fictions d'Homère, des souvenirs de Sophocle, des rêveries de Platon et des préceptes moraux de la *Cyropédie*, un livre exquis où brillait la fleur de l'antiquité tout entière, Fénelon avait dignement défendu les anciens par un chef-d'œuvre éclos

---

1. Les réfugiés français de Hollande, qui devaient être disposés à chercher dans le livre de Fénelon un dessein d'opposition politique, y virent surtout une allégorie pédagogique. (Voy. Basnage, *Ouvrages des savants*, juin 1699.) Toutefois, Basnage convient que beaucoup de politiques spéculatifs y cherchèrent une intention secrète d'opposition.

au souffle de leur génie. Boileau, qui regrettait que Mentor
fût un peu trop « prédicateur » et trouvait parfois ses
maximes « un peu hardies, » salua Fénelon comme un allié
et le *Télémaque* comme un plaidoyer en faveur d'Homère[1].
Quelle plus belle défense, en effet, de l'antiquité païenne,
que de la faire aimer en l'imitant, en lui dérobant sa mythologie gracieuse, le pathétique de ses poëtes, les doc-
trines de ses moralistes, les rêves mêmes de ses philosophes, épurés par la sévérité toujours présente du génie
chrétien? Cette alliance de la pensée chrétienne et de l'inspiration antique, si visible pour nous dans le *Télémaque* et
si vivement dépeinte par M. Villemain[2], échappa d'abord
aux yeux des contemporains éblouis par les couleurs homériques répandues sur le roman du fils d'Ulysse. Lorsque,
dans son libelle de la *Télémacomanie*, où parmi beaucoup
d'injures se glissent quelques bonnes raisons, l'abbé Faydit
compara le *Télémaque* à la boutique des orfévres et des
sculpteurs chrétiens que Tertullien ordonne de fermer,
parce qu'ils étaient pleins de Jupiters, de Cupidons et de
Vénus, Faydit exprima l'illusion de beaucoup d'âmes
pieuses, trompées sur le caractère moral du *Télémaque* par
sa perfection littéraire[3]. Fénelon, comme Bossuet, était un
de ces rares esprits, assez vastes pour contenir, à l'exemple
des Pères les plus illustres de l'Église, beaucoup de science
et beaucoup de foi. Heureux siècle, que celui où l'Église
pouvait montrer à ses amis et à ses adversaires ces grands
évêques, les premiers dans les lettres comme dans la religion, et de qui le génie captivait l'admiration de ceux
même dont leur doctrine ne soumettait pas la foi! L'Église,

---

1. « L'avidité avec laquelle on le lit fait bien voir que, si l'on traduisait
Homère en beaux mots, il ferait l'effet qu'il doit faire et qu'il a toujours
fait. » (Lettre à Brossette, 1699.)
2. Voir, dans les *Discours et Mélanges littéraires*, la belle notice sur
Fénelon. — 3. *Télémacomanie*, p. 42.

par l'ascendant de ses chefs-d'œuvre, gardait ainsi une prise même sur l'indifférence, et s'emparait des esprits quand elle n'avait pas les âmes. Chrétien admirable, Fénelon était le dépositaire le plus fidèle du génie antique, l'interprète le plus vrai de la muse de Sophocle et d'Homère. De tous les partisans des anciens ce fut le plus étroitement attaché à leur cause, parce qu'il aimait l'antiquité, non pas avec son goût, mais avec son cœur. L'amour des anciens dans Fénelon, ce n'est pas seulement une inclination littéraire; c'est une idée morale, je dirais presque c'est une préférence politique. Pourquoi cette tendresse pour Homère? Est-ce uniquement parce qu'il a le mieux peint le premier âge du monde? Non; c'est parce qu'aux yeux de Fénelon, le premier âge du monde est réellement l'âge d'or. La société antique, avec la simplicité de son mécanisme et la frugalité de ses mœurs, lui paraît la plus parfaite des sociétés. Il s'arrête en souriant devant le roi Évandre, qui fait paître ses troupeaux; devant le vieillard de Tarente, qui cueille le premier ses fruits et ses roses; leur vie est à ses yeux la plus naturelle et la plus vraisemblable. « J'aime cent fois mieux, dit-il, la pauvre Ithaque d'Ulysse, que la Rome brillante de Salluste[1]. » Rome ici, c'est Paris, c'est Versailles. La description de Salente dans le *Télémaque*, ce n'est pas seulement une fantaisie littéraire du poëte rêveur, un ornement détaché des œuvres de Platon pour parer un roman; c'est le vœu sincère d'un retour de l'humanité vers les premiers âges du monde, c'est la théorie d'un politique et d'un moraliste qui voudrait ramener l'humanité virile au berceau de son enfance. La simplicité des temps héroïques unie aux lumières de la religion chrétienne, voilà l'idéal que Fénelon a conçu, et comme à ses yeux le premier âge du

---

1. *Lettre sur les occupations de l'Académie française.*

monde est l'époque la plus belle et la plus heureuse, il regarde le poëte qui l'a peinte en beaux traits comme le plus grand des poëtes. Sa théorie même de l'art porte la marque de cette prédilection pour la simplicité du monde naissant. La perfection de l'art, selon lui, c'est le naturel ; la beauté qu'il aime, c'est la beauté unie, aimable, si familière et si simple « que chacun soit tenté de croire qu'il l'aurait trouvée sans peine, quoique peu d'hommes soient capables de la trouver. » Il admet le commun, même le trivial, s'il est expressif ; il a été presque le seul de son temps à louer « les magots » de Teniers. Mais le rare l'effraye. « Les rayons du soleil, dit-il, sont-ils un moins grand trésor parce qu'ils éclairent tout l'univers ? » Mais, pourrait-on répondre, parce que le soleil éclaire tout l'univers, il n'en est pas moins rare, puisque le soleil est unique. S'il y avait deux soleils pour éclairer l'univers, le nôtre aurait moins de prix. Les beautés simples et naturelles sont charmantes ; mais, à force de les aimer, Fénelon ne fait-il pas tort aux beautés ornées et sublimes ? Il n'épargne pas les louanges à La Fontaine ; mais il en est bien avare pour Racine et pour Corneille, dont il signale surtout les défauts. « Le Titien, dit Fénelon, peint un vallon plein de fraîcheur avec un clair ruisseau ; il se garde bien de peindre un riche parterre avec des jets d'eau et des bassins de marbre[1]. » Aimons les fleurs naturelles des prairies, mais aimons aussi les fleurs charmantes des parterres cultivés par l'art d'un Racine ; aimons ces fleurs rares et merveilleuses, que, sur la cime des montagnes, fait éclore le souffle puissant d'un Corneille.

Fénelon était donc par ses idées, par ses sentiments, par son goût littéraire, le plus *ancien* de tous les *anciens*. Quand il fut prié de donner son avis sur les travaux de l'Acadé-

---

1. *Lettre sur les occupations de l'Académie française*, p. 103.

mie, par Dacier, le secrétaire perpétuel, il n'évita pas de s'expliquer sur une discussion qui occupait tous les esprits; mais il s'efforça d'exprimer sa pensée sans blesser l'opinion d'une assemblée où l'antiquité n'était pas souveraine. Il est curieux d'étudier la marche que va suivre ce grand esprit, jaloux de plaire à tout le monde. Le caractère de Fénelon s'y montre tout entier. Effleurant d'abord avec délicatesse la question philosophique, et reprenant la comparaison de Perrault et de Fontenelle, il reconnaît que, « comme les arbres ont aujourd'hui la même forme et portent les mêmes fruits qu'il y a deux mille ans, les hommes produisent les mêmes pensées[1]. » Mais il demande qu'on tienne compte des climats, car « certains climats sont plus heureux que d'autres pour certains talents, comme pour certains fruits.... Les Arcadiens étaient plus propres aux beaux-arts que les Scythes.... Les Athéniens avaient un esprit plus vif et plus subtil que les Béotiens. » La conclusion, c'est que, moins bien partagés que les Grecs du côté du climat, nous pouvons leur être inférieurs pour certains dons de l'esprit. Cette conclusion qui, présentée immédiatement, pouvait heurter l'opinion d'une partie de l'Académie, Fénelon la sous-entend avec prudence; il la laisse s'insinuer toute seule dans les esprits. Puis, s'avançant un peu plus, quand il les a suffisamment préparés, il remarque que « les Grecs avaient une espèce de longue tradition qui nous manque, et plus de culture pour l'éloquence que notre nation n'en peut avoir. » En termes plus nets, une autre cause de la supériorité des anciens dans certains arts de l'esprit, dans l'éloquence, par exemple, ce sont leurs institutions politiques; c'est la forme de leur gouvernement, c'est la liberté de la parole, c'est la tribune avec sa puissance, c'est la place publique avec ses orages. Ici, qu'on se

---

1. *Lettre sur les occupations de l'Académie française*, p. 10.

rappelle le développement précis et éloquent donné à cette idée par l'auteur du *Dialogue des orateurs*; ce souvenir, en faisant mieux ressortir la timidité volontaire des expressions de Fénelon, nous montre les ménagements qu'il impose à sa pensée. Toutefois il ne veut pas que son opinion soit douteuse, et bientôt il aborde la comparaison des anciens et des modernes dans l'éloquence et dans la poésie. Sa préférence marquée pour les anciens le rend sévère pour les modernes. Il est certain que la France n'a pas eu de Démosthène ni de Cicéron; mais est-ce rendre complétement justice à l'éloquence politique de notre pays, que de ne citer aucun monument, aucun nom dans notre histoire qui fasse honneur à la parole? Et cependant, les États généraux de 1614 n'étaient pas si loin! Fénelon n'a pas jeté un coup d'œil assez attentif sur le passé. Tout entier au spectacle du présent, et n'opposant à la Grèce de Démosthène, à l'Italie de Cicéron que la France de Louis XIV, il est accablé par l'infériorité de notre éloquence. « La parole n'a aucun pouvoir semblable chez nous, dit-il; les assemblées n'y sont que des cérémonies et des spectacles.... l'usage public de l'éloquence est maintenant borné aux prédicateurs et aux avocats. » Mais dans les limites mêmes où Fénelon enferme l'éloquence française, n'en trouverait-il pas quelque monument digne d'arrêter un instant ses regards? Si l'on ne connaissait la prévention de Fénelon en faveur des anciens, on s'étonnerait qu'il n'ait vu dans les avocats de son temps que des parleurs à gages et des hommes d'affaires « plaidant pour la rente d'un particulier, ou s'enrichissant aux consultations, » et que le souvenir d'un Pellisson ou d'un Patru n'ait pas adouci ses dédains. On s'étonnerait bien plus encore que, parlant d'un genre d'éloquence que l'antiquité n'a pas connu, de l'éloquence sacrée, il n'ait pas songé à opposer aux anciens, sinon le génie oratoire d'un Bossuet, du moins la parole originale d'un Augustin et d'un Chrysostome ! Il les propose pour modèles aux orateurs modernes ; il oublie de les opposer comme rivaux aux orateurs anciens.

Dans le chapitre qu'il consacre à la poésie[1], il compare aux inversions commodes, aux belles cadences, à la variété, aux expressions passionnées des langues anciennes, la construction logique, la gêne, la monotonie de la nôtre, la tyrannie de la rime, la pauvreté de nos images, la dureté de nos sons. La perfection de notre versification lui paraît « presque impossible. » Il admire avec une complaisance charmante Homère, Virgile, Horace, et les citations de ces poètes coulent de sa plume avec une intarissable abondance. En revanche, quelques phrases courtes et sèches lui suffisent à résumer l'histoire de la poésie française. Il ne cite que deux noms : Malherbe et Ronsard. « Personne n'a fait de plus beaux vers que Malherbe; combien en a-t-il fait qui ne sont pas dignes de lui !... Ronsard parlait grec en français.... il avait forcé notre langue par des inversions trop hardies et obscures.... L'excès choquant de Ronsard nous a jetés dans l'extrémité opposée. » Voilà, en raccourci, le tableau de la poésie française. Quand Fénelon arrive à l'art dramatique, il reproche aux poètes modernes d'avoir affadi la tragédie. Il ne cite le nom de Corneille que pour préférer à son *Œdipe* l'*Œdipe-Roi* de Sophocle, et pour condamner l'emphase de *Cinna* au nom de la simplicité de Suétone. Il ne parle de Racine que pour donner la palme à l'*Hippolyte* grec sur la *Phèdre* française, et pour mettre le long récit de Théramène au-dessous des plaintes entrecoupées de Philoctète. C'est à peine s'il laisse échapper çà et là une louange qui adoucisse la rigidité de ses jugements sur les modernes. Il avoue que Molière est un grand poëte comique. Mais combien de restrictions

---

1. *Lettre sur les occupations de l'Académie*, p. 30.

met-il à cet éloge ! Qu'il accuse Molière de donner un tour gracieux au vice, j'y consens : on ne peut demander à l'archevêque de Cambrai d'être plus indulgent que ne le sera plus tard le philosophe Rousseau. Mais refuser à Molière la vérité dans la peinture des caractères et le naturel dans le style ! Rapprocher, dans une comparaison malveillante, « l'élégance de Térence » et « le galimatias de Molière[1] ! » voilà une hardiesse de partialité qui démontre l'attachement de Fénelon pour les anciens et le vrai sens de la *Lettre à l'Académie*. On la regarde généralement comme une exposition des vues dogmatiques de Fénelon en littérature. La disposition didactique des matières a pu faire illusion sur le vrai caractère de l'ouvrage. C'est surtout, selon moi, une œuvre de polémique mesurée, polie, indirecte, comme Fénelon la pouvait faire contre un parti puissant dans l'Académie française. A ne consulter que les titres des chapitres, on croit avoir sous les yeux des esquisses de traités sur la poésie, sur l'art dramatique, sur l'histoire, etc. Peu à peu, on voit se dérouler avec une habileté infinie un parallèle perpétuel entre les anciens et les modernes. Les jugements sur les écrivains s'y succèdent sans cesse, comme autant de répliques aux sentences de Perrault et de ses successeurs. Les théories même de Fénelon sont des arguments en faveur des anciens[2]. On arrive ainsi, de comparaison en comparaison, à la conclusion générale, et l'on s'attend que Fénelon, qui, jusqu'à présent, a donné l'avantage aux anciens sur tous les points, sera plus explicite encore, plus décidé. Mais ici se découvrent la circonspection et l'innocent manége de cet esprit insinuant, qui veut faire

1. *Lettre sur les occupations de l'Académie*, p. 71.
2. La théorie de Fénelon pour enrichir la langue française par l'adoption des mots composés, prouve combien il la juge inférieure à la langue grecque et à la langue latine. Sa théorie sur l'histoire est celle de Lucien, et, parmi les historiens modernes, il ne cite que Froissard, d'Ossat et d'Avilla ; il omet Villehardouin, Commines et Joinville.

arriver doucement sa pensée sans offenser personne. Tant qu'il ne prenait la question que de biais, pour ainsi dire, il parlait avec plus de liberté, et faisait passer avec art, comme dans une digression, une opinion qui, annoncée *ex professo*, eût semblé plus suspecte. Mais dès qu'au lieu d'exprimer ses idées sous le couvert du dictionnaire, de la tragédie, de la comédie et de l'histoire, Fénelon aborde directement la question des anciens et des modernes, sachant que son public l'attend à ce passage comme à un défilé, et qu'il est plus écouté et plus en vue, il atténue sa parole jusqu'à diminuer quelque chose de sa pensée. Quand on étudie de plus près le dernier chapitre de la *Lettre à l'Académie*, on voit que les conclusions de Fénelon ne répondent pas exactement à ses prémisses, et que, se fiant à la mémoire du lecteur, il lui laisse le soin de réparer, par le souvenir des pages précédentes, l'atténuation calculée des dernières.

Il avoue d'abord que, dans une telle discussion, chacun peut suivre en liberté ses idées. Si l'on prenait au mot la complaisance de Fénelon, cette concession ôterait toute autorité au reste de son ouvrage, en réduisant une question de critique, c'est-à-dire de principes, à une simple question de goût individuel et de préférence arbitraire. Une guerre d'opinions littéraires dans l'Académie n'alarme pas Fénelon, parce qu'elle serait douce, polie et modérée, dit-il avec une assurance flatteuse, qui ressemble plutôt à un bon avis qu'à un compliment. Cependant, au lieu de combattre, ne peut-on s'entendre ? Fénelon accorde qu'il est à souhaiter que les modernes surpassent les anciens ; qu'il y aurait de l'entêtement à juger un ouvrage sur sa date ; que les modernes ont raison de vouloir être les rivaux des anciens, pourvu que leur émulation ne se tourne pas à mépriser l'antiquité, et qu'ils s'appliquent à la vaincre par l'étude et par l'imitation ; qu'il faut encourager cette rivalité et louer unanimement ces efforts ; enfin, que les anciens les plus parfaits ont de grandes imperfections. Dans leurs tragédies, l'action reste en suspens et manque de vraisemblance. Dans leurs comédies, leur plaisanterie manque de délicatesse. Il y a des satires d'Horace indignes de lui, et dans ses plus belles odes on voudrait supprimer des passages froids et inutiles. Cicéron est quelquefois violent jusqu'à la trivialité, et vaniteux jusqu'au ridicule. En général, les anciens sont un peu pédants. Leur religion est un tissu monstrueux de fables ; leur philosophie est grossière ; Platon même fait raisonner faiblement Socrate de l'immortalité de l'âme. Les héros d'Homère ne ressemblent guère à d'honnêtes gens, et ses dieux sont au-dessous de ses héros. Fénelon accorde enfin qu'il y a parmi les anciens peu d'auteurs excellents, et qu'on se passerait volontiers d'un grand nombre, par exemple d'Aristophane, de Plaute, de Sénèque le tragique, de Lucain et d'Ovide lui-même, tandis qu'il y a un nombre considérable d'auteurs modernes qu'on goûte et qu'on admire avec raison. — On voit que les concessions de Fénelon sont plus que généreuses, et que le changement de ton est sensible, de ses prémisses à sa conclusion. On ne s'explique pas qu'il sacrifie si aisément une illustre part de cette antiquité qu'il chérissait tout à l'heure, et qu'il immole, en l'honneur des modernes, cette hécatombe composée d'Aristophane, d'Ovide, de Sénèque et de Lucain. De plus, cette louange générale des modernes, « qu'on goûte et qu'on admire avec raison, » ne résume pas avec exactitude les critiques si vives que Fénelon adressait aux plus grands de ses contemporains. — Voyons maintenant ce qu'il allègue en faveur des anciens. Ils nous ont donné ce que nous avons de meilleur. Il faut les admirer jusque dans leurs négligences, comme dit Longin. Leur esprit, qui ne s'étudiait qu'au grand, ne pouvait pas s'arrêter aux petites choses. Plus leur religion était ridicule, plus il faut admirer

Homère de l'avoir relevée par de si belles images. Plus leurs mœurs étaient grossières, plus il faut être touché de voir qu'il les ait peintes avec tant de grâce et de vigueur. Blâmer Homère d'avoir peint fidèlement d'après nature, c'est reprocher à M. Mignard et à M. Rigaud d'avoir fait des portraits ressemblants. Voudrait-on qu'on peignît la cour de notre temps avec les fraises et les barbes de l'an passé? Rien n'est si aimable, d'ailleurs, que la vie des premiers hommes. Qui ne voudrait être le vieillard d'Œbalie? Qui ne voudrait habiter les jardins d'Alcinoüs? On ose mépriser Homère pour n'avoir pas peint d'avance nos mœurs monstrueuses, pendant que le monde était encore assez heureux pour les ignorer.... — L'inconvénient du rôle d'arbitre, c'est que, pour vouloir tenir le juste milieu entre deux extrémités, et faire sur tous les points la part exacte du faux et du vrai, on risque de se contredire et de soulever contre soi les deux partis qu'on veut réconcilier. Malgré toute la souplesse de son esprit, Fénelon, ce me semble, n'échappe pas à la contradiction. Quand il insiste sur les défauts des anciens, il dénonce vivement la grossièreté des mœurs antiques ; quand il vante les beautés de l'antiquité, il ne trouve rien de plus aimable que la vie des premiers hommes, et ce sont les mœurs modernes qu'il déclare *monstrueuses*. Je ne saurais accorder ces deux jugements. Leur diversité vient de ce que Fénelon considère successivement les divers aspects des choses, au lieu de les embrasser à la fois d'un seul coup d'œil. Dans l'enfance de l'humanité, comme dans celle de l'homme, il y a une naïveté qui résulte de l'ignorance, une simplicité qui tient à la rudesse, une absence de politesse, qu'on peut confondre avec le naturel. L'humanité jeune, comme l'enfant, a les défauts de ses qualités, et les qualités de ses défauts. Quand Fénelon plaide contre l'antiquité, il ne considère en elle que ses défauts : la rudesse, la grossièreté, les vices de ses héros et de ses dieux. Quand il plaide pour l'antiquité, il ne considère que ses qualités : la simplicité aimable, la grâce naïve, la liberté, les plaisirs champêtres, les danses sur l'herbe fleurie. Il semble qu'il y ait deux antiquités, selon les besoins de la cause, l'antiquité des malhonnêtes gens et des idolâtres, l'antiquité des bergers naïfs et des laboureurs vertueux. Mais en réalité il n'y en a qu'une, et elle ne peut pas changer soudainement comme une décoration de théâtre, selon qu'on se place au point de vue de La Motte ou à celui de Mme Dacier. La rudesse ne peut devenir subitement la simplicité, ni la grossièreté l'innocence. Quand on parle du bon vieux temps, il faut le prendre tel qu'il est, avec ses héros et avec ses bergers. Même pour le besoin d'un arbitrage académique, l'enfance du monde naissant ne saurait être à la fois l'âge d'or et l'âge d'airain. Fénelon le savait ; la seule antiquité à laquelle il croit sérieusement, ce n'est pas l'antiquité grossière, qu'il blâme ; c'est l'antiquité aimable, qu'il vante. S'il semble se contredire en opposant l'une à l'autre, c'est par civilité, pour représenter tour à tour les deux opinions qu'il veut concilier. Le dernier chapitre de la *Lettre à l'Académie* est donc peu concluant, à force de viser à l'impartialité ; les arguments pour et contre les anciens, destinés à maintenir le jugement en équilibre, le tiennent en suspens, en se neutralisant par la contradiction. La conclusion définitive à laquelle arrive Fénelon est une espèce d'échappatoire. Au moment de se prononcer entre les deux partis, il s'évade par la porte dérobée d'une citation latine : « Je croirais m'égarer au delà de mes bornes, si je me mêlais de juger jamais pour le prix entre les combattants :

Non nostrum inter vos tantas componere lites :
Et vitula tu dignus, et hic.... »

Ces vers, qui ne proclament ni vainqueur ni vaincu, et

qui partagent le prix, sont le résumé fidèle du dernier chapitre de Fénelon, mais la conclusion infidèle de tout son ouvrage, et l'on comprendrait mal sa pensée si on la cherchait dans son dernier chapitre. *Plerique homines postrema meminere*, a dit Salluste. Fénelon, qui savait la justesse de ce mot, et qui désirait plaire aux plaideurs qu'il jugeait, a déployé dans ses dernières pages un art de pondérer ses arguments, et une perfection d'impartialité évasive qui a dû charmer tout le monde, parce qu'il ne semblait donner tort à personne. Mais nous qui, au lieu d'être jugés par Fénelon, sommes ses juges à notre tour, et qui, à travers les précautions de son discours, cherchons son opinion vraie, ce ne sont pas ses dernières paroles qu'il faut nous rappeler, mais ses premières, afin que, dans un écrivain si rempli de ménagements et d'art, la politesse de l'homme du monde, poussée jusqu'à la complaisance, ne nous cache pas l'amour de l'antiquité, poussé jusqu'à l'adoration.

Quelques mois avant que Fénelon eût envoyé à l'Académie son agréable sentence sur la question en litige[1], un des personnages les plus intéressés dans le débat, La Motte, lui écrivait pour le remercier d'un souvenir bienveillant que l'archevêque de Cambrai lui avait accordé dans une de ses lettres à l'abbé Dubois. Fénelon, dans sa réponse à La Motte, lui parlant de sa traduction d'*Homère*, sur le point d'être publiée, lui donnait sous la forme de compliments des conseils parfaitement choisis. « Je serai charmé, lui écrivait-il, de voir un si grand poëte (Homère) parler notre langue. Je ne doute point de la fidélité de la version ni de la magnificence des vers. Notre siècle vous aura obligation de bien faire connaître la simplicité des mœurs antiques, et la naïveté avec laquelle sont

---

1. La *Lettre à l'Académie* est de 1714; le commencement de la correspondance de Fénelon et de La Motte est du 18 août 1713.

exprimées les passions dans cette espèce de tableau. » Fénelon, qui connaissait La Motte, lui indiquait d'avance, avec une précision prophétique, les défauts de son ouvrage, qui ne devait être ni fidèle, car La Motte abrégeait l'*Iliade* de moitié; ni magnifique de style, car La Motte n'était pas poëte; ni simple, ni naïf, car La Motte dédaignait la simplicité d'Homère et sa naïveté. Fénelon ajoutait avec une politesse très-spirituelle : « Cette entreprise est digne de vous ; mais comme vous êtes capable d'atteindre à ce qui est original, j'aurais souhaité que vous eussiez fait un poëme nouveau où vous auriez mêlé de grandes leçons avec de fortes peintures. J'aimerais mieux vous voir un nouvel Homère que la postérité traduirait, que de vous voir le traducteur d'*Homère* même. Vous voyez que je pense hautement de vous[1]. » La Motte ne comprit pas l'insinuation cachée sous ce compliment, et il ne songea nullement à abandonner sa traduction d'*Homère*. Il ne pensa qu'aux espérances de fidélité, de simplicité, de naïveté que sa traduction excitait et qu'elle ne devait pas tenir, et il se défendit de promettre ce que Fénelon espérait de lui. « Vous vous attendez, ce me semble, écrit-il, à beaucoup de fidélité; mais, je vous l'avoue ingénument, je n'ai pas cru qu'une traduction fidèle d'Homère pût être agréable en français. Je m'en suis tenu à une imitation très-libre, et j'ai osé même quelquefois être tout à fait original[2]. » Il raconte qu'il a lu des fragments de son ouvrage aux assemblées publiques de l'Académie : « Ceux qui connaissent le mieux le poëme original m'ont félicité d'un air bien sincère. » On imprime son *Iliade* et le discours qui doit la précéder. Il en enverra à Fénelon un des premiers exemplaires. Il l'envoie, en effet, le 16 janvier 1714, et dix jours après, Fénelon le remercie dans une lettre flatteuse, qui est

---

1. Lettre II. — 2. Lettre III.

comme la première esquisse de la *Lettre à l'Académie* : ce sont les mêmes idées, quelquefois les mêmes expressions, les mêmes ménagements toujours.

Sans doute, comme on l'a très-bien dit[1], la vérité est au fond de tous les compliments de Fénelon ; mais il faut l'en tirer. Si La Motte y voulait regarder de près, il comprendrait le sens de cette antithèse délicate. « Votre parti conclut que vous avez surpassé Homère. Pour moi, je me récuse. » Il sentirait aussi qu'il y a quelque malice à louer un *moderne* avec des citations des anciens ; enfin il s'apercevrait que Fénelon ne lui dit pas un mot du *Discours sur Homère*. Mais La Motte laissera la sévérité sous les voiles où Fénelon l'enveloppe ; il ne prendra pour lui que les compliments ; et le voilà déjà qui remercie Fénelon de « l'approbation » qu'il lui donne, et qui triomphe des concessions de son aimable lecteur. Il promet de ne jamais mépriser le goût des anciens. « Quoi que nous fassions, s'écrie-t-il, ils seront toujours nos maîtres ! Qu'on nous permette seulement un examen respectueux de leurs ouvrages, une émulation modeste (on ne sait pourquoi il n'ajoute pas : une imitation décente, comme mon *Iliade*), nous n'en demandons pas davantage. » La Motte est bon prince. La bienveillance extrême de Fénelon l'a touché, et, par reconnaissance, il rend aux anciens les bons traitements qu'il a reçus de leur doux avocat. » Je passe sur les louanges que vous daignez me donner, » ajoute-t-il modestement en achevant sa lettre. Et voilà le fruit qu'Oronte a tiré de la leçon de Philinte !

Aussi prend-il Philinte pour le confident de ses triomphes : « Je vous dois un compte naïf des succès de mon *Iliade*. Les connaisseurs l'ont reçue avec applaudissement, et le P. Sanadon est ravi. Le P. Porée partage la joie du

---

1. Voir l'excellente édition de la *Lettre à l'Académie*, par M. E. Despois, p. 116.

P. Sanadon. A peine si les commentateurs, persuadés de l'infaillibilité d'Homère, ont élevé quelques murmures [1]. » A ce récit triomphant, Fénelon s'aperçoit que La Motte ne l'a pas compris, et qu'il fait trop bon marché des anciens. Aussi, laissant de côté le poëme de La Motte, et revenant à Homère, il vante « l'aimable simplicité du monde naissant; » il insiste sur l'égalité des talents dans tous les siècles, sur les effets divers des institutions et des climats, et sur les difficultés de la versification française. Mais quand il s'agit de conclure, il laisse encore une fois chacun libre de penser comme il lui plaît. « Je ne prétends reprendre ni contredire personne, je dis quel est mon goût, comme un homme dans un repas dit naïvement qu'il aime mieux un ragoût que l'autre. Je ne blâme le goût d'aucun homme, et je consens qu'on blâme le mien [2]. » C'est trop de tolérance. Homère n'est pas un mets que l'on puisse aimer ou ne pas aimer. Dans les questions littéraires, les divers champions ne peuvent avoir la liberté absolue qu'ont des convives réunis autour d'une bonne table. Fénelon ne l'ignore pas, et sa préférence pour les anciens n'est pas seulement un goût, c'est un jugement. Mais il a peur de déplaire en donnant à son opinion la forme d'un avis, et cette crainte se montre dans sa lettre : « Je vois bien qu'en rendant compte de mon goût, je cours risque de déplaire aux admirateurs passionnés des anciens et des modernes [3]. » Fénelon avait tort de s'alarmer. Grâce à la politique habile de sa *Lettre à l'Académie*, et à l'ingénieuse atténuation de sa pensée dans le dernier chapitre, il plut à tout le monde, parce que chacun crut avoir obtenu ses suffrages. Après la lecture de sa lettre dans l'Académie française, La Motte s'empressa de lui écrire : « Je passe au discours que vous avez envoyé à l'Académie; tout le monde fut également charmé des idées

---

1. Lettre VII. — 2. Lettre VIII. — 3. *Ibid.*

justes que vous y donnez de chaque chose. Il n'appartient qu'à vous d'unir tant de solidité à tant de grâces ; mais je vous dirai que sur Homère les deux partis se flattaient de vous avoir chacun de leur côté[1]. » Fénelon avait réussi. Il avait dit sa pensée de façon à n'être compris que des témoins désintéressés du combat, et à ne mécontenter aucun des combattants. Mais La Motte, qui veut savoir si Fénelon est décidément pour lui contre Homère, ou avec Homère pour Mme Dacier, insiste et pose des questions pressantes. « Malgré le talent de peindre que je trouve avec vous dans Homère, la raison n'est-elle pas révoltée à chaque instant par des idées qu'elle ne saurait avouer, et qui, du côté de l'esprit et du cœur, trouvent un double obstacle à l'approbation ? » Fénelon lui répond par de nouveaux compliments et par une nouvelle protestation de neutralité entre les opinions extrêmes : « Est-il possible que je combatte les deux partis des anciens et des modernes, moi qui craignais tant de les fâcher tous deux ? Me voilà tenté de croire que je ne suis pas loin du juste milieu, puisque chacun des deux partis me fait l'honneur de supposer que j'entre dans son véritable sentiment. C'est ce que je puis désirer de mieux, étant fort éloigné de l'esprit de critique et de partialité[2]. » Et Fénelon se trouve si bien dans cette retraite paisible qu'il s'est ménagée entre les deux camps, que, malgré les instances de La Motte, il persiste à ne la pas quitter. Au lieu de répondre directement à ses questions, il lui transcrit de nouveaux extraits de sa *Lettre à l'Académie*, qu'il couronne par cette invitation gracieuse : « Que ne dirions-nous pas là-dessus, si jamais Cambrai pouvait vous posséder ? Une douce dispute animerait la conversation.

> O noctes cœnæque Deum, quibus ipse, meique,
> Ante Larem proprium vescor.... »

1. Lettre IX. — 2. Lettre X.

La Motte ne résiste pas : « Le parti en est pris, s'écrie-t-il, je me ferai relever par M. Destouches, et j'irai me livrer aux enchantements de Cambrai[1]. » Il veut partir, il veut, dans le palais de Cambrai, prouver à Fénelon qu'il est d'accord avec lui sur Homère. Mais quelques semaines après[2], Fénelon expirait à Cambrai. La Motte ne put ni le voir ni l'entendre. L'espérance charmante de ces doux entretiens s'évanouit pour toujours. La Motte pleura sincèrement dans Fénelon non-seulement un grand homme et un ami, mais un partisan de ses opinions et de ses vers. En lisant aujourd'hui cette correspondance où il y a d'un côté tant d'esprit, et de l'autre tant d'illusion et de naïveté, on en tire naturellement une leçon de conduite, utile à suivre dans les discussions littéraires : c'est qu'il faut prendre bien garde, quand les principes sont engagés, que l'aménité du caractère n'ôte rien à la fermeté de l'esprit; que la modération des idées ne paraisse tourner en indécision et indifférence, et qu'une opinion appuyée sur des principes ne se confonde avec une préférence fondée sur un caprice. C'est précisément parce que la vérité est dans le milieu qu'il convient de la défendre vivement contre les deux extrêmes : la modération efficace, c'est la modération armée. Il ne faut pas choisir les postes intermédiaires pour n'être trop éloigné d'aucun des deux partis, mais pour être plus près de la vérité; et quand on prend part à la lutte, s'il est beau de porter une branche d'olivier dans une main, il est nécessaire de tenir une épée dans l'autre. Quand on écrit sur son drapeau comme Sosie : « Ami de tout le monde ! » on ne déplaît à personne peut-être, mais on ne persuade et l'on ne désarme personne. Ce qu'on gagne

---

1. Lettre XI.
2. La réponse de La Motte est du 18 septembre 1714. Fénelon mourut au commencement de 1715.

en séduction, on le perd en autorité; on peut être un instant le favori de l'opinion, on n'en devient jamais le pacificateur.

CHAPITRE IV.

Les adversaires de Mme Dacier et ses partisans. — Saint-Hyacinthe : *Le chef-d'œuvre d'un inconnu. Déification du docteur Aristarchus Masso.* — L'abbé de Pons. — Cartaud de La Vilate. — Gacon. — Le P. Hardouin : *Apologie d'Homère.* — Réponse de Mme Dacier.

La *Lettre à l'Académie* ne rétablit pas la paix, et ne réconcilia ni Mme Dacier avec La Motte, ni les *anciens* avec les *modernes*. La Motte se consola de ne pouvoir discuter à Cambrai avec Fénelon, en continuant contre Mme Dacier ses *Réflexions sur la critique*, et Mme Dacier prépara un appendice aux *Causes de la corruption du goût*. Cependant un jeune homme, qu'une suite de circonstances assez romanesques avait conduit en Hollande, et que le *Journal littéraire* de la Haye s'était attaché[1], Hyacinthe Cordonnier, ou, pour lui laisser le nom aristocratique inventé par la vanité de sa mère, Thémiseul de Saint-Hyacinthe, suivait avec curiosité les progrès de la discussion. Élève brillant des oratoriens de Troyes, il avait puisé une estime sincère de l'antiquité à cette forte école, dont le fondateur voulait qu'on se servît des sciences profanes comme d'un hameçon « pour gagner des âmes à Dieu[2]. » Mais, dès son entrée au

---

1. Les premières feuilles de ce journal parurent en mai 1713.
2. *Règlement de la congrégation de l'Oratoire donné par le cardinal de Bérulle*, chap. *De l'étude des sciences.*

Journal littéraire, il avait épousé les ressentiments de ses collaborateurs Prosper Marchand, Sallengre et Van Effen, contre certains représentants de l'érudition hollandaise alors pédante, quinteuse et agressive, qui avaient déclaré la guerre au *Journal de la Haye*. Le principal ennemi de cette feuille était un professeur d'histoire, d'éloquence et de grec, à l'université de Leyde. Burmann, dans son *Oraison augurable*, en prenant possession de sa chaire, avait déchiré *dente canino*, dit Saint-Hyacinthe, les Français, les Allemands, et même ses compatriotes, qu'il accusait de négliger l'étude des anciens et la langue latine sacrifiée « au patois des peuples modernes[1]. » Les agressions de Burmann et de ses amis indisposèrent contre l'antiquité les collaborateurs du *Journal littéraire*. Van Effen publia en 1714 une dissertation médiocrement plaisante, où il comparait Homère et Chapelain. La même année, Saint-Hyacinthe donna une édition nouvelle du *Traité* du P. Le Bossu, dont il vantait la législation épique : exemple frappant des conséquences contradictoires qu'on peut tirer des règles, quand les règles, au lieu de sortir de la nature des choses, reposent sur des conventions arbitraires. Saint-Hyacinthe et Mme Dacier rivalisaient d'admiration pour le P. Le Bossu, et trouvaient dans son livre des raisons excellentes, l'un de critiquer, et l'autre d'exalter Homère. Mais la critique de Saint-Hyacinthe est douce et réservée. Il s'amuse à mettre le *Chef-d'œuvre d'un inconnu* au-dessus de l'*Iliade*. Ses plaisanteries atteignent plutôt les interprètes et les partisans du poëte, que le poëte lui-même. Saint-Hyacinthe n'est pas un ennemi des anciens, c'est un adversaire de leurs défenseurs, et le commentaire du docteur *Mathanasius* n'est que la satire de la pédanterie.

---

1. Voy. la lettre de Saint-Hyacinthe sous le nom de *Chrysologos Caritidès*.

Le docteur *Chrysostomus Mathanasius*, qui figure au frontispice du *Chef-d'œuvre d'un inconnu*[1], avec sa tête carrée, couverte d'une énorme perruque, ses sourcils épais, son œil dur, son nez gros, sa bouche lippue et cet air de bêtise outrecuidante, obstinée et béate, est bien l'image, non de l'érudition, que Saint-Hyacinthe n'a pas voulu calomnier, mais de la fausse science bavarde, pédante, vantarde et querelleuse. Au bas du portrait du docteur s'étalent ses armoiries : un écusson avec un soufflet en champ de gueules ; pour supports, un âne et un paon ; pour cimier, un perroquet. A la tête du livre, orné d'une épigraphe et d'une dédicace, et chargé d'approbations et d'errata, sont réunis les hymnes grecs, hébreux, anglais, allemands, français, écrits en l'honneur du très-illustre, très-docte et savantissime docteur *Mathanasius* ; aux hymnes succèdent les diverses préfaces des diverses éditions ; aux préfaces, les témoignages des savants, en prose et en vers, sur la beauté du *Chef-d'œuvre* et le génie de son commentateur. Le poëme merveilleux que Saint-Hyacinthe a choisi pour sujet de son commentaire est une chanson burlesque qu'il avait entendue à la Haye. Chaque matin la fille du menuisier chez lequel il était logé l'éveillait en chantant ces beaux vers :

> L'autre jour Colin malade
>   Dedans son lit,
> D'une grosse maladie
>   Pensant mourir,
> De trop songer à ses amours
>   Ne peut dormir, etc.

Saint-Hyacinthe transcrivit la chanson, la lut à ses collaborateurs, et ils firent en commun à table le plan du com-

---

1. Publié en 1714.

mentaire [1]. L'idée des journalistes de la Haye n'est pas originale : Swift, Pope et Arbuthnot commentaient Virgile pour parodier Bentley, et les auteurs du *Spectateur* avaient publié dans un de leurs numéros [2] une chanson qu'ils donnaient comme une ode antique, et qu'ils avaient enrichie de notes et de variantes. Mais le mérite d'une satire comme le *Chef-d'œuvre d'un inconnu*, ce n'est pas l'idée première, c'est l'exécution : le fond n'est rien ; le détail est tout. Dans le petit livre de Saint-Hyacinthe les traits ingénieux abondent ; les citations qu'il multiplie pour parodier les commentateurs, sont ou des fragments d'auteurs anciens, qu'il rapproche plaisamment de la chanson de *Colin* et de *Catos*, ou des extraits d'auteurs modernes comme Fontenelle et La Motte, qu'il flatte en passant avec délicatesse, ou des souvenirs des anciens écrivains français prodigués à dessein pour contrefaire l'érudition. Les traits plaisants, les épigrammes, les étymologies imprévues, les souvenirs historiques, les anecdotes, et même les réflexions morales, se pressent sous la plume du docteur *Mathanasius*. Un mot du texte enfante des pages de commentaires. A propos du nom de son héros, Colin, le docteur s'abandonne à des observations philosophiques : « A mesure que nous nous éloignons des premiers siècles, notre corruption augmente.... nous faisons succéder une fausseté contagieuse qui se répand sur tout. Nos bergers n'oseraient plus s'appeler *Pierrot*, *Henriot*, *Colin* ; il nous faut des *Tircis*, des *Céladons*, des *Lygdamis* ; nos bergères doivent être des *Silvanires*, des *Delphires*, des *Florises*. Cependant Ronsard a appelé Henri II *Henriot*, et Catherine de Médicis *Catin*. M. de Fontenelle remarque même que c'est tout ce qui fait le pastoral des églogues de ce poëte. » Mais, au bout de ses digressions, l'habile docteur

---

1. Camusat, *Histoire critique des journaux*, t. II, p. 153.
2. N° 460 du *Spectateur*, 29 août 1712.

sait toujours revenir à son sujet, c'est-à-dire aux anciens et aux ridicules de leurs interprètes. *Colin* et *Henriot* le ramènent tout naturellement à Homère et à Mme Dacier : « Le divin Homère, dit-il, n'a pas fait de difficulté de nommer une nymphe *Abarbarée*. Si un petit poëte français avait une maîtresse de ce nom, il la débaptiserait, je m'assure, plutôt que d'écrire jamais, *Stances à la belle Abarbarée*. « Fi! dirait-il; *Abarbarée! C'est* un nom à *conjurer le farcin*. » Puis, prenant pour de bonnes raisons cette expression de petit-maître, il irait fadement l'appeler *belle Iris, charmante Dorimène*, et croirait alors dire les plus belles choses du monde. Ce n'est pas le goût d'un petit-maître qui me surprend ; ce qui m'étonne le plus, c'est que Mme Dacier ait osé proscrire de son aimable traduction de l'*Iliade* le nom d'*Abarbarée*, qu'elle l'ait trouvé *désagréable en notre langue*, et qu'elle ait osé dire : *C'est une chose assez singulière qu'un nom qu'Homère n'a pas trouvé trop dur pour son vers, ni mal né pour les oreilles, me paraisse trop dur pour ma prose.* » Le *Chef-d'œuvre d'un inconnu*, écrit de ce ton vif et agréable, eut un grand succès : il atteignit rapidement plusieurs éditions. Quand Saint-Hyacinthe vint à Paris, précédé d'une réputation d'homme d'esprit, que lui avait méritée son livre, et de la renommée d'homme heureux, que lui avait faite la jalousie conjugale du duc d'Ossuna, les salons accueillirent avec empressement un journaliste français de Hollande qui avait su conserver intactes à l'étranger les deux choses les plus chères alors à la France, l'esprit et la galanterie. Présenté à Fontenelle et à La Monnoye, à qui on avait attribué successivement la paternité du *Chef-d'œuvre*, il trouva en eux des parrains bienveillants pour son livre. On le conduisit chez Mme Dacier, et il vit une femme aimable et simple, là où il s'attendait à trouver une virago cuirassée d'érudition. L'estime qu'il emporta pour elle après sa visite se marqua dans l'accent respectueux des deux lettres qu'il lui écrivit en 1715 sur les *Causes de la corruption du goût*[1].

Il est un autre opuscule de Saint-Hyacinthe où se montre plus clairement que dans le *Chef-d'œuvre d'un inconnu* son opinion sur l'antiquité. C'est la satire contre le journaliste Masson, intitulée : *Déification du docteur Aristarchus Masso*. Saint-Hyacinthe y représente une multitude de personnages célèbres de la littérature, s'efforçant d'escalader le Parnasse et roulant en bas de la montagne, avant d'en avoir atteint le sommet. Parmi les plus maltraités, on remarque le docteur Bentley tenant dans ses bras ses trois éditions d'Horace, de Phèdre et de Térence. Il veut monter jusqu'à la double cime, mais il est pris de vertige et se laisse tomber aux pieds d'un Écossais, Alexandre Cuningham, qui lui applique sur la tête un coup violent de son *Horace*, pour le corriger de son orgueil. Après Bentley arrive le professeur Burmann, sous le nom compliqué de *Anglogermanogallomastix*. A peine a-t-il gravi quinze toises de hauteur, qu'il tombe essoufflé sur son gros ventre. Tout à coup la terre tremble, le Parnasse se couvre d'un nuage qui bientôt se dissipe et laisse voir toute la cour des dieux réunis sous la présidence de Jupiter. Tous les grands poëtes de l'antiquité et des siècles modernes sont rassemblés à leurs pieds. Horace cause avec Longin, Despréaux et La Fare; Pétrone avec Rabelais et Boccace. Lucien est à côté de Cer-

---

1. *Lettres à Mme Dacier sur son livre : Des causes de la corruption du goût*, 1715. Je n'ai pu retrouver ces deux lettres. Le dernier éditeur de Saint-Hyacinthe, M. Leschevin, écrivait en 1807 qu'elles avaient toujours été rares à Paris, et que l'abbé Goujet paraît ne les avoir pas connues, puisqu'il n'en fait pas mention dans la liste qu'il a donnée dans sa *Bibliothèque française* des ouvrages publiés pour et contre Homère. Nous ne savons donc pas quels arguments Saint-Hyacinthe opposait à Mme Dacier; mais, d'après un extrait que M. Leschevin nous a conservé d'une de ces lettres, on peut conjecturer que Saint-Hyacinthe mettait autant de modération dans son attaque contre les anciens que dans sa réplique à Mme Dacier.

vantes, de Butler et de Rochester; Tite Live, auprès de de l'historien de Thou, ne paraît pas plus grand que lui. Mézerai se promène entre Thucydide et Salluste. Eschyle s'entretient avec les deux Corneille, Shakspeare et Campistron. Ce sont là, comme on voit, des alliances de noms singulières ; c'est un pêle-mêle plutôt qu'une hiérarchie. Mais il règne dans cette fiction un esprit pacifique, et cette confusion des anciens avec les modernes, sur le pied de l'égalité, prouve que Saint-Hyacinthe est plutôt un homme d'esprit qui s'est égayé sur la question en litige, qu'un polémiste qui a voulu discuter et faire prévaloir ses opinions. Cependant, au pied du Parnasse, on aperçoit un Italien qui s'agite comme un pantomime, un Anglais qui se promène d'un air mélancolique et distrait, un Espagnol qui fait une oraison à saint Antoine de Padoue, un Allemand qui a ses poches pleines de livres, prend des notes et croit inventer ce qu'il copie. Saint-Hyacinthe figure ainsi l'attention prêtée par l'Europe entière à la querelle des anciens et des modernes. Sur le premier plan il a placé un Français qui se promène d'un air dégagé, riant au nez des uns, regardant les autres par-dessus son épaule, et persuadé « qu'il a naturellement toute la justesse et le bon goût qu'on peut avoir. » Le Français, c'est Saint-Hyacinthe, qui rit et qui s'amuse aux dépens de tout le monde.

Parmi les adversaires déclarés de Mme Dacier et des anciens, il faut distinguer les élèves de La Motte, contempteurs de l'antiquité qu'ils ne comprenaient pas, et les esprits philosophiques qui la combattaient par système, avec une foi réfléchie au progrès. Un des personnages qui, au xviiie siècle, représente assez bien la première de ces deux classes, c'est-à-dire le public des salons et des cafés, c'est le spirituel et sémillant abbé de Pons, surnommé de son temps le Bossu de M. de La Motte. De Pons est le type du disciple et du caudataire. Il admirait La Motte, il vantait La

Motte, il exagérait pieusement les idées de La Motte, il suivait La Motte comme son ombre. Chaque matin il l'accompagnait au café Procope, où ils discutaient avec des amis communs devant une galerie attirée par le nom et l'esprit des causeurs. Le café Procope a entendu lancer bien des brocards contre Homère. Quand le petit abbé de Pons élevait sa voix pointue, et dardait contre les adhérents de Mme Dacier son mot favori : le *parti des érudits*, il avait l'air de monter au Capitole. On trouve dans un petit volume publié plus tard, en 1738, la quintessence de ces discussions du matin ou du soir, après la comédie. Mme Dacier n'y est pas épargnée, non plus qu'Homère. « Grâce à Dieu et à M. de La Motte, s'écrie l'abbé de Pons, nous savons maintenant à quoi nous en tenir sur l'*Iliade*. ce n'est qu'un beau monstre[1]. » Mme Dacier s'est donné beaucoup de mal pour définir et réglementer la poésie épique. Rien n'était plus simple. L'épopée se définit en deux mots : « Le poëme dramatique est celui dans lequel le poëte fait parler le personnage de ses actions, sans lui prêter son organe comme relateur ; le poëme épique est celui dans lequel le poëte est le relateur de l'action. » Quant à établir des règles, à quoi bon ? Les meilleures règles ne valent pas un exemple. Voulez-vous apprendre à faire un poëme épique ? écoutez l'abbé de Pons. Il en va faire un, devant vous, au pied levé. Il prend un sujet : la séparation de Titus d'avec Bérénice. Il dessine le plan, esquisse l'exposition et forme le nœud. « Titus se détermine à voir Bérénice pour rompre avec elle. L'amante infortunée qui n'a rien soupçonné de ce qui la menace, voyant paraître Titus, le prévient par les empressements les plus vifs. Titus déconcerté soupire percé de douleur, quitte Bérénice et, les yeux en pleurs, se retire dans son appartement. » Voilà

Dissertation sur le poëme épique, p. 101.

une péripétie. « Les érudits et les docteurs littéraires, qui ont pris leurs licences dans Aristote, trouvent dans le poëme épique de grands mystères. Il n'y a pourtant rien là de si merveilleux [1]. »

Les *Achilles* et les *Hectors* de cafés, comme les appelle J. B. Rousseau[2], gagnaient ainsi les batailles du haut de leurs tabourets. Ce qui achève de peindre l'abbé de Pons et le public demi-lettré qu'il représente, c'est qu'il se donnait un air de philosophe, et faisait sonner bien haut les grands mots d'indépendance et d'émancipation de l'esprit humain. A l'entendre, Homère n'est qu'une vieille idole, que La Motte a jetée bas de son piédestal, comme Descartes a renversé l'autel d'Aristote ; les *Homéristes* sont taillés en pièces, comme autrefois les péripatéticiens de collége, et le genre humain est sauvé. Ainsi dogmatisait le triomphant Bossu de M. de La Motte; ainsi chantait en chœur avec lui ce public léger qui effleurait tout, jugeant tout, défaisait la gloire d'Homère en feuilletant une gazette, et tranchait sur *l'Iliade* aussi lestement que sur un opéra.

Il faut bien dire un mot ici de ces écrivains violents qui se mêlent à toutes les discussions, non pour l'honneur de défendre la vérité, mais pour le plaisir de répandre l'injure. Il y en a dans tous les temps. Du côté des modernes, l'abbé Cartaud de La Vilate, l'auteur peu connu des *Essais historiques et philosophiques sur le goût*[3], se chargea de ce rôle malhonnête. Dans cette querelle homérique, il y avait une place pour Thersite. Du côté des anciens, l'abbé Cartaud avait un digne émule. C'était un oratorien défroqué, qui pratiquait

---

1. *Dissertation sur le poëme épique*, p. 106.
2. Lettre à Brossette, 1715, t. V, p. 130. Éd. Lefèvre.
3. Mme Dacier et La Motte s'étaient réconciliés depuis longtemps, et la guerre était finie, quand l'abbé Cartaud, avec une acrimonie rétrospective qui ne s'explique pas, vint reprocher à Mme Dacier d'être laide, de joindre aux faiblesses de son sexe la férocité des savants du Nord, etc.
(*Essais historiques*, p. 156.)

dans les bas-fonds de la littérature le métier d'insulteur public; c'était Gacon, le *poëte sans fard*, un de ces polémistes qui manient assez bien la partie vitupérative de la langue française, et dont le pugilat charme le carrefour. Gacon eut des admirateurs : les Gacons en auront toujours. On leur croit de l'esprit, parce qu'ils osent tout dire; de la verve, parce qu'ils dédaignent toute mesure; de l'imagination, parce qu'ils savent mentir. On les craint, on recule devant eux, comme on reculerait devant un homme ivre qui se jetterait dans la boue pour éclabousser les passants, et ils se composent, moitié de leur audace et moitié du mépris qu'ils inspirent, une sorte de réputation de bas étage qui en impose aux badauds et aux poltrons. Ce sont presque toujours des renégats qui insultent de préférence les hommes qu'ils ont adulés, et, comme ils ont été plats dans la louange, ils deviennent insolents dans l'injure. Gacon, avant d'attaquer La Motte, avait célébré en lui l'orateur parfait et le parangon de l'Académie française. Enfin, pour dernier trait de caractère, ces spadassins de la littérature sont les valets du pouvoir, et, bassement agenouillés derrière lui, ils le poussent entre eux et leurs adversaires, et se font dénonciateurs pour être secourus. « M. de La Motte, osait écrire Gacon, devait considérer qu'en méprisant les anciens il contredit en quelque sorte les sentiments d'un prince qui, pour faire régner les arts dans son royaume, a cru devoir faire refleurir les monuments du bon goût des siècles les plus reculés.... C'est pour soutenir cette gloire dont Sa Majesté est en possession que j'ose combattre les sentiments d'un auteur qui tend à l'en dépouiller[1]. » Ainsi le bon citoyen Gacon défend la gloire du roi contre le séditieux La Motte qui l'outrage! Le *Discours sur Homère* est un crime de lèse-majesté! Voilà comme les Gacons entendent

---

1. *Homère vengé*, lettre 1, p. 8.

la liberté des opinions littéraires de la polémique ! La Bastille est au bout de tous leurs alinéa. Le Bossu de M. de La Motte eut le tort de retourner contre Gacon cette arme méprisable de la dénonciation au pouvoir. Il demanda dans le *Mercure*[1] la suppression du privilége accordé à l'*Homère vengé*. Le pouvoir, sommé d'agir par Gacon et par l'abbé de Pons, fut plus sage que tous les deux ; il laissa les adversaires se battre et les regarda. L'*Homère vengé* de Gacon[2], recueil de lettres en prose, de satires, de rondeaux, d'allégories, de sonnets, de fables, d'épigrammes en vers et surtout d'injures, reçut l'accueil qu'il méritait ; la duchesse du Maine, à qui il était dédié, refusa la dédicace et déclara[3] qu'elle ne connaissait ni ne voulait connaître l'auteur. La Motte ne lui répondit pas. Irrité de ce silence, Gacon lui fit dire un jour qu'il allait composer une brochure intitulée : *Réponse au silence de M. de La Motte*. La Motte se décida à répondre, mais d'un seul mot juste et charmant : « Je ne répliquerai pas à M. Gacon ; il n'y a rien à gagner avec ceux qui n'ont rien à perdre. »

Les amis des anciens pouvaient dédaigner les attaques de l'abbé de Pons et mépriser les apologies de Gacon. Ni les unes ni les autres n'étaient préjudiciables à l'antiquité. Mais il était difficile de laisser passer sans réponse le plaidoyer d'un homme aussi savant et aussi estimé que le P. Hardouin. Ce nom éveille en nous l'idée d'un érudit visionnaire, que la manie des systèmes a conduit jusqu'au bord de la folie. Mais n'oublions pas que des ouvrages divers qui nous l'ont rendu suspect, un seul était publié quand l'auteur écrivit l'*Apologie d'Homère* : c'est sa *Chronologie restituée d'après les médailles*[4], première tentative d'un

---

1. Mai 1715. — 2. Publié en 1715. — 3. Goujet, *Bibliothèque française*, t. IV, p. 115.

4. *Chronologiæ ex nummis antiquis restitutæ specimen primum*. Parisiis, 1692. Le P. Hardouin prélude dans cet ouvrage à l'opinion qu'il

scepticisme historique qui, plus tard, ne devait connaître aucune borne. En 1716, le P. Hardouin n'avait pas encore franchi, au moins publiquement, tous les degrés qui séparent une hypothèse iconographique d'un système complet d'incrédulité en littérature et en histoire. L'*Introduction à la critique des anciens*[1], où il a exposé les principes de son scepticisme, le *Pseudo-Virgile*[2] et le *Pseudo-Horace*[3], où il les a appliqués, ne furent publiés qu'après sa mort. Quand il prit la défense d'Homère, son système, ébruité seulement par les conversations, mais non pas exposé par lui sous les yeux du public, ne pouvait discréditer l'autorité de son témoignage. Mme Dacier n'hésita pas à repousser la dangereuse apologie d'Homère que présentait cet allié compromettant.

L'*Iliade* et l'*Odyssée* d'Homère sont parmi les rares ouvrages des anciens dont le P. Hardouin n'a pas attaqué l'authenticité[4]. Son scepticisme s'est arrêté devant Homère, c'est-à-dire devant le poëte dont l'érudition moderne a pu contester l'existence pour les moins mauvaises raisons. Mais s'il croit à Homère, il n'y croit pas avec la foi de tout le monde. Quand par hasard le P. Hardouin n'est pas incrédule, il est au moins sectaire. Son interprétation de l'*Iliade* fit un véritable schisme dans la petite église des admira-

---

soutint plus tard, que la plupart des ouvrages grecs et latins sont apocryphes et ont été composés par une société de conspirateurs, ennemis du christianisme, panthéistes et athées. Mais il n'ose pas encore exposer cette doctrine en son nom; il la met sur le compte d'une personne sceptique et soupçonneuse : *Non inanis semper conjectoris, sed nunc tamen plus justo fortassis suspiciosi.*

1. *Ad censuram scriptorum veterum prolegomena*, Londini, 1766.
2. *Pseudo-Virgilius, Observationes in Æneidem. Ibid.*, p. 280.
3. *Pseudo-Horatius, sive animadversiones criticæ quibus ostenditur Horatii poetæ nihil superesse genuinum præter epistolas et sermones. — Opera posthuma*, p. 328. Amstelodami, 1733.
4. Le P. Hardouin n'admet pour authentiques que Plaute, Pline l'ancien, Virgile (*Églogues et Géorgiques*), Horace (*Épîtres et satires*), Homère et Hérodote. (*Prolégomènes*, p. 196.)

teurs d'Homère. Selon lui, l'*Iliade* est « le chef-d'œuvre le plus ingénieux de l'esprit humain. » Non qu'elle soit sans défauts, et qu'il y faille chercher toutes les perfections de l'art, de la morale et de la philosophie. Homère n'a rien de commun avec Moïse; c'est un panthéiste qui n'a d'autre dieu que la nature[1]. Mais ce qui est admirable dans Homère, c'est le dessein de son poëme, que tout le monde a méconnu. Le dessein de l'*Iliade*, ce n'est ni le siége de Troie, ni la colère d'Achille : « c'est la destruction entière de la maison de Priam et le transport de la couronne de Troie dans la branche collatérale et dans la personne d'Énée, arrière-petit-fils d'Assaracus, frère d'Ilus, comme le prouve le nom même du poëme : *Ilias*. Car que signifie ce nom? Une seule chose, la ville d'Ilus, ou la maison et la postérité d'Ilus. C'est comme si on intitulait aujourd'hui un poëme épique latin, *Valesias*. Ce titre ne signifierait rien, sinon la fin ou le sort des *Valois*, et la suite nécessaire, qui était que l'auguste maison de Bourbon montât sur le trône[2]. »

Le P. Hardouin emploie la seconde partie de son *Apologie* à exposer la *Théomythologie* de l'*Iliade*. Les dieux d'Homère ne sont pas des dieux, parce qu'ils ne sont pas des personnes, « des substances animées ou intellectuelles. » Ce sont des personnifications allégoriques de bonnes qualités que la nature, le seul dieu que reconnaisse Homère, donne aux hommes; ce sont des abstractions pures, destinées à orner le poëme épique[3]. Le principal, c'est de démêler les allégories dans l'action de l'*Iliade*, et c'est à quoi personne n'a encore songé, ce qui est fâcheux; car les allégories sont partout. Ainsi ces simples paroles que Thétis adresse à Jupiter (Ier chant, v. 508) : « Comblez mon fils de gloire, » on les a prises pour la prière d'une mère au maître des

---

1. *Apologie d'Homère*, p. 2 et 3. Paris, 1716. — 2. *Ibid.*, p. 33.
3. *Ibid.*, p. 54.

dieux. Mais Thétis, ce n'est pas une mère, ce n'est pas une
femme; son fils Achille, ce n'est pas un fils, ce n'est pas
un homme ; Thétis, c'est l'emblème de la flotte des Grecs;
Achille, c'est la personnification du corps de la marine; et
ce passage d'Homère signifie que la flotte des Grecs demande pour les officiers de marine les faveurs du destin [1].
Voilà un spécimen des interprétations de l'apologiste d'Homère. Le P. Hardouin expliquait l'*Iliade* par une sorte d'allégorie continue, à l'usage d'un petit nombre d'initiés,
comme on a tenté de nos jours d'expliquer la *Divine Comédie*. Rien de plus antipoétique que ce système fantastique
d'interprétation. Aux divinités vivantes de l'*Iliade*, substituer de froides abstractions; à la place de ces admirables
peintures de la nature et de la vie, comprises et admirées
de tout le monde, supposer les combinaisons compliquées
d'un symbolisme au-dessus du vulgaire, c'était le rêve
le plus chimérique et le plus injurieux pour Homère.
Mme Dacier ne put contenir son courroux. Elle aussi découvrait des allégories dans Homère; elle aussi avait construit un système d'interprétation, et c'est pour cela qu'elle
fut sans pitié pour le P. Hardouin. Les systèmes ne se pardonnent pas entre eux. Mme Dacier n'a pas de peine à
prouver à son adversaire que son explication du dessein de
l'*Iliade* est une fantaisie d'imagination, et qu'Homère serait
le plus méchant poëte, s'il avait été nécessaire au genre
humain, pour le bien comprendre, d'attendre la venue du
P. Hardouin et de son *Apologie*. « Les dieux d'Homère, dit-elle, ne sont, selon le P. Hardouin, que la nature ou le destin, et les bonnes qualités qu'elle donne. Cette imagination
me fait souvenir d'un souper que quelque ville municipale
donna un jour à Auguste, si je ne me trompe. La table fut
couverte d'une infinité de mets; Auguste, fâché de cette

---

1. *Apologie d'Homère*, p. 67.

profusion, gronda son hôte. Celui-ci lui répondit : « Sei-
« gneur, tout ce que vous voyez là n'est qu'un mets, mais
« varié par les différents apprêts. » De même, dans Homère,
cette quantité de dieux ce n'est qu'un seul destin, diversifié
par différents noms[1]. » En quelques pages très-sensées,
Mme Dacier défend l'antiquité contre l'accusation d'a-
théisme, qui est la thèse favorite du P. Hardouin. Elle
prouve que son symbolisme arbitraire défigure les mœurs
et les caractères des personnages d'Homère, et flétrit la
poésie[2]. Enfin, avouant que le motif qui l'a engagée à combattre le P. Hardouin, c'est le désir de conserver aux yeux
du public le mérite d'avoir bien compris et bien traduit
Homère, elle termine avec grâce par un souvenir biblique :
« Quand j'ôterai au P. Hardouin le mérite d'avoir entendu
Homère et pénétré l'art de la poésie, je ne lui ôterai presque
rien ; il lui reste des richesses infinies, au lieu que moi, si
ce révérend père m'avait ravi le médiocre avantage d'avoir
passablement traduit et expliqué ce poëte, et démêlé l'ordre
du poëme, je n'aurais plus rien. C'est la seule petite brebis
que je possède ; je l'ai nourrie avec soin ; elle mange de
mon pain et boit dans ma coupe : serait-il juste qu'un
homme si riche vînt me la ravir ? » Toutefois, Mme Dacier
ne craignait pas seulement pour sa gloire, mais aussi pour
celle d'Homère, et elle n'avait pas tort. L'*Apologie* du P. Hardouin souleva, aux dépens d'Homère, des éclats de rire
homériques. « Les amis de l'*Iliade*, a dit d'Alembert, lui ont
fait plus de mal en ne s'accordant pas pour l'admirer, que
ses ennemis en s'accordant pour en médire[3]. »

1. *Homère défendu contre l'apologie du P. Hardouin*, ou *Suite des
causes de la corruption du goût*, p. 62, Paris, 1716. — *Ibid.*, p. 116.
— 3. *Éloge de l'abbé Terrasson* (*Mélanges de littérature*, t. II, p. 76).

CHAPITRE V.

L'abbé d'Aubignac : *Conjectures académiques*. — L'abbé Terrasson :
Dissertation sur l'Iliade.

Depuis la médiation inutile de Fénelon, les anciens n'ont pas eu de bonheur. Attaqués par l'abbé de Pons, défendus par les pamphlets de Gacon et par les rêveries du P. Hardouin, ils n'ont trouvé jusqu'ici ni adversaires ni défenseurs dignes d'eux parmi les alliés de La Motte et de Mme Dacier [1]. Nous allons étudier des écrits plus importants composés contre Homère ou pour lui par des écrivains plus habiles et plus renommés. J'ai dû renoncer à suivre l'ordre des dates, pour parler plus librement, dans un chapitre spécial, de deux ouvrages qui parurent avant l'*Apologie d'Homère* par le P. Hardouin, et qui rigoureusement auraient dû trouver place dans le précédent chapitre : *Les Conjectures académiques sur l'Iliade*, par l'abbé d'Aubignac, et la *Dissertation sur Homère*, par l'abbé Terrasson, publiés tous deux en 1715. Mais de ces deux ouvrages hostiles à l'antiquité, le premier passa presque inaperçu des combattants et du public, et n'eut aucune influence sur la fortune de la querelle ; le second, sortant des limites où le

---

1. J'ai passé sous silence dans la première période de la querelle, et j'omettrai dans la seconde, un grand nombre d'écrits obscurs, que la discussion fit éclore, que j'ai feuilletés, et qui ne méritent pas un regard. On en trouvera la liste, incomplète encore, dans la *Bibliothèque française* de l'abbé Goujet, t. IV, p. 48.

débat s'était restreint, lui rendit ses proportions premières et y fit rentrer la question philosophique du progrès. Nous pouvons donc sans inconvénient considérer à part deux ouvrages, dont l'un a été laissé par l'indifférence publique à l'écart de la discussion, et dont l'autre s'est élevé au-dessus.

Lorsque Perrault avait annoncé dans ses *Parallèles* que l'abbé d'Aubignac s'occupait d'un travail où il contestait l'existence d'Homère, Boileau avait répondu : « J'ai connu M. l'abbé d'Aubignac. Il était homme de beaucoup de mérite et fort habile en matière de poétique, bien qu'il sût médiocrement le grec. Je suis sûr qu'il n'a jamais conçu un si étrange dessein, à moins qu'il ne l'ait conçu dans les dernières années de sa vie, où l'on sait qu'il était tombé en une espèce d'enfance [1]. » Lorsque La Motte alléguait à son tour l'opinion présumée de l'abbé d'Aubignac, Boivin lui répliquait : « Il n'y a que M. Perrault qui ait jamais douté de l'existence d'Homère [2]. » Boivin écrivait ces mots en 1715, juste à la veille du jour où les *Conjectures* de l'abbé d'Aubignac vinrent lui donner un démenti ainsi qu'à Boileau, en révélant un nouvel adversaire d'Homère, qui n'avait nullement perdu la raison [3]. De toutes les critiques d'Homère que nous avons vues se produire au XVIIe et au XVIIIe siècle, celle de l'abbé d'Aubignac est sans comparaison la plus hardie et la plus neuve. Seul s'élevant au-dessus des chicanes de détail faites aux dieux, aux héros, au plan et au style de l'*Iliade*, il ose aborder la question de la formation de l'épopée primitive ; seul, cet admirateur d'Aristote déserte l'ornière où, au nom d'Aristote, le P. Le

---

[1]. Boileau, *Troisième réflexion sur Longin*. — [2]. *Apologie d'Homère*, p. 21.

[3]. Les *Conjectures académiques*, trouvées dans les papiers de feu Charpentier, de l'Académie française, furent imprimées en 1715 par l'abbé Brice. (Voir Goujet, *Bibliothèque française*, t. IV, p. 110.)

Bossu avait traîné le xvii° siècle, va droit à Homère et le somme de prouver son identité. Ce n'est pas que j'épouse le scepticisme de d'Aubignac. Je crois à l'existence d'Homère comme je crois à son génie, et, malgré toutes les objections ingénieuses de l'érudition moderne, qui souvent m'embarrassent, il me paraît plus difficile d'expliquer l'*Iliade* et l'*Odyssée*, en se passant d'Homère, que d'accepter Homère comme une vérité. Mais je ne veux pas méconnaître la hardiesse et la sagacité de l'abbé d'Aubignac : sur la question homérique, il a vu de plus haut et plus loin que son temps; et il a devancé de plus d'un siècle le scepticisme imitateur de l'Allemagne : car l'originalité de l'Allemagne, c'est souvent d'amonceler des nuages autour des idées françaises et d'obscurcir ce que nous inventons [1]. Il y a, sans doute, une notable distance entre le paradoxe à peine ébauché de l'abbé d'Aubignac et le traité systématique de Wolf, sur l'origine et les développements de l'épopée grecque [2]. Mais que l'on compare les *Conjectures* de d'Aubignac aux *Parallèles* de Perrault, aux *Réflexions critiques* de Boileau sur Longin, ou au *Discours sur l'Iliade* de La Motte, et l'on verra que d'Aubignac est encore plus loin de ses contemporains et de ses successeurs immédiats que de Wolf et des *Prolégomènes*. L'abbé d'Aubignac n'est pas un savant, et Boileau a raison de dire qu'il connaît médiocrement le grec. Il prend les dialectes grecs pour des patois mêlés ensemble, et Musée, l'aède antique, le disciple d'Orphée, antérieur à Homère, pour l'auteur du poëme de *Héro et Léandre*, postérieur à l'*Iliade* de plus de mille ans [3]. Mais

---

1. C'est ce qu'indiquait, il y a plus de trente ans, dans le *Journal des Débats*, M. J. V. Le Clerc, résistant avec M. Boissonade à la faveur que les idées de Wolf trouvaient alors en France. (Voy. le numéro du 9 novembre 1824.)

2. Voy. M. Egger, *Discours d'ouverture du cours de littérature grecque*, 26 novembre 1855. — 3. *Conjectures académiques*, p. 16.

oublions ses méprises, et cherchons ses idées. « Y a-t-il eu un homme particulier nommé Homère, vivant parmi les Grecs anciens, qui ait composé les poésies que nous avons sous son nom[1]? » Voilà la question nettement posée par d'Aubignac, question hardie dans un temps où Fénelon se servait de la composition des poëmes homériques par un homme de génie, comme d'une analogie pour démontrer la création du monde par un auteur intelligent, et disait : « Qui croira jamais que l'*Iliade* d'Homère, ce poëme si parfait, n'ait pas été composé par un effet du génie d'un grand poëte[2]? » Cette démonstration de l'existence d'Homère par la perfection de son poëme ne laissait pas plus de doute au xvıı^e siècle, que la démonstration de l'existence de Dieu par la beauté de l'univers. Perrault lui-même ne niait que le mérite de l'*Iliade*; il ne niait pas la réalité d'un Homère. L'abbé d'Aubignac n'est arrêté ni par l'opinion de son temps, ni par l'autorité de la tradition. A l'opinion, il représente qu'il est permis de discuter sur Homère « sans se rendre suspect d'être mal affectionné à la couronne ni de mal penser de la religion, et que l'on ne sera pas exposé pour cela aux peines des lois ni aux anathèmes de l'Église[3]. » A la tradition, il répond librement : « Le nom d'Aristote pouvait faire tomber les armes des mains de ceux qui suivaient aveuglément l'autorité; mais ceux qui ne veulent déférer qu'à la raison, sans que les exemples fameux ni les grands noms les puissent engager contre elle, ne se rendent pas qu'ils ne soient entièrement convaincus[4]. »

Ainsi Aristote lui-même, le dieu de d'Aubignac, n'empêchera pas d'Aubignac de déclarer qu'Homère n'a jamais existé. Homère n'est qu'un nom, le nom supposé d'un personnage dont on ne connaît ni la famille, ni la patrie, ni la

---

1. *Conjectures académiques*, p. 66. — 2. *De l'existence de Dieu*, partie I, chap. 1. — 3. *Conjectures académiques*, p. 6. — 4. *Ibid.*, p. 25.

vie, ni la mort. Les traditions qui courent sur lui sont apocryphes et contradictoires. Les anciens eux-mêmes ne sont pas d'accord sur le nombre de ses ouvrages. « Faisons donc cette réflexion qu'il est impossible qu'un homme ait vécu parmi les autres sans nom, qu'il soit né sans père ni mère, qu'il ait vécu sur la terre sans naître en quelque lieu, qu'il ait passé un nombre d'années assez considérable sans qu'il se trouve, dans la suite des temps, qu'on ne sache point le temps de sa mort, et que ses ouvrages aient été si mal connus de tous les plus anciens auteurs, et nous conclurons sans doute que cette poésie s'est faite d'une manière tout extraordinaire [1]. »

Comment donc s'est-elle formée? Il est constant, poursuit l'abbé d'Aubignac, que le premier emploi de la poésie parmi les païens fut la louange de leurs dieux; mais, après la guerre de Troie, les poëtes grecs célébrèrent plus souvent des héros qui s'y étaient illustrés, que les dieux désormais négligés par leur muse. Troie avait péri depuis cinquante ans à peine, et déjà retentissaient dans toute la Grèce des chansons épiques en l'honneur des héros que les poëtes chantaient aux festins des grands et que répétaient les *rhapsodes*, appelés ainsi parce qu'ils *recousaient* ensemble des pièces composées sur le même sujet, *la guerre de Troie*. Souvent ces rhapsodes étaient de pauvres aveugles qui venaient chanter « aux portes des bourgeois, » pour gagner leur vie. De là le nom de rhapsodies d'Homère, c'est-à-dire de l'aveugle, qu'on donna autrefois à ces chants: le nom d'Homère, nom collectif, qui servait primitivement à désigner une classe tout entière de chanteurs mendiants, est devenu, par une méprise de la postérité, le nom d'un seul homme, de l'auteur prétendu de ces chansons anonymes. De là aussi cette incertitude de la tradition sur la personne

---

1. *Conjectures académiques*, p. 82.

imaginaire du poëte; de là cette diversité de jugements sur les ouvrages que lui prête la tradition. L'*Iliade* et l'*Odyssée*, qu'on attribue au même poëte, sont les œuvres de plusieurs génies dissemblables. Simples fragments d'abord, et disséminés dans toute la Grèce, ces chants ont été recueillis par quelque esprit curieux qui, choisissant ceux qui convenaient à son dessein, en a fait un corps. Cet esprit curieux a-t-il été Lycurgue, le législateur de Sparte, qui, voyageant en Ionie, aurait, selon Plutarque, rassemblé et copié les poëmes d'Homère[1]? On en peut douter; mais ce qui résulte certainement du témoignage de Plutarque, c'est qu'avant d'être recueillis par un amateur, ces chants des rhapsodes, les prétendus poëmes d'Homère, n'étaient que des œuvres détachées de divers chanteurs. Et encore le recueil de Lycurgue fut-il bien imparfait, ou bien maltraité par le temps; car plusieurs siècles après lui, Pisistrate et son fils Hipparque firent une nouvelle recollection des chansons des rhapsodes, et c'est alors seulement que la Grèce posséda réellement deux poëmes complets : l'*Iliade* et l'*Odyssée*, et crut à l'existence d'un poëte appelé Homère, qui passa pour en être l'unique auteur[2].

Qu'on écarte certaines imaginations mêlées à cette théorie, comme par exemple celle des musiciens aveugles chantant aux portes des bourgeois de la Grèce, il est curieux de rencontrer dans les *Conjectures* d'un pauvre abbé, suspect d'insanité d'esprit aux yeux de Boileau, un certain nombre d'idées adoptées par la science moderne. Tandis que les plus fortes têtes du XVIIe siècle regardaient l'*Iliade* et l'*Odyssée* comme des œuvres de cabinet, composées par un écrivain de profession, d'après une poétique consacrée, d'Aubignac y apercevait déjà une collection de traditions

---

1. Plutarque, *Vie de Lycurgue*, chap. XXVI et XLIX.
2. *Conjectures académiques*, p. 82 et suiv., jusqu'à la page 120.

nationales mises en vers par d'anciens poëtes (ce sont les aèdes), propagées par les rhapsodes, et réunies tardivement en poëme par un Lycurgue ou par un Pisistrate. D'Aubignac n'a qu'un tort : c'est de supprimer Homère. Son paradoxe, d'ailleurs, n'est qu'une esquisse ; il manque des développements et des preuves que lui apportera plus tard la critique moderne ; il manque surtout de ce qu'on trouve trop rarement dans les écrivains qui ont contesté la réalité d'un Homère, je veux parler des preuves intrinsèques tirées du fond même de l'*Iliade* et de l'*Odyssée*. M. Havet, dans sa thèse excellente sur l'origine et l'unité des poëmes d'Homère, a remarqué avec finesse que les sceptiques évitent le plus souvent de mettre Homère en présence de ses œuvres : ils le jugent, dit-il, sur des dépositions de témoins et sur une procédure ; ils se gardent bien de confronter le peintre avec le tableau[1]. L'abbé d'Aubignac ne mérite pas tout à fait ce reproche ; il a essayé, par une analyse de l'*Iliade*, d'ajouter à ses arguments une nouvelle preuve qu'Homère n'existe pas. Mais cette seconde partie de son livre, où il veut démontrer qu'il n'y a dans l'*Iliade* ni plan ni sujet, ne soutient pas l'examen[2]. Évidemment il n'a pas assez de science pour bien défendre son paradoxe : il est plus original qu'érudit. Mais on ne reconnaît pas moins dans son hypothèse le germe de celle de Wolf ; ses *Conjectures* sont l'ébauche des *Prolégomènes* allemands, et cette fois encore c'est une idée française, dédaignée par la France, que l'Allemagne nous a renvoyée avec sa signature, et que nous avons admirée courtoisement, dès qu'elle est

---

1. *De Homericorum poematum origine et unitate*, p. 52.
2. L'abbé d'Aubignac, après avoir établi à sa manière que le sujet de l'*Iliade* ne peut être ni la mort d'Hector, ni la colère d'Achille, ni la ruine de Troie, se demande si par hasard ce ne serait pas le siége de cette ville ? Et il répond négativement, par la raison qu'on n'assiége une ville que lorsqu'on l'investit, et qu'Homère n'a déclaré nulle part le blocus de Pergame.

venue d'outre-Rhin, comme une étrangère qui nous demandait l'hospitalité.

Les livres posthumes font quelquefois du bruit quand ils paraissent à propos. Dans un moment de calme et de silence, peut-être les *Conjectures académiques* auraient-elles été remarquées. Les revenants ne doivent se montrer que la nuit. Mais l'abbé d'Aubignac, sortant après trente ans du tombeau[1], et reparaissant au grand jour dans le tumulte et dans la poussière du combat, passa plus inaperçu que le plus obscur des vivants. Au moment où son ombre sollicitait vainement l'attention publique, tous les regards étaient tournés vers un nouveau champion qui venait de s'élancer dans la mêlée, précédé d'une grande réputation de savoir et d'esprit, l'abbé Terrasson. Ses travaux en géométrie l'avaient conduit de bonne heure à l'Académie des sciences, mais ne l'avaient pas enrichi. Obligé pour vivre de faire l'éducation du fils de son cousin, Mathieu Terrasson, avocat au parlement, il avait, en dirigeant les études grecques de ce jeune homme, composé une longue dissertation en deux volumes sur l'*Iliade*, et c'était de ce livre, prôné d'avance par les *modernes*, que La Motte prédisait la prochaine apparition à Mme Dacier : « Il va venir un géomètre ennemi d'Homère, lui criait-il à la fin de ses *Réflexions critiques*.

Je vous plains de tomber dans ses mains redoutables. »

Pas si redoutables cependant, si l'on considère la *Dissertation* de Terrasson comme une œuvre de polémique. Terrasson n'ignorait pas le grec; mais peut-être eût-il mieux valu pour lui ne pas le savoir et surtout ne pas le traduire. Il n'aurait pas, en mettant en français une scène d'*Alceste*, pour en donner « une idée fidèle » à ses lecteurs,

---

[1]. L'abbé d'Aubignac était mort en 1677.

trahi fort infidèlement la pensée d'Euripide[1]; il n'aurait pas égayé le public aux dépens de Diodore, sous prétexte « de rendre le texte de cet écrivain dans toute sa turpitude[2]. » Il n'aurait pas parlé de la langue d'Homère comme du premier bégayement des Grecs, comparable « au jargon de nos troubadours[3], » ni de son style « plein de bourre, » c'est-à-dire de chevilles et de diffusion[4]. En apprenant que l'abbé Terrasson allait disserter sur l'*Iliade*, Mme Dacier s'était écriée : « Un géomètre! quel fléau pour la poésie qu'un géomètre! » Terrasson, loin de se défendre de l'esprit géométrique, s'en prévaut et répond : « Il faut avouer que le goût de la géométrie a manqué à la plupart des admirateurs de l'antiquité! » et il soutient que la géométrie ayant toujours servi à rendre l'esprit juste, attentif et amateur du vrai, rien ne prépare mieux que les mathématiques à bien juger des ouvrages d'esprit[5]. « Il ne faut pas d'esprit, écrit-il ailleurs, pour suivre l'opinion actuelle. Il en faut beaucoup pour être d'un sentiment dont tout le monde ne sera que dans cent ans. L'esprit consiste à sentir les opinions futures[6]. » — A ce compte, l'abbé Terrasson était bien spirituel : car à la distance de plus d'un siècle, il a senti la faveur dont jouissent aujourd'hui en France les mathématiques, et il a prêché la subordination de la littérature à la géométrie. Il aurait volontiers gravé sur le fronton du temple de la poésie la devise de l'école de Pythagore : *Que nul n'entre ici sans être géomètre.* C'est justement ce qui l'empêche de bien juger Homère : il s'arme d'une logique impitoyable, et fait au poëte une guerre de raisonnement perpétuel. D'Alembert

---

1. Voy. la préface de la *Dissertation sur l'Iliade.* — 2. D'Alembert, *Éloge de Terrasson.* — 3. *Dissertation sur l'Iliade*, part. IV, chap. VI, p. 498. — 4. *Ibid.*, p. 503. — 5. Préface de la *Dissertation sur l'Iliade*, p. 65.
6. *La philosophie applicable à tous les objets de l'esprit et de la raison*, p. 138.

qui appelle l'abbé Terrasson « un grand génie[1], » et qui l'admire d'avoir porté dans les belles-lettres l'esprit de lumière et de philosophie, confesse qu'il y a pourtant un point où cet esprit est dangereux : « c'est lorsque, égaré par une fausse métaphysique, il analyse froidement ce qui doit être senti[2]. » La *Dissertation* de l'abbé Terrasson comprend encore une théorie de l'épopée, qui n'est pas supérieure à sa polémique. L'esprit géométrique y domine toujours. A ses yeux, l'épopée est plutôt un ouvrage de morale qu'un ouvrage d'art. « La morale, dit-il expressément, est l'âme des grands poëmes[3] ; » ce n'est pas seulement la peinture des mœurs, mais l'effort du poète « pour former les bonnes mœurs et pour corriger les mauvaises. » Or, « la morale est une des sciences qui doit le plus au progrès du temps, non par rapport à ses premiers principes, que le Créateur a gravés dans le cœur de l'homme en le formant, mais par rapport à son détail et à sa finesse[4], » et les modernes connaissent mieux le cœur de l'homme que les anciens. L'abbé Terrasson devrait en conclure tout au plus que les modernes sont de plus grands moralistes ; il conclut qu'ils sont de plus grands poëtes. Virgile a été un plus grand poëte qu'Homère ; Le Tasse un plus grand poëte que Virgile ; et Fénelon un plus grand poëte que le Tasse ; le *Télémaque* est le plus beau poëme qui existe, parce que c'est le plus moral, le plus philosophique ; « si le bonheur du genre humain pouvait naître d'un poëme, il naîtrait de celui-là[5]. » (L'abbé Terrasson n'a pas encore fait Séthos.) Ainsi l'essentiel d'un poëme, selon Terrasson, c'est la morale, et la poésie n'en est que l'accessoire. Voilà pour le fond de l'épopée. Quant aux règles de la composition, il est piquant de voir l'abbé Terrasson, après avoir secoué le joug d'Aristote et foulé aux pieds le code du

---

1. *Éloge de l'abbé Terrasson.* — 2. *Ibid.* — 3. *Dissertation sur l'Iliade*, part. III, section I, chap. I, art. 3. — 4. *Ibid.*, part. IV, chap. IV.
5. *Dissertation sur l'Iliade*, part. III, chap. II, art. I.

P. Le Bossu, s'établir à son tour en législateur épique, réglementer l'usage du merveilleux, mesurer la dose de vertu qui doit entrer dans chaque caractère, et déterminer les conditions auxquelles l'amour est admissible dans l'épopée, « c'est-à-dire toutes les fois qu'il s'est formé entre des personnes libres, qu'il tend à une union légitime, et qu'il s'accorde avec tous les devoirs. » Que l'amour soit tenu, pour être épique, de viser au mariage, n'est-ce pas beaucoup demander? Combien d'amants illustres dans les vers cette loi sévère exilera de l'épopée! Que devient la passion de Didon pour Énée, passion coupable et charmante, qui fait gémir les nymphes sur la montagne, mais qui depuis tant de siècles ravit toutes les âmes éprises de poésie? Que devient l'amour de Renaud et d'Armide, amour voluptueux qui n'aspire pas à la sainteté des « unions légitimes, » mais dont le charme poétique absout l'irrégularité? Le programme épique de l'abbé Terrasson est plus rigoureux que celui du P. Le Bossu. Ce n'était pas la peine de faire une émeute contre la *Poétique* au nom de la liberté, pour être moins libéral qu'Aristote. Grimm, qui, tout philosophe qu'il était, ne se faisait pas scrupule de médire de ses amis, a dit d'un petit livre de l'abbé Terrasson, où sont développées quelques-unes des idées que je viens d'exposer [1] : « Presque tout ce qui regarde la philosophie y est excellent, presque tout ce qui a rapport aux belles-lettres n'a pas le sens commun. » C'est l'expression un peu rude du jugement que le parti philosophique portait sur l'abbé Terrasson. On faisait grand cas de ses opinions et de ses talents; on dédaignait son goût littéraire. En faveur de son insurrection contre Aristote, on lui pardonnait d'être plus formaliste que lui, et on lui sut gré d'avoir rabaissé le génie d'Homère pour démontrer plus aisément le progrès de l'esprit humain.

---

1. *La Philosophie applicable.*

La théorie de la perfectibilité est la seule partie intéressante et nouvelle du livre de l'abbé Terrasson. Terrasson n'est pas un critique, c'est un de ces philosophes spéculatifs qui plient les faits à leurs idées, et qui de gré ou de force font entrer les hommes dans les cadres qu'ils ont d'avance tracés. Il avait conçu de bonne heure l'idée de la perfectibilité de l'esprit humain : il n'était pas homme à laisser déranger son système, et la langue grecque eût-elle ressemblé encore moins « au jargon des troubadours, » le style d'Homère eût-il été encore moins rempli de « bourre, » Terrasson aurait mis nécessairement au rang des ébauches de la poésie naissante un poëme que, selon lui, sa date condamnait à l'imperfection. L'autorité de la tradition ne pouvait l'arrêter : la tradition n'est rien à ses yeux ; il est cartésien, et il fait table rase des opinions reçues. Personne n'a vu plus clairement et mieux établi que lui que la querelle des anciens et des modernes n'est que l'introduction du libre examen dans la littérature. L'application du principe de Descartes aux belles-lettres, voilà ce qu'il prêche partout et toujours, et il observe avec joie le progrès que cet esprit philosophique fait peu à peu dans le public. Il regarde comme une conséquence du perfectionnement des esprits que l'application du libre examen aux belles-lettres trouve plus de facilité au XVIIIe siècle que l'application du même principe à la philosophie dans le siècle précédent ; et, d'un ton impérieux qui contraste avec la douceur de son caractère, il prononce cette sentence sans appel : « Tout homme qui ne pense pas, en matière littéraire, comme Descartes prescrit de penser sur les matières de physique, n'est pas digne du siècle présent[1]. »

Comment doit donc penser en littérature l'homme vraiment digne du XVIIIe siècle ? Terrasson, à l'exemple de

---

1. *La Philosophie applicable*, p. 5.

Perrault et de Fontenelle, proclame la permanence des
forces de la nature. Mais il s'avance plus loin qu'eux. Pour
lui, le progrès de l'esprit humain n'est pas seulement une
conjecture philosophique, c'est une loi naturelle, loi impérieuse et absolue, exactement semblable à celle qui fait
croître un homme en expérience et en sagesse, depuis son
enfance jusqu'à sa vieillesse. Le progrès peut être interrompu dans une nation par une invasion de barbares,
comme il est interrompu dans l'homme par une maladie;
mais l'homme une fois guéri se remet à s'instruire; la nation une fois délivrée recommence à marcher en avant [1].
Personne n'a pris plus à la lettre que Terrasson la comparaison de l'humanité avec l'homme. D'ordinaire les
philosophes qui assimilent ainsi l'espèce à l'individu, hésitent à pousser le parallèle jusque dans le détail, ce qui
est la grande difficulté. Il est aisé d'assimiler l'humanité
à un homme qui a passé successivement par différents
âges en grandissant toujours. Mais où commence l'adolescence, où commence la virilité ? Le genre humain est-il
encore dans l'âge mûr, touche-t-il au déclin, est-il parvenu à la vieillesse ? Autant de questions dont la solution
embarrasse les théoriciens les plus convaincus du progrès.
La vieillesse surtout, voilà le plus sérieux embarras. Comment accorder le déclin avec le progrès? La plupart s'en
tirent en supposant que l'humanité est encore pour longtemps dans l'âge viril; ils reculent la difficulté. Quelques-
uns la suppriment, en n'admettant pas que l'humanité
puisse vieillir. L'esprit humain pour eux ressemble à certains dieux de la Fable, qui ont eu leur enfance, leur
adolescence, leur virilité, mais qui ne sont jamais devenus des vieillards. Terrasson est le premier en date de
ces radicaux de la perfectibilité : il désigne nettement par

---

1. *La Philosophie applicable*, p. 13.

des époques précises les trois premiers âges du genre humain. « Je place, dit-il, son enfance au temps d'Homère, son adolescence au temps d'Athènes, et sa maturité au temps de César et d'Auguste[1]. » Dans ce passage, l'abbé Terrasson semble s'arrêter à l'antiquité; mais en réalité il étend le progrès jusqu'aux siècles modernes : à ses yeux le monde est encore dans cette maturité, qui commence au siècle de César et d'Auguste, et dans sa maturité même, le temps lui donne tous les jours de l'expérience. C'est là une division bien inégale des âges! L'enfance du genre humain depuis Homère jusqu'à Périclès, et son adolescence depuis Périclès jusqu'à Auguste, sont beaucoup plus courtes que sa maturité, depuis Auguste jusqu'à la régence du duc d'Orléans. Terrasson rendrait mieux sa pensée en disant que, si la durée de l'enfance et de l'adolescence du genre humain ont été limitées, celle de sa maturité est indéfinie. Après Auguste et ses successeurs, ajoute-t-il plus loin, le progrès de l'esprit humain s'était arrêté devant les barbares : mais la Renaissance lui a rouvert la voie; le XVIIe siècle a éclipsé le siècle d'Auguste en répandant par les mains de Descartes les lumières de la philosophie, et il dépend du XVIIIe siècle de surpasser son devancier. Il n'a qu'à fortifier cette alliance établie par le siècle de Louis XIV entre les belles-lettres et les sciences naturelles[2]; il n'a qu'à rappeler les unes et les autres à un principe commun, à l'esprit de philosophie, et alors, une fois secoué le joug ridicule de la prévention, une fois reconquise par la victoire des modernes sur l'antiquité la dignité de l'esprit humain, un âge de perfection s'ouvre à la littérature. L'esprit français supérieur aux Latins, « qui n'ont pas eu assez de force pour se sauver de l'imitation

---

1. Préface de la *Dissertation sur Homère*, p. 13.
2. Préface de la *Dissertation sur l'Iliade*.

des Grecs, » devra son indépendance littéraire et sa gloire à cette dispute des anciens et des modernes, éternel honneur de l'Académie française qui l'a commencée, comme elle a dû son indépendance scientifique à l'Académie des sciences, victorieuse d'Aristote.

Dans cette maturité du genre humain, qui est l'âge de la délivrance, rien n'annonce, comme on voit, la décrépitude; dans cette ère d'indépendance qui s'ouvre devant l'esprit humain, rien ne fait pressentir le déclin. Le quatrième âge de l'humanité n'apparaît pas encore à l'horizon, ou plutôt, il ne viendra jamais. « L'homme, pris en particulier, ne peut croître en un sens, qu'il ne décroisse en un autre : en acquérant la force du jugement, il perd le feu de l'imagination. Il n'est pas ainsi de l'homme pris en général, parce qu'étant composé de tous les âges, il acquiert toujours au lieu de perdre [1]. » Voilà la vraie pensée de l'abbé Terrasson : l'homme acquiert toujours, et il ne perd jamais rien. Illusion singulière du philosophe optimiste, qui ne voit pas que, si l'on compare le genre humain à l'individu, il faut pousser la comparaison jusqu'au bout. L'humanité, comme l'homme, en acquérant la force du jugement, perd le feu de l'imagination, parce que l'humanité vieillit comme l'homme, en dépit de Terrasson, qui écarte vainement cette importune idée de la vieillesse. Et pour n'avoir pas voulu voir cette analogie de l'espèce avec l'individu, pour n'avoir pas distingué dans l'esprit humain les facultés que le temps fortifie et celles qu'il épuise, Terrasson a confondu les arts et la poésie, qui, après avoir brillé, pâlissent et s'éteignent, avec les sciences, dont le foyer s'étend et s'avive toujours. Non-seulement il n'établit pas cette distinction nécessaire, mais il la rejette formellement. « Séparer, dit-il, la vue générale du progrès

1. *La Philosophie applicable*, p. 20.

de l'esprit humain à l'égard des sciences naturelles et à l'égard des belles-lettres, pourrait être un expédient convenable pour celui qui aurait deux âmes; mais il ne peut servir de rien à celui qui n'en a qu'une[1]. » L'esprit humain est un, et, en vertu de cette unité, il ne peut avancer dans les sciences sans avancer dans les lettres; il est tout entier dans chacun de ses progrès. Voilà le dernier mot de Terrasson; il ne pose pas de limite au progrès dans le temps, il n'en admet pas dans les choses. C'est, je le répète, le radicalisme de la perfectibilité. Condorcet n'ira pas plus loin.

Avec l'abbé Terrasson, nous sommes remontés enfin de la question particulière d'Homère à la question générale des anciens et des modernes, et de celle-ci à la question du progrès. Il a manqué à Terrasson de sentir et de marquer le lien qui unit la théorie du progrès à la critique littéraire. On voudrait voir chez lui la question philosophique se dégager nettement de la controverse des anciens et des modernes; mais ces trois questions, celle d'Homère, celle des anciens et des modernes, celle du progrès, se croisent sans cesse dans son livre, s'entrelacent et se confondent comme des fils qu'on ne peut démêler : partout la réfutation de Mme Dacier y trouble l'exposition du système ; partout le dogmatisme appesantit la polémique. Terrasson oublie la définition qu'il a donnée de l'écrivain habile : une montre à répétition qui ne sonne que quand on l'interroge[2]. Il y a deux hommes en lui, le philosophe et le critique, qui, au lieu de parler tour à tour quand on désire les entendre, parlent tous deux en même temps, et couvrent la voix l'un de l'autre. Pour expliquer avec plus de clarté la théorie de Terrasson, j'ai dû en rassembler les principaux traits épars dans sa préface et dans les divers chapitres de sa *Dissertation sur l'Iliade*, les compléter par quelques passages

---

1. *La Philosophie applicable*, p. 20. — 2. *Ibid.*, p. 128.

de sa *Philosophie*, et concilier certaines contradictions apparentes qui, aux yeux de ses contemporains, ont diminué la clarté et le crédit de sa pensée. Car ce que nous cherchons aujourd'hui dans le livre de Terrasson est précisément ce qu'on y remarquait le moins de son temps. Sa critique sur Homère fit plus de bruit que sa doctrine de la perfectibilité. Mme Dacier, qui lui répondit en quelques pages dans la préface d'une nouvelle édition de son *Odyssée*, ne parla même pas de ses idées sur le progrès du genre humain. Bientôt dans un écrivain italien, plus philosophe que Terrasson et postérieur à lui de quelques années, nous verrons la théorie philosophique du progrès se déployer méthodiquement, comme une conséquence naturelle de la discussion homérique, et ce sera le terme de ce travail, qui ne veut pas sortir de la littérature, et s'arrête sur le seuil de la philosophie.

CHAPITRE VI.

État de l'opinion : l'Académie, les journaux, le théâtre.

Examinons maintenant l'état de l'opinion publique. Comme au temps de Perrault et de Boileau, un petit nombre d'esprits d'élite se déclara pour les anciens. Les plaintes de Mme Dacier et les répliques triomphantes de La Motte prouvent assez qu'Homère n'avait pas la majorité dans l'Académie française. L'Académie, que Mme Dacier sommait de sévir contre La Motte, laissa La Motte traduire impunément l'*Iliade*, et fit bien ; toutefois son respect louable pour la liberté de ses membres ne la forçait pas d'applaudir, en séance publique, sept chants d'une pareille traduction. Mais l'Académie était brouillée avec Homère. Brossette écrivait, en avril 1715, à J. B. Rousseau : « M. de La Monnoye me mande que la jeunesse est déclarée contre le divin poëte, et que, si l'Académie française prenait quelque parti, la pluralité serait certainement pour M. de La Motte contre Mme Dacier[1]. » C'est en pleine Académie que Fontenelle, recevant le successeur de La Motte, avait dit : « On lit les anciens par devoir, on lit les modernes par plaisir. » Comme au temps de Boileau, les jésuites se rangèrent du côté des modernes : l'Université tenait pour les anciens. Le P. Sanadon et le P. Porée accablaient La Motte de louanges. Dix ans plus tard (1725), Rollin consacrait un des plus beaux chapitres du *Traité des Études* à l'apologie d'Homère, de ses héros, de sa morale et même de ses dieux, telle qu'un chrétien aussi parfait la pouvait entreprendre. Il opposait aux vers de La Motte la prose plus homérique de Mme Dacier, et suppliait avec une naïveté touchante les jeunes gens de son temps de ne pas se prononcer d'un air de suffisance sur les grands écrivains de l'antiquité, et d'attendre la décision de leurs maîtres, « en imitant le jeune Télémaque qui, près d'arriver chez Nestor, demande à Mentor, son gouverneur, comment il doit s'y conduire[2]. »

Quoique en robe, on l'écoutait, a dit Voltaire de Rollin. On ne l'écoutait guère cependant, quand il demandait aux jeunes gens le respect pour les vieux poëtes. Les jeunes

---

1. Lettre à J. B. Rousseau, 24 avril 1715. Brossette y rapporte un distique qui courait sur Mme Dacier, et dont il ne désigne pas l'auteur :

In vetulum pugnat juvenis non unus Homerum :
Una tot in juvenes pro sene pugnat anus.

(Voy. OEuvres de J. B. Rousseau, éd. Lefèvre, t. V, p. 113.)
2. *Traité des études*, t. I, liv. II, chap. I.

gens, comme s'en plaint Mme Dacier, « étaient tout entiers aux cafés et aux opéras. » Autour d'eux, tout les confirmait dans leur dédain pour l'antiquité. Ils n'avaient pas à se montrer plus *homéristes* (c'est le mot du temps) que l'Académie. La société polie des salons, qui commençait à se piquer de philosophie, trouvait de bel air de se moquer de l'*Iliade*. On considérait, a dit Terrasson, la cause de La Motte comme celle de l'affranchissement de l'esprit humain[1]. Les femmes, et, à leur tête, l'amie intime de La Motte, la marquise de Lambert, qui avait inventé pour lui le nom bizarre *d'âme de génie*, faisaient des cabales contre Homère. Les journaux français et étrangers, surtout ceux de Hollande, restaient fidèles à leur opposition contre les anciens. Les Pères de Trévoux justifiaient à grand renfort d'arguments la prétention de La Motte, de juger Homère sans savoir le grec, célébraient en lui l'auteur d'une *Iliade* plus parfaite que celle d'Homère, et reléguaient Mme Dacier au nombre de « ces scoliastes sans génie, qui usurpent l'empire de la république des lettres[2]. » Le *Mercure galant*, dirigé, depuis 1713, par Le Fèvre, était aussi *moderne* que du temps de de Vizé[3]. Dans le *Journal littéraire* de la Haye, Sallengre et Van Effen continuaient à guerroyer contre les anciens. Le gouvernement français lui-même s'était, à ce qu'il paraît, déclaré contre Homère : dans une lettre écrite à M. de La Roque, sous le nom de *Mathanasius*, Saint-Hyacinthe désigne Philippe d'Orléans comme l'un des patrons des *modernes*[4]. La littérature légère s'était emparée des anciens pour les tourner en ridicule. Marivaux, à ses

---

1. *Philosophie applicable.*
2. *Mémoires pour l'histoire des sciences et des beaux arts*, avril 1714, p. 565.— Voy. Camusat, *Histoire critique des journaux*, t. II, p. 237.
3. Voy. les *Préliminaires de paix entre l'empereur de la poésie et la république des modernes*. Voy. aussi l'*Apologie pour les savants*. *Mercure* d'avril et de mai 1717.
4. *Chef-d'œuvre d'un inconnu*, t. II, p. 21.

débuts, travestissait l'*Iliade* dans une parodie qui n'a pas, comme celle de l'*Énéide* par Scarron, l'excuse de la verve et de l'esprit[1]. Le théâtre, à son tour, mit aux prises les anciens, et l'on vit le pauvre Homère livré, sur les scènes subalternes, aux pantalonnades de Trivelin et d'Arlequin. Au théâtre de la foire, Arlequin se déguisait en savant et chantait ce couplet :

> On me nomme Bouquinidès ;
> Je suis le défenseur d'Homère ;
> J'eus pour père Charitidès,
> Et la langue grecque est ma mère.

Avec l'appui de ses élèves, *Parisiton* et *Tape-modernes*, il forçait les passants à crier : « Vivent les Grecs ! » et se moquait de Mme Dacier. Homère présidait au mariage d'Angélique et de Léandre, qui terminait la pièce, et Arlequin, portant respectueusement l'*Iliade* dans ses mains, la faisait baiser à tous les acteurs de la comédie[2].

Sur une scène plus élevée, *Trivelin* racontait qu'après mille accidents, il était devenu laquais d'un honnête particulier qui passait sa vie à étudier des langues mortes. « Cela me convenait assez, disait Trivelin, car j'ai de l'é-

---

1. Voici un échantillon de cette triste plaisanterie : c'est l'entrevue de Priam et d'Achille après la mort d'Hector.

> « Or çà, reprit le roi de Troie,
> Tenez, voilà de la monnoie,
> Et rendez-moi mon fils Hector
> Que je n'ose dire être mort.
> Tel que me voit là Votre Altesse,
> Si je vous parle avec bassesse,
> La faute en est au seul destin
> Qui me laisse à peine du pain.
> Je n'eusse, avant votre arrivée,
> Jamais fait pareille corvée, etc. »

2. *Théâtre de la foire*; t. II. *Arlequin défenseur d'Homère*, par Fuzelier. — Voir aussi la 1re scène du IIe acte d'*Arlequin traitant*, par Dorneval.

tude. Je restai donc chez lui. Là je n'entendis parler que de sciences, et je remarquai que mon maître était épris de passion pour certains quidams qu'il appelait des anciens, et qu'il avait une souveraine antipathie pour d'autres qu'il appelait des modernes.

FRONTIN.

Et que veulent dire les modernes ?

TRIVELIN.

Les modernes, c'est comme qui dirait toi, par exemple.

FRONTIN.

Ho ! ho ! je suis un moderne, moi ?

TRIVELIN.

Oui, vraiment, tu es un moderne, et des plus modernes ; il n'y a que l'enfant qui vient de naître qui l'est plus que toi, car il ne fait que d'arriver.

FRONTIN.

Et pourquoi ton maître nous haïssait-il ?

TRIVELIN.

Parce qu'il voulait qu'on eût quatre mille ans sur la tête pour valoir quelque chose. Oh ! moi, pour gagner son amitié, je me mis à admirer tout ce qui me paraissait ancien. J'aimais les vieux meubles, je louais les vieilles modes, les vieilles espèces, les médailles, les lunettes ; je me coiffais chez les crieuses de vieux chapeaux ; je n'avais commerce qu'avec des vieillards. Il était charmé de mes inclinations. J'avais la clef de la cave où logeait un certain vin vieux, qu'il appelait son vin grec. Il m'en donnait quelquefois, et j'en détournais aussi quelques bouteilles, par amour louable pour tout ce qui était vieux ; non que je négligeasse le vin nouveau, je n'en demandais pas d'autre à sa femme, qui, vraiment, estimait bien autrement les modernes que les anciens; et par complaisance pour son goût, j'en emplissais aussi quelques bouteilles pour lui faire ma cour.

FRONTIN.

A merveille.

TRIVELIN.

Qui n'aurait pas cru que cette conduite aurait dû me concilier ces deux esprits? Point du tout. Ils s'aperçurent du ménagement judicieux que j'avais pour chacun d'eux : ils m'en firent un crime. Le mari crut les anciens insultés par la quantité de vin nouveau que j'avais bu : il m'en fit mauvaise mine. La femme me chicana sur le vin vieux. J'eus beau m'excuser, les gens de parti n'entendent point raison; il fallut les quitter, pour avoir voulu me partager entre les anciens et les modernes. Avais-je tort[1]? »

Trivelin n'avait pas tort d'aimer également le vin vieux et le vin nouveau, si l'un et l'autre étaient bons. Nous sommes tous de son avis. Nous buvons également à la coupe de l'antiquité et à celle de la littérature moderne, pourvu que la liqueur soit saine et généreuse. Mais il y a plus de cent ans que la querelle est finie, et il nous est facile d'être modérés, tandis que Trivelin, pris entre son maître et sa maîtresse, n'avait pas la liberté d'être neutre. Dans ce conflit des adversaires et des partisans d'Homère, les modérés recevaient le feu croisé des deux camps, et Boivin, qui voulut, à la suite de Fénelon, s'interposer entre Mme Dacier et La Motte, sortit de la médiation sans succès et quelque peu meurtri.

---

1. *La Fausse suivante*, par Marivaux.

CHAPITRE VII.

Les médiateurs : *Apologie d'Homère*. — Le P. Buffier : *Homère en arbitrage*. — Fourmont : *Examen pacifique*. — Réconciliation de La Motte et de Mme Dacier.

Jean Boivin, professeur au Collége royal, connu sous le nom français de Boivin le cadet, et sous le nom latin de *Junius Biberius Mero*, était un des *anciens* les plus fervents et les plus pacifiques, un vrai pontife d'Homère, mais un pontife tolérant. Il avait appris le grec à l'école de son frère Louis Boivin, qui avait surveillé son éducation avec une sévérité plus que fraternelle. De Boze, auteur d'un éloge de Boivin le cadet, raconte que Boivin l'aîné enfermait son disciple dans un galetas, avec un *Homère* tout grec, un dictionnaire, une grammaire, et ne lui rendait la liberté que lorsqu'il le trouvait en état d'expliquer en français et en latin le nombre de vers qu'ils étaient convenus. Après trois ans de ce régime, Boivin le jeune, au sortir de son grenier, savait le grec aussi bien qu'homme de France[1].

Jean Boivin fut si reconnaissant envers son aîné de sa sollicitude que, lorsqu'il fut nommé professeur en langue grecque au Collége royal, il écrivit au ministre pour demander l'autorisation de se démettre de sa chaire en faveur de Louis[2]. Mais le ministre, écoutant plutôt les vœux du public que ceux de cet excellent frère, le maintint dans ses fonctions, et c'est en professant sur Homère qu'il se pré-

---

1. *Mémoires de l'Académie des inscriptions*, t. VII, p. 377.
2. *Ibid.*, p. 382.

para à le défendre. Déjà il avait composé une *Apologie* en réponse à La Motte; mais, discret et modeste, il avait laissé Mme Dacier prendre les devants, et s'était interdit de combattre, par respect « pour un aussi illustre combattant. » Quand il vit La Motte refuser de rendre les armes à son adversaire, et publier la première partie des *Réflexions sur la critique*, Boivin se présenta, mais plutôt comme un médiateur que comme un athlète, pour pacifier, non pour vaincre. Dans sa préface, pleine d'urbanité, il demande grâce à un homme du mérite de M. de La Motte pour quelques termes peu mesurés qui pourront lui échapper dans son livre (le doux Boivin se calomniait, ils ne lui échappèrent pas); et il réclame d'avance l'honneur de son amitié, une fois le combat fini. Un duel qui commence par la demande d'un embrassement mutuel ne peut pas être bien sanglant. Boivin, dans ses objections contre La Motte, se rencontre souvent avec Mme Dacier; aussi ne m'arrêterai-je pas longtemps à son livre, qui n'offre pas beaucoup de nouveauté. Mais à côté de Mme Dacier, quelle aménité et quelle mansuétude! Boivin, par amour de la paix, prodigue des concessions que Mme Dacier lui reproche et dont La Motte le remercie; et Boivin se trouve doublement compromis, par le mécontentement de son alliée et par la reconnaissance de son adversaire. La partie la plus neuve de l'*Apologie d'Homère* est le morceau intitulé : *le Bouclier d'Achille*. Desmarets, Perrault et La Motte avaient attaqué cette admirable fiction d'Homère, alléguant qu'un bouclier ne pouvait être assez grand pour contenir une telle suite de tableaux, que ces tableaux étaient mal choisis et sans rapport avec le poëme, que des personnages sculptés ne pouvaient ni danser ni tenir des discours. Boivin démontre que le choix des images guerrières ou pacifiques du bouclier est parfaitement approprié au poëme, que les paroles et les mouvements prêtés par le poëte à ses personnages sont admis sans effort par l'imagination du lecteur, enfin que tous les tableaux peuvent être contenus sur le bouclier, sans qu'il excède quatre pieds de diamètre. La démonstration de Boivin, fortifiée par un plan qui représente exactement les divisions du bouclier, est une réfutation sans réplique des critiques de La Motte, de Perrault et de Desmarets. Mais plus elle est décisive, plus on s'étonne qu'elle ait été nécessaire, et que des hommes d'esprit en soient venus à prendre un compas pour mesurer le bouclier d'Achille. Grâce à Dieu, personne, au xixe siècle, en lisant le poëme de M. de Lamartine : *la Mort de Socrate*, n'a récriminé, au nom de la vraisemblance, contre l'admirable description de la coupe où le prisonnier boit la ciguë, et où la main d'un artiste a ciselé l'histoire de l'Amour et de Psyché. La critique française, devenue moins tracassière, n'intente plus de ces petits procès. Ce que j'aime le mieux dans le volume de Boivin, c'est une fable en prose qu'il dit avoir tirée d'un manuscrit de la Bibliothèque royale, et qui est intitulée : *le Datillier et la Courge*. C'est une leçon de modestie donnée aux modernes. Une courge avait suspendu ses jeunes rameaux aux branches d'un vieux « datillier. » L'arbre qu'elle enlaçait lui demandait grâce ; mais la courge lui répondait avec insolence, et menaçait de l'étouffer sous le poids toujours croissant de ses feuilles et de ses fruits. « Quant ly Datilliers vit que la paix ne trouveroit avec elle, « sy lui dist bien humblement : « Je vous prie, belle Dame « Courge, pour ce que je ne ouys oncques parler de vous, et « sy ay tant d'aage, que vous me dittes combien il a que vous « estes venue cy. — Certes, Datillier, dist-elle, il y a bien « deux mois et demi. » Adonc ly Datilliers commença à rire tant grandement, que ce fut merveilles, et se commença à mocquer, truffer et rigoler de Dame Courge, et de faire lui grimaces et grant despit. « Sy, lui dist Dame Courge, Da- « tillier, de quoy vous ryez vous ? Ne menez tel joye.—Par

« ma foy, Dame Courge, ce dist ly Datilliers, vous m'avez
« fait tant grant peur que bien pensoye estre perdu. Car
« oncques ne vis monter chose tant hault en si pou de
« tems, ne venir en tant grant estat. Mais quand vous dittes
« qu'en pou de tems estes venue, je ne vous craing, ne riens
« ne vous prise, et sy m'en ris. Car aussi en un bien pou
« de tems vous vous en yrez[1]. »

La courge ne s'en alla pas si vite que le prédisait le datillier, et l'arbre vénérable de l'antiquité continua de ployer
sous l'effort des *modernes*, qui, comme La Motte, se moquaient de sa vieillesse et cherchaient à lui dérober ses
fruits, ou, comme l'abbé Terrasson, méprisaient les fruits
avec l'arbre. La Motte venait de publier la deuxième partie
de ses *Réflexions*, l'abbé Terrasson travaillait à sa *Dissertation sur l'Iliade*, quand un autre modérateur s'entremit
pour réconcilier les *anciens* et les *modernes*. C'était un ami
de Mme de Lambert, un jésuite, un homme aimable et
circonspect qui savait se ménager, et qui ne s'inquiétait
pas trop d'avoir une opinion arrêtée, pourvu qu'il n'offen-
sât personne; en un mot, un digne successeur du P. Bouhours, le P. Buffier. La marquise de Lambert l'invitait à
s'entremettre entre La Motte et Mme Dacier. Le moment
paraissait favorable, Mme Dacier ayant épanché toute sa
colère, et La Motte se trouvant dans cette disposition clé-
mente qu'inspire le succès [2]. Le P. Buffier ne se fit pas
prier. Il caressait la pensée de présider à une réconciliation
célèbre qui lui ferait grand honneur dans le monde,
comme une belle cure à un médecin, ou une conversion
illustre à un missionnaire. Il s'avance donc à pas comptés
entre les deux champions, l'œil caressant, la bouche souriante, les mains tendues comme pour les réunir, et d'une

---

1. *Apologie d'Homère*, p. 254.
2. *Homère en arbitrage*, p. 24. *Lettre* de Mme de Lambert (1715).

voix affectueuse : « Il se trouve déjà, ce me semble, un grand nombre de points où il paraît aujourd'hui que M. de La Motte convient avec Mme Dacier; mais on demande si les défauts qu'il a reprochés à Homère sont, ou non, de vrais défauts[1]. » Là en effet est le point en litige : le P. Buffier indique la question, mais, en homme prudent, il évite de se prononcer. Ses paroles sont un modèle de tergiversation diplomatique. Qu'appelle-t-on un défaut ? Ce qui est défaut pour nous était-il défaut pour les anciens ? Est-ce un défaut dans un poëme épique ? Mais il faudrait convenir d'abord de la nature du poëme épique. En quoi consiste la perfection ? Non-seulement chaque personne, mais chaque nation se fait une idée différente de la perfection. Quel doit être le vrai caractère d'un héros épique ? Faut-il qu'il soit doux ou violent, franc ou rusé, clément ou impitoyable? Cela dépend des pays, des coutumes, des esprits et des goûts. Certes, parmi toutes ces questions, il en est de fort sensées; mais le P. Buffier se garde d'y appuyer et glisse en les posant. Il court à la conclusion, avec force douceurs et force compliments, et couronne sa lettre par cette manière de péroraison : « M. de La Motte et Mme Dacier conviennent tous deux dans l'essentiel, savoir, qu'Homère est un des plus grands génies du monde. (Le P. Buffier oublie à dessein qu'aux yeux de La Motte, Homère n'a guère plus de génie que le P. Lemoine et que Desmarets.) M. de La Motte convient qu'Homère a fait le premier une sorte de poëme auquel nul autre, le tout pour le tout, n'a jamais été préféré ou préférable. (Le P. Buffier oublie que La Motte a mis le *Saint-Louis* et le *Clovis* au-dessus de l'*Iliade*.) — Mme Dacier peut préférer, sur le goût et sur l'autorité de l'antiquité, ce qui semblerait défaut selon le goût et les mœurs d'aujourd'hui. M. de La Motte peut appeler

---

1. *Homère en arbitrage*, p. 24. *Lettre* du P. Buffier à Mme Dacier.

défauts des choses qui nous révolteraient manifestement dans un poëme qui, aujourd'hui, se ferait tout de neuf. (Le P. Buffier oublie que Mme Dacier ne veut rien entendre aux finesses du goût moderne, ni La Motte à la simplicité du goût antique.) — Ils ont l'un et l'autre beaucoup d'esprit et de bel esprit, beaucoup de réputation très-bien fondée, beaucoup d'amis considérables par leur mérite ou respectables par leur rang. Ils ont soutenu leur dispute avec plus de recherches curieuses, plus d'agrément de style et plus de vrai succès qu'aucun de ceux qui avaient traité le même sujet. Ils l'ont épuisé chacun de leur côté et s'y sont portés avec un zèle qui ne s'est point épargné, mettant en œuvre, d'une part, toute la vivacité, et, de l'autre, toute la fine raillerie que le public pouvait souhaiter. C'est donc à eux de ranimer les anciens sentiments d'estime qu'ils ont conçus l'un pour l'autre et qu'ils se doivent mutuellement. C'est le meilleur dénoûment de la scène amusante, instructive et spirituelle qu'ils ont bien voulu donner, et dont tous les gens de lettres doivent leur avoir beaucoup d'obligation[1]. » Le P. Buffier tenait la balance avec une incomparable impartialité ; il mettait dans les deux plateaux une dose égale d'encens, et, de peur de faire pencher l'un ou l'autre, il s'abstenait d'ajouter le poids de son opinion. Cependant la réconciliation ne se fit pas encore, et ce ne fut pas le P. Buffier qui eut l'honneur d'y attacher son nom. Les *modernes* continuèrent la guerre avec vigueur; La Motte publia la troisième partie de ses *Réflexions*, et Terrasson mit au jour sa *Dissertation sur l'Iliade*.

Bientôt parut un troisième médiateur, Fourmont, professeur de langue arabique au Collége royal. Le pacifique Fourmont débute presque aussi tendrement que le P. Buffier. A Mme Dacier il concède qu'un ouvrage ancien, par

---

1. *Homère en arbitrage*, p. 42.

cela seul qu'il est ancien, mérite le respect; et à La Motte, qu'un ouvrage moderne ne mérite pas, par cela seul qu'il est moderne, ce dédain injuste qu'on prodigue souvent à la nouveauté. « Vous avez raison de défendre Homère, dit-il à Mme Dacier. — Vous avez le droit d'attaquer Homère, dit-il à La Motte, parce que tout écrivain, même un géomètre, a le droit de critiquer un livre, et que vous êtes un poëte plein d'esprit, un grand orateur et même un grand philosophe[1]. » Malgré ce déploiement préalable d'impartialité, Fourmont finit par incliner du côté des anciens, parce que nous n'avons pas d'Homère ni d'*Iliade*; et, sous prétexte de montrer à La Motte et à Mme Dacier ce que c'est que le poëme épique, et par quelles raisons il faut défendre Homère, il entame une exposition didactique des règles de l'épopée. En sa qualité de professeur de langue arabique, il aurait dû puiser dans la lecture des poëmes arabes des idées plus larges que celles de ses contemporains sur le poëme épique. Il n'en est rien. L'épopée, selon Fourmont, c'est toujours ce qu'on peut appeler l'épopée légale, consacrée par la jurisprudence d'Aristote, c'est-à-dire le récit d'une action une, continue, allégorique, vraisemblable[2], etc. L'*Iliade* remplit exactement toutes les conditions : donc Homère est un grand poëte épique; donc La Motte a eu tort de le mal attaquer, et Mme Dacier de ne pas bien le défendre. Fourmont, en avançant, s'est corrigé de sa douceur. Et cependant, peut-être aurait-il plus aisément réconcilié Mme Dacier avec La Motte, en partageant entre eux ses critiques avec politesse, que Buffier en leur distribuant ses louanges. On aime quelquefois mieux se voir condamné avec son adversaire que de le voir absous avec soi. Mais quand l'*Examen pacifique* parut, la paix venait d'être signée, sous

---

1. *Examen pacifique de la querelle de Mme Dacier et de M. de La Motte*, p. 66. — 2. *Ibid.*

les auspices de M. de Valincourt, le 5 avril 1716. M. de Valincourt, ami commun de La Motte et de Mme Dacier, les invita tous deux à souper : c'était le jour des Rameaux, jour bien choisi, comme on l'a remarqué, pour le pardon chrétien des injures. Mlle de Launay assistait à ces agapes littéraires, et, dans ses mémoires, en a consacré le souvenir avec beaucoup de grâce. « Avant que je fusse à la Bastille, dit-elle, M. de Valincourt m'avait fait faire connaissance avec M. et Mme Dacier ; il m'avait même admise à un repas qu'il donna pour réunir les *anciens* et les *modernes*. La Motte, à la tête de ceux-ci, vivement attaqué par Mme Dacier, avait répondu poliment, mais avec force. Leur combat, qui faisait depuis longtemps l'amusement du public, cessa par l'entremise de M. de Valincourt, leur ami commun. Après avoir négocié la paix entre eux, il en rendit l'acte solennel dans cette assemblée où les chefs des deux partis furent convoqués. J'y représentais la neutralité. On but à la santé d'Homère, et tout se passa bien[1]. » Je ne sais si Boivin, dont Mlle de Launay ne cite pas le nom, assistait au banquet. Mais La Motte se réconcilia sans peine avec lui : Boivin avait fait la moitié du chemin. La Motte ne se contenta pas de boire à la santé d'Homère, à la table de Valincourt. En pleine Académie, devant le même auditoire qui avait applaudi ses *Réflexions critiques*, il rendit à Mme Dacier un

---

[1]. Mlle de Launay raconte ensuite les négociations de mariage qui se nouèrent entre elle et M. Dacier. Celui-ci, désolé de la mort de sa femme, parlait de se laisser mourir. « Quelle femme, disait-il, pourrait remplacer celle que j'ai perdue?... — Mlle de Launay, » lui répondit un jour le maréchal de La Ferté. Dacier accueillit cette ouverture avec plus d'attention qu'on n'en pouvait attendre d'un veuf si affligé. Bientôt on entra en pourparlers. Dacier poussait l'affaire avec empressement, et Mlle de Launay, irritée de la conduite de son ancien ami, le chevalier de Ménil, marquait beaucoup de bonne volonté, moitié par dépit, moitié par raison, car Dacier avait envoyé à M. de Valincourt, leur intermédiaire, le mémoire de son bien qu'il lui donnait tout en entier. « Mais Mme de Lambert, toute *moderne*, peut-être par dégoût d'un chef du parti opposé, me

hommage solennel dans des vers lyriques respectueux et flatteurs, qui ne valaient pas les épigrammes de sa prose, mais qui touchèrent le cœur de Mme Dacier. A la rigueur, Mme Dacier aurait pu se plaindre encore, car La Motte, impénitent même après l'absolution, sacrifiait de nouveau des anciens illustres : *Aspasie*, *Corinne* et *Sapho*. Mais comme c'était aux pieds de Mme Dacier qu'il les immolait toutes, elle sourit et pardonna. L'ode se terminait par cette strophe où la cordialité remplaçait la poésie, et qui annonçait à l'Académie le dénoûment d'une lutte où il n'y avait eu ni vainqueurs ni vaincus :

> Pardonne-moi, nouvelle Muse.
> Dans le nouveau jour qui te luit,
> Tu vois que, si l'erreur m'abuse,
> C'est pour toi qu'elle me séduit.
> Dans notre lutte poétique,
> Du seul vrai le zèle héroïque
> Avait enflammé notre cœur.
> Et qu'importait à notre gloire
> Qui de nous deux eût la victoire,
> Pourvu que le vrai fût vainqueur [1] ?

Pour qu'il ne manquât rien à la réconciliation, La Motte poussa la courtoisie jusqu'à insérer à la fin des *Réflexions critiques*, comme un correctif de ses épigrammes, une page digne de se graver dans la mémoire de tous les gens de

---

peignit comme fort triste la vie de M. Dacier. « Que feriez-vous, me dit-elle, d'un homme tout hérissé de grec, et quel cas ferait-il de vous qui n'en savez pas un mot? » Ces raisons ébranlèrent Mlle de Launay. La répugnance de la duchesse du Maine à se séparer d'elle acheva de la décider. Elle se désista, sans se fâcher avec Dacier, qui mourut bientôt, mais non pas du chagrin d'avoir perdu sa femme. Mlle de Launay regretta de n'avoir pas épousé un homme riche qui devait sitôt mourir. Il est amusant de voir les opinions littéraires se mêler ainsi aux affaires privées, et les partisans des modernes empêcher les jeunes femmes d'épouser les partisans des anciens.

1. *OEuvres de La Motte*, t. I, p. 513.

lettres, mêlés aux luttes quotidiennes des idées et des partis. « Voilà la dispute finie entre Mme Dacier, M. Boivin et moi, et le fruit de notre dispute est une amitié sincère et réciproque dont ils me permettront de me faire honneur devant le public. Heureuses les querelles littéraires qui se terminent là! Le cours de la contestation instruit les lecteurs : ils y voient sous quels différents aspects on peut regarder les choses, et ils n'ont qu'à choisir, entre les raisons alléguées, les plus décisives et les plus convaincantes. Mais quand ils sont suffisamment instruits par les raisons, il reste encore aux auteurs à donner une leçon plus importante : ils doivent montrer, en se réunissant de bonne foi, que la diversité des opinions ne doit jamais aliéner les cœurs; que l'estime et l'amitié peuvent se soutenir au milieu même de la contradiction, et qu'il faut que les disputes des gens de lettres ressemblent à ces conversations animées, où, après des avis différents et soutenus de part et d'autre avec toute la vivacité qui en fait le charme, on se sépare en s'embrassant, et souvent plus amis que si l'on avait été froidement d'accord [1]. »

Ce sont là de nobles paroles, et dignes d'être écoutées. Si la diversité des opinions devait briser les amitiés, mieux vaudrait renoncer à la liberté de l'esprit qu'aux plus doux sentiments du cœur. Mais cette extrémité n'est pas inévitable, et pour conserver tout ensemble, même dans le feu des controverses, ses opinions et ses amis, il suffit d'être de bonne foi, et la bataille finie, vainqueur ou vaincu, d'être toujours prêt à se tendre la main et à s'embrasser.

1. *OEuvres de La Motte*, t. III, p. 280.

CHAPITRE VIII.

Pope : Traduction de l'*Iliade*. — Le cardinal Wiseman : *Sur l'amour de la nature chez les anciens et les modernes*.

Nous avons déjà vu Pope faire cause commune avec Swift contre le docteur Bentley. L'irritable poëte détestait Bentley et le poursuivait à outrance, parce que Bentley l'avait blessé dans son orgueil. Johnson raconte qu'un jour, à dîner chez le docteur Mead, Pope, curieux de connaître l'opinion de Bentley sur sa traduction de l'*Iliade*, lui dit : « J'ai prié mon libraire de vous envoyer mon livre. — Quel livre? dit Bentley. — Mon Homère. — Oh! je me rappelle votre traduction. C'est un fort gentil poëme, mais ne l'appelez pas Homère. » Pope ne pardonna jamais cette distinction entre Homère et lui, et plusieurs années après, dans la *Dunciade*, il traça le portrait célèbre de l'orageux Bentley (*tempestuous*), député par les universités pour représenter le pédantisme et la polémique au pied du trône de la Stupidité[1]. Mais, malgré sa rancune contre Bentley et son amour pour l'antiquité, Pope ne devint jamais un idolâtre des anciens comme Temple, dont il se raillait en le vengeant. Dès sa plus tendre enfance il avait lu, traduit et imité les anciens. Dans sa pension de Londres, il détachait de la traduction de l'*Iliade*, par Ogilby, des scènes choisies dont il faisait un drame; il y

---

1. *The Dunciad. Book the foorth*, 206.

mêlait ses propres vers, et représentait cet essai dramatique avec le jardinier de la maison, comme Gœthe jouait avec sa sœur Cornélie les plus beaux passages de la *Messiade*. A vingt ans, quand il composa l'*Essai sur la critique*, son admiration pour Homère ne s'était pas refroidie : « Que les ouvrages d'Homère soient votre étude et vos délices, lisez-les pendant le jour, lisez-les pendant la nuit. » Plus enthousiaste qu'Horace, Pope n'accorde pas même qu'Homère puisse dormir : « Ce n'est point Homère qui dort, dit-il spirituellement, c'est le lecteur qui rêve[1]. »

On pouvait craindre que cette admiration ne conduisît au fanatisme de l'antiquité, de la tradition, de la règle, un poëte de vingt ans qui débutait par où les poëtes doivent finir, par un ouvrage didactique, et qui dogmatisait à l'âge où l'on rêve. Pope n'a pas eu de jeunesse; il est né raisonnable, et la précocité de sa sagesse a fait à la fois la force et la faiblesse de son génie. Devant cette raison hâtive, l'imagination intimidée s'est envolée à tire-d'aile. Dans ce rare esprit les fruits, mûrissant avant la saison, ont fait trop vite tomber les fleurs. Mais, en revanche, cet éloignement naturel de tout écart, et cette solidité d'équilibre, l'ont préservé de pencher à l'excès vers la règle elle-même, et de tomber dans la servitude de la tradition. Né pour la discipline plutôt que pour l'enthousiasme, imitateur ingénieux plutôt qu'inventeur, il a dans sa poétique, conçue non d'après lui-même, comme il arrive si souvent, mais contre lui-même, prescrit la liberté, vanté l'invention, chanté la gloire de l'antiquité. Ce génie de l'imagination qui lui manque, il en fait, avec un bon sens désintéressé, le premier don du poëte. Il relègue l'art au second rang. La seule loi du poëte, dit-il, c'est la nature; l'art n'est que la collection des procédés copiés sur les œuvres

---

1. *Nor is Homer that nods, but we that dream.* (Essay on criticism, part. I.)

du génie. « La critique est la femme de chambre des Muses, et il n'y a que les petits esprits qui courtisent la suivante, ne pouvant plaire à la maîtresse[1]. »

Que seront donc pour nous les anciens? des modèles, mais non des maîtres. Il faut les honorer, mais non les adorer. Pope reproche aux partisans des modernes d'avoir insulté l'antiquité; il loue ceux des anciens d'avoir défendu les règles fondamentales du beau[2], et, dans son *Temple de la Renommée*, il fait asseoir Homère sur un trône de diamants éternels. Mais il revendique pour l'Angleterre une liberté de goût que la France n'a pas su conserver. « Le Français, né pour obéir, se soumet aux règles, et Boileau, d'accord avec Horace, règne despotiquement en France. Mais nous, braves Anglais, qui n'avons été ni conquis ni civilisés, nous avons méprisé des lois étrangères. Défenseurs hardis et indomptables de la liberté de l'esprit, nous avons, comme autrefois, osé défier les Romains! » C'est que les anciens n'ont pas seuls, quoi que prétendent leurs admirateurs, possédé le génie, l'éloquence, la poésie. « Le génie étroit d'un critique partial voudrait mettre des bornes aux faveurs du ciel, et forcer le soleil à ne luire que sur une partie du monde, le soleil, qui non-seulement fertilise les esprits dans les climats brûlants du Sud, mais qui les mûrit aussi dans les climats glacés du Nord, qui, depuis la création, a brillé sur les âges écoulés, qui éclaire l'âge présent, et qui échauffera l'âge futur, quoiqu'il ait ses accroissements et ses déclins, et qu'il envoie au monde des jours plus sereins ou plus obscurs[3]. »

Voilà la réponse de Pope à la théorie de Mme Dacier sur les climats. Mais il ne va pas plus loin, il ne s'engage pas sous les drapeaux de Fontenelle; sa conclusion, c'est l'im-

---

1. *Essay on criticism*, part. I.
2. *Ibid.*, part. III. — 3. *Ibid.*, part. III.

partialité : « Ne vous attachez pas à ce qui est ancien ou moderne ; blâmez tout ce qui est faux, admirez tout ce qui est vrai[1]. » Tel est l'esprit de rectitude et d'impartialité que le traducteur de l'*Iliade* porte dans la question des anciens et des modernes. Profondément versé dans la langue française, dont il comprenait les finesses les moins accessibles aux étrangers, et dont il admirait le naturel, même dans Voiture[2], il goûtait singulièrement l'esprit de La Motte, et il lui fallut toute sa fidélité à Homère pour se défendre d'être séduit. Deux lettres datées de 1718, l'une de John Sheffield, duc de Buckingham, à Pope ; l'autre, de Pope à Buckingham, nous font connaître avec exactitude le jugement de la société anglaise sur le long procès littéraire qui venait de se dénouer à l'amiable devant le public français. Buckingham s'étonne, en parlant de La Motte, qu'un homme qui a traduit Homère s'avise de médire de lui, et qu'il s'attache à relever les défauts d'un grand génie, au lieu d'en louer les beautés. Mais il s'étonne aussi que Mme Dacier ait jugé Homère infaillible, et traité si rudement La Motte, « dont la traduction l'emporte de beaucoup sur celle de sa rivale. » En un mot, de part et d'autre des excès ; trop d'admiration pour Homère chez Mme Dacier, trop peu chez La Motte ; mais supériorité de La Motte dans la polémique et même dans la traduction : tel est le jugement de Buckingham. Il représente assez bien le parti des beaux esprits tempérés qui mitigeaient d'une admiration discrète pour Homère leur préférence marquée pour les modernes. C'est, au XVIIIe siècle, l'opinion de l'Angleterre : l'attachement à l'antiquité n'y est déjà plus une mode, comme au temps de Dryden, mais il y demeure une tradition, et le respect ne cesse pas d'y modérer l'in-

---

1. *Essay on criticism*, part. II.
2. Lettre à miss Blount en lui envoyant les œuvres de Voiture.

dépendance naturelle du goût. Pope lui-même semble d'accord avec Buckingham, et résume son jugement par ce mot, que l'on pourrait prendre pour une entière adhésion : « Le tort de La Motte est de tout blâmer dans Homère ; celui de Mme Dacier est de tout excuser. » Toutefois, à la fin de sa lettre, Pope, relevant une objection adressée par son correspondant à Homère : « Pour prouver, dit-il, que je suis, sinon un vrai critique, du moins un vrai commentateur, je tâcherai d'excuser Homère, et même de le défendre dans les notes de ma traduction. » Ainsi Pope allègue, pour excuse de son zèle homérique, la tendresse accoutumée des commentateurs envers l'auteur qu'ils appellent *Noster*; il indique avec ménagement le dissentiment qui le sépare de Buckingham, et, tout en ajournant par courtoisie la défense d'Homère, dont il est l'avocat, il n'abandonne aucun des droits de son client, ni des arguments de son plaidoyer.

Ce plaidoyer, que Pope attache sous la forme d'une préface à sa traduction de l'*Iliade*, est une réponse aux principales accusations portées contre Homère. Le traducteur anglais devrait s'accorder avec Mme Dacier, de toute la force de leur sympathie commune pour le même poëte, et de leur commune antipathie contre ses détracteurs. Mais il est difficile à deux personnes éprises d'un même objet de n'être pas un peu rivales, et à deux rivaux de n'être pas un peu jaloux. D'ailleurs Pope, esprit essentiellement pondéré, n'apporte pas, même dans ses plus chères affections, la fougue de Mme Dacier. Mme Dacier, nous l'avons vu, ne distingue pas entre Homère, ses héros, ses dieux et son siècle : elle les confond tous dans une égale admiration, et, toute bonne catholique qu'elle était devenue, elle aurait vécu volontiers chez les Phéaciens, au siècle d'or de Nausicaa. Pope la raille avec agrément de ce goût trop vif pour l'ancien temps. Il distingue finement le génie d'Homère des mœurs de son siècle, et, dans ce siècle même, la simplicité des coutumes de la grossièreté des actions. Il avoue que les dieux d'Homère sont vicieux, et ses héros impolis, sans qu'Homère lui paraisse pour cela moins grand poëte, et il trouve qu'on peut admirer une princesse qui puise de l'eau à la rivière, sans applaudir à la fourberie d'Ulysse ni à la férocité d'Achille. Le caractère de cette longue étude est une admiration chaleureuse, mais clairvoyante, qui sait choisir ses objets, se préserver de toute hyperbole et se justifier par de bonnes raisons : c'est l'alliance singulièrement rare de l'enthousiasme et de la critique, de l'amour et de l'impartialité.

Plus encore que la préface de Pope, son admirable traduction toucha le public anglais[1], et peut-être elle aurait gagné définitivement la cause d'Homère, si les mérites supérieurs qui la placent parmi les chefs-d'œuvre de la poésie anglaise n'avaient pas desservi l'original, en faisant la fortune du traducteur. Les critiques anglais ont remarqué qu'il n'y a pas une seule beauté de style qu'on ne puisse trouver dans l'*Iliade* de Pope : c'est le monument le plus achevé de correction et de pureté soutenues, d'élégance, de souplesse et de variété dans les tours de style, de distinction dans les images et d'harmonie étudiée, dont se puisse vanter la littérature anglaise. Mais cette perfection même de l'art n'est-elle pas une brillante infidélité? S'il est vrai, comme l'a dit un ancien, que le style est l'image des mœurs, la rudesse des mœurs homériques ne disparaît-elle pas dans cette élégance exquise de la diction de Pope, ou plutôt ce raffinement de langage poétique, où se peint la délicatesse d'une société polie, ne fait-il pas ressortir la grossièreté des personnages et de leurs actions, que le traducteur n'a pu voiler? L'inculte énergie de la vie

---

1. Le premier volume parut en 1715.

primitive ne se détache-t-elle pas avec plus de relief encore du milieu de ce style ingénieux et paré, anachronisme involontaire échappé au talent? Ce fut là sans doute une des causes qui empêchèrent Homère de profiter, autant que Pope l'eût désiré, de l'enthousiasme que sa traduction de l'*Iliade* excita dans le public anglais. Pope y gagna le renom d'un des plus grands poëtes de son temps; Homère n'y perdit rien, mais on en resta envers lui à l'admiration mesurée que professait le duc de Buckingham. En général, quoique les Anglais se soient montrés plus attachés que nous peut-être à l'étude des anciens, comme ils y portent plus de conviction et moins de routine, ils mêlent à leur respect une plus grande liberté. Leur génie national se distingue plus nettement que le nôtre du génie antique : tout en prenant chez les anciens ce qui lui paraît excellent et approprié à sa nature, l'Angleterre en use avec l'antiquité plutôt comme avec une amie de bon conseil que comme avec une nourrice et une maîtresse. Aussi quand certains écrivains anglais, plus épris que leur pays de l'antiquité, ont essayé de pousser jusqu'à la soumission ces bons sentiments pour les anciens, que l'Angleterre veut retenir dans les bornes de la déférence, la froideur et la résistance du goût public les a vite avertis qu'ils faisaient fausse route. En 1762, à peine âgé de vingt-deux ans et échauffé par une lecture sérieuse des chefs-d'œuvre de l'antiquité, poursuivie pendant près d'une année sur les bords du lac de Genève, Gibbon avait entrepris d'arracher son siècle à sa tiédeur pour les anciens, et de rallumer en Europe la flamme sacrée. Plein de la ferveur et de l'inexpérience de la jeunesse, il accusait l'*Encyclopédie* d'avoir donné l'assaut à l'antiquité, et l'Académie des inscriptions d'avoir mal défendu la citadelle; il reprenait vaillamment des mains de Rapin, de Bossu et de Boileau, qu'il mettait sur le même rang, la tradition classique, et réclamait pour les anciens le droit exclusif de former l'esprit moderne[1]. « Dans ma vanité, écrit-il, je voulais justifier et louer l'objet de mes études favorites.... J'avais l'ambition de prouver, par mon exemple et par mes préceptes, que l'antiquité peut suffire pour développer toutes les facultés de l'esprit humain. » Gibbon soutenait sa thèse avec une érudition superficielle, et dans un style dont la concision sentencieuse visait à l'imitation de Montesquieu. Le livre du jeune défenseur, composé d'abord en français, reçut en France, de quelques amis, un accueil favorable; transcrit plus tard en anglais par Gibbon, il fut négligé, c'est Gibbon qui nous l'apprend, par le public de son pays, et n'attira l'attention que longtemps après, quand l'histoire de la décadence de l'empire romain eut popularisé le nom de son auteur[2]. Cette indépendance à l'égard de l'antiquité, cette préférence sensible pour les modernes, accompagnée de respect pour les anciens, voilà la tradition véritable du goût anglais; nous l'avons remarqué au début même de la querelle, en voyant le plus grand érudit de l'Angleterre, Bentley, défendre le champion le plus décidé des modernes, Wotton, et les défenseurs les plus vifs de Temple, Swift et Pope, ménager l'antiquité avec un scrupule ignoré de La Motte et de Perrault. Cette tradition, née du fond même du caractère anglais, a persisté jusqu'à nos jours. Cette année même, un écrivain, dont le talent et la haute situation dans l'Église catholique d'Angleterre recommandent à l'attention publique les travaux littéraires, le cardinal Wiseman, a fait à Londres une lecture très-applaudie sur l'amour de la nature chez les anciens et chez les modernes. Jusqu'ici les partisans les plus vifs du progrès n'avaient

---

1. *Essay on study of literature*, p. 321. Paris, Galignani, 1840.
2. Gibbon, *Memoirs of my life and writings*; p. 86. Paris, Galignani; 1840.

pas osé contester aux anciens une supériorité que leur
qualité même d'anciens semble expliquer naturellement.
Placés plus près que nous de la nature, et venus plus tôt
dans le monde, on comprend sans peine que, dans cette
jeunesse de l'univers et de l'imagination humaine, ils aient
senti plus vivement que nous et mieux peint cette nature
dont les mœurs de la société primitive ne les éloignaient
pas, et qui n'avait pas été cent fois décrite avant eux. On
avait pu refuser à l'*Iliade* l'honneur d'être le plus beau
poëme, mais non pas à Homère celui d'être le plus grand
peintre de la nature. C'est précisément cette supériorité
d'amour pour la nature, et de talent pour la peindre, que
le cardinal Wiseman a revendiquée pour les modernes. Il
admire beaucoup les anciens et vanté leur génie; mais
selon lui, Chaucer, Spencer, Milton et Shakspeare ont
mieux aimé et mieux exprimé la nature que les plus
grands poëtes de l'antiquité, parce que le monde s'est
agrandi depuis Homère et Virgile par les découvertes des
voyageurs; parce que celles des savants nous ont révélé
dans l'univers de nouvelles merveilles; parce que l'Orient
a prêté à la poésie ses couleurs incomparables; parce que
l'Écriture sainte a initié l'homme au sentiment plus profond et plus vrai des beautés de la création[1]. Le cardinal
Wiseman va loin, on le voit, plus loin que ses devanciers;
mais il ne s'écarte pas de la tradition de la critique anglaise. L'Angleterre a été *moderne* même en admirant, en
étudiant et en défendant les anciens; elle a été *moderne*
par tempérament, par goût, par fierté nationale, et par
habitude de la liberté.

1. Voy. le *Times* du 11 décembre 1855.

CHAPITRE IX.

Vico : *La Science nouvelle*.

Passons en Italie : ce sera notre dernier voyage. Jusqu'ici nous avons vu la question des anciens et des modernes se frayer un chemin où elle rencontre et accoste l'idée du progrès, pour reprendre un instant après son cours propre et indépendant. C'est un ruisseau destiné à devenir l'affluent d'un grand fleuve ; il côtoie le fleuve un moment, puis s'en éloigne et prolonge ses détours, jusqu'à l'heure où il ira verser ses eaux dans un lit plus vaste que le sien. Nous avons suivi la question des anciens et des modernes dans toutes les sinuosités de son cours : nous allons voir maintenant comment elle vient se jeter dans la théorie du progrès. C'est le dénoûment de notre étude ; il s'opère dans un écrivain dont les œuvres confuses, mais illuminées des éclairs du génie, nous offrent, comme dans un ensemble encyclopédique, la science d'un érudit, les visions d'un poëte, les calculs d'un savant, les méditations d'un philosophe et les rêves d'un utopiste ; je veux parler de Vico.

L'idée du progrès, je l'ai montré, était depuis longtemps répandue dans le monde. Mais dans la plupart des esprits elle était un pressentiment, plutôt qu'une vue philosophique. Une voix intérieure leur disait que l'humanité ne peut avoir été mise sur la terre pour rester immobile ou rétrograder dans une ornière : mais de cette intime persuasion à une théorie, d'une intuition du bon sens qui devine et qui affirme, au système qui démontre en posant des principes et en développant des conséquences, combien il y avait loin encore ! Vico n'a pas pénétré dans toutes les profondeurs de la question du progrès : il n'a ni décomposé cette idée complexe du progrès en général, ni étudié successivement les progrès divers qu'elle embrasse, ni examiné jusqu'à quel point ils se concilient entre eux, encore moins montré comment le perfectionnement général de l'humanité s'accorde avec le déclin accidentel des lumières, des vertus, et même avec les décadences particulières de certaines nations. Ce sera l'étude de l'avenir. Mais l'éternel honneur de Vico, c'est d'avoir été le premier qui, prenant des mains de Bacon et de Pascal, de Perrault, de Fontenelle et de Terrasson, l'idée du progrès de l'esprit humain, a entrepris de s'en servir comme d'une explication philosophique de l'histoire, et cherché dans les siècles écoulés les preuves manifestes de ce progrès et le secret de ses lois. On connaît la *Science nouvelle*, on connaît cette théorie des phases uniformes par où passent toutes les nations, théorie qui blesse quelquefois la raison et l'histoire, par l'application des déductions mathématiques à la succession purement contingente des événements humains, mais qui dénote une si grande puissance d'esprit, et dont quelques vues supérieures resteront désormais, pour me servir de l'expression de Herder[1], comme les fondements nécessaires de la philosophie de l'histoire, dont l'avenir bâtira peut-être l'édifice. Je ne me propose ni d'exposer ni de discuter ici cette théorie du progrès qui, sur les traces de Terrasson, essayait d'expliquer la marche de l'humanité, alors que Turgot venait à peine de naître, que Condorcet n'était pas né, et que le dernier *moderne* et le dernier *ancien*, La Motte et Mme Dacier, fermaient

---

1. *Préface des idées sur la philosophie de l'histoire*, p. 7.

à peine leur longue discussion sur l'incivilité des héros
d'Homère[1]. Le système de Vico ne jaillit pas de son cerveau
comme d'un seul jet ; il en sortit fragment par fragment et
avec un labeur infini ; et même achevé, il garda toujours
quelque chose de la longue confusion où avaient été plon-
gées les idées du philosophe. Les vestiges du chaos sont imprimés dans ce monde imparfait que sa pensée a créé. Formée par des efforts et des enfantements successifs, son
œuvre est dépourvue de cette unité visible, vraie perfection
d'un système de philosophie. C'est l'image exacte de son
éducation, comme elle en est le fruit laborieux : éducation
commencée avec ardeur, abandonnée avec découragement,
reprise comme dans un accès de cette fièvre implacable de
savoir dont brûlait ce grand esprit ; éparpillée sur mille
sujets, partagée sans règle et sans méthode entre les lettres
et les sciences, l'érudition et l'histoire, le droit et la
poésie, la théologie, la rhétorique, la médecine et la philosophie, et placée par Vico sous l'invocation de quatre
hommes d'inégale grandeur et de génies étrangement as-
sortis, Platon, Tacite, Bacon et Grotius. Dans la bibliothèque où Vico s'enfermait à vingt ans, et où il exposa un
jour à l'évêque d'Ischia, Giovanni Rocca, ses plans de
réforme de l'éducation publique, il étudiait successivement
les langues anciennes et les modernes ; il lisait indistinctement tous les livres, les gravait dans sa prodigieuse mémoire, passait de la philosophie d'Aristote à la poétique
d'Horace, de la physique de Descartes à celle de Boyle, de
Bacon à Fontenelle, et comparant dans ses études vagabondes les connaissances des anciens avec celles des modernes,
il concevait déjà l'idée qui devint l'un des principes fondamentaux de sa philosophie, des deux savoirs, ou, comme
il l'a dit lui-même, l'idée des deux sagesses successives de

---

1. *La Science nouvelle* date de 1725 à 1730.

l'humanité. En 1708, chargé par l'Université de prononcer un discours solennel dans une séance où le vice-roi devait assister, il reprit à son tour, devant les professeurs et les écoles de Naples, ce parallèle des anciens et des modernes qui occupait encore, après plus de trente ans, le public lettré de France et d'Angleterre. Cette comparaison le conduisit à une idée qu'il développa plus tard dans la *Science nouvelle*, à savoir qu'il y a dans l'histoire de l'humanité plusieurs époques aussi fatales que sont dans l'homme l'enfance, la virilité, la vieillesse, et que cette histoire se divise en trois périodes, la période divine, la période héroïque et la période humaine. Sans étaler aucun dédain pour l'antiquité, dont il vénérait plusieurs grands écrivains comme ses maîtres, Vico la regardait avec Perrault et Fontenelle comme l'enfance du monde ; il s'étonnait de l'excessif respect voué par les hommes à la tradition, et il exprimait des doutes hardis sur la certitude des témoignages de l'histoire, sur l'authenticité de la plus ancienne poésie. Bientôt, s'affermissant de plus en plus dans son indépendance, il prit Homère comme le représentant de la sagesse antique, lui imposa l'épreuve périlleuse de son système préconçu. C'est là pour nous la partie la plus intéressante et la plus curieuse de l'œuvre de Vico. Il appartient à notre sujet de voir comment la question d'Homère, débattue par Desmarets, Perrault, Boileau, Fontenelle, Mme Dacier, La Motte, l'abbé d'Aubignac, Pope et tant d'autres encore, sans sortir des limites de la critique littéraire, se transforme, entre les mains de Vico, en une question d'érudition et d'histoire, et devient une introduction méthodique au système de la perfectibilité.

Les anciens, dit Vico, regardaient Homère non-seulement comme le premier des poëtes, mais comme le premier des sages, et les modernes, sur la foi des anciens, font remonter jusqu'à lui l'origine de la civilisation. Homère est-il un sage, un civilisateur ? Homère est-il un grand poëte ? Homère n'est pas un civilisateur : la poésie civilisatrice devrait se proposer d'adoucir les mœurs ; celles dont Homère nous offre le modèle, sont l'image de la rudesse et de la grossièreté. Ses héros sont orgueilleux, violents, féroces ; ses dieux, inconstants, emportés et faibles comme des hommes. Homère n'est donc ni un philosophe, ni un sage, ni un civilisateur. Mais Homère est un grand poëte. On ne peut nier son génie : il faut seulement le bien comprendre et le bien définir. En quoi consiste le génie poétique d'Homère? Horace nous met sur la voie de la vraie réponse, en nous disant qu'après Homère on ne saurait trouver de nouveaux caractères tragiques. C'est en effet à représenter de tels caractères qu'Homère a excellé. Or, la nature de la tragédie est de mettre en scène des passions violentes, des haines, des sentiments de colère et de vengeance que les hommes éprouvent surtout à l'âge héroïque, le second des âges humains [1]. Si donc Homère a porté dans ses peintures une telle perfection, c'est qu'il a recueilli de la poésie antérieure les traditions relatives à cet âge. Mais il n'en a pas été le témoin, car les caractères qu'il trace ne sont pas des caractères individuels, ce sont des caractères généraux : Achille est le résumé de toutes les qualités qui constituent la vertu héroïque; Ulysse, le résumé de celles qui constituent la sagesse héroïque. Or, les caractères généraux étant des caractères individuels réunis et fondus ensemble par l'effort de l'abstraction, ils ne peuvent être tracés par les premiers poëtes, qui peignent seulement les caractères individuels qu'ils ont sous les yeux; ils sont l'œuvre de poëtes ultérieurs, qui travaillent sur les données de l'ancienne poésie.

Si Homère a vécu, il ne peut donc avoir vécu qu'à la fin

---

1. Le premier est l'âge divin. Vico adopte ce qu'il appelle la division égyptienne : l'âge des dieux, l'âge des héros, l'âge des hommes.

de l'âge héroïque, et l'époque la plus éloignée où l'on puisse placer sa vie ne doit pas remonter au delà de quatre cent soixante-cinq ans après la guerre de Troie, à peu près vers le temps du roi Numa. Nous trouvons dans Homère lui-même, sur l'état du commerce, des arts, des sciences, en un mot de la civilisation de son temps, d'innombrables témoignages qui confirment tous la date qu'on vient de lui assigner. Mais Homère a-t-il vécu ? La tradition qui l'affirme ne nous révèle ni la date de sa vie, ni le lieu de sa naissance; mais elle nous enseigne que des chanteurs, appelés rhapsodes, récitaient de ville en ville des fragments des poëmes que l'opinion attribue à Homère. Homère ne les a pas écrits; il ne paraît même pas soupçonner l'existence de l'écriture. De plus, pendant longtemps ces poëmes homériques furent plutôt une succession d'épisodes isolés que des poëmes véritables, puisque les Pisistratides ordonnèrent qu'ils fussent rassemblés et divisés en deux poëmes sous le nom d'*Iliade* et d'*Odyssée*. Enfin, entre ces deux poëmes attribués au même auteur, il y a de telles différences d'idées et de style, que Longin conjecture qu'Homère a dû composer l'un dans sa première jeunesse, et l'autre dans sa vieillesse la plus avancée. Toutes ces présomptions n'enhardissent-elles pas à penser que des fragments poétiques, d'origine et d'époques diverses, ont été réunis sous le nom d'Homère ; et que c'étaient d'anciens chants, transmis aux rhapsodes par d'autres chanteurs nomades qui les avaient composés sur les traditions de la Grèce, et qu'Homère est la personnification de ces premiers chanteurs ? Homère est un caractère héroïque, comme Achille et Ulysse : c'est le type des anciens Grecs qui parcouraient leur pays en chantant les aventures des héros ; ce n'est pas une personne. A l'aide de cette supposition, tout s'explique : les diversités des opinions sur l'époque de sa vie, parce qu'il ne vécut jamais que dans la pensée et dans les récits des

Grecs ; les disputes prétendues des villes de la Grèce au sujet de sa naissance, parce qu'il y avait dans toutes les villes des chanteurs qui avaient récité les poëmes attribués depuis à Homère ; la pauvreté du poëte, parce que ces chanteurs qu'Homère personnifie étaient errants et misérables ; la différence profonde d'idées et de style qui sépare l'*Iliade* et l'*Odyssée*, parce que les Homères qui ont chanté l'*Iliade* racontaient la jeunesse de la Grèce, dominée par les passions ardentes que représente Achille, le héros de la force ; et que les Homères qui ont chanté l'*Odyssée* racontaient la vieillesse de la Grèce héroïque, maîtrisée et refroidie par la réflexion que représente Ulysse, le héros de la sagesse. Les poëmes homériques renferment donc la peinture de l'âge héroïque de la Grèce, depuis sa naissance jusqu'à son déclin ; ils forment l'histoire de la seconde époque de l'humanité ; ils sont pour la Grèce ce que la loi des Douze Tables est pour Rome, la peinture de ses premières coutumes, et son code de droit naturel : car, dans l'âge héroïque du monde, les poëtes ont été les premiers historiens, comme dans le premier âge, l'âge divin, les poëtes ont été les premiers théologiens de l'humanité.

Tel est, dégagé d'un appareil d'érudition confuse, le fond de la polémique de Vico contre Homère, polémique bien plus menaçante que celle de La Motte et de Perrault [1], bien plus systématique et plus complète que celle de l'abbé d'Aubignac. Qu'aurait dit Boileau d'une telle discussion, lui qui, lorsque Perrault annonce que l'Allemagne prépare des mémoires contre l'authenticité des poëmes d'Homère, refuse de croire à la possibilité d'une si grande folie ? Qu'auraient dit Perrault et La Motte, qui parlent bien vaguement de l'impersonnalité d'Homère, mais comme d'un rêve de la

---

1. Elle est contenue dans le livre III de *la Science nouvelle*, intitulé : *De la découverte du véritable Homère*.

science étrangère, ou même comme d'une erreur dont ils répudient énergiquement la complicité [1]? Qu'aurait dit d'Aubignac lui-même en voyant la philosophie de l'histoire s'emparer de ses conjectures, et rattacher l'impersonnalité d'Homère à l'explication des destinées du genre humain?

Vico sans doute est en avance sur son temps; mais si son livre ne peut donner une idée juste de l'opinion littéraire de ses contemporains, il nous fait pressentir l'émancipation prochaine, et caractérise avec justesse le mouvement qui s'accomplit du XVIIe au XVIIIe siècle. La grande école classique du XVIIe siècle n'est plus : un âge nouveau commence, encore classique, j'y consens, mais classique avec plus de hardiesse, et qui, à l'égard de l'antiquité, ne va pas au delà de l'admiration. Voltaire admire encore l'antiquité; mais qui, au XVIIe siècle, aurait écrit la préface de son *Œdipe*?

La comparaison du savoir ancien et du savoir moderne n'a pas seulement affranchi Vico du joug de l'antiquité; elle a éveillé en lui la première idée de sa doctrine, et la négation de la personne d'Homère se lie dans sa pensée à la théorie du progrès de l'humanité. Voici le lien de ces deux idées en apparence si éloignées l'une de l'autre. Homère, dans son unité nominale, représente la collection des poëtes de l'âge héroïque. Ces poëtes, comme on l'a vu, sont de vrais peintres de mœurs, de véritables historiens, comme les poëtes de l'âge des dieux sont des théologiens. Dans l'âge divin, où dominait la nature poétique, c'est-à-dire créatrice, les poëtes exprimèrent l'idée que les premiers peuples se faisaient des dieux; idée terrible, car l'imagination des peuples poëtes, qui sont les enfants du genre humain, comme les peuples philosophes sont les vieillards

---

1. Voy. La Motte, *Réflexions sur la critique*, partie II, p. 93.

des nations[1], agrandit toutes choses, et surtout les choses surnaturelles. C'est ainsi que le ciel, avec ses éclairs et sa foudre, reçut des premiers poëtes le nom de Jupiter[2]. Ce sont eux qui inventèrent ce que nous appelons la fable, c'est-à-dire le récit des premiers rapports des dieux entre eux et avec les hommes ; et les peuples furent subjugués par la crainte des divinités que leur imagination avait créées, et dont elle inventait l'histoire :

Primus in orbe Deos fecit timor....

Tels sont les caractères du premier âge : la force créatrice de l'imagination, et la crainte des dieux. Au second âge, les hommes, accoutumés à prêter à toutes choses une origine divine, se considèrent en même temps comme les enfants des dieux, comme des héros participant de leur droit et de leur puissance, et se montrent moins pieux à leur égard depuis qu'ils les regardent comme leurs pères et non plus comme leurs maîtres : c'est l'âge de la force et de la violence des passions. L'homme est moins religieux ; mais dans son abandon aux penchants effrénés de son âme, il déploie une puissance d'expansion longtemps comprimée par la crainte religieuse, et qui marque un progrès de l'humanité. Alors aux poëtes inventeurs de la fable succèdent les poëtes inventeurs de la mythologie, qui, d'après son étymologie, est la raison et l'explication de la fable. L'allégorie commence, c'est-à-dire que sous un terme particulier, sous un nom individuel, l'intelligence humaine renferme des types collectifs et des idées générales[3]. Partant de ce principe, Vico entreprend une explication des mythes anciens, qui nous semble étrange, même aujourd'hui que l'Allemagne nous a accoutumés aux interprétations impré-

---

1. *Science nouvelle*, liv. II : *De la sagesse poétique.*
2. *Science nouvelle* ; *métaphysique poétique.*
3. *Ibid.*, *Sagesse poétique* ; *Corollaires.*

vues des fables païennes, et que M. Ballanche a essayé d'acclimater en France quelques-unes des interprétations de la *Science nouvelle*. Dans le chapitre intitulé : *Canons mythologiques*, Vico regarde Vulcain jeté du haut du ciel par Jupiter, et Mars blessé à la tête par une pierre lancée de la main de Minerve, comme les types des plébéiens qui servaient les héros dans la guerre. Les hommes armés qui naissent des dents de dragon semées par Cadmus, ce sont les héros qui se révoltent contre l'établissement de la première loi agraire. On est surpris que Vico ait conçu de telles idées; on l'est encore davantage de les voir prêtées par lui aux poëtes de l'âge héroïque, mythologues bien audacieux pour leur temps. Mais continuons. Un troisième âge succède à l'âge héroïque, l'âge humain : l'esprit de l'homme s'est étendu et fortifié; la passion fait place à la réflexion. Déjà, sur le déclin de l'âge héroïque, c'était Ulysse qui remplaçait Achille : avec l'âge humain la raison prévaut dans les conseils de l'humanité, et la douceur dans ses mœurs. Ce n'est plus l'âge de la terreur superstitieuse, ni l'âge de la force; c'est l'âge de la religion, l'âge de la loi, nouveau progrès de l'humanité, dernier terme de cette série d'évolutions qui s'accomplit dans l'histoire de tous les peuples éclairés par la vraie loi religieuse, et qui les conduit à l'avénement de ce gouvernement naturel, où tous les hommes, égaux devant la loi civile, vivent en paix à l'ombre d'une monarchie ferme et paternelle, image de la royauté de la Providence : c'est l'âge de la civilisation chrétienne. Homère, poëte du second âge, poëte historien, est donc l'image même de la civilisation héroïque; et, pour qu'il en soit le parfait représentant, il importe qu'Homère, au lieu d'être un individu, c'est-à-dire un accident sur lequel on ne pourrait fonder de jugement général, soit une collection, un ensemble d'idées et de sentiments qui permette de juger toute une époque. C'est ainsi que le considère Vico.

Non-seulement il y a eu, selon lui, plusieurs Homères, mais il va même jusqu'à prétendre qu'il y a eu des peuples entiers d'Homères, des nations de citoyens-poëtes, qui tous chantaient des aventures héroïques, et qui se sont peu à peu absorbés dans une personne imaginaire et immortelle. Homère ainsi considéré, c'est la Grèce tout entière, la Grèce d'une époque intermédiaire entre la première et la dernière période de la vie humaine, entre l'antique barbarie et la moderne civilisation : cet Homère collectif est le résumé d'un des âges, et le symbole d'un des progrès de l'humanité.

J'ai beaucoup affaibli, dans cette courte analyse d'un long ouvrage, l'argumentation de Vico, qui affecte les formes de la déduction mathématique, qui prodigue les axiomes et les corollaires, et qui s'appuie sur un échafaudage fragile et compliqué d'érudition, avec un étalage d'étymologies paradoxales qu'envierait M. de Maistre. J'ai du moins tenté de l'éclaircir, et de faire ressortir surtout le lien de la question des anciens et des modernes avec la doctrine philosophique du progrès, tel qu'il se montre dans les œuvres de Vico, et le passage de la discussion littéraire à la théorie philosophique, bien plus visible encore que dans l'abbé Terrasson. Nous voilà parvenus au moment où la querelle des anciens et des modernes, jusque-là simple controverse de critique et de goût, se change en un des plus grands problèmes historiques et philosophiques que l'esprit humain puisse se poser. Je voudrais poursuivre ce travail; mais aller plus loin, ce serait franchir les bornes de mon sujet. Je l'abandonne à regret, au moment où le sentier étroit et sinueux dont j'ai suivi les détours s'élargit enfin, et laisse apercevoir un plus vaste horizon. Cette étude ressemble à une excursion dans les pays de montagnes : de temps en temps, au tournant du chemin, par quelque échappée entre deux collines, on croit apercevoir le but près de soi, on dirait qu'on le touche, et pourtant il est encore bien loin. Ainsi plus d'une fois, en voyant au milieu de la querelle littéraire intervenir l'idée du progrès, il semblait que nous allions aborder un terrain philosophique et saisir enfin un plus digne objet de la discussion ; mais cette terre désirée fuyait devant nous, et nous restions enfermés encore dans les bornes de la critique. Et quand nous arrivons enfin à l'extrémité du débat littéraire, quand nous touchons à la question philosophique, il faut nous arrêter. C'est mon devoir, mais c'est aussi mon regret. Aussi je me propose de reprendre cette étude, au point même où je la laisse aujourd'hui, et dans un nouveau travail, dont celui-ci n'est que l'introduction, j'ai dessein d'exposer et de discuter la théorie moderne du progrès depuis Chastellux, Condorcet, Turgot, Herder et Mme de Staël, jusqu'à nos jours. Ce travail commencera naturellement avec la première théorie du progrès proprement dite, et la première théorie du progrès commence, comme on vient de voir, où finit la querelle des anciens et des modernes. Ce livre n'est donc à proprement parler que la préface d'un autre, dont le sujet est plus intéressant et plus élevé. Il est temps de le clore, en essayant d'en indiquer les conclusions.

CHAPITRE X.

Conclusions.

Je voudrais, dans ce dernier chapitre, résumé d'un long travail, jeter un coup d'œil sur l'ensemble de la discussion que je viens de raconter, faire le discernement des idées justes et des idées fausses qu'elle a produites, et apprécier les conséquences bonnes et mauvaises de la querelle des anciens et des modernes, sans esprit de système, comme je l'ai promis au début de ce livre, et sans partialité.

L'esprit humain n'est pas méthodique : il va, il revient, il s'écarte, il rétrograde, il n'avance que par détours. Dans le débat que je viens d'étudier, on a vu toutes les questions se mêler sans cesse, la question philosophique du progrès, la comparaison littéraire des anciens et des modernes, et la dispute sur Homère. Si l'esprit humain s'élevait graduellement du particulier au général et du simple au composé, la discussion aurait dû commencer par la dispute sur Homère, continuer par la comparaison générale des anciens et des modernes, et finir par la question du progrès. Mais ce n'est pas ainsi qu'elle a procédé. Pour ne remonter ici qu'au xviie siècle, la controverse débute, avec Tassoni, par une comparaison générale des anciens et des modernes; avec Boisrobert, qui devait connaître Tassoni, elle continue par une attaque particulière contre Homère; puis l'idée de la permanence des forces de l'esprit humain et du progrès, propagée par la philosophie, intervient dans le débat avec Desmarets, Fontenelle et Perrault. Une fois qu'elle y est entrée, elle devrait n'en plus sortir, et maintenir la discussion dans la sphère des idées générales; mais, dès que la querelle est passée en Angleterre, l'idée de progrès disparaît, et la comparaison générale des anciens et des modernes cède elle-même le pas à une dispute d'érudition sur l'authenticité d'un ouvrage apocryphe. Enfin quand le débat revient d'Angleterre en France, La Motte et Mme Dacier se livrent un duel sur le corps d'Homère, comme Boyle et Bentley sur celui de Phalaris, jusqu'à ce que l'abbé Terrasson ramène, à côté de la question homérique, la comparaison générale des anciens et des modernes et la question du progrès, trop longtemps séparées, et surtout jusqu'à ce qu'un philosophe, Vico, les embrassant et les distinguant tout ensemble, les dégage l'une de l'autre et en montre clairement la filiation. Voilà le spectacle singulier de lenteur et de confusion qui s'est offert à nous dans le cours de cette étude. Il ne justifie que trop le mot de Voltaire : « Les idées ne marchent pas comme les divinités d'Homère, qui en trois pas traversent le ciel. La raison humaine voyage à petites journées. »

En repassant ainsi les diverses phases de cette histoire, on voit combien Marmontel a raison de se plaindre dans ses *Éléments de littérature* que la question des anciens et des modernes ait été si longtemps mal posée. Au lieu de se demander vaguement si les anciens étaient supérieurs aux modernes, ou les modernes aux anciens, et si l'*Iliade* était un beau poëme, il aurait fallu d'abord écarter toute comparaison entre les écrivains et même entre les écrits, et distinguer entre les œuvres de l'humanité, comme Wotton en donna l'exemple, celles qui ont besoin du temps, et celles qui peuvent s'en passer, pour atteindre à la perfection. Il est certaines sciences qui, fondées sur les observations que les hommes se sont transmises d'âge en âge, ont dû avancer à mesure que ces observations devenaient plus nombreuses et plus exactes. La médecine, qui repose sur la connaissance du corps humain, a fait de grands progrès depuis que le corps humain est mieux connu, grâce aux expériences et aux découvertes des modernes. De même, dans l'ordre moral, la psychologie moderne a enrichi de nouveaux faits bien étudiés et bien décrits la science de l'âme et des phénomènes. A plus forte raison le progrès est-il évident dans les sciences naturelles et dans les sciences mathématiques et astronomiques, qui s'accroissent chaque jour de quelque théorème nouveau, et qui peuplent les cieux d'étoiles inconnues aux regards des anciens. Mais il existe encore un autre ordre de travaux, celui de ces arts mixtes, composés pour ainsi dire de matière et de pensée, comme la statuaire, la peinture et la musique. La peinture est l'art d'exprimer les sentiments et la beauté de l'homme par la couleur et le dessin. Chez les anciens, la beauté humaine ayant été au moins aussi parfaite que chez nous, les sentiments aussi profonds et aussi vifs, et le génie aussi grand pour les exprimer, en vertu de cette perpétuité des forces de la nature qu'ont alléguée les modernes, la peinture des anciens a pu être parfaite tout d'abord pour l'expression de la beauté. Mais, autant qu'il est possible d'en juger aujourd'hui, n'a-t-elle pas dû être moins parfaite que celle des modernes dans la partie matérielle de l'art, c'est-à-dire pour la connaissance de l'anatomie humaine, pour les procédés dont se sert le peintre, et pour ses instruments, la toile, les couleurs, les pinceaux ? La musique est l'art d'exprimer les sentiments par les sons; elle se compose de la mélodie et de l'harmonie. Pour la mélodie, la musique ancienne a pu être parfaite, parce que rien n'empêchait le génie musical des Grecs et des Romains d'être égal au nôtre. Pour l'harmonie, nous devons, à ce qu'il semble, leur être supérieurs, parce que les études des modernes ont amené des découvertes importantes dans la production et la combinaison des sons, et que nos instruments sont plus nombreux, plus variés, plus puissants, plus délicats. Voilà donc des arts qui ont pu être, à l'origine, imparfaits et parfaits tout à la fois, parce qu'ils se composent, je le répète, d'une partie intellectuelle, capable d'une perfection immédiate, et d'une partie matérielle, nécessairement destinée au progrès. Enfin, il y a d'autres arts plus purement intellectuels, comme l'éloquence et la poésie, qui n'ont besoin pour atteindre à leur perfection que de pensées fortes, de sentiments vifs, de beaux génies pour les rendre et d'une langue capable de les exprimer. Or, ni ces pensées, ni ces sentiments, ni ces beaux génies, ni cette langue souple et riche, n'ont manqué aux anciens ; ces dons ont été même plus complets dans la jeunesse du monde, parce que, sans parler de l'avantage des climats et des institutions politiques, le génie humain était plus frais et plus libre, le goût plus naturel et plus simple, les langues plus harmonieuses et plus pures. Par conséquent, la poésie et l'éloquence, et, pour parler en général, la littérature antique a dû atteindre à la perfection. La vraie méthode pour étudier la question consistait donc, après avoir établi la distinction que je viens d'indiquer, à passer successivement en revue les sciences et les arts où nous avons dû faire des progrès, et ceux où nous avons dû tomber en décadence. Il y avait sur ce vaste sujet un beau livre à faire, livre difficile et impossible peut-être, parce qu'il faudrait, pour l'écrire, connaître à fond, dans leur essence et dans leur histoire, tous les arts, toutes les sciences, toutes les industries, toutes les inventions, en un mot toutes les branches de l'activité humaine, et qu'il n'appartient pas à un seul homme de connaître le détail de chaque objet et l'ensemble de toutes les choses. L'abbé du Bos a entrepris de considérer ainsi la question, en la réduisant à deux points : la poésie et la peinture, et, même dans ces limites, son livre est, au jugement de Voltaire, « un des plus utiles qu'on ait écrits sur ces matières chez aucune des nations de l'Europe [1]. » Ce n'est pas tout : si l'on avait l'ambition d'être complet, il faudrait indiquer aux modernes les moyens de se fortifier sur les points où ils sont les plus faibles, et de conserver leur supériorité là où ils sont les plus forts. Après avoir tracé l'histoire des sciences et des arts, et marqué la route que l'esprit humain a suivie, en montrant que malgré ses écarts, quelquefois rétrogrades, il a fini par avancer, et que les décadences particulières de

---

1. *Écrivains du siècle de Louis XIV.* Art. DU BOS.

tel ou ou tel peuple ne contrarient pas la loi générale du progrès, il faudrait décrire le chemin que l'esprit humain doit suivre encore, en un mot, embrasser d'un même regard le passé et l'avenir. *Exoriare aliquis !...* Mais je crains qu'il ne s'écoule bien du temps encore avant qu'un pareil livre soit achevé.

Toutefois, pour avoir été si longtemps mal posée, la question n'a pas été stérile. Les *modernes*, parmi leurs idées fausses, ont mis en lumière quelques vérités. En attirant par leur polémique l'attention publique sur le développement de l'esprit humain, c'est-à-dire sur une idée générale jusque-là reléguée dans la spéculation, ils ont popularisé l'idée du progrès, idée généreuse et salutaire, quand elle n'engendre pas l'orgueil, parce qu'en enfantant l'espérance en l'avenir, elle console les hommes, les encourage et ranime leur confiance dans la bonté de Dieu. L'idée de progrès n'est un péril et une folie que lorsque, promettant à la terre une félicité sans bornes, elle annule le ciel, et fait descendre au niveau de cette poussière terrestre le but de l'humanité, placé si haut au-dessus de nos têtes. « Quelle couche pour rêver la perfectibilité indéfinie, s'écriait récemment un grand poëte, que ce globe pétri de cendres et de pleurs[1] ! » Mais si l'humanité, au lieu de rêver l'éternel progrès de sa grandeur et de sa félicité, se démontre seulement qu'elle a grandi depuis sa naissance, malgré l'écroulement perpétuel des choses humaines, comme elle a vécu, malgré la mort; si elle s'atteste à elle-même son progrès dans le passé, sans en conclure impérieusement l'infinie continuité de son progrès à venir; si la perfectibilité est pour elle un espoir autorisé par la Providence, et non pas un attribut altier dont l'homme se serve pour diviniser l'homme, quoi de plus juste alors,

---

1. M. de Lamartine. *Notes sur mes lectures, Siècle* du 2 mars 1858.

quoi de plus bienfaisant que cette confiance justifiée par l'histoire? quoi de plus religieux que cette pensée qui ennoblit la terre sans diminuer le prix du ciel, et qui élève l'homme sans abaisser Dieu? La plupart des esprits les moins faciles à se bercer d'illusions et à goûter les idylles de la philosophie des chimères, croient aujourd'hui au progrès, parce que cette foi se fonde sur l'histoire du passé. Ils n'affirment pas la perfectibilité indéfinie, pure hypothèse qui engage témérairement l'avenir. Ils n'essayent même pas de déterminer la route que l'humanité suit dans sa marche. Il est à peu près sûr que ce n'est pas la ligne droite, quoi que disent nos contemporains, qui aiment les chemins les plus courts. Est-ce la ligne brisée de Pascal, est-ce le cercle de Vico ou la spirale de Gœthe? Si nous pouvions résoudre cette question, nous tiendrions dans nos mains la clef de la philosophie de l'histoire, nous connaîtrions la loi suprême du développement de l'humanité, nous aurions le secret de Dieu, et jusqu'à présent Dieu ne s'est ouvert à personne. L'humanité marche, mais sans pouvoir dire comme le roi Mithridate:

Je sais tous les chemins par où je dois passer.

L'homme, individu ou nation, ressemble aux torrents des Alpes et des Pyrénées. Échappé de la cime d'un roc ou de la fente d'un glacier, ce ruisseau, qui doit plus tard verser dans un fleuve lointain ses eaux grossies par les sources des montagnes, et rouler avec lui dans l'immensité de l'Océan, sait-il s'il coulera dans une vallée sauvage ou dans une plaine riante, entre les rochers ou parmi les fleurs? Il s'élance, il se déploie en nappe limpide, il tombe en cascade bruyante, il se débat en grondant entre des blocs de granit ruisselants d'écume, et se perd dans des abîmes où ne pénètrent ni le soleil ni le regard de l'homme; puis il remonte à la lumière, se replie, comme en se jouant, sur lui-même ; et cependant il avance toujours, selon la pente que Dieu lui a faite, dans le lit que Dieu lui a creusé, vers le but où Dieu l'appelle. Ainsi va l'humanité. Sait-elle si elle doit traverser sur sa route des jours tristes ou des jours heureux, si un doux soleil luira ou si des orages fondront sur sa tête, si ses pas graviront de rudes sentiers ou fouleront l'herbe des prairies ? Elle marche en avant, même à travers la nuit de son ignorance, et ne dévie jamais du chemin tracé par la volonté éternelle. La maxime de Fénelon, où je voudrais changer un seul mot, si j'osais toucher aux paroles de Fénelon : « L'homme avance et Dieu le mène, » est encore la plus vraie de toutes les philosophies de l'histoire.

Une autre idée vraie, popularisée par les *modernes*, est celle de la perpétuité des forces de la nature et de l'esprit humain, et avec elle, cette opinion qu'il y a dans le monde, à toutes les époques, une somme égale de talents. Cette somme se trouve inégalement répartie, en gros ou en petits lots, en génie ou en esprit. Il y a des époques imposantes, où les parts, plus considérables, sont concentrées entre les mains de quelques grands génies, comme au XVIIe siècle ; il y en a d'autres où elles s'éparpillent entre une multitude de copartageants, comme aujourd'hui. De plus, il y a des temps où les esprits moins riches, parce que le trésor commun est plus divisé, ne trouvent même pas le libre usage des fonds qu'ils possèdent, les institutions politiques ne le permettant pas. Il y en a d'autres où, moins voisins de la nature, moins jeunes, par conséquent moins poëtes, les peuples ne trouvent plus ni dans leur imagination, ni dans leurs langues, la même naïveté pour exprimer les sentiments humains, le même éclat de couleurs pour peindre l'éternelle beauté de la nature ; l'expérience l'emporte en eux sur l'enthousiasme ; la philosophie, la morale et l'histoire sur la poésie ; la science sur l'art. Le progrès existe, mais il se déplace. Il n'est pas à la fois dans toutes les facultés de l'esprit humain, de même qu'il n'est pas à la fois chez tous les peuples, puisqu'il y a des peuples qui déclinent et qui tombent, comme il y en a qui s'élèvent et qui grandissent. Mais, quand il quitte certaines facultés de l'esprit humain et certaines nations, c'est pour visiter et pousser en avant d'autres facultés et d'autres peuples, au profit de la civilisation de l'univers; et c'est ainsi que le progrès général se concilie avec l'affaiblissement de telle ou telle faculté dans l'esprit humain, avec le déclin de telle ou telle nation. Ce sont là des réserves que n'ont pas songé à faire les *modernes*. Partant de deux principes justes, la permanence des forces de la nature et l'accroissement perpétuel du nombre des idées, ils ont témérairement conclu du plus grand nombre d'idées à la supériorité des œuvres, et réduit l'art à une question d'arithmétique. Ils n'ont attaché assez d'importance ni aux institutions politiques qui ouvrent ou qui ferment la carrière à l'éloquence, ni à l'éducation publique, qui développe ou comprime les talents naturels, ni à l'apparition tardive d'une littérature dans le monde, retard irréparable, qui condamne le style à se raffiner pour racheter le défaut de nouveauté dans la pensée. Ils n'ont pas tenu compte surtout de cette corruption des langues vieillies, qui ne diminue pas le prix du talent, mais qui altère inévitablement la beauté des œuvres, et qui produit sur le style le mieux doué l'effet délétère d'une atmosphère impure sur les corps les plus robustes. Quand une langue est saine, les plus médiocres écrivains ont la chance de bien écrire. Quand une langue est corrompue, les meilleurs courent le risque d'écrire mal. Il ne serait pas plus juste de faire aux premiers un mérite de l'excellence de leur langue, que de mésestimer les autres à cause de la corruption de la leur. La langue française, par exemple, s'est altérée depuis plus d'un siècle, par l'effet même de la richesse et des qualités de l'esprit moderne. A mesure que le fonds de nos idées s'est accru, nous avons voulu en faire tenir un plus grand nombre dans notre style, et la phrase française s'est peu à peu déformée. C'est en ce sens que, selon l'observation si juste de M. Guizot, l'abondance des sentiments et des idées, dans les littératures, est un obstacle à la perfection de l'art. Plus les matériaux de l'œuvre sont nombreux et variés, plus il est difficile de lui imprimer cette pureté de forme et cette simplicité de composition, conditions suprêmes de la beauté. Nous avons forcé la phrase française à s'avachir, en y entassant des idées, non pas uniquement par une vanité de notre esprit, et pour paraître plus penser qu'on ne pensait autrefois, mais par impartialité, pour tenir compte de toutes les opinions, pour ne laisser échapper aucun point de vue, pour indiquer toutes les nuances, pour balancer dans un équilibre savant le plus et le moins, le pour et le contre. De là cette multitude d'adjectifs, qui s'empressent dans la phrase pour faire le service de tant d'idées : la période se tend, les formes du style s'altèrent, et la langue éclate comme un ballon trop gonflé. Sans doute, il y a encore de grands écrivains dans cet idiome défiguré, et d'aussi beaux génies qu'aux époques privilégiées de l'art le plus pur. Ce n'est pas la faute de nos prosateurs et de nos poëtes, s'ils ne versent qu'un métal mêlé de scories dans les moules déformés du style; c'est la faute de tout le monde, et leur gloire n'en doit pas souffrir. Mais l'art en souffre, lui ; il pleure sur ces beautés perdues, et gémit de voir les œuvres des plus brillants esprits expier le péché de leur date par une imperfection native dont ils sont innocents.

Voilà quelques idées que ni les *modernes* ni les *anciens* n'ont produites dans la discussion, les uns pour les combattre, les autres pour s'en prévaloir. Des deux côtés on a commis bien des malentendus et des lacunes. Les *anciens* et les *modernes* ont eu tort et raison tour à tour. Les *mo-*

dernes ont eu raison d'étendre à la littérature le principe du libre examen, de soutenir que ni la tradition, ni la règle, n'étaient la preuve et le fondement infaillible de la beauté dans l'art, et de prétendre à un autre honneur pour l'art qu'à celui d'imiter fidèlement l'antiquité. Les *anciens* ont eu raison de réclamer le respect des *modernes* pour le génie de l'antiquité, et de défendre contre l'ignorance et l'outrage des littératures admirables, que les *modernes* n'avaient pas étudiées. Les *modernes* ont eu le tort de pousser jusqu'à l'ingratitude leur rupture avec l'antiquité, et les *anciens* d'être reconnaissants envers elle jusqu'à la soumission. En général, les *modernes* ont eu plus d'esprit que de savoir; les *anciens* ont eu plus de savoir que d'esprit; et, sauf quelques exceptions éclatantes, les *anciens*, malgré leur savoir, n'ont guère mieux compris l'antiquité que les *modernes*. Aux XVIIe et XVIIIe siècles, les meilleurs amis des anciens ne voyageaient pas; ils n'allaient pas étudier la poésie antique sous les cieux qui l'ont inspirée. Pour Boileau, le Parnasse n'était qu'un grand Montmartre, et Tibur, rien de plus qu'Auteuil ou que Saint-Cloud. Plus curieux et moins casaniers que nos aïeux, nous passons les montagnes et les mers; nous visitons les terres, les îles, les fleuves, les climats décrits par Homère, Virgile et Horace; il y a au moins une partie de leur poésie que nous comprenons mieux, c'est le paysage, parce que nous connaissons la nature qu'ils ont peinte. Reste toujours la difficulté des mœurs et de la langue; et sur ce point, une grande partie de l'antiquité nous échappe, comme elle échappait à nos pères. Que l'on change quelques expressions dans un passage de l'auteur latin, à plus forte raison de l'auteur grec le plus connu, si nous ne le savons pas par cœur, serons-nous en état de restituer le texte véritable? Supposons un Anglais qui connaisse aussi bien la langue française que nous connaissons la langue latine. On récite devant lui l'oraison funèbre de Condé, qu'il n'a pas lue encore, ou qu'il se rappelle imparfaitement, et l'on change un mot dans Bossuet : « Averti par ma chevelure blanche, etc. » L'Anglais devinera-t-il qu'il y a dans le texte : « Averti par mes cheveux blancs ? » Il sait le français, il comprend Bossuet, mais non pas jusque-là. Nous sommes, à l'égard des langues anciennes, comme cet Anglais à l'égard de la langue française. Nous comprenons mieux que le XVIIe siècle la nature et le paysage dans les littératures antiques ; nous avons pénétré plus avant dans les mœurs des anciens, que nos travaux historiques nous ont fait connaître, et surtout nous savons les mieux goûter, parce que notre bel esprit n'est pas si gentilhomme et ne les dédaigne pas, et que nous nous piquons de tout comprendre ; mais nous sommes toujours arrêtés, comme on l'était au XVIIe siècle, par notre connaissance imparfaite des langues de l'antiquité. Notre supériorité sur le XVIIe siècle, même en ce point, c'est de méconnaître moins que lui les bornes de notre science, c'est de mieux savoir combien nous ignorons [1].

Comme il arrive presque toujours, ce fut après l'apaisement de la querelle des anciens et des modernes qu'on s'avisa, en France, des réserves et des distinctions raisonnables qui auraient pu la terminer plus tôt. Le sage et ingénieux abbé du Bos, un *moderne* décidé pourtant, puisque, dépassant Perrault et Fontenelle, il trouve que la nature elle-même s'est perfectionnée, et que les arbres de son temps sont plus beaux que ceux d'autrefois [2]; du Bos dis-

---

[1]. Ces réflexions, que je viens de transcrire, je les recueillais dernièrement d'une bouche bien spirituelle, celle du Tréville de ce temps-ci. Qu'il me pardonne ce souvenir d'une de ses causeries : ce n'est pas ma faute si, dédaignant d'écrire, il donne à ceux qui l'écoutent la tentation de lui dérober sa parole au passage, et de l'imprimer toute vive, au risque de la gâter.

[2]. *Réflexions critiques sur la poésie et sur la peinture*, sect. XXXIX, t. I. « Depuis Raphaël, l'art et la nature se sont perfectionnés, et, si Raphaël

tingua formellement, comme Wotton, les arts perfectibles
des arts immédiatement parfaits. Son livre, malgré des
théories et des jugements erronés, est un louable effort de
justice et d'impartialité. Mais l'écrivain qui a le mieux
indiqué les omissions et les excès commis par les deux
partis dans la querelle des anciens et des modernes, et
dont les arrêts ont eu le plus d'influence sur l'opinion de
la postérité, c'est Voltaire. Quoique personne plus que lui
n'ait travaillé à propager l'amour de l'humanité, il considère plutôt l'histoire des nations prises séparément, que
celle du genre humain dans son ensemble. Les généralités
vastes déplaisent à cet esprit si net : on dirait qu'il a peur
d'être la dupe des mots. Quand il examine l'idée du progrès, il se contente d'étudier successivement les phases de
grandeur et de décadence des peuples. Il ne paraît pas
croire qu'au-dessus de ces fortunes particulières des nations qui se fondent, grandissent, et s'écroulent tour à
tour, il est une destinée générale de l'humanité, dont les
vicissitudes individuelles des peuples n'entravent pas le
développement. Son point de vue est celui de Florus, et
non pas celui de Pascal. Les peuples sont pour lui des individus qui ont leur enfance, leur jeunesse, leur virilité,
leur déclin; l'humanité n'est pas une personne qui apprend et qui grandit toujours. Il croit aux périodes alternatives de progrès et de décadence; il ne croit pas au progrès continu. Se moquant de ceux qui disaient : « Tout est
bien, » il ne pouvait prendre au sérieux ceux qui disaient :
« Tout est mieux. »

Aux yeux de Voltaire, le règne de Louis XIV marque le
plus haut point de grandeur où les lettres et les arts puissent atteindre en France. Il affirme partout que l'esprit

revenait au monde, il ferait encore mieux qu'il n'a pu faire dans le temps
où la destinée l'avait placé; au lieu que Virgile ne pourrait point écrire
un poëme épique en français aussi bien qu'il l'a écrit en latin. »

français, parvenu à une telle hauteur, n'a plus qu'à descendre. Les vœux ironiques que dans la préface des *Lois de Minos* il forme pour l'avenir littéraire de la France, ressemblent à la prédiction de la décadence, et Voltaire a mis toute sa pensée dans ces alarmantes paroles : « Vous aurez en France des esprits cultivés et des talents.... Mais tout étant devenu lieu commun, tout étant problématique à force d'être discuté, l'extrême abondance et la satiété ayant pris la place de l'indigence où nous étions avant le grand siècle, le dégoût du public succédant à cette ardeur qui nous animait du temps des grands hommes.... il est fort à craindre que le goût ne reste que chez un petit nombre d'esprits éclairés et que les arts ne tombent chez la nation. C'est ce qui arriva aux Grecs après Démosthène, Sophocle et Euripide. Ce fut le sort des Romains après Cicéron, Virgile et Horace. Ce sera le nôtre. »

Mais dans cette décadence inévitable des lettres, des arts et du goût, Voltaire n'enveloppe ni les sciences ni la philosophie. Il a toujours insisté, avec bien plus de force encore que Wotton et que l'abbé du Bos, sur la distinction des travaux humains en deux ordres : ceux qui ont besoin du temps, et ceux qui peuvent s'en passer, pour arriver à la perfection. Il reproche vivement aux *modernes* de les avoir confondus, aussi bien que de ne tenir compte ni des climats ni des institutions politiques, dans leurs théories complaisantes de perfectibilité. Il admet avec Fontenelle que les arbres d'autrefois n'étaient pas plus grands que ceux d'aujourd'hui. « Mais supposez, dit-il, que les chênes de Dodone eussent parlé ; n'auraient-ils pas un grand avantage sur les nôtres, qui probablement ne parleront jamais ?... Ne se pourrait-il pas que la nature eût donné aux Athéniens un terrain et un ciel plus propres que la Westphalie et le Limousin à former certains génies, et que le gouvernement d'Athènes eût mis dans la tête de Démosthène quelque chose que l'air de Clamart et de la Grenouillère, et le gouvernement du cardinal de Richelieu, ne mirent point dans la tête d'Omer Talon et de Jérôme Bignon[1] ? » Voltaire fait asseoir Tullie à la toilette de Mme de Pompadour. La fille de Cicéron admire la glace qui réfléchit son visage, le fauteuil où elle se repose, le télescope qui nous a révélé de nouveaux cieux, la boussole qui a découvert l'Amérique : « Je commence à craindre, dit-elle, que les modernes ne l'emportent sur les anciens. — Rassurez-vous, lui répond un duc et pair, présent à l'entretien ; nul homme n'approche parmi nous de votre illustre père. La nature forme aujourd'hui comme autrefois des âmes sublimes ; mais ce sont de beaux germes qui, semés dans un mauvais terrain, ne viennent pas à maturité[2]. »

Ici Voltaire parle comme un *ancien*. Quand il passe de la comparaison générale des anciens et des modernes à l'appréciation particulière de tel ou tel ancien, il devient beaucoup plus *moderne*, et la supériorité qu'il concède en gros à l'antiquité, il la lui reprend en détail. Il admire sincèrement les Latins, mais en petit nombre : Cicéron, Virgile et Horace. Dans Lucrèce, le philosophe lui fait prendre en dégoût le poëte[3], et il appelle la *Pharsale* de Lucain une gazette pleine de déclamation[4]. Quant aux Grecs, comme chez les jésuites, ainsi que dans l'Université, on les étudiait moins que les Latins, Voltaire n'a pas appris du P. Le Jay et du P. Porée à devenir un grand helléniste. Il estimait la langue grecque la plus belle des langues[5] ; mais il ne la savait guère mieux que le maréchal de Richelieu, il le confesse lui-même, et c'est tout dire[6]. Lorsqu'à dix-neuf ans il com-

---

1. *Dictionnaire philosophique*, art. *Anciens et modernes.* — 2. *Dialogues : La Toilette de Mme de Pompadour.* — 3. *Ibid.*, *Lucrèce et Posidonius.* — 4. *Essai sur la poésie épique.* — 5. *Dict. phil.*, art. *Langue.* — 6. *Épître dédicatoire des Lois de Minos.* Voir aussi une lettre à Chabanon, 1772.

posa son *Œdipe*, il ne lut celui de Sophocle que dans la traduction de Dacier, et sur la foi d'une version en prose, il dénonça « les contradictions, les absurdités et les vaines déclamations » du grand poëte. Plus tard, ce fut après avoir lu le *Théâtre des Grecs* qu'il traita Eschyle de *barbare*[1], et Aristophane de *baladin*, de *farceur à peine digne d'être admis à la foire Saint-Laurent*. Dans sa jeunesse, il admirait Homère et l'appelait « un peintre sublime; » il plaignait les esprits philosophiques qui ne peuvent pardonner ses fautes en faveur de ses beautés « plus grandes que ses fautes. » Il prenait la défense de ses dieux et de ses héros, parce que c'étaient les héros et les dieux de son temps, et qu'Homère avait peint « les dieux tels qu'on les croyait, et les hommes tels qu'ils étaient. » Il aimait jusqu'à Nausicaa, « lavant ses robes à la rivière. » « On pourra se moquer, disait gravement Voltaire, cela n'empêchera pas qu'une simplicité si respectable ne vaille bien la vaine pompe, la noblesse et l'oisiveté dans lesquelles les personnes d'un haut rang sont nourries[2]. » Est-ce le *Mondain* qui parle, ou l'auteur de *Télémaque?* Mais, en vieillissant, Voltaire devient moins homérique. Il trouve que si La Motte a mal traduit l'*Iliade*, il l'a très-bien attaquée[3]. Les héros d'Homère lui paraissent fastidieux, et ses dieux ridicules. Les grandes images de l'*Iliade*, qui faisaient dire au sculpteur Bouchardon : « Lorsque j'ai lu Homère, j'ai cru avoir vingt pieds de haut, » n'ont pas plus de prix à ses yeux que les figures poétiques que les improvisateurs d'Italie laissent tomber de leur bouche, « plus serrées et plus abondantes que les neiges de l'hiver[4]. » Le seigneur *Pococurante* avouant à *Candide* qu'il a l'*Iliade* dans sa bibliothèque, par égard pour l'antiquité, comme on a de vieilles médailles, n'est pas loin d'ex-

---

1. *Dictionnaire philosophique*, art. *Athéisme*. — 2. *Essai sur la poésie épique*. — 3. *Dict. phil.*, art. *Épopée*.— 4. *Ibid.*, art. *Anciens et modernes*.

primer la dernière opinion de Voltaire sur Homère. Quand
Voltaire se mêle de traduire l'*Iliade*, il la corrige et l'a-
brége, ni plus ni moins que La Motte, pour le plus grand
plaisir de ses contemporains [1]. Voltaire n'a jamais compris
dans Homère que certaines beautés accidentelles et relatives. Aujourd'hui nous admirons Homère d'avoir peint en
traits immortels l'homme et la nature, parce que nous n'a-
vons pas besoin que l'homme nous ressemble pour aimer
les images qu'en trace la poésie. Nous tenons Hector,
Achille, Ulysse, malgré leur barbarie, pour des exemplaires
aussi vrais que nous-mêmes des passions éternelles de
l'humanité. Pour le XVIIe siècle, l'homme et la nature,
c'étaient l'homme et la nature civilisés. Aux yeux de Voltaire, les héros d'Homère ne sont que des ébauches de
l'homme véritable, qui est l'honnête homme du XVIIIe siècle,
poli, sans préjugés, et collaborateur de l'*Encyclopédie*. Les
héros et les dieux d'Homère sont des portraits ressemblants
des héros et des dieux de son temps, et c'est ce qui fait que
son poëme, très-précieux pour les Grecs, « n'est plus intéressant pour nous. » L'homme d'aujourd'hui n'est plus
l'homme d'autrefois; et les peintures homériques, vraies
d'une vérité accidentelle et relative, ont perdu leur prix :
tel est, dans toute sa rigueur, le jugement de Voltaire sur

---

1. Voltaire raconte (dans le *Dictionnaire philosophique*, art. *Scoliaste*)
qu'un jour un jeune homme est venu lui montrer une traduction d'un fragment du XXIVe livre de l'*Iliade*, l'entrevue de Priam et d'Achille. Le jeune
homme (on devine que c'est le vieux Voltaire) a retranché la plus belle
partie du discours de Priam : « Souviens-toi de ton père, Achille, semblable aux dieux, etc. » En revanche, alors qu'Homère se borne à dire :
« Priam supplie Achille en ces mots, » le jeune homme peint en quatre
vers la douleur du vieux roi. « Comment, dit Voltaire au traducteur avec
une visible satisfaction, vous vous mêlez de peindre ! Il me semble que je
vois ce vieillard qui veut parler, et qui, dans sa douleur, ne peut d'abord
que prononcer quelques mots étouffés par les soupirs. Cela n'est pas dans
Homère, mais je vous le pardonne. » Ce *je vous le pardonne*, est incomparable. Voilà comme Voltaire comprenait Homère.

Homère. Il s'accorde mal avec son opinion générale sur la supériorité littéraire des anciens. Au fond, malgré ses objections si raisonnables et ses épigrammes si spirituelles contre Perrault et La Motte, Voltaire est du parti de La Motte et de Perrault. Le dernier mot de son opinion sur l'antiquité, c'est que les anciens sont les anciens, et que nous sommes les modernes ; c'est que les chefs-d'œuvre de la Grèce et de Rome, intéressants pour les Romains et pour les Grecs, le sont beaucoup moins pour les Français ; c'est qu'en les admirant, nous pouvons nous passer d'eux. Il y a loin de cette admiration tiède et plus qu'indépendante à l'enthousiasme imitateur des grands écrivains du xvii⁰ siècle.

Ce n'est pas le goût du xvii⁰ siècle, c'est le goût de Voltaire qui domine en France. Les esprits d'élite, en petit nombre, pensent avec Fénelon et Racine qu'il y aurait profit pour les modernes à garder les anciens pour guides dans l'étude de l'homme et de la nature. La grande majorité du public est d'avis qu'en toutes choses, et particulièrement sur la nature humaine, nous en savons bien plus que les anciens, et qu'il est inutile de les étudier. Voltaire a contribué à propager ce dédain. Sans cesse il dénonce à la risée publique l'éducation des colléges, où l'on apprend la couleur des cheveux de Lalagé, au lieu de se pourvoir « de tout ce qui peut faire réussir chacun dans la profession à laquelle il est destiné[1]. » Voltaire est un utilitaire, comme nous disons aujourd'hui, et les partisans de l'éducation professionnelle ont le droit d'inscrire son nom sur leur drapeau. Par une étrange contradiction, l'implacable railleur des Velches a répandu en France le goût et les idées des *modernes*, et l'auteur de l'*Épître à Horace* a porté de sa main légère un des plus rudes coups à la popularité des anciens.

---

1. *Dictionnaire philosophique*, art. Éducation.

Quelles ont été les conséquences de cet affaiblissement du respect public pour l'antiquité, qui commence à la fin du xviie siècle, et, sauf quelques intermittences, a continué jusqu'à nos jours? L'un des effets de la querelle des anciens et des modernes, et le plus heureux, ce fut d'arrêter l'esprit français sur la pente de l'imitation et de l'obéissance, où de grands esprits seuls pourraient maintenir leur indépendance et leur originalité. Certes ni Racine ni Fénelon n'avaient besoin, pour conserver la liberté de leur génie, que Perrault se moquât d'Homère. Ils admiraient l'antiquité sans idolâtrie, et l'imitaient comme il faut imiter, en tenant compte des diversités de temps, d'esprit et de mœurs; ils ne la copiaient pas. Mais à côté de ces grands esprits, préservés par leurs lumières et par leur force de la superstition et de la servitude, combien d'autres faisaient de l'antiquité mal comprise la règle inflexible du beau! Ce qu'ils admiraient chez les anciens, c'étaient des beautés imaginaires dont les anciens ne s'étaient pas doutés, et ce qu'ils n'admiraient pas, c'étaient les beautés solides et vraies. Ils proposaient au culte public l'image d'une antiquité contrefaite, et faisaient consister le goût dans une dévotion aveugle à cette fausse divinité. Cette école funeste du petit goût classique aurait fini, tant la puissance du nombre est redoutable, par triompher de l'école du grand goût, représentée par une minorité d'esprits supérieurs. L'autorité, voilà le principe qui aurait prévalu dans la littérature. Nous avons vu déjà quelle part l'autorité s'est faite au xviie et même au xviiie siècle, et la déférence que les esprits les plus libres conservaient pour Aristote, qui régnait encore dans la littérature, après sa déchéance dans la philosophie. Qui sait où le pouvoir de la tradition se serait arrêté? La tradition littéraire, si digne de respect quand elle n'usurpe pas la souveraineté qui appartient au génie, aurait fini par prétendre à cette infaillibilité qui est le privilége de la tradition religieuse. Il se serait établi tôt ou tard une sorte d'Église littéraire, dont l'orthodoxie imaginaire aurait substitué partout dans les ouvrages d'esprit la règle à l'inspiration, la correction à l'originalité, la médiocrité au génie. L'imitation aurait été le premier précepte de son catéchisme, l'imitation du chef-d'œuvre d'abord, puis l'imitation des imitations ; et la littérature, enfermée dans un cercle infranchissable, aurait enfanté des générations de copistes, occupés à tirer éternellement des épreuves affaiblies du même modèle. Combien d'œuvres littéraires, au XVIIIe siècle, sont les reflets décolorés du siècle précédent! Proclamer dans la littérature et dans les arts le principe de liberté, et par là continuer la révolution commencée par Descartes en philosophie; rendre à l'inspiration ses droits; prévenir la formation d'une orthodoxie littéraire, qu'aurait inventée l'esprit de routine pour la ruine de l'originalité; donner au génie français, dont l'humilité diminue la force, le sentiment de sa grandeur; étendre et féconder le goût, en abolissant cette vieille idée que les formes de l'art ancien sont les seules formes de l'art, et en ouvrant de toutes parts des issues vers les littératures étrangères et les chefs-d'œuvre modernes; multiplier ainsi les modèles, enseigner l'intelligence de toutes sortes de beautés, et fonder cette impartialité de goût qui est aujourd'hui l'honneur et la supériorité de la critique : voilà les conséquences heureuses de la querelle, que le temps a développées.

Mais en littérature comme en politique, la liberté ne se fait sa place le plus souvent qu'aux dépens de l'autorité, et, comme en religion, la tolérance ne s'étend guère qu'au préjudice de la foi. Ce que l'esprit moderne gagna, ce fut l'antiquité qui le perdit. A mesure que le goût admit d'autres modèles que les écrits des anciens, qu'il reconnut d'autres règles que la tradition, d'autres formes de l'art que les formes classiques, et qu'il attacha plus de prix à l'inspi-

ration qu'à la discipline, le prestige de l'antiquité pâlit et
s'effaça. Il y a des antinomies qu'on regrette. On voudrait
accorder les vérités contraires qui en forment les termes
extrêmes ; mais, tout en reconnaissant la justesse de chacune d'elles, on a peine à découvrir l'intermédiaire qui les
réconcilierait. Rigoureusement Horace et La Motte ont eu
raison de combattre, comme une illusion de perspective,
ce préjugé de beauté qui s'attache aux œuvres antiques,
de proclamer le droit qu'a le beau d'être jeune, et celui
qu'a la critique de soumettre à sa révision les ouvrages
que le temps semble avoir consacrés. Et cependant n'est-il
pas vrai aussi qu'une longue durée mérite le respect ?
N'est-il pas vrai que les esprits les plus libres et les moins
soumis aux arrêts du passé, doivent ressentir une vénération involontaire en face de ces monuments des âges
éloignés, que l'admiration des hommes a protégés contre
les ravages du temps, et qui nous attestent à la fois l'antiquité du génie de l'homme et l'admiration unanime des
générations éteintes ? Si l'on songe surtout aux incertitudes
de la critique contemporaine, à son impuissance d'être
vraie, même quand elle en a la volonté, si l'on songe à ces
caprices du goût public, qui, pendant la vie et longtemps
après la mort des plus grands écrivains, tiennent leurs
noms suspendus entre la gloire et l'oubli, n'est-on pas
tenté de ne croire définitif que le jugement des siècles, et
d'incliner sa liberté devant l'autorité de la tradition ?
Enfin, dans cet écroulement perpétuel de toutes choses
dont l'homme est le témoin sur la terre, cette éternelle
jeunesse des monuments de la poésie, de l'éloquence et de
l'art, debout, depuis des milliers d'années, sur les ruines
de tant de croyances, d'institutions et de lois, n'offre-
t-elle pas un contraste qui fascine l'imagination et désarme
le raisonnement ? Au milieu de cet océan de choses éphé-
mères qui coulent et s'enfuient, la durée, ce prodige !

n'est-elle pas une poésie, et, comme elle ressemble à un attribut divin plutôt qu'à un privilége de l'homme, le sentiment qu'elle nous inspire, semblable à la piété, n'est-il pas au fond une vertu ?

Ce respect mêlé d'amour pour les anciens, qui était une des vertus de l'esprit français, s'est trop tôt évanoui dans le triomphe des idées modernes. Quelle gloire c'eût été pour l'esprit français d'être à la fois affranchi et reconnaissant, et de marcher à la conquête de l'avenir en bénissant le passé! Mais ce n'est pas la coutume, qu'au lendemain de sa victoire, le progrès soit magnanime pour la tradition. L'une des premières conséquences de la querelle, ce fut l'indifférence que témoignèrent aux anciens ceux même d'entre les *modernes* qui, comme Voltaire, s'enivraient le moins de l'orgueil du présent. Quand on eut cessé de tourner les anciens en ridicule, on ne les outragea pas, on ne contesta pas leur génie. La tolérance publique leur laissa leur rang dans l'opinion, comme, au déclin du paganisme antique, la tiédeur universelle ouvrit aux dieux étrangers l'entrée du Panthéon romain. Ce furent des divinités sans culte et sans autels, qui n'eurent pour clergé que les prêtres de notre vieille Université, et pour fidèles qu'un certain nombre de familles, attachées de cœur au symbole et aux cérémonies de l'éducation classique. Aussi la querelle amena-t-elle encore une autre conséquence : l'affaiblissement des études. Ni les partisans des modernes, ni les zélateurs de l'antiquité ne s'y trompèrent, en France et à l'étranger. L'auteur d'une édition d'Horace, publiée à Haarlem en 1697, M. de Zurch, avait prédit avec douleur à Perrault qu'il finirait par dégoûter le public de l'antiquité [1], et, comme un ami de Perrault se plaignait un jour que déjà on n'osait plus citer les anciens

---

1. Basnage de Beauval, *Ouvrages des savants*, décembre 1696.

illustres, le chef des *modernes* lui avait répondu d'un air victorieux : « Il a plu au temps de faire passer cette mode.... je crois qu'il faut le trouver bon et s'y accommoder¹. » Rollin, dans ses harangues universitaires, déplore avec une tristesse éloquente ce déclin des études grecques et latines. Un esprit judicieux, qui savait admirer à la fois les anciens et les modernes², l'abbé Gédoyn, dénonce la décadence universelle des études latines, telle, dit-il, que « sur cinquante enfants qui sont dans une classe, il n'y en a pas dix qui prennent du goût pour le latin, » et le dégoût du public « qui ne peut souffrir dans les ouvrages d'esprit les citations latines, quelque heureuses qu'elles puissent être. » « Il semble, ajoute-t-il, que l'on n'écrit aujourd'hui que pour les femmes ou pour les ignorants. » Mais la plus forte peinture de la décadence des études classiques a été tracée par un érudit célèbre, dont les griefs contre les *modernes* dataient de loin, car il avait projeté de réfuter le traité de Charpentier sur l'*Excellence de la langue française;* je veux parler de Périzonius. En 1708, devant l'Académie de Leyde, il prononça un discours divisé en deux parties : la description brillante de la renaissance des études classiques en Europe au xvᵉ et au xvıᵉ siècle, et le tableau lugubre de leur déclin au commencement du xvıııᵉ. Périzonius laisse éclater dans ses paroles une douleur profonde de l'atteinte portée à l'antiquité par les nouvelles idées littéraires. C'est le désespoir du savant qui croit assister à la dissolution du vieux monde grec et latin où il a vécu; c'est le cri d'alarme du moraliste qui tremble de voir la passion des affaires succéder dans la jeunesse moderne à l'amour des lettres; cri

---

1. Lettre insérée à la fin du IVᵉ vol. des *Parallèles*.
2. Voir, dans les *OEuvres diverses* de l'abbé Gédoyn (Paris, 1745), les deux morceaux sur l'*Éducation des enfants*, et sur les *Anciens et les modernes*.

souvent répété depuis, avec plus d'à-propos encore, et aussi vainement : « Qu'est devenue la science ?... Plus malheureuse que la vertu dont parle Juvénal, elle meurt de froid et n'est pas même louée.... On raille les savants, comme des anachronismes d'austérité, déplacés dans la société du siècle. Quiconque a le courage de s'enfermer dans une bibliothèque, au lieu d'aller singer dans les salons les belles manières françaises, passe pour un sauvage, et, fût-il sans vanité, se voit salué partout du nom de pédant.... Quel est, parmi les grands et les magistrats, ou même dans la riche bourgeoisie, le père qui voudrait dévouer son fils aux professions littéraires ? Ils préfèrent le livrer au commerce et à la guerre. Ils répètent partout qu'ils ne désirent pas charger leurs fils d'un fardeau de science si pesant. C'est assez, disent-ils, pour un jeune homme, de connaître tant bien que mal les éléments des choses. Qu'ils traversent les collèges d'un pas rapide ; qu'ils n'y perdent pas le temps à pâlir sur les livres. A quoi bon savoir le latin ?... Aussi, loin d'imiter nos pères, qui enrichissaient le trésor de l'esprit humain en dérobant chaque jour aux ténèbres quelque secret nouveau de la science, nous ne connaissons pas même leurs découvertes, tant nous avons peur de la lecture ! Et cependant nous vantons nos lumières et nos progrès. Fausses lumières, faux progrès ! Nous nous enfonçons dans la nuit de l'ignorance.... C'en est fait, hélas ! de la littérature [1]. »

Telles étaient les plaintes et les prédictions de Périzonius, quelque temps après la mort de Perrault. Vingt-quatre ans plus tard, en 1732, après la seconde période de la querelle des anciens et des modernes, le successeur de Péri-

---

1. *Perizonii oratio de doctrinæ studiis, nuper post depulsam barbariem diligentissime denuo cultis, nunc vero rursus neglectis*, etc.

zonius à l'Université de Leyde, Pierre Burmann, traçait de l'état des études classiques en Europe un tableau aussi lamentable. Il montrait les anciens partout dédaignés, les jeunes gens s'efforçant d'oublier dans le monde le peu de grec et de latin qu'ils avaient appris dans les académies, les langues modernes usurpant le rang jadis réservé aux anciennes, les lettrés couverts de mépris et de ridicule, et les philosophes triomphants au nom du progrès des lumières, de la sagesse antique vaincue par les nouvelles idées[1]. Mais malgré les prophéties de Périzonius et de Burmann, les lettres classiques, si affaiblies en France à la fin du dernier siècle et au commencement du nôtre, n'achevèrent pas de mourir. Elles se relevèrent sous la main d'un grand homme, trop ami du pouvoir absolu pour les aimer sans réserve, mais trop confiant dans sa force pour en avoir peur, et trop clairvoyant pour croire qu'un grand peuple peut s'en passer. Depuis, favorisées par des gouvernements libres, elles ont vu luire de beaux jours. Grâce au dévouement d'un grand corps, dont les membres les plus illustres sont l'honneur de la France lettrée et de l'Europe savante, grâce à l'Université, qui enseigne par son exemple ce que peuvent les lettres classiques pour la culture des esprits et pour l'élévation morale de l'âme, les anciennes études ont paru reprendre parmi nous l'éclat de leurs plus heureuses années. Mais cette renaissance a ranimé l'ardeur de leurs ennemis. Toutes les passions littéraires, politiques et religieuses, se sont unies pour la combattre. Le romantisme, qui proclamait l'indépendance absolue du goût, crut faire preuve de logique en déclarant la guerre à l'antiquité : dans un manifeste où il établissait sa généalogie, il annonça qu'il continuait l'œuvre d'émancipation commencée par Perrault, et se rattacha ré-

1. *Pro litteratoribus et grammaticis oratio*, 1732 ; p. 9, 56, 63, etc.

solûment aux *modernes* du xviiᵉ siècle[1]. Le parti démocratique aurait dû garder quelque tendresse pour les souvenirs de la Grèce et de Rome; mais l'éducation classique, établie et consacrée en France par les ordonnances des rois, lui a paru sans doute faire partie des institutions monarchiques, et, à ce titre, a mérité sa défiance et sa disgrâce. Les utilitaires du xviiiᵉ siècle demandaient : « A quoi bon le grec et le latin? » Les utilitaires du xixᵉ n'ont pas apparemment trouvé de réponse satisfaisante à la question de leurs ancêtres, car ils ont continué contre le latin et le grec la guerre qui désespérait Burmann et Périzonius. Les partisans actuels de la perfectibilité indéfinie, ennemis nés des anciens, bannissent l'antiquité de leurs systèmes d'éducation. J'ose à peine parler des savants. Ils affirment qu'ils n'ont jamais attaqué les lettres classiques, qu'ils les estiment, qu'ils les aiment, qu'ils les protégent. C'est précisément cette protection qui m'effraye. Voilà une bien grande variété d'adversaires et bien redoutable, car elle est animée du même esprit, l'esprit moderne, qui est le maître de la société. Mais, symptôme plus grave encore! le parti religieux, c'est-à-dire celui des adversaires les plus déclarés de l'esprit moderne, a fait cause commune avec les plus dévoués partisans de celui-ci contre l'éducation classique. Grande faute, à mon avis! En se liguant avec les *modernes* contre l'antiquité, le parti religieux a fait les affaires des *modernes*, ennemis cent fois plus redoutables pour lui que cette pauvre antiquité, désarmée et inoffensive. Le jour où l'école utilitaire et celle de la perfectibilité indéfinie l'emporteraient en France, leur victoire serait pour la foi catholique un bien plus grave péril que le commerce innocent de la jeunesse française avec Homère et Cicéron. Mais le parti religieux

---

[1]. *Revue encyclopédique*, 1832. *De la loi de continuité qui unit le* xviiiᵉ *siècle au* xviiᵉ, par M. Pierre Leroux.

a mieux aimé suivre sa passion que son intérêt. Pour nuire à l'Université, il a prêté main-forte à ses propres ennemis, plus dangereux pour lui que toutes les Universités du monde. Toutes ces voix réunies en parfait accord, et tonnant en mesure contre les lettres classiques, ont pu se faire prendre aisément pour le concert de l'opinion publique. Il a été bien difficile de maintenir contre une majorité d'agresseurs, venus des quatre points de l'horizon, l'intégrité du vieil enseignement, aimé et défendu par une minorité d'élite, qui est la plus sage peut-être, mais qui n'est pas la plus forte. Grâce à Dieu, cependant, la meilleure part de l'édifice est encore debout. Il n'y a pas de ruines irréparables. Mais n'est-ce là, comme le prédisent quelques esprits chagrins, qu'un délai de grâce accordé aux lettres antiques? L'esprit moderne, de plus en plus envahisseur, épargnera-t-il longtemps l'éducation classique, ce dernier asile de l'esprit ancien dans notre société? J'ose l'espérer encore. Je voudrais qu'il n'y eût entre ces deux esprits ni rivalité, ni combat, ni victoire. Combien nous serions plus sages, si, les unissant en nous tous les deux, nous apprenions enfin à servir le progrès sans nous révolter contre la tradition, à être fiers du présent sans mépriser le passé, à confondre dans un même amour la science et la littérature, ces deux moitiés également belles de l'esprit humain, à honorer d'un même culte tous les grands écrivains, quels que que soient leur pays, leur langue et leur siècle! J'ose à peine exprimer un tel vœu. Il paraît naïf à force d'être raisonnable; peut-être qu'à force d'être raisonnable il finira par s'accomplir. En attendant, comme l'a dit Voltaire, « le grand procès des anciens et des modernes n'est pas encore vidé; il est sur le bureau depuis l'âge d'argent qui succéda à l'âge d'or. » Je ne sais de quel métal est fait l'âge où nous sommes. Je me persuade volontiers qu'il y est entré de l'or, parce que je crois au progrès, que j'aime mon temps et que j'admire mes contemporains. Ce qui est sûr, c'est que le procès des anciens et des modernes est encore sur le bureau, et pourra bien y rester longtemps. Les avocats des deux parties continuent à plaider, et les juges les plus sages (j'aurais dû peut-être y songer plus tôt) sont ceux qui, attendant un plus ample informé, s'abstiennent de prononcer l'arrêt.

FIN DU PREMIER VOLUME.

TABLE DES MATIÈRES.

PREMIÈRE PARTIE.

PRÉLIMINAIRES. — PREMIÈRE PÉRIODE DE LA QUERELLE EN FRANCE.

Avant-Propos... 1

CHAPITRE PREMIER.
De l'idée de progrès dans l'antiquité. — *Dialogue des orateurs*..... 1

CHAPITRE II.
Des rapports du christianisme avec l'idée de progrès et avec l'antiquité. — Le moyen-âge. — Roger Bacon............................ 17

CHAPITRE III.
La Renaissance et le commencement de l'âge moderne. — Henri Estienne. — *Apologie d'Hérodote*. — François Bacon.................. 28

CHAPITRE IV.
Descartes et les cartésiens...................................... 49

CHAPITRE V.
Autres causes générales de la querelle des anciens et des modernes. — De l'enseignement de l'antiquité et de la traduction au xviie siècle... 57

CHAPITRE VI.
Alexandre Tasson. — Ses *Pensées diverses*. — Boisrobert........... 73

CHAPITRE VII.

Desmarets de Saint-Sorlin. — *Les Délices de l'esprit.*— *Marie-Magdeleine.* — *Clovis.*— *Traité pour juger les poëtes grecs, latins et français.* 85

CHAPITRE VIII.

Le P. Bouhours. *Entretiens d'Ariste et d'Eugène*.................. 120

CHAPITRE IX.

Fontenelle. — *Dialogues des morts*............................ 129

CHAPITRE X.

Les frères Perrault. — *Poëme sur le siècle de Louis le Grand.* — Deux séances de réception à l'Académie française................ 138

CHAPITRE XI.

Fontenelle. — *Réflexions sur la poétique et sur la poésie en général.* — *Discours sur l'Églogue.*— *Digression sur les anciens et sur les modernes.* — *Épître au Génie*, par Perrault............................ 167

CHAPITRE XII.

Perrault. — *Parallèles des anciens et des modernes*.............. 185

CHAPITRE XIII.

Les défenseurs des anciens : Dacier, Ménage, Francius, Longepierre, de Callières, Huet... 222

CHAPITRE XIV.

Les journaux français et étrangers : *Journal des savants.* — *Mercure galant.* — *Mémoires de Trévoux.* — Basnage de Beauval : *Histoire des ouvrages des savants.* — Bayle, *Dictionnaire.* — La société polie. La satire X de Boileau. — *L'Apologie des femmes*, par Ch. Perrault. 237

CHAPITRE XV.

Boileau : *Réflexions critiques sur Longin*....................... 266

CHAPITRE XVI.

Lettre d'Arnauld. — Réconciliation de Boileau et de Perrault. — Réception à l'Académie française du coadjuteur de Strasbourg. — Discours de M. de Tourreil................................... 274

DEUXIÈME PARTIE.

PÉRIODE ANGLAISE DE LA QUERELLE DES ANCIENS ET DES MODERNES.

CHAPITRE PREMIER.

Saint-Évremont... 295

CHAPITRE II.

William Temple : *Essai sur le savoir des anciens et des modernes*. Wotton : *Réflexions sur le savoir des anciens et des modernes*........ 311

CHAPITRE III.

Dryden : *Préface* de sa traduction de *l'Énéide*. — Boyle : *Lettres de Phalaris*. — Bentley : *Dissertation sur les Épîtres de Phalaris*. — *Boyle contre Bentley*. — *Bentley contre Boyle*............................. 327

CHAPITRE IV.

Swift : *Le Conte du tonneau*. — *Histoire de Martinus Scriblerus*. — *L'art de ramper en poésie*. — *La Bataille des livres*................... 354

TROISIÈME PARTIE.

SECONDE PÉRIODE DE LA QUERELLE DES ANCIENS ET DES MODERNES EN FRANCE.

CHAPITRE PREMIER.

Guerre contre Homère. — L'abbé Regnier. — Madame Dacier : *Traduction de l'Iliade*... 375

CHAPITRE II.

Houdard de La Motte : *Discours sur la poésie*. — *Traduction en vers de l'Iliade*. — *Discours sur Homère*. — Réponse de Mme Dacier : *Des causes de la corruption du goût*. — Réplique de La Motte : *Réflexions sur la critique*... 390

CHAPITRE III.

Fénelon : Le *Télémaque*. — *Lettres sur les occupations de l'Académie française*. — Correspondance de Fénelon et de La Motte.................. 404

CHAPITRE IV.

Les adversaires de Mme Dacier et ses partisans. — Saint-Hyacinthe : *Le chef-d'œuvre d'un inconnu. Déification du docteur Aristarchus Masso*. — L'abbé de Pons. — Cartaud de La Vilate. — Gacon. — Le P. Hardouin : *Apologie d'Homère*. — Réponse de Mme Dacier.............. 422

CHAPITRE V.

L'abbé d'Aubignac : *Conjectures académiques*. — L'abbé Terrasson : *Dissertation sur l'Iliade*... 437

CHAPITRE VI.

État de l'opinion : l'Académie, les journaux, le théâtre............... 453

CHAPITRE VII.

Les médiateurs : *Apologie d'Homère*. Le P. Buffier : *Homère en arbitrage*. — Fourmont : *Examen pacifique*. — Réconciliation de La Motte et de Mme Dacier.. 459

CHAPITRE VIII.

Pope : Traduction de l'*Iliade*. — Le cardinal Wiseman : *Sur l'amour de la nature chez les anciens et chez les modernes*.................... 469

CHAPITRE IX.

Vico : *La Science nouvelle*.. 478

CHAPITRE X.

Conclusions... 489

FIN DE LA TABLE DU PREMIER VOLUME.

Paris. — Imprimerie de Ch. Lahure et Cie, rue de Fleurus, 9.

www.ingramcontent.com/pod-product-compliance
Lightning Source LLC
Chambersburg PA
CBHW070833230426
43667CB00011B/1781